예수 평전

# 예수 평전

인간적인, 너무도 인간적인 예수의 삶

**초판 1쇄 펴낸날** 2021년 2월 25일
**초판 3쇄 펴낸날** 2023년 9월 20일

**지은이** 김근수
**펴낸이** 이건복
**펴낸곳** 도서출판 동녘

**편집** 구형민 이지원 김혜윤 홍주은
**디자인** 김태호
**마케팅** 임세현
**관리** 서숙희 이주원

**등록** 제311-1980-01호 1980년 3월 25일
**주소** (10881) 경기도 파주시 회동길 77-26
**전화** 영업 031-955-3000 편집 031-955-3005 **전송** 031-955-3009
**홈페이지** www.dongnyok.com **전자우편** editor@dongnyok.com
**인쇄** 새한문화사 **라미네이팅** 북웨어 **종이** 한서지업사

# 예 수 평 전

인간적인, 너무도 인간적인 예수의 삶

김근수
지음

동녘

## 일러두기

1. 성서 텍스트
    구약성서(공동성서): 공동번역성서(개정판 대한성서공회, 1999)
    신약성서: 공동번역성서(개정판 대한성서공회, 1999)
    구약성서 원문: *Septuaginta: Das Alte Testament Griechish*, Alfred Rahlfs und Robert Hanhart Hg, 2014.
    신약성서 원문: *Novum Testamentum Gräce*, Barbara und Kurt Aland Hg, 2015(28판).
2. 일부 성서 구절은 저자가 임의로 번역하기도 했다.
3. 우리말 번역문은 가능한 한 존댓말로 다듬었다.
4. 〈마르〉는 〈마르코의 복음서〉, 〈마태〉는 〈마태오의 복음서〉, 〈루가〉는 〈루가의 복음서〉, 〈요한〉은 〈요한의 복음서〉를
    의미하며, 본문에 나오는 각 성서명은 공동번역성서에 나오는 약어(〈창세〉 〈출애〉 〈로마〉 〈1고린〉 등)로 표기했다.
5. 지명과 인명 표기는 대부분 공동번역성서를 따랐지만, 잘못 표기된 부분은 저자가 바로잡았다.
6. 히브리어, 그리스어, 라틴어는 알파벳으로 표기했다.
7. 성서 인용은 다음과 같이 표기했다.
    1장 1절부터 5절=1,1-5
    1장 1절과 5절=1,1.5
    1장 1절부터 2장 1절=1,1-2,1
    1장 1절과 2장 1절=1,1; 2,1

# 예수는 누구인가

## 하느님 나라와 십자가

지난 30년 나의 예수 연구에서 가장 궁금한 질문은 두 가지다. 첫째, 예수는 왜 십자가에서 죽음을 당했는가. 둘째, 예수는 왜 가난한 사람을 선택했는가. 십자가와 가난한 사람을 연결하는 고리는 하느님 나라다. 예수는 하느님 나라를 선포했기 때문에 십자가를 만났다. 예수는 하느님 나라를 선포했기 때문에 가난한 사람을 선택했다.

예수는 십자가 죽음을 충분히 피할 수 있었다. 하느님 나라를 선포하되, 부자를 선택하는 것이다. 하느님 나라를 선포하되, 하느님 나라를 반대하는 세력과 싸우지 않는 것이다. 사랑과 용서와 자비는 말하되, 정의를 말하지 않는 것이다. 하느님 나라를 선포하되, 십자가를 말하지 않는 것이다. 행동은 하지 않고 기도와 침묵 속에 하느님을 가슴에 담고 사는 것이다.

그랬다면 예수는 십자가 죽음을 당하지 않았을 것이다. 대신 예수 곁에는 부자 후원자가 몰려들었을 것이다. 예수는 수많은 제자와 추종자에 둘러싸여 평생 존경받으며 안락하게 살고 장수했을 것이다. 하느님을 팔아먹고 따르지 않으면 됐다. 부자와 타협하는 화려한 처세술이 예수에게 없었다. 시늉만 하다 적당히 발 빼는 교활한 지혜가 예수에게 없었다. 말해야 할 때 침묵하고 침묵해야 할 때 말하는 빼어난 솜씨가 예수에게 없었다. 누가 예수를 완벽한 사람이라고 말하는가.

예수는 그렇게 살지 않았다. 예수는 세상에 나타나기 전에 가난한 사람에게서 먼저 배웠다. 복음을 선포하면서 병을 고쳐주고 마귀를 쫓아내고 놀라운 일을 했다. 하느님 나라 메시지를 전하면서 하느님 나라를 방해하는 세력과 논쟁하고 다퉜다. 가장 큰 적폐 세력인 로마 군대와 종교 지배층에게 저항했다.

자기 십자가를 지지 않는 사람, 가난한 사람을 선택하지 않는 사람, 하느님 나라를 반대하고 방해하는 세력에 맞서 저항하지 않는 사람은 하느님을 팔아먹는 사람이다. 그런 사람은 하느님을 믿노라고 아무리 고백한다 해도, 하느님 나라 선포를 위해 아무리 애쓴다 해도 예수를 따르는 길에서 사실상 멀리 벗어나 있다.

### 사람, 사건, 말씀

하느님은 인간을 선택하셨고, 예수는 가난한 사람을 선택했다. 가난한 사람을 통해 인간을 이해하는 방식이다. 사람을 만난 뒤에야 예수의 실천도, 가르침과 말씀도 의미가 있다. 예수 말씀에 집중하고 예수 사건을 지나치는 모습이 자주 보인다. 사건 없이 말씀 없다. 사건이나 말씀은 사람 없이 의미 없다. 예수에게 사람이 먼저다.

나는 이 책에서 사람, 사건, 말씀 순서를 택했다. 예수 말씀을 알기 전에 사건을 살펴본다. 사건을 알기 전에 예수가 만난 사람을 주목한다. 사람이 먼저고, 사건이 다음이고, 말씀이 그다음이다. 이 책은 1부 예수 시대 역사와 사회, 2부 예수와 하느님 나라, 3부 예수와 십자가로 구성했다. 예수 등장을 해설하기 전에 이스라엘 역사를 언급했다. 예수 말씀을 논하기 전에 예수가 만난 사람을 소개했다. 예수 성전 항쟁과 성전 파괴 발언을 자세히 다뤘다. 유다 의회Synhedrium가 정말로 예수를 재판했는지 꼼꼼히 살펴봤다. 예수 활동부터 〈요한〉 탄생까지 예수 운동 처음 70년 역사를 간단히 해설했다.

나는 이 책에서 초대교회 대신 '예수 운동'이라는 용어를 썼다. 초대교회라는 단어는 예수가 생전에 교회를 세울 뜻이 있었다는 인상을 줄 수 있다. 예수가 부활한 뒤 제자들이 유다교와 다른 공동체와 조직을 만들기 시작했다는 느낌을 줄 수도 있다. 교회라는 조직이 베드로의 지도 아래 예루살렘부터 온 세상에 체계적으로 퍼진 듯한 느낌을 줄 수도 있다.

예수가 살던 역사 현실부터 유다교, 가난한 사람, 한반도까지 네 주제를 중심으로 예수를 보려 한다. 2000년 전 나자렛 예수를 이해할 뿐 아니라, 오늘 한반도에 예수는 어떤 의미인지 물으려 애썼다. 가난한 사람의 눈으로 예수그리스도를 보려고 애썼다. 21세기 한반도 역사와 운명을 잊지 않으려 애썼다. 성서신학의 최신 연구 성과를 두루 참고했다.

나는 예수의 인간성에 감탄했다. 그렇게 인간적인 분은 신성이 있음에 틀림없다. 가난한 사람을 선택한 예수에게도 감동했다. 인간적인 사람은 가난한 사람에게 가까이 갈 수 있다. 가난한 사람에게 가까이 가는 사람만 인간적인 사람일 수 있다.

나는 그동안 복음서를 해설하는 책 네 권을 펴냈다. 《슬픈 예수》는 예수 역사를 최초로 기록한 〈마르〉를 해설했다. 《행동하는 예수》는 믿음뿐 아니라 실천을 강조한 〈마태〉를 해설했다. 《가난한 예수》는 특히 가난한 사람을 먼저 선택하고 사랑하는 〈루가〉를 해설했다. 《평화의 예수》는 예수와 하느님의 일치를 강조하는 〈요한〉을 해설했다. 이 책 《예수 평전》은 네 해설서를 바탕으로 예수 역사와 하느님 나라를 시간과 주제에 따라 자세히, 종합적으로 해설한다.

많은 스승과 선배, 은인, 지인, 친구, 벗이 지금까지 저를 도와주셨다. 하느님께서 모든 분에게 은혜를 베풀어주시길 빈다. 제주 성클라라수도원, 성가소비녀회, 남양주 성베네딕도회요셉수도원 가족에게 감사드린다. 채현국 선생, 김중배 선생, 김영 교수, 강기석 선생, 조헌정 목사, 최창모 교수, 주진오 교수, 백승종 교수, 송필경 선생, 이강윤 선생, 조성구 선생께 감사드린다. 박성화 목사, 최갑성 목사, 이정훈 목사, 국산 목사, 정안석 목사, 정성학 목사께 감사드린다. 이석진 신부, 이요한 신부, 오상선 신부, 안철문 신부, 최민석 신부, 김해영 신부, 최종수 신부, 지성용 신부, 김상식 신부, 이재영 신부께 감사드린다.

독일 마인츠대학교에서 추억을 쌓은 김재덕 회장, 정종률 형님, 서장원 교수, 박현룡 교수, 김상봉 교수, 김동욱 교수, 김경곤 교수에게 감사드린다. 한동수 삼촌, 백찬현 수사, 강철영 형님, 박종권 형님, 최영만 형님, 김선광 교수, 강홍림, 홍기만, 황의선, 김송기은 아우께 감사드린다. 임갑식, 김용신, 이양구, 김영섭 친구에게 감사드린다. 좋은 책을 만들어주신 도서출판 동녘 관계자 여러분에게 감사드린다.

사랑하는 어머님, 형제자매, 아내 김지숙, 딸 호수, 아들 준한에게 감사드린다. 두 처형 김지혜 · 김지연 수녀에게 감사드린다. 여기에 이름 올리지 못한 분들에게도 깊이 감사드린다.

예수는 진리 이전에 기쁨으로 우리 곁에 있다.

2021년 1월, 제주에서
김근수

# 차례

1
부

예수 시대 역사와 사회

# 1. 예수 시대 역사

예수는 갈릴래아 지방 나자렛 마을 사람이다. 나자렛은 예수의 고향(〈마르〉1,9; 6,1; 〈마태〉21,1; 〈루가〉4,16)이다. 예수가 탄생한 곳이 베들레헴이라고 이야기하는 〈마태〉와 〈루가〉에서도 예수는 나자렛 사람으로 불렸다(〈마태〉2,23; 〈루가〉4,34). 〈마르〉처럼 예수 탄생 이야기가 없는 〈요한〉에서도 예수는 나자렛 사람으로 전제했다(〈요한〉1,45). 예수는 나자렛 사람 Ναζαρηνέ(〈마르〉1,24; 10,47; 〈루가〉4,34; 24,19) 혹은 나조레 사람 Ναζωραῖος(〈마태〉2,23; 〈루가〉18,37; 〈요한〉18,5; 〈사도〉2,22)이라고 불렸다. 둘 다 동네 이름에서 비롯된 것으로 뜻은 같다.

예수는 출신 지역 때문에 메시아(=그리스도)가 될 수 없다는 주장까지 나왔다. 메시아는 다윗 가문 출신이고 베들레헴에서 탄생해야 하는데, 예수는 갈릴래아 출신이므로 다윗 가문 출신이 아니고 따라서 메시아가 아니라는 것이다(〈요한〉7,42.52; 6,42). 〈마태〉와 〈루가〉는 이 문제를 해결하기 위해 예수 탄생 이야기를 썼다.[1] 〈루가〉 저자는 베들레헴을 다윗 왕이 난 고을(〈루가〉2,4.11)로 말해 예수 탄생 이야기를 다윗 가문과 연결하려 했다. 예수의 독특한 운명이 탄생 이야기부터 시작됐다. 예수가 베들레헴에서 탄생한 이야기는 예수 운동이 예수를 메시아이자 다윗의 아들로 소개하는 오랜 전승에 속한다.

로마 황제 아우구스토가 온 천하에 호구 조사령을 내렸다(〈루가〉2,1)는 언급은 사실일까. 호구조사는 보통 로마제국 전체가 아니라 각 지방에 한해 적용됐다. 호구조사를 하던 때 시리아에 퀴리노Quirinius 총독이 있었다(〈루가〉 2,2). 공통년(서기) 6-7년 일로, 헤로데 대왕의 아들 아르켈라오Archelaus가 물러난 일과 연관 있다.[2] 〈루가〉는 예수 탄생을 이때로, 세례자 요한 탄생은 헤로데 대왕(〈루가〉 1,5) 시절로 봤다. 헤로데 대왕은 공통년 이전 4년에 사망했다. 예수 탄생은 〈마태〉에서 공통년 이전 4년, 〈루가〉에서 공통년 6-7년으로 기록해 10년 차이가 난다.

예수 탄생 이야기에서 〈마태〉 저자는 〈미가〉 5,1을 인용했다. "'유다의 땅 베들레헴아, 너는 결코 유다의 땅에서 가장 작은 고을이 아니다. 내 백성 이스라엘의 목자가 될 영도자가 너에게서 나리라' 하였습니다"(〈마태〉 2,6). 그런데 〈미가〉 5,1은 〈마태〉 저자의 인용과 조금 다르다. "그러나 에브라다 지방 베들레헴아, 너는 비록 유다 부족들 가운데서 보잘것없으나 나 대신 이스라엘을 다스릴 자, 너에게서 난다." 〈마태〉 저자는 공동성서(구약성서) 히브리어 본문이나 그리스어 번역본Septuaginta이 아닌 다른 글을 인용했거나, 〈미가〉 본문을 고쳐서 인용한 것 같다.[3]

〈마태〉와 〈루가〉는 나자렛과 베들레헴, 예수 탄생 이야기를 상당히 다르게 해설한다. 〈마태〉는 유다 지방에서 이야기가 시작되고(〈마태〉 1,18-2,22) 베들레헴(〈마태〉 2,1)이 언급된다. 예수 탄생 후 예수 가족은 이집트로 피신한다(〈마태〉 2,13-15). 헤로데가 죽은 뒤에 이스라엘로 돌아오는데, 유다 지방을 거쳐 결국 갈릴래아 지방으로 가서 나자렛에 산다(〈마태〉 2,19-23). 헤로데(〈마태〉 2,16)와 그 아들 아르켈라오(〈마태〉 2,22)의 정치 상황 때문에, 그리고 천사를 통해 주시는 하느님 뜻에 따른 이동이라는 특징이 드러난다. 예수 탄생을 놓고 하느님과 정치적 억압자들이 대결하고 있다. 예수는 탄생부터 망명과 난민이라는 정치적 희생자의 모습이다. 예수는 예언자로서 삶을 시작했다.

〈마태〉는 예수를 아기 시절부터 예언자의 예언을 실현하는 인물로 묘사했다. "'동정녀가 잉태하여 아들을 낳으리니 그 이름을 임마누엘이라 하리라' 하신 말씀이 그대로 이루어졌습니다. 임마누엘은 '하느님께서 우리와 함께 계시다'는 뜻입니다"(〈마태〉 1,23; 〈이사〉 7,14), "유다의 땅 베들레헴아, 너는 결코 유다의 땅에서 가장 작은 고을이 아니다. 내 백성 이스라엘의 목자가 될 영도자가 너에게서 나리라"(〈마태〉 2,6; 〈미가〉 5,1), "내가 내 아들을 이집트에서 불러내었다"(〈마태〉 2,15; 〈호세〉 11,1), "라마에서 들려오는 소리, 울부짖고 애통하는 소리, 자식 잃고 우는 라헬, 위로마저 마다는구나!"(〈마태〉 2,18; 〈예레〉 31,15), "그를 나자렛 사람이라 부르리라"(〈마태〉 2,23; 〈판관〉 13,5).

〈루가〉에서 가브리엘 천사가 마리아에게 나자렛에서 예수 탄생을 예고했다(〈루가〉 1,26-38). 갈릴래아 지방 나자렛에 살던 요셉과 마리아는 호구조사를 하러 유다 지방에 있는 베들레헴으로 간다(〈루가〉 2,1-5). 요셉은 다윗의 후손이다(〈루가〉 2,4). 정결 예식을 치르는 날 예루살렘으로 올라갔고(〈루가〉 2,22), 고향 갈릴래아 지방 나자렛으로 돌아갔다(〈루가〉 2,39). 〈루가〉도 〈마태〉처럼 예수 탄생 이야기를 이스라엘에 대한 하느님의 약속이 이뤄진다는 관점에서 봤다. 그 아기는 위대한 분이 되어 지극히 높으신 하느님의 아들이라 불릴 것이며, 주 하느님께서 그에게 조상 다윗의 왕위를 주시어 야곱의 후손을 영원히 다스리는 왕이 되겠고(〈루가〉 1,32-33), 이방인들에게는 주의 길을 밝히는 빛이 되고 주의 백성 이스라엘에게는 영광이 된다(〈루가〉 2,32).

놀라운 아기 탄생 이야기는 모세, 플라톤Platon, 알렉산더Alexander 대왕 탄생 등 당시 문화에도 있었다. 〈마태〉는 예수 탄생을 모세 탄생에 비유하려 했다(〈마태〉 2,16-18). 동정녀이며 정의의 여신 디케Dike가 아들을 낳는 탄생 이야기가 로마 시인 베르길리우스Vergilius(공통년 이전 70-19년)의 시로 널리 알려졌다. 로마 황제 아우구스투스Augustus 탄생을 가리키는 것 같다. 고대 사람은 특별한 인물의 놀라운 탄생 이야기에 익숙했다. 〈마태〉와 〈루가〉의 예수 탄생 이야기는 그런 문화를 배경으로 동정녀 탄생을 언급했다. 〈마태〉는 "동정녀가 잉태하여 아들을 낳으리니 그 이름을 임마누엘이라 하리라"(〈마태〉 1,23; 〈이사〉 7,14)를 인용했다. 〈이사〉 7,14 히브리어 본문에 젊은 여인으로 나왔는데, 공동성서 그리스어 번역본은 동정녀 παρθένος로 바꿨다. 독일어로 표현하면 젊은 여인junge Frau이 동정녀Jungfrau로 바뀐 것이다. 〈마태〉는 히브리어 본문이 아니라 공동성서 그리스어 번역본에서 〈이사〉 7,14을 인용했다.

〈마태〉는 동방 박사들(〈마태〉 2,1), 그분의 별(〈마태〉 2,2), 아기 학살과 새 아기 예수가 구출된 이야기도 소개했다. 모세 탄생[4] 이야기와 연결된다. 별 이야기는 "야곱에게서 한 별이 솟는구나. 이스라엘에게서 한 왕권이 일어나는구나"(〈민수〉 24,17)와 연결된다. 〈마태〉 저자가 지배의 상징으로 동전에 찍힌 별을 떠올린 것도 같다.[5] 〈루가〉 예수 탄생 이야기에서 목자들의 등장이 눈에 띈다(〈루가〉 2,8-20). 로마 시인 시쿨루스Siculus가 전한 시집에서 두 목자가 새 시대가 시작됨을 알아차리는 이야기가 있다.[6]

예수 족보는 예수가 이스라엘 역사에 포함되고(〈마태〉 1,1-17), 예수가 하느님과 연결됨을 말한다(〈루가〉 3,23-38). 아브라함의 후손이요 다윗의 자손 예수(〈마태〉 1,1)는 예수와 함께 시작된 구원이 이스라엘뿐 아니라 모든 민족에게 이를 것이라고 말한다. 〈루가〉도 예수 탄생이 이방인들에게는 주의 길을 밝히는 빛이 되고 주의 백성 이스라엘에게는 영광이 된다(〈루가〉 2,32)는 세계사적 의미를 밝힌다. 창조 이전부터 예수의 존재를 선언한 〈요한〉은 〈마태〉와 〈루가〉의 예수 탄생 이야기를 삭제했다. 예수는 창조 이전부터 하느님의 권위에 참여하기 때문에 따로 족보를 소개할 필요가 없었다.

복음서는 예수가 하느님의 아들이며 그리스도라는 내용을 전제하고,

이 관점에서 예수의 활동과 말을 해설하는 것이다. 〈마태〉와 〈루가〉에서 예수 탄생 이야기는 역사적 사건을 그대로 기록한 것이 아니라, 말하자면 전설이다.[7] 바울은 예수가 다윗 가문 출신임을 모르지 않았으나("다윗의 후손으로 태어나신 분" 〈로마〉 1,3), 예수가 부활로 하느님의 아들이 됐다고 설명했다("죽은 자들 가운데서 부활하심으로써 하느님의 권능을 나타내어 하느님의 아들로 확인되신 분" 〈로마〉 1,4)[8]이다.

2세기 무렵 로마 군인 판테라Panthera와 마리아 사이에서 예수가 태어 났다는 말이 떠돌기도 했다.[9] "'저 사람은 그 목수가 아닌가? 그 어머니는 마리아요, 그 형제들은 야고보, 요셉, 유다, 시몬이 아닌가? 그의 누이들 도 다 우리와 같이 여기 살고 있지 않은가?' 하면서 좀처럼 예수를 믿으려 하지 않았습니다"(〈마르〉 6,3)에서 예수는 아버지가 아니라 어머니를 통해 언급된다. 당시 유다 사회에서 자연스러운 일은 아니다. 아버지 요셉의 가문을 언급하여 예수를 하느님의 아들이라고 설명하지 않으려는 전승 이 담긴 것 같다.[10]

〈마태〉와 〈루가〉처럼 예수 탄생과 족보 이야기가 없고 〈요한〉처럼 창 조 이전 이야기도 없는 〈마르〉는 세례자 요한의 등장부터 예수 이야기 를 시작한다. 예수가 세례 받을 때 하느님의 아들로 선언된다(〈마르〉 1,9- 11). 〈마르〉도 예수가 다윗의 자손인가 하는 논쟁을 모르지 않았다(〈마르〉 12,35-37). 〈마태〉와 〈루가〉에서 예수는 잉태부터 하느님과 함께 존재하 고(〈마태〉 1,20-23; 〈루가〉 1,28-33), 〈요한〉에서 예수는 창조 이전부터 하느 님과 함께 있는 로고스Logos(〈요한〉 1,1)다.

예수가 메시아임을 반드시 족보를 들어 해명해야 할까. 복음서에 왜 그렇게 족보 이야기가 길게 나오며, 예수는 누구의 자손이라는 말을 왜 그리 자주 들어야 할까. 창조된 모든 인간이 하느님께 나온 같은 족보 아 닌가. 21세기 한국 독자는 궁금할 수 있다. 예수는 메시아인가 하는 논쟁에서 복음서 저자들이 반드시 족보를 들어 해명할 필요는 없었다. 족보 외에도 예수를 메시아로 설명할 방법이 있기 때문이다. 예수 메시지의 첫 번째 청중은 유다인이었다. 공동성서에 그렇게 쓰여 있었기 때문이다. 복음서 저자들은 당시 유다인의 이해와 기대 수준을 감안하고 존중해서 응답하려 애썼다.

예수는 갈릴래아 지방 나자렛에서 태어났다. 갈릴래아에서도 아래쪽 지역에 있는, 인구 400명이 안 되는 작고 유명하지 않은 마을이다.[11] 1세기 갈릴래아 지방에 약 20만 명이 살았다고 추측된다. 농촌과 소도시에는 100-2000명, 가파르나움Kafarnaum에 1000-1500명, 세포리스Sepphoris 와 티베리아스Tiberias에 8000-1만 2000명이 살았다.[12] 예수는 가족과 함께 살았다. 예수는 아버지 요셉처럼 건축 노동자(〈마르〉 6,3; 〈마태〉 13,55)로 살았다. 예수의 직업을 목수로 번역하는 것은 충분하지 않다. 그리스어 τέκτων은 '나무와 돌을 다루는 사람'을 뜻한다. 나는 목수보다 건축 노동자로 옮기고 싶다.

예수 전승에서 나자렛은 큰 역할을 하지 못했다. 예수는 공식 활동에서 딱 한 번 나자렛을 방문했고, 별다른 성과를 거두지 못했다(〈마르〉 6,1-6). 고향 사람들이 활동을 위해 고향과 가족을 떠난 예수를 이해하지 못할 수도 있다. "집안 식구가 바로 자기 원수입니다. 아버지나 어머니를 나보다 더 사랑하는 사람은 내 사람이 될 자격이 없고 아들이나 딸을 나보다 더 사랑하는 사람도 내 사람이 될 자격이 없습니다"(〈마태〉 10,36-37), "누구든지 나에게 올 때 자기 부모나 처자나 형제자매나 심지어 자기 자신마저 미워하지 않으면 내 제자가 될 수 없습니다"(〈루가〉 14,26)라고 말하는 예수를 누가 좋아할까.

어린 시절과 청년 시절 예수의 모습을 복음서에서 찾아보기는 어렵다. 열두 살 예수가 예루살렘성전에서 학자들의 말을 듣기도 하고 묻기도 했다는 이야기(〈루가〉2,42-51)는 예수를 성서에 관심 있는 인물로 돋보이게 하려는 〈루가〉의 설명이다. 예수 탄생과 어린 시절 이야기가 예수 운동이 받아들이지 않은 〈야고보복음〉〈도마복음〉〈위경 마태오복음〉에 있다. 이 문헌에서 역사적으로 가치 있는 자료를 찾기는 어렵다.

# 2. 유다교 그룹

예수 시대 유다교 그룹은 유다의 마카베오 왕조(공통년 이전 164-64년 혹은 164-63년) 100년 시기로 거슬러 올라간다. 예수 시대 유다교 모습은 마카베오 왕조 때 큰 틀이 잡혔다. 유다교 내부에 신학적·정치적 의견과 이익을 달리하는 여러 그룹이 생겼다. 물론 대다수 유다인은 어느 그룹에도 가담하지 않았다. 유다교 여러 그룹은 유다 사회에 중요한 영향력을 행사하면서 정치권력과 연결됐다. 유다교 그룹은 자기들을 소개하는 자료를 남기지 않아, 우리가 그들을 연구하는 데 어려움이 많다. 바리사이파, 사두가이파, 에세네파Essener, 쿰란Qumran 공동체, 갈릴래아 사람 유다Judas 그룹이 성서학계에서 주로 논의된다.[13] 신약성서에는 다섯 그룹 중 바리사이파와 사두가이파가 나온다.

유다 역사가 요세푸스Flavius Josephus(공통년 37?-100?년)는 바리사이파, 사두가이파, 에세네파를 우선 기록했고,[14] 갈릴래아 사람 유다가 이끈 그룹을 따로 언급했다.[15] 그는 갈릴래아 사람 유다 그룹을 젤로데파라고 부르지 않았다. 요세푸스는 그리스철학 학파를 본보기로 유다교 그룹을 분류했다. 바리사이파는 스토아학파,[16] 사두가이파는 에피쿠로스학파, 에세네파는 피타고라스학파로 비유하고, 갈릴래아 사람 유다 그룹은 제4철학이라고 이름 붙였다.

사두가이파는 예루살렘성전 귀족층에서 비롯된 그룹이다. 사제와 그 가족, 부유층 가문으로 구성된다. 마카베오 시대부터 바리사이파와 반대

입장에 섰다(〈마르〉 12,18; 〈사도〉 23,6-9). 예수 시대 유다 의회에 참여해서 정치적 영향력을 행사했다. 유다 의회는 로마제국 치하에서 최고 자치기 관이다. 유다 각 가문과 세력에서 71명을 뽑고, 대사제가 의장이 됐다. 유다교 대사제는 사두가이파 출신이 대부분이었다. 사두가이파는 글로 전해진 율법만 받아들이고 부활을 믿지 않았으며, 유다 백성에게 좋은 평판을 얻지 못했다. 평신도 개혁 운동인 바리사이파와 달리 사두가이파는 사제와 상류층 평신도로 구성된 보수 그룹이다.

바리사이파는 마카베오 시대에 경건 운동Chassidim에서 갈라져 나왔다. 마카베오 형제들이 정치권력을 장악하면서 갈등이 생겨 갈라섰다. 바리사이파는 예수 시대에 유다 의회를 통해 정치적 영향력을 어느 정도 회복했다. 바리사이파는 평신도 운동이었다. 글로 전해진 율법뿐만 아니라 말로 내려온 율법도 받아들였고, 제사와 기도, 희생 제물 등 의무를 실천하려 애썼다. 유다교 사제가 지키는 율법을 모든 유다인이 일상생활에서 지켜야 한다고 생각했다. 유다교 정체성은 율법을 지켜서 보존하려 했다. 영혼 불멸과 부활 신앙을 받아들였다. 바리사이파는 유다인 사이에서 두터운 신뢰를 얻었다.

바울은 바리사이파 출신이다(〈필립〉 3,5). 유다 독립 전쟁(공통년 66-70년) 후 유다교에서 유일하게 살아남은 그룹이 바리사이파다. 복음서 저자들은 바리사이파와 예수 운동 3세대의 갈등을 보고 듣고 겪었다. 복음서는 공통년 70년 이후 바리사이파와 예수 운동의 갈등이라는 시대 배경과 관점에서 공통년 20년대 후반 예수 활동을 뒤돌아본다.

바리사이파는 갈릴래아에 처음 나타난 것으로 복음서에 보도됐다. 갈릴래아에 바리사이파가 살았는지(〈마르〉 7,1), 예루살렘에서 갈릴래아에 가끔 다녀갔는지 정확히 판정하기 어렵다.[17] 바리사이파는 예수의 주요 반대자로 복음서에 등장한다. 율법 토론에서 반대자로 나타나지만,

예수 죽음과 처형 장면에는 거의 나타나지 않는다. 바리사이파는 신학 세미나에서 예수와 반대 의견을 내놓지만, 예수 재판에 원고나 증인이나 방청객으로 나오지 않았다고 비유할까.

바리사이파와 예수는 율법 토론, 특히 정결 예식 규정 해석에서 다투곤 했다. 음식 먹기 전에 손을 씻는 주제로 바리사이파와 예수가 우선 한판 붙었다(〈마르〉7,1-23). 바리사이파뿐만 아니라 모든 유다인은 조상의 전통에 따라 음식을 먹기 전에 손을 깨끗이 씻었고, 시장에서 돌아왔을 때 몸을 씻고 나서 음식을 먹는 관습이 있었다(〈마르〉7,3-4). 코로나바이러스감염증-19 시대에 좋은 모범이다. 예수는 "밖에서 몸 안으로 들어가는 것은 사람을 더럽히지 못한다는 것을 모르십니까?"(〈마르〉7,18)라며 모든 음식이 기본적으로 깨끗하다는 의견을 펼쳤다. 음식을 먹기 전에 손을 씻어야 하느냐는 토론에서 모든 음식이 깨끗하다고 동문서답한 것이다. 모든 음식이 깨끗하지는 않다는 사실을 예수도 알았다. 유다교에서 금지한 음식을 예수가 먹은 사례는 복음서에 없다.

예수와 바리사이파는 이혼 규정(〈마르〉10,2-9), 안식일 규정(〈마르〉2,23-28; 3,1-6; 〈루가〉14,1-6)으로 다시 논쟁했다. 바리사이파와 예수는 신학 토론에서 좋은 상대였다. 바리사이파는 예수와 토론할 정도로 이론과 실천에서 실력이 대단했다는 사실을 전제한다. "율법 학자들과 바리사이파 사람들은 모세의 자리를 이어 율법을 가르치고 있습니다. 그러니 그들이 말하는 것은 다 실행하고 지키십시오. 그러나 그들의 행실은 본받지 마십시오"(〈마태〉23,2-3). 예수는 바리사이파에게 배울 점과 배우지 말아야 할 점을 정확히 구분했다.

"율법 학자들과 바리사이파 사람들아, 당신 같은 위선자들은 화를 입을 것입니다"라는 예수의 저주가 〈마태〉23,13-30에 무려 일곱 번이나 나온다. 돈을 좋아하는 바리사이파 사람들(〈루가〉16,14)이라고 낙인찍

기도 했다. 바리사이파 사람들이 헤로데 당원들과 만나 예수를 없애버리릴 방도를 모의했다(〈마르〉 3,6)고 기록하기도 했다. 이런 언급은 예수 시대 바리사이파의 실제 모습과 거리가 멀다. 유다 독립 전쟁 이후 예수 운동과 바리사이파가 경쟁하고 갈등한 상황이 반영된 구절이다. 예수 시대 바리사이파는 유다인에게 존경받고 영향력이 컸다. 성서 공부, 기도, 자선, 선행에서 모범을 보였기 때문이다. 예수 운동은 그런 바리사이파보다 잘해야 한다는 뜻에서 예수 설교에 이른바 대립 명제Antithese 해설이 자주 나온다.

예수는 바리사이파의 어떤 점이 못마땅했을까. 두 가지를 꼽고 싶다. 바리사이파는 가난한 사람을 무시했다. 돈이 없어 가난하다기보다 죄가 많아 가난하다는 논리다. 죄가 있기에 가난하다는 해석에는 가난한 사람은 무시해도 죄가 아니라는 해석이 숨어 있다. 조금 더 나가면 부자는 죄가 없다는 해석이 나온다. 그런데 예수는 부자가 천국 가기 어렵다고 못박았다(〈마태〉 19,24). 바리사이파처럼 모범적으로 사는 사람은 자칫 교만에 빠지기 쉽다. 율법을 지키고 종교 의무를 실천하려면 돈과 시간이 필요하기도 했다. 가난한 사람, 병자, 실업자, 노인은 종교 의무를 실천하기 어렵다. 예수는 가난한 사람을 무시하고 종교적 교만에 빠진 바리사이파를 비판했다.

바리사이파와 사두가이파 연합(〈마태〉 3,7; 16,1.6.11)은 복음서 저자가 끼워 넣은 구절이다.[18] 역사적 사실과 거리가 멀다는 뜻이다. 신학 토론에서 예수의 주요 상대가 바리사이파라면, 십자가 죽음에서 예수의 주요 반대자는 사두가이파다. 예수와 사두가이파는 예루살렘성전을 두고 충돌했다. 예수의 성전 항쟁과 성전 파괴 발언은 사두가이파에게 치명적인 위협으로 여겨졌다.

에세네파는 재산과 결혼을 멀리했으며, 노예 소유는 정의에 어긋난다고 생각했다. 여러 도시에서 식사, 목욕 등 공동생활을 한 것 같다. 고유의 책으로 자신들의 종교의식을 행하고, 안식일을 엄격히 지켰다. 영혼 불멸설을 믿고 율법 학자를 특히 존경했다. 역사가 요세푸스 외에 철학자 필론Philon(공통년 이전 15?-공통년 45년)도 에세네파를 언급했다. 무기를 지니지 않고, 인간의 평등을 믿으며, 윤리에 집중했다고 전했다.[19] 필론만이른바 치료자Therapeuten들에 대해 전해주고 있다. 이집트 전체에 퍼져 금욕을 지키고 혼자 살며 기도와〈시편〉에 집중하고 성서를 우의寓意적으로 해석한다고 기록했다.

에세네파는 신약성서에 전혀 언급되지 않는다. 왜일까? 예수는 에세네파와 접촉한 적이 없는 것 같다.[20] 에세네파가 살았다는 사해死海 근처와 예수가 활동한 갈릴래아 호수는 상당히 멀다. 예수가 어떤 경로를 통해 에세네파를 알았다 해도, 내 생각에 예수가 에세네파를 매력 있게 봤을 가능성은 적다. 예수는 이스라엘의 거룩한 소수를 모을 생각을 전혀 하지 않았다.

에세네파와 쿰란 문헌은 그동안 많은 관심을 끌어왔다. 첫 번째 쿰란 문헌은 1947년 사해 연안 북서쪽 어느 동굴에서 베두인Beduin족이 우연히 발견했다(쿰란 동굴 1번). 1949-1956년 진행한 발굴 당시 11개 동굴에서 가죽 두루마리 700개에 쓰인 글 4만 편이 발견됐다. 유다 광야의 마사다Masada, 나할 헤베르Nahal Hever에서도 문헌이 더 발견됐다. 이 모든 문헌을 사해 문헌이라고 부르는데, 그중 일부를 쿰란 문헌이라 한다. 쿰란 문헌에서 거의 완벽한〈이사〉가 발견됐다. 겨우 몇 글자나 단어가 적힌 작은 조각이 대부분인데, 그중에 공동성서 외경에 속하는 많은 글과 여러 가지 유다교 문헌도 있었다.

쿰란 문헌을 어떻게 해석해야 할지 많은 토론이 있었다.[21] 쿰란 문헌이 에세네파가 남긴 문헌이라는 가설은 1980년대부터 약해져, 어떤 그룹에서 나온 문헌인지 뚜렷하지 않다는 의견이 커지기 시작했다. 쿰란 공동체가 만든 문헌이라기보다 쿰란 도서관에 모아둔 문헌이라는 말이다. 쿰란 문헌을 에세네파 문헌으로 봐야 하는지 부정적인 의견이 커지고 있다.[22] 고고학 발굴에 따른 연구가 이런 주장에 힘을 더했다.

에세네파는 결혼하지 않았다는 필론과 플리니우스Gaius Plinius Secundus의 기록이 의심받았다. 지금까지 발견된 쿰란 문헌에 에세네파가 결혼하지 않음을 뜻하는 글은 없었다. 쿰란 묘지에서 여인들과 아이들의 뼈가 발굴되기도 했다. 요세푸스는 에세네파 일부가 결혼과 출산을 중요하게 여긴다고 기록했다.[23] 에세네파가 왜 자기 거주지가 아니라 접근하기 어려운 곳에 많은 문헌을 보존했는지 아직 뚜렷한 설명이 나오지 않고 있다. 로마제국에게 뺏기지 않으려고 그랬을까.

에세네파에 대한 기록을 의심하는 주장도 있다.[24] 쿰란 문헌과 쿰란 공동체를 따로 봐야 한다는 의견이 나오기 시작했다. 쿰란 문헌이 쿰란 공동체의 삶을 언급하고 둘을 연결할 수 있지만, 확실하지 않기 때문이다. 쿰란 문헌의 다양한 성격도 주목된다. 쿰란 문헌에 성서를 해석한 글만 있는 것은 아니다. 지혜 문학, 종말론 문학, 전례(성례전) 문헌도 있다. 쿰란 문헌이 에세네파를 소개하는 글이라기보다 유다교 여러 그룹의 문헌이라고 보는 편이 적절하다.[25]

에세네파에 대한 기록에는 달력 문제가 전혀 없었는데, 일부 쿰란 문헌에서 중요한 역할을 한다. 일부 쿰란 문헌에서 유다교 축제를 양력 달력에 따라 거행한 내용이 있다. 음력을 쓴 예루살렘성전 사제들과 다른 모습이다. 정의의 스승이라 불리는 인물이 쿰란 문헌에서 큰 역할을 했다는 사실도 드러났다. 예루살렘성전이 아니라 새로운 성전을 기다리며 사제 중심의 메시아를 기대하는 모습이다. 왕 메시아보다 사제 메시아를 강조했다. 쿰란 문헌은 세례자 요한과 나자렛 예수를 연결하는가.

쿰란 문헌은 이스라엘 개혁, 가까운 심판의 기대, 성서에 집중, 메시아 기다림을 세례자 요한, 나자렛 예수와 공유한다. 예수 시대에 예수 혼자 이스라엘 개혁을 외친 것은 아니다. 차이도 있다. 쿰란 공동체와 쿰란 문헌은 유다인과 분리된 소수 공동체를 꿈꿨다. 세례자 요한도 그런 꿈에 가까이 있었다. 그러나 예수는 이스라엘 모든 지역에 있는 유다인 전체를 포함하려 했다. 예수가 선포한 하느님 나라 메시지는 쿰란 문헌에 없었다.

요세푸스가 말한 제4철학 그룹(갈릴래아 사람 유다 그룹)도 신약성서에 언급되지 않았다. 갈릴래아보다 유다 지방에서 활약한 듯하다. 제4철학 그룹은 좀 더 지나서 등장한 젤로데파와 연결되는 것 같다. 젤로데파는 예수 이후 시대에 나타난 그룹으로 여겨진다.[26]

요세푸스는 바리사이파, 사두가이파, 에세네파, 제4철학 그룹 외에도 여러 인물을 기록했다. 헤로데 대왕이 죽은 뒤 유다와 갈릴래아 지방에서 일어난 민중 봉기,[27] 로마 황제 티베리우스Tiberius(공통년 14-37년 재위) 시대에 사마리아에서 나타난 어느 예언자의 투쟁,[28] 40년대 이후 로마제국에 저항한 여러 투쟁과 주요 인물을 적었다. 이런 저항은 대부분 예수 시대 이후부터 유다 독립 전쟁 사이(공통년 30-70년)에 벌어진 일이다. 예수가 로마제국에 저항한 유일한 유다인은 아니다. 예수 이전과 이후에도 로마제국에 저항한 유다인 독립투사가 많았다. 안중근 이전과 이후에 항일 독립투사가 많았듯이. 이름 있는 십자가도 있고 이름 없는 십자가도 있다. 이름 있고 기록 있는 무덤도 있고, 기록 없고 무덤조차 없는 죽음도 있다.

나자렛 예수는 수백 년간 남의 나라 억압에 시달려온 유다 백성의 한 아들이다. 나자렛 예수는 식민지 청년이었다. 예수는 왜 인생 말년에 느닷없이 세상에 모습을 드러냈을까. 하느님과 대화하며 침묵과 기도 속에 조용히 살다가 하느님께 돌아갈 수도 있지 않았는가. 예수에게 대체 무슨 일이 일어났으며, 누가 예수를 긴 겨울잠에서 깨웠는가. 예수는 왜, 누구 때문에, 무엇을 위해 나타났을까.

지금까지 예수를 둘러싼 배경과 역사를 살펴봤다. 이제 예수에게 영향을 준 인물을 알아볼 순서다. 먼저 세례자 요한을 지나칠 수 없다. 세례자 요한을 제외하면 예수의 등장을 제대로 이해하기 어렵다.

예수 운동과 복음서 저자들에게 이론적으로 풀어야 할 주제가 적어도 두 개 있었다.

1. 예수의 십자가 죽음을 어떻게 이해하고 해설해야 하는가.
2. 예수에게 스승 세례자 요한이 있었다는 사실을 어떻게 이해하고 해설해야 하는가.

지금 한국인 독자에게, 특히 그리스도인에게 아무것도 아닌 주제로 생각될지 모르겠다. 당시 예수 운동에는 넘어지느냐 일어서느냐 하는 문제였다. 하느님의 아들이 비참하게 처형당했다니 말이 되는가. 하느님의 아들에게 스승이 있었다니 말이 되는가.

# 3. 세례자 요한

세례자 요한처럼 예수의 사명과 가까운 인물은 이스라엘에 없었다.
당시 유다인도 세례자 요한과 예수를 가깝게 연결했다(〈마르〉 2,18; 6,14-
16; 〈마태〉 9,14). 예수 운동에서도 마찬가지다(〈루가〉 1,5; 〈요한〉 1,35-51; 4,1-3;
〈사도〉 19,1-7). 예수를 알려면 세례자 요한부터 알 필요가 있다. 세례자 요
한에 대한 중요한 자료로 신약성서와 유다 역사가 요세푸스가 쓴 글이 있
다. 신약성서는 세례자 요한을 예수를 알리는, 예수보다 낮은 인물로 그
렸다(〈마르〉 1,7; 〈루가〉 3,16; 〈요한〉 1,6-8.15). 요세푸스는 세례자 요한을 도덕
선생으로 묘사했지만,[29] 예수와 세례자 요한의 관계는 침묵했다.

세례자 요한이 태어난 해는 알려지지 않는다. 헤로데 대왕이 죽기 전
(공통년 이전 4년)에 평범한 사제 가문에서 출생한 것 같다(〈루가〉 1,5).[30] 예수
보다 6개월 먼저 태어난 듯하지만(〈루가〉 1,36), 역사적으로 그런 것 같지
않다. 그 전승은 예수와 세례자 요한을 일부러 가까이 놓으려 했다.[31] 세
례자 요한은 공통년 28년에 활동하기 시작한 것 같고(〈루가〉 3,1), 언제까
지 활동했는지 알려지지 않았다. 그는 광야(〈마르〉 1,4; 〈루가〉 7,24)에서, 예
리고Jericho 건너편 요르단강 동쪽에서 사람들에게 세례를 준 것 같다.[32] 요
한이 세례 베풀던 요르단강 건너편 베다니아(〈요한〉 1,28), 살림Σαλείμ에서
가까운 애논Αἰνών(〈요한〉 3,23)은 어딘지 알기 어렵다. 세례자 요한은 여호
수아Joshua가 이스라엘 민족을 거룩한 땅으로 안내하던 바로 그곳(〈여호〉
4,13.19)을 자신이 활동할 장소로 고른 것 같고, 공통년 29년 페레아Peräa 영

주 헤로데 안티파스Herode Antipas에게 처형된 듯하다(〈마르〉6,17-29).[33]

세례자 요한은 낙타털 옷을 입고 허리에 가죽띠를 두르고 메뚜기와 들꿀을 먹으며 살았다(〈마르〉1,6).[34] 예언자 엘리야(〈1열왕〉19,13.19;〈2열왕〉1,8; 2,8)는 낙타 가죽으로 옷을 해서 입었고, 사막에 살던 베두인은 낙타 가죽을 옷과 천막의 재료로 썼다. 베두인은 가죽띠로 몸을 보호했다. 메 뚜기와 들꿀은 베두인의 소박한 먹을거리다. 올리브기름에 튀긴 메뚜기 는 감자튀김 맛과 비슷하고, 들꿀은 맛있다.[35] 세례자 요한의 옷과 식사와 거주지는 이스라엘이 점령한 땅과 문화를 거절하고 심판을 기다리는 자 신을 표현하는 상징이다.[36]

세례자 요한은 세상 끝 날이 곧 다가온다고 말하며 회개를 요구하고 하느님의 심판을 알렸다. "이 독사의 족속들아, 닥쳐올 징벌을 피하라고 누가 일러주었습니까? 여러분은 회개했다는 증거를 행실로 보이시오. 그리고 '아브라함이 우리의 조상이다' 하는 말은 아예 하지도 마시오. 사 실 하느님은 이 돌들로도 아브라함의 자녀를 만드실 수 있습니다. 도끼 가 이미 나무뿌리에 닿았으니 좋은 열매를 맺지 않는 나무는 다 찍혀 불 속에 던져질 것입니다"(〈루가〉3,7-9). 독사의 족속은 곧 밟혀서 죽을 운명 을 비유한다. 이스라엘은 아브라함을 인용해 도피할 수도 없다. 도끼가 이미 뿌리에 닿았으니 도망갈 시간도 없다. 세례자 요한은 하느님께서 왜 분노하셨는지 설명하지 않았다. 예언자 전통(〈아모〉5,18-20;〈호세〉1,6.9; 〈이사〉6,11;〈예레〉1,4)에 서서 동족 유다인의 회개를 촉구할 따름이다.[37]

세례자 요한은 심판을 뜻하는 야훼의 날(〈아모〉5,20;〈이사〉13,3;〈에제〉7,3;〈하바〉3,12;〈말라〉3,2)을 기억한다.[38] 세례자 요한은 심판을 가리키는 불 (〈창세〉19,24;〈출애〉9,24;〈이사〉66,15)이라는 표현을 세 번이나 썼다(〈루가〉3,9.16b.17). "알곡은 모아 곳간에 들이고 쭉정이는 꺼지지 않는 불에 태우 실 것입니다"(〈루가〉3,17). 세례자 요한에 따르면 회개하지 않는 인간에게는 멸망에서 벗어날 출구가 없다.

하느님의 구원 행위는 동시에 하느님의 심판 행위이기도 하다. "심판 하시는 하느님은 구원하시는 하느님이요 거꾸로도 마찬가지다."[39] 세례 자 요한은 자기 죄를 알고 인정하고 뉘우친다면 하느님의 용서가 자연히 뒤따른다는 유다교의 통념에 찬성하지 않았다. 세례자 요한은 유다인이 아무리 잘못해도 하느님께서 이스라엘 민족에게 하신 약속 덕분에 되풀 이해서 용서받는다는 생각(〈느헤〉 9장; 〈토비〉 13,1-5; 〈솔로몬 시편〉 17,5)을 멀 리했다. 그는 예루살렘, 성전, 율법Tora을 한 번도 언급하지 않았다. 세례 자 요한은 아브라함을 팔아먹는 일도 거절했다. 유다인이 아브라함에게 의지하는 방식에 의문을 품은 세례자 요한은 유다인에게 큰 충격이었을 것이다.[40] 세례자 요한이 요구한 회개는 율법이나 성전을 향하지 않고 세 례와 연결됐다.[41]

다가오는 더 크신 분을 알리는 일이 세례자 요한의 임무 중 하나로 소 개됐다. "나는 여러분에게 물로 세례를 베풀지만 이제 머지않아 성령과 불로 세례를 베푸실 분이 오십니다. 그분은 나보다 더 강한 분이어서 나 는 그분의 신발 끈을 풀어드릴 자격조차 없습니다. 그분은 손에 키를 들 고 타작마당의 곡식을 깨끗이 가려 알곡은 모아 곳간에 들이고 쭉정이는 꺼지지 않는 불에 태우실 것입니다"(〈루가〉 3,16b-17). '성령과(성령 안에서)$\dot{\epsilon}\nu$ $\pi\nu\epsilon\acute{\upsilon}\mu\alpha\tau\iota$ $\dot{\alpha}\gamma\acute{\iota}\psi$'는 예수 운동에서 덧붙인 것으로 보인다.[42]

세례자 요한 뒤에 오실 '더 강한 분$\dot{o}$ $\dot{\iota}\sigma\chi\upsilon\rho\acute{o}\varsigma$'은 누구를 가리킬까. 하느 님 자신 혹은 하느님과 구분되는 메시아 같은 인물 중 하나를 가리키겠 다. 사람의 아들(〈다니〉 7,13),[43] 다윗의 자손 메시아(〈솔로몬 시편〉 17장; 18기 도 중 14번), 호칭 없는 중재자 혹은 나자렛 예수[44]를 생각할 수 있다. 결정 하기 쉽지 않다. 세례자 요한은 더 강한 분을 하느님이라고 생각한 듯하 다.[45] 세례자 요한은 하느님께서 곧 오셔서 세상을 심판하시리라 믿었다.

세례자 요한이 등장하기 전에 유다교나 유다교 주변에서 누가 다른 사람에게 세례를 주는 일은 사실상 없었다.[46]

세례자 요한과 예수의 관계를 다루기 전에 세례자 요한을 볼 필요가 있다. 신약성서에 세례자 요한을 소개한 부분은 많지 않다. 세례자 요한의 출신(〈루가〉 1,5-25)과 출생(〈루가〉 1,57-80)은 〈루가〉만 전한다. 요한의 아버지 즈가리야는 사제고, 어머니 엘리사벳은 사제 아론의 후예다(〈루가〉 1,5). 요한은 부모 모두 사제 가문 출신이다. 나자렛 예수는 부모 모두 사제 가문 출신이 아니다. 세례자 요한의 출생 이야기는 전설에 속하지만, 광야에서 요한의 활동과 연결된다. 그리스도라는 별명이 마치 예수의 활동을 요약하는 이름처럼 사용됐듯이, 세례자라는 별명이 요한의 활동을 요약하는 이름처럼 사용됐다. 그리스도라는 별명이 예수를 전부 드러낼 수 없는 것처럼, 세례자라는 별명이 요한을 전부 드러낼 수 없다.

바리사이파와 예수처럼 세례자 요한도 이스라엘 전체를 향해 말한다. 바리사이파는 반동 그룹이고, 예수와 세례자 요한은 개혁 그룹이라고 이해하면 안 된다. 바리사이파, 예수, 세례자 요한 모두 개혁 그룹으로 분류하는 것이 옳겠다. 셋 모두 각자의 방식으로 이스라엘을 개혁하려 애썼다. 세례자 요한의 개혁 운동을 〈마태〉와 〈루가〉가 전한다. 〈마태〉와 〈루가〉 둘 다 〈Q 문헌〉을 참조한 것 같다. 〈Q 문헌〉은 현실적으로 존재하지 않지만, 〈마태〉 저자와 〈루가〉 저자가 참조했음이 틀림없다고 성서학계에서 여기는 문헌을 가리킨다. 〈마태〉와 〈루가〉 저자가 세례자 요한의 말을 길게 인용한 이유가 있다.

요한은 자기에게 세례를 받으러 나오는 사람들에게 이렇게 말하였다. "이 독사의 족속들아, 닥쳐올 징벌을 피하라고 누가 일러주었습니까? 여러분은 회개했다는 증거를 행실로 보이시오. 그리고 '아브라함이 우리의 조상이다' 하는 말은 아예 하지도 마시오. 사실 하느님은 이 돌들로도 아브라함의 자녀를 만드실 수 있습니다. 도끼가 이미 나무뿌리에 닿았으니 좋은 열매를 맺지 않는 나무는 다 찍혀 불 속에 던져질 것입니다."(《루가》 3,7-9)

군중은 요한에게 "그러면 우리는 어떻게 해야 하겠습니까?" 하고 물었다. 요한은 "속옷 두 벌을 가진 사람은 한 벌을 없는 사람에게 주고 먹을 것이 있는 사람도 이와 같이 남과 나누어 먹어야 합니다" 하고 대답하였다. 세리들도 와서 세례를 받고 "선생님, 우리는 어떻게 했으면 좋겠습니까?" 하고 물었다. 요한은 "정한 대로만 받고 그 이상은 받아내지 마시오" 하였다. 군인들도 "저희는 또 어떻게 해야 합니까?" 하고 물었다. 요한은 "협박하거나 속임수를 써서 남의 물건을 착취하지 말고 자기가 받는 봉급으로 만족하시오" 하고 일러주었다.(《루가》 3,10-14)

백성들은 그리스도를 기다리고 있던 터였으므로 요한을 보고 모두들 속으로 그가 혹시 그리스도가 아닐까 하고 생각하였다. 그러나 요한은 모든 사람에게 이렇게 말하였다. "나는 여러분에게 물로 세례를 베풀지만 이제 머지않아 성령과 불로 세례를 베푸실 분이 오십니다. 그분은 나보다 더 훌륭한 분이어서 나는 그분의 신발 끈을 풀어드릴 자격조차 없습니다. 그분은 손에 키를 들고 타작마당의 곡식을 깨끗이 가려 알곡은 모아 곳간에 들이고 쭉정이는 꺼지지 않는 불에 태우실 것입니다." 그 밖에도 요한은 사람들에게 여러 가지로 권하면서 복음을 선포하였다.(《루가》 3,15-18)

세례자 요한의 메시지 핵심은 회개 촉구다. 도끼가 이미 나무뿌리에 닿았으니, 시간이 없다. 좋은 열매를 맺지 않는 나무는 불 속에 던져질 것이다. 아브라함의 자손, 즉 하느님이 뽑으시고 계약을 맺으신 유다인이라는 특권은 심판 앞에서 아무 의미 없다. 세례자 요한이 바울보다 먼저 하느님 앞에 유다인과 이방인의 평등을 말했다. 하느님에 대한 믿음으로 충분하지 않고 좋은 행동을 열매 맺어야 한다. 세례자 요한은 예루살렘 성전 제사로 죄 사함이라는 유다교의 중심을 뒤흔들었다. 다가오는 하느님의 심판은 계약과 율법보다 회개를 먼저 볼 것이다. 회개를 다짐한 사람들은 요르단강에 와서 회개의 상징으로 요한에게 세례를 받았다.

군중, 세리, 군인이 대표적인 회개 대상으로 언급됐다. 군중은 대부분 가난한 사람이다. 군중(가난한 사람)은 속옷도 나누고, 먹을 것도 나눠야 한다. 속옷을 나누라는 말은 마지막 재산까지 나누라는 뜻이다. 세리는 경제 범죄를 짓지 말아야 한다. 군인은 억압과 착취를 중단해야 한다. 세례자 요한은 정치 비판과 사회윤리를 강조한다. 세례자 요한은 기도와 묵상을 말하지 않았다. 세례자 요한에게 세례를 받으러 온 유다인은 하루에 두 번 하느님께 기도하는 사람이다. 세례자 요한의 정치 비판은 성서신학이나 그리스도교에서 충분히 강조되지 못했다.

세례자 요한이 자신의 사명을 행할 장소로 광야를 고른 것은 우연이 아니다. 광야는 회개의 장소요, 하느님과 새롭게 만나는 장소다. 요한은 요르단강 동쪽 페레아 지역에서 세례를 준 것 같다. 정확한 장소는 알기 어렵다. 페레아 지역은 갈릴래아를 다스린 안티파스가 통치한 영토다.

세례자 요한은 예언자 요한이라 불리는 것이 적절하다. 요한의 메시지나 겉모습 모두 예언자에 해당한다. "요한은 낙타털 옷을 입고 허리에 가죽띠를 두르고 메뚜기와 들꿀을 먹으며 살았다"(〈마르〉 1,6). 요한은 엘리야의 겉옷(〈1열왕〉 19,13.19), 털옷(〈2열왕〉 1,8), 예언자들이 입던 털옷(〈즈가〉 13,4)에서 이스라엘 예언자의 전통을 잇는다. 요한도 엘리야의 역할을 생각하지 않았을까. "이 야훼가 나타날 날, 그 무서운 날을 앞두고 내가 틀림없이 예언자 엘리야를 너희에게 보내리니, 엘리야가 어른들의 마음을 자식들에게, 자식들의 마음을 어른들에게 돌려 화목하게 하리라. 그래야 내가 와서 세상을 모조리 쳐부수지 아니하리라"(〈말라〉3,23-24).

예수 운동 전승에서도 세례자 요한은 다시 온 엘리야로 이해됐다(〈마르〉1,2). "보아라. 나 이제 특사를 보내어 나의 행차 길을 닦으리라"(〈말라〉3,1). 〈마르〉 저자는 세례자 요한을 다시 온 엘리야라고 해석했다. "사실은 성서에 기록된 대로 엘리야는 벌써 왔었고 사람들은 그를 제멋대로 다루었습니다"(〈마르〉9,13).

온 유다 지방과 예루살렘에 사는 모든 사람(〈마르〉1,5), 예루살렘을 비롯하여 유다 각 지방과 요르단강 부근의 사람들(〈마태〉3,5; 〈루가〉3,3)이 요르단강으로 요한을 찾아갔다고 보도됐다. 사람들은 어떻게 유다 지방에서, 더구나 요르단강에서 상당히 먼 갈릴래아 지역에서 세례자 요한의 소식을 들었을까. 요한의 제자들(〈마르〉2,18; 6,29; 〈루가〉7,18; 〈요한〉1,35)이 사방에 다니며 요한의 메시지를 전했을까. 세례자 요한이 여러 장소를 찾아 활동했다는 의견이 있다.[47]

요세푸스는 세례자 요한을 어떻게 봤을까. 요세푸스가 유다고 그룹을 그리스철학 학파에 비유했듯이, 그는 요한을 윤리와 정의와 거룩함을 가르치는 스승으로 봤다.[48] 요세푸스는 세례자 요한의 죽음을 〈마르〉와 다르게 기록했다. 유다 백성에 대한 세례자 요한의 영향력을 두려워한 헤로데 안티파스가 페레아 남쪽 마케루스Machräus 성에서 처형했다.[49] 안티파스가 이복동생 필립보Φιλίππου(〈마르〉6,17)의 전처 헤로디아Ἡρῳδιά(〈마르〉6,17)와 결혼하려는 것을 세례자 요한이 반대해, 안티파스가 세례자 요한을 죽였다(〈마르〉6,14-29). 헤로디아는 또 다른 헤로데 가문의 남자 헤로데와 결혼했는데, 〈마르〉 저자가 이를 혼동한 것 같다.[50] 세례자 요한의 처형 장면(〈마르〉6,14-29)은 〈마르〉 저자가 쓴 전설로 보인다.

# 4. 갈릴래아 사람 예수

복음서는 갈릴래아 지방 정보를 드물게 제공한다. 예수 시대 갈릴래아 지방의 지리와 날씨, 정치·경제 상황을 복음서에서 알기는 쉽지 않다.[51] 복음서에 언급된 사람과 동네 이름 덕분에 예수 당시 갈릴래아 지방을 조금 엿볼 수 있다. 코라진과 베싸이다Bethsaida(〈루가〉 10,13; 〈마태〉 11,21), 가파르나움(〈루가〉 10,15), 달마누타(〈마르〉 8,10), 막달라Magdala(〈마르〉 15,40)는 모두 갈릴래아 호수 근처에 있으며, 예수가 주로 활동한 지역에 속한다. 가나(〈요한〉 2,1)와 나인(〈루가〉 7,11-17)이 정확히 어디 있는지 알기 어렵지만, 갈릴래아 지역인 것 같다. 1970년대 이후 활발한 발굴 작업으로 갈릴래아 지방에 대한 고고학 자료가 늘어나고 있다.

그리스어 συναγωγή는 히브리어 Knesset처럼 모임을 가리키기도 하고, 모임을 하는 건물을 뜻하기도 한다. 그리스어 ἐκκλησία에서 가져온 단어 교회Kirche Church도 마찬가지다. ἐκκλησία(〈사도〉 19,32.39)는 에페소 시민이 극장에 모인 공식 회의를 뜻한다. 예수 운동은 이 단어를 공동체 모임을 가리키는 단어로 사용하기 시작했다. '회중συναγωγή이 흩어진 뒤'(〈사도〉 13,43)는 유다교 모임을, "여러분의 회당συναγωγή에 금가락지를 끼고 화려한 옷을 입은 사람과 남루한 옷을 입은 사람이 들어왔다고 합시다"(〈야고〉 2,2)는 예수 운동 모임을 가리키겠다. 예수가 병자를 치유하고 사람들을 가르치는 συναγωγή(〈마르〉 1,21)는 모임과 건물 둘 다 뜻한다.

신약성서에서 συναγωγή는 모임만 뜻하는지 성서학계가 한동안 토론했다. 갈릴래아 지방에서 건물συναγωγὴ은 아예 없었고, 유다 지방에는 예외적으로 존재하지 않았느냐는 의문이 있었다.[52] 로마 군대 고위 장교가 유다인에게 가파르나움에 회당συναγωγὴ을 지어주었다는 보도(〈루가〉 7,5)는 〈루가〉 저자가 70년 이후 상황을 예수 시대로 거슬러 올라가 투사한 것 아니냐고 추측했다. 1세기 유다교 회당συναγωγὴ이 고고학적으로 확인된 적이 없었기 때문이다.[53]

겐네사렛Gennesaret 호수(= 갈릴래아 호수)에서 북동쪽으로 약 10킬로미터 떨어진 가믈라Gamla에서 커다란 회당 유적이 발견됐다. 가믈라는 헤로데 대왕의 아들 필립보가 통치한 지역이며, 유다 독립 전쟁에서 중요한 역할을 한 곳이다.[54] 그동안 갈릴래아 지방에서 1세기 회당이 발굴됐다. 막달라 북쪽 변두리에서도 1세기 회당이 발굴됐다.[55] 갈릴래아 중부 지역 텔 레케쉬Tel Rekhesh에서도 회당이 발굴됐다. 예수 시대 갈릴래아 지역의 도시와 마을에 유다교 회당이 있었다는 사실을 알려준다.

예루살렘을 둘러싼 유다 지방에서도 회당이 발굴됐다. 예루살렘이 서울이라면, 갈릴래아는 평양 지역으로 비유할 수 있다. 갈릴래아 지역은 제주도의 90퍼센트 정도 크기다. 갈릴래아에서 예루살렘은 약 100킬로미터 떨어졌고, 서울과 평양 거리의 절반에 해당한다. 서울과 평양은 비행 거리로 서울과 제주보다 훨씬 짧다. 예루살렘에서 항구도시 텔아비브Tel Aviv 중간 키르얏 세페르Kiryat Sefer, 예루살렘과 가까운 예리고에서도 회당 유적이 발견됐다. 회당에선 율법과 계명을 공부하고 숙소로 사용한 흔적이 드러났다. 예루살렘성전에서 멀지 않은 지역에 유다인 거주 지역을 가리키는 고유명사인 디아스포라Diaspora 공동체가 있었던 것 같다. 거기 살던 유다인은 그리스어를 사용했다. 예수 시대 예루살렘과 갈릴래아 지방 여러 도시와 시골에 회당(〈마르〉 1,39; 〈마태〉 4,23; 〈루가〉 4,15)이 있었을 것이다.

갈릴래아 지방에서 여러 가지 집 유적이 발굴됐다. 정원이 있는 부유한 집터가 막달라에서 발견됐다. 예수의 비유에 언급된 부자 농부(〈루가〉 12,16-21), 포도원 주인(〈마르〉 12,1-12; 〈마태〉 20,1-16; 〈도마복음〉 65장), 큰 잔치에 사람들을 초대한 부자(〈루가〉 14,16-24; 〈도마복음〉 64장)의 세계를 엿볼 수 있는 유적이다. 예수 활동에서 평범한 사람들의 집도 당연히 중요하다. 갈릴래아 지방 시골 사람들은 방이 두어 개 있는 단독주택이나 안마당이 한두 개 딸린 연립주택에 살았다. 베드로는 연립주택에 산 것 같다.[56] 예수에게 부름을 받은 첫 제자인 어부 네 사람(〈마르〉 1,16-20)은 부유층도 극빈층도 아니고, 시골에 사는 가난한 보통 사람 같다. 갈릴래아 호수에서 일한 어부는 배고픈 직업은 아닌 모양이다.[57] 당시 유다인은 대부분 가난했다.

갈릴래아 호수 북서쪽에 있는 가파르나움은 예수 활동에서 중요한 동네다.[58] 1000-1500명이 살았고, 세관(〈마르〉 2,14)이 있었다. 예수는 가파르나움에서 공식 활동을 시작했다(〈마르〉 1,21-28). 시몬과 안드레아가 사는 집을 방문해 시몬 장모의 병을 고쳐주고(〈마르〉 1,29-31), 세관 직원 레위(〈마르〉 2,14)와 마태오(〈마태〉 9,9), 유다인에게 회당을 지어주었다는 군인(〈루가〉 7,2)을 만났다. 예수가 있는 곳에 몰려든 수많은 군중(〈마르〉 1,32; 2,2.13; 3,7; 4,1; 5,21)을 잊을 수 없다.

갈릴래아 호수 북쪽 베싸이다 출신(〈요한〉 1,44)인 시몬 베드로는 가파르나움의 처가에 산 것 같다. 예수는 고향 나자렛을 떠나 가파르나움으로 이사했다(〈마태〉 4,13). 예수가 가파르나움 어느 집에 머물렀다(〈마르〉 2,1; 3,20; 7,17; 9,33)는 언급이 있는데, 시몬 베드로의 처가인 것 같다. 예수에게 가파르나움은 자기 동네(〈마태〉 9,1)라는 표현까지 생겼다. 가파르나움이 실제로 갈릴래아에서 예수가 활동한 중심지였는지 확실치 않다. 예수에게 부름을 받은 첫 제자 중 야고보와 동생 요한은 어부였다(〈마르〉

1,19-20). 아버지 제베대오는 삯꾼을 고용하는 소규모 경영주였다. 갈릴래아 호수에서 어업은 그럭저럭 먹고사는 생업에 속한다.

〈마태〉 저자는 예수가 가파르나움에 살고 활동한 사실에 큰 의미를 뒀다.

> 예언자 이사야를 시켜, "즈불룬과 납달리, 호수로 가는 길, 요르단강 건너편, 이방인의 갈릴래아. 어둠 속에 앉은 백성이 큰 빛을 보겠고 죽음의 그늘진 땅에 사는 사람들에게 빛이 비치리라" 하신 말씀이 이루어졌습니다.(〈마태〉 4,14-16)

> 고통에 잠긴 곳이 어찌 캄캄하지 않으랴? 전에는 그가 즈불룬 땅과 납달리 땅을 천대하셨으나 장차 바다로 가는 길, 요르단강 건너편 외국인들의 지역을 귀하게 여기실 날이 오리라. 어둠 속을 헤매는 백성이 큰 빛을 볼 것입니다. 캄캄한 땅에 사는 사람들에게 빛이 비쳐올 것입니다.(〈이사〉 8,23-9,1)

〈마태〉 저자가 〈이사〉 해당 본문을 정확히 인용한 것은 아니다. '요르단강 건너편 외국인들의 지역'(〈이사〉 8,23)을 '요르단강 건너편, 이방인의 갈릴래아'(〈마태〉 4,15)로 바꿨다. 가파르나움은 이스라엘 열두 부족 중에 납달리 부족의 땅이었다. "이때부터 예수는 전도를 시작하며 '회개하시오. 하늘나라가 다가왔습니다' 하고 말하였다"(〈마태〉 4,17). 예수는 이스라엘 열두 부족의 땅에서 활동을 시작했고, 목표는 이스라엘을 한데 모으는 일이었다. "수도 없이 많은 외국 군이 내 나라에 쳐들어왔다"(〈요엘〉 1,6). 예수는 수백 년 동안 외국 군대의 침략과 지배에 시달린 동족 이스라엘에 희망을 주고 싶었고, 이스라엘을 개혁하러 나섰다.

예수는 갈릴래아에서 일찌감치 바리사이파(〈마르〉 2,18.24; 3,6)와 율법학자(〈마르〉 2,6.16; 3,22)를 만났다. 예루살렘에서 예수를 처음 만나는 사두가이파 사람들(〈마르〉 12,18; 〈루가〉 20,27)이 〈마태〉에는 갈릴래아에서 이미 만났다(〈마태〉 16,1). 예수 시대에 바리사이파 사람들이 갈릴래아에 살았을까. 분명하지 않지만 가능한 일이다. 예수를 만나려고 예루살렘에서 갈릴래아에 잠시 다녀갔을 수도 있다. 사두가이파 사람들이 갈릴래아에 거주했을 가능성은 없다.[59] 갈릴래아를 통치한 헤로데 세력이 갈릴래아에서 활동한 예수를 둘러싸고 두 번 언급됐다(〈마르〉 3,6; 12,13). 이스라엘 개혁을 내세우는 예수의 활동이 유다교 일부 그룹과 집권 정치 세력에게 의심스러워 보였다는 뜻이다.

헤로데 왕이 죽은(공통년 이전 4년) 뒤, 그 아들 헤로데 안티파스는 요르단강 동쪽 페레아 지역과 갈릴래아를 다스렸다. 〈루가〉는 안티파스가 예수를 심문하는 장면을 소개했다(〈루가〉 23,6-12). 안티파스는 왕(〈마르〉 6,14)이 아니라 영주領主, τετραάρχ(〈마태〉 14,1; 〈루가〉 3,19; 〈사도〉 13,1)[60]에 불과하다. 빌라도 총독은 예루살렘을 식민지로 점령·통치한 로마제국을 대표하는 군인이고, 안티파스는 로마제국의 위임을 받아 갈릴래아를 통치했다. 빌라도 총독이 조선총독부의 일본인 총독이라면, 안티파스는 일본의 총애를 받아 한반도 어느 지역을 대리 통치하는 친일파 앞잡이에 비유할까. 안티파스가 예수를 심문하는 이야기는 역사적으로 확실치 않다.

헤로데 대왕은 예루살렘성전을 넓히고, 예루살렘과 체사레아Cäsarea에 여러 궁전을 짓고, 사해 근처 마사다에 성벽을 쌓고, 자기 무덤도 미리 만들게 했다.[61] 헤로데 대왕이 예루살렘과 유다 지역 등 수도권에 주요 건축 사업을 시행했다면, 안티파스는 갈릴래아 지방 여러 곳에 했다.[62] 갈릴래아 지방의 중요한 두 도시 세포리스와 티베리아스를 다시 짓고 새로 꾸미게 했다. 세포리스는 나자렛에서 북서쪽으로 6킬로미터 떨어진 도시라, 예수 연구에서 특히 관심을 끌었다.[63]

헤로데 대왕이 죽은 뒤, 세포리스 지역에서 갈릴래아 출신 유다가 독립 전쟁을 일으켰다가 로마 장군 바루스Quintilius Varus에게 진압됐다. 세포리스는 크게 파괴됐다.[64] 세포리스는 갈릴래아 호수 둘레에 있는 그리스권 도시 10개를 가리키는 데카폴리스Dekapolis보다 유다인 비율이 높았다. 세포리스에서 발굴된 극장 건축에 예수의 아버지 요셉과 예수가 관여했을까. 거기서 예수가 혹시 그리스 문화와 언어에 접촉했을까. 그런 추측이 있었다.[65]

예수가 건축 노동자로 얼마나 오래 살았는지, 어디서 일했는지 자세히 알 길은 없다. 일용직 노동자 예수가 일자리를 찾아 이리저리 방랑할 수밖에 없었다는 추측[66]은 어떤가. 예수의 직업과 떠돌이 생활을 연결할 자료가 남아 있진 않다. 예수의 가족이 부동산을 소유하지 않았을 것이라는 의견[67] 역시 추측일 뿐이라고 말할 수밖에 없다.

예수는 유다인 지역이 아닌 데카폴리스에도 갔다(〈마르〉 5,1-20; 7,31). 요르단강 동쪽에 작은 도시가 모여 있는 곳이다. 서쪽으로 지중해 연안 도시 띠로Tyros와 시돈Sidon을 방문하기도 했다(〈마르〉 7,24-31). 지중해 해안을 따라 북쪽의 체사레아 필립비Καισαρεία Φιλίππου도 찾아갔다(〈마르〉 8,27). 예수가 지중해를 보며 잠시 쉴 시간은 있었을까. 복음서에 비 오는 장면과 바닷가를 거니는 예수의 모습이 없어 아쉽다. 예수가 갈릴래아 호수를 바다 삼아 자주 고뇌에 잠겼을 테지만 말이다. 예수의 활동은 갈릴래아와 그 지역에 집중된다. 예수는 갈릴래아 사람이고, 고향 사람들을 먼저 찾아다녔다. 고향 사람들은 예수를 외면했지만, 예수는 고향을 사랑했다.

갈릴래아는 어떤 땅일까. 유다 역사가 요세푸스는 기름진 땅에 가축을 기르기 좋으며, 온갖 나무가 자라는 곳이라고 기록했다.[68] 특히 갈릴래아 호수 지역은 비옥한 땅이다.[69] 갈릴래아 호수는 어부들에게 고마운 생계 수단이었다. 뿌려진 씨의 비유(〈마태〉 13,3-8), 겨자씨 비유(〈마르〉 4,30-32), 가라지 비유(〈마태〉 13,24-30), 포도원 일꾼과 품삯 비유(〈마태〉 20,1-16)는 갈릴래아 지방 사람들의 삶을 반영한다. '씨 뿌리는 사람의 비유'(〈마태〉 13,3-8.18)보다 '뿌려진 씨의 비유'가 적절한 명칭이다. 예수는 씨 뿌리는 사람이 아니라 뿌려진 씨에 관해 설명한다.

갈릴래아는 북쪽 산악 지역과 언덕이 많은 남서쪽 지역, 갈릴래아 호수를 둘러싼 동쪽 지역으로 구성된다.[70] 거주민 6000-1만 2000명으로 추측[71]되는 두 도시 세포리스와 티베리아스가 주변 농촌의 삶에 어느 정도 영향을 끼쳤다. 주변 농촌은 도시 거주민에게 먹을거리를 공급하고, 도시는 농촌 주민에게 생필품을 제공했다.[72] 여기서 고용雇用과 고용雇傭, 부채 관계, 빈부 격차가 생기기도 했다.[73] 부자와 가난한 사람에 대한 예수 전승은 이런 현실을 배경으로 한다.

갈릴래아 지역은 충청북도처럼 육지로 둘러싸여 바다를 접하지 못하지만, 교통망은 비교적 잘 연결된 편이었다. 로마제국의 주요 도로 중 하나인 해안 길Via maris이 갈릴래아 지역을 지나고, 그 연결 도로가 세포리스와 티베리아스에 이어졌다. 어떤 동네πόλεις에 들어갔을 때(〈루가〉 10,10), 장터ἀγοραι(〈루가〉 7,32; 11,43), 거리πλατεῖαι(〈마태〉 6,5), 사채와 이자(〈루가〉 16,3-7; 19,23), 상인(〈마태〉 13,45), 재판과 감옥(〈루가〉 12,57-59; 〈마태〉 18,30)은 20년대 후반 예수 시대 갈릴래아 지역을 배경으로 한다. 유다 독립 전쟁이 끝난 뒤나, 〈마태〉와 〈루가〉가 쓰인 80-90년대 갈릴래아 풍경을 소개한 것이 아니다.

갈릴래아 지역은 북쪽과 서쪽은 페니키아Phönizia 국가의 해변 지역을 만나고, 동쪽으로 그리스 도시들이 있는 데카폴리스 지역, 남쪽으로 사마리아 지역과 만난다. 북쪽과 서쪽은 다른 나라와 닿고, 동쪽은 같은 국가에서 그리스인이 많이 사는 지역에 닿고, 남쪽은 종교적으로 갈등 관계인 사마리아와 닿아 있다. 갈릴래아는 땅으로 사방과 연결되고, 종교적으로 갇힌 모양새다. 사마리아 지역은 공통년 이전 8세기에 아시리아Assyrer 침략으로 유다인이 아닌 민족이 많이 이주했다. 그래서 사마리아에 사는 사람들은 혼혈 민족이라고 비난받고, 다른 지역 유다인에게 차별받았다. 사마리아에 사는 유다인은 고유의 모세오경 번역본을 사용했고, 가리짐Garizim산에 따로 성전을 지었다. 공통년 이전 112년에 유다인이 그 성전을 파괴했다. 사마리아인과 유다인의 갈등은 유다교 내부 갈등의 슬픈 역사를 반영한다.

사마리아인과 유다인의 갈등은 예수 운동 전승에도 있다. 예수를 맞아들이지 않는 사마리아 사람들을 보고 제자 야고보와 요한이 "저희가 하늘에서 불을 내리게 하여 그들을 불살라버릴까요?" 하고 물었다(〈루가〉 9,51-54). 예수는 그들을 꾸짖는다(〈루가〉 9,55). 유다인과 사마리아인은 상종하는 일이 없었다(〈요한〉 4,9). 그런데 유다인 예수는 사마리아 사람, 그것도 사마리아 여인에게 단둘이 있을 때 물을 달라고 요청했다(〈요한〉 4,1-26). 사마리아 여인과 예수의 만남 자체가 큰 충격이다. 예수는 어떤 율법교사(즉 유다교 신학자)에게 착한 사마리아 사람 비유(〈루가〉 10,30-37)를 들었다. 착한 사마리아 사람처럼 행동하라고 말한 자체가 유다인에게 모욕이다. 동족 유다인이 예수를 사마리아 사람이며 마귀 들린 사람(〈요한〉 8,48)이라고 비난한 적도 있다.

갈릴래아는 오랫동안 외국 군대의 침략과 지배에 시달렸다. 공통년이전 733-722년 아시리아, 539년 바빌로니아, 332년 그리스의 알렉산더대왕, 이집트 프톨레마이오스Ptolemäer왕조, 시리아 셀레우키드Seleukid왕조, 공통년 이전 63년 로마제국에 정복됐다. 로마 장군 폼페이우스

Pompeius는 이스라엘 영토를 크게 줄였다. 지중해 근처 도시와 요르단강 동쪽 도시를 이스라엘 영토에서 떼어내고, 이스라엘을 유다와 갈릴래아, 페레아로 쪼갰다. 헤로데 대왕이 사망(공통년 이전 4년)한 뒤, 세 아들이 영토를 나눠 물려받았다.

헤로데 안티파스는 로마 황제 칼리굴라Caligula에게 유배당할 때까지 43년간(공통년 이전 4년-공통년 39년) 갈릴래아와 페레아를 통치했다. 헤로데 필립보는 갈릴래아 호수 동쪽 가우라니티스Gaulanitis를 다스렸다(공통년 이전 4년-공통년 33년). 헤로데 대왕의 셋째 아들 아르켈라오는 사마리아와 유다, 이두메아를 통치했다. 아르켈라오는 잔인한 통치로 10년 만에 로마 황제 아우구스투스에 의해 쫓겨났다. 사마리아와 유다, 이두메아는 공통년 6년부터 지중해 바닷가 체사레아Cäsarea Maritima에 주둔하는 로마 총독이 직접 통치했다.

갈릴래아는 이스라엘 핵심 지역으로 여겨진 유다와 약 100킬로미터 떨어졌다. 예수 당시 걸어서 사흘 정도 걸리는 거리다. 갈릴래아와 예루살렘 사이에 사마리아 땅이 있다. 갈릴래아에서 사마리아를 거치지 않고 예루살렘으로 가는 길이 두 개 더 있다. 지중해 해안 길을 이용하거나, 요르단강 낮은 지대를 걷는 방법이다. 갈릴래아 사람은 발음으로 유다 사람들과 구분되기 쉬웠다(〈마태〉 26,73). 갈릴래아 유다인이 지리적 위치 때문에 유다교 색깔이 약하지 않나 하는 의심도 있었다. 바다나 유다교 중심인 예루살렘과 직접 닿지 못하고, 이방인 지역에 둘러싸여 섬처럼 갇혔다는 의미에서 '이방인의 갈릴래아'(〈이사〉 8,23; 〈1마카〉 5,15)라고 부를 수 있었다.[74]

아시리아가 이스라엘을 점령(공통년 이전 722-721년)한 뒤 갈릴래아 인구가 크게 줄었다(〈2열왕〉 15,29). 그런 사실을 알려주는 고고학 자료도 발굴됐다. 유다인 거주 비율이 크게 줄어든 것은 아니다. 여러 민족이 이주하면서 유다인의 두려움은 커졌다. "프톨레매오와 띠로와 시돈에 사는 주민들과 갈릴래아에 사는 전 이방인들이 합세하여 그들(유다인)을 멸망시키려 하고 있다"(〈1마카〉 5,15). 유다 하스모네아Hasmonäer 왕조가 시리아의 셀레우키드 왕조를 물리치고 갈릴래아 영토를 되찾았다(공통년 이전 104-103년).

다른 지역에 사는 유다인이 갈릴래아로 이주하기 시작했다.[75] 갈릴래아 지방에 유다인 거주 비율이 다시 늘었다. 이방인의 갈릴래아라는 표현을 예수 시대 갈릴래아에 적용하기는 어렵다.[76] 이방인의 갈릴래아(〈이사〉 8,23)는 예언자 이사야가 아시리아에 정복된 북이스라엘을 빗댄 말이다. 〈마태〉는 이방인의 갈릴래아를 모든 민족에 대한 예수 선교와 연결했다.

요세푸스는 로마 군대에 저항하는 크고 작은 독립 투쟁이 갈릴래아에서 여러 번 일어났다고 기록했다. 갈릴래아 사람 유다를 중심으로 헤로데 대왕 사망 직후 봉기한 독립 투쟁은 갈릴래아뿐 아니라 유다 전체에 걸친 싸움이었다.[77] 요세푸스가 강도의 소굴이라고 표현한 것은 유다 전체를 가리킨다.[78] 요세푸스는 유다 독립 전쟁 때 유다 군대 장군이었지만, 로마 군대에 투항·귀순해 로마 군대가 예루살렘을 공격하는 데 도움을 준다. 공통년 44년 유다의 두 아들이 일으킨 무장투쟁은 예수와 헤로데 안티파스 시대 뒤의 사건이다. 갈릴래아를 무력 투쟁의 근거지로 해석하는 의견은 대부분 요세푸스의 기록에 따른다.

갈릴래아가 로마 군대에 저항한 반골의 땅이라는 해석은 맞을까.[79] 헤로데 안티파스는 로마제국의 위성국가 영주로서 갈릴래아와 페레아를 43년간 통치했다. 안티파스는 유다인의 심기를 불편하게 하는 정치를 피하려 애썼다. 이방인 신전을 세우지 않았고, 동전에 신이나 황제 얼굴을 새기지 않았다. 그동안 갈릴래아에서 커다란 무력 투쟁이 벌어진 기록은 없었다. 유다나 사마리아와 달리 갈릴래아에 120년까지 로마 군대가 주둔하지도 않았다.

그래서 갈릴래아가 안티파스 통치 당시 안정된 시대를 보냈다고 보는 의견이 있다.[80] 큰 무력 투쟁이 없었다고 안티파스 시대(즉 예수 시대) 갈릴래아가 태평성대를 누렸다고 볼 수 있을까. 위기로 가득한 시대였다[81]는 의견이 더 타당하다. 이민족에게 빼앗긴 땅에서 평화로운 봄노래를 부를 수 있겠는가. 예수의 십자가 죽음과 부활 이후 30여 년이 지나고 유다 독립 전쟁이 벌어졌다. 유다교와 예수 운동 양쪽 상황이 크게 달라지고 말았다.

유다인은 데카폴리스에 속한 벳 세안Bet Shean처럼 유다인 지역 밖에도 거주했다.[82] 예수 운동은 유다인 지역 여러 마을과 몇 개 도시, 그 주변 비유다인 지역에서 시작됐다.[83] 그런데 갈릴래아 지역에서 가장 큰 도시 세포리스와 티베리아스, 갈릴래아 호수 근처 중요한 곳인 막달라가 예수 활동 지역으로 전혀 언급되지 않았다. 이상하다. 예수가 그곳에서 활동했지만, 성과를 거두지 못해 복음서 저자들이 침묵했을까. 복음서 저자들은 예수가 불신과 거절을 겪은 사실을 숨기지 않았다. 예수는 그리스 문화가 퍼진 도시를 일부러 피하고 유다인이 사는 농촌만 다녔을까. 그리스 문화는 도시에 퍼졌고, 유다인은 농촌에 살았다는 전제는 입증하기 어렵다.

예수 운동 노선에서 그 이유를 찾는 해설도 나왔다.[84] 예수는 이스라엘을 개혁하고 이스라엘 백성을 한데 모으려 했다는 것이다. 가난한 사람에게 해방을 선포하고, 굶주린 이를 먹이고, 아픈 사람을 고쳐주는 활동이 예수 운동에서 아주 중요하다. 예수는 그런 사람을 도시보다 시골에서 찾았다는 의견이다. 예수 운동의 농촌 우선주의라고 말할까. 물론 예루살렘은 중요한 예외에 속한다. 예수는 예루살렘에서 성전 항쟁과 성전 파괴 발언을 할 예정이다. 예수 운동이 갈릴래아 지역 도시와 농촌 사회의 갈등과 대립 구도를 배경으로 한다는 의견도 있었다. 도시에 거주하다가 귀농한 엘리트 농부를 중심으로 예수 운동이 전개됐을 거라는 가설이다.[85]

예수 시대 갈릴래아 지역에 유다인이 많이 살지 않았다는 의견이 퍼지기도 했다. 예수는 율법 학자와 바리사이파의 영향에서 비교적 자유로웠고, 유다인이 아닌 민족에 개방적이었다는 의견이다.[86] 1990년대 미국의 일부 예수 연구자들이 예수 운동은 처음부터 유다교에서 떨어져 나왔고, 유다인 일부와 다른 민족에게 호응을 얻었다고 주장하기도 했다. 예수를 갈릴래아에서 지중해 그리스·로마 문화로 옮겨 이해하려는 시도다.

히브리어 공동성서의 70인역 그리스어 번역본에서 모세의 후계자 여호수아는 언제나 Ἰησοῦς(〈신명〉 31,7)라 불렸다. 예수는 그리스어에서 온 이름이다. 히브리어 Jehoschu'a로 불린다. Jeschu'a 혹은 Jeschu로 줄여서 불린 이 이름은 고대 유다 사회에서 널리 퍼졌다.[87] '야훼는 힘, 구원이다'라는 뜻이다(〈마태〉 1,21). 예수가 예루살렘에 진출했을 때 사람들이 외친 호산나ὡσαννά(〈마르〉 11,9-10; 〈요한〉 12,13)는 예수의 히브리어 이름과 같은 어원에서 나왔다.

역사의 예수Der historische Jesus는 모든 인간과 같은 방식으로 잉태되고 태어났다. 〈마르〉 〈요한〉, 바울의 편지에서도 다른 의견은 없었다. 그런데 〈마태〉 〈루가〉에는 예수가 성령으로 잉태되고 태어났다는 의견이 있다 (〈마태〉 1,18-23; 〈루가〉 1,26-38; 2,5). "처녀가 잉태하여 아들을 낳고 그 이름을 임마누엘이라 하리라"(〈이사〉 7,14). 그리스어 번역본을 참조한 것 같다. 〈마태〉 〈루가〉는 지상의 그리스도Der irdische Christus가 어떻게 유래했는지 말하고 싶었다.[88] 나는 '역사의 예수'와 '지상의 그리스도'라는 표현을 독일 성서학자 미하엘 볼터Michael Wolter에게서 가져왔다. 예수는 역사적으로 모든 인간과 같은 방식으로 잉태되고 태어났고, 신학적으로 모든 인간과 다른 방식으로 잉태되고 태어났다고 말하면 어떨까. 나는 그렇게 비유하고 싶다.

예수의 사회적·생물학적 아버지 요셉은 〈루가〉 1-2장과 〈마태〉 1-2장에만 나온다. 요셉의 아내 마리아는 〈마르〉와 〈요한〉에도 보인다(〈마르〉 3,31; 〈마태〉 12,46; 〈루가〉 8,19; 〈요한〉 2,1; 19,25-27). 예수가 갈릴래아 활동을 시작하기 전에 아버지 요셉은 사망했을 거라는 가설이 있지만, 확실한 근거는 없다. 예수가 마리아의 아들(〈마르〉 6,3)로 불린 것에 특별한 의미를 두는 해석이 있는데, 그럴 필요는 없다. 예수가 요셉의 아들(〈루가〉 4,22; 〈요한〉 1,45; 6,42)로 불리거나 목수의 아들(〈마태〉 13,55)로 기록되기도 했다.

예수의 네 형제 이름(야고보, 요셉, 유다, 시몬)이 기록됐다(〈마르〉 6,3). 예수의 누이들αi ἀδελφαi도 나오지만(〈마르〉 6,3), 이름은 아쉽게도 역사에 남지 못했다. 예수의 형제들(〈마르〉 3,31; 〈요한〉 2,12; 7,3.5.10)이 여러 번 언급됐다. "우리라고 해서 다른 사도들이나 주님의 형제들이나 베드로처럼 그리스도를 믿는 아내를 데리고 다닐 권리가 없단 말입니까?"(〈1고린〉 9,5)에서 바울은 주님의 형제들이라고 호칭했다. 예수의 형제들도 베드로처럼 아내를 동반하고 부활 이후 예수를 전하는 데 참여했다는 소식 같다.

예수는 다윗 가문 자손인가. 다윗 가문의 요셉(〈마태〉 1,20; 〈루가〉 2,4)이라는 기록이 있다. 예수는 다윗 가문이 아니므로 그리스도가 될 수 없다는 주장도 있었다. "어떤 사람들은 '그리스도가 갈릴래아에서 나올 리가 있겠는가? 성서에도 그리스도는 다윗의 자손으로 다윗이 살던 동네 베들레헴에서 태어나리라고 하지 않았느냐?' 하고 말했습니다"(〈요한〉 7,41-42). 예수가 이 주제로 논쟁하는 장면도 있다. "다윗 자신이 그리스도를 주님이라고 불렀는데 그리스도가 어떻게 다윗의 자손이 되겠습니까?"(〈마르〉12,37) 그런데 바울은 "그분은 인성으로 말하면 다윗의 후손으로 태어나신 분"(〈로마〉1,3)이라고 단언했다. 예수는 다윗 가문 출신이라는 역사적으로 믿을 만한 근거를 가지고 바울이 말했는가, 아니면 예수는 메시아라는 믿음에서 출발해 예수가 다윗 가문 출신임을 거꾸로 추론하는 말일까? 이 주제는 오랫동안 논의되고 있다.

실제로 예수가 다윗 가문 출신임이 증명된다 해도, 예수가 곧 메시아라는 주장과 동일시되는 것은 아니다. 다윗 가문 출신 남자가 다 메시아라고 주장할 순 없다. 이 주제에서 예수 족보(〈마태〉1,2-16; 〈루가〉3,23-38)는 별다른 도움이 되지 못한다. 예수 족보는 신학적 가치가 있지만, 사료 가치는 의문스럽다. 몇 가지 예를 들자. 예수 할아버지 이름이 야곱(〈마태〉1,16), 엘리(〈루가〉3,23)로 같지 않다. 즈루빠벨Ζοροβαβὲλ(〈마태〉1,13; 〈루가〉3,27)부터 예수 사이에 〈마태〉에서 10세대, 〈루가〉에서 19세대가 있다.

예수의 베들레헴 탄생 이야기는 〈루가〉와 〈마태〉에만 있다(〈루가〉2,1-7; 〈마태〉2,1-12). 가장 먼저 쓰인 〈마르〉와 가장 나중에 쓰인 〈요한〉에는 없다. 베들레헴 탄생 이야기에 여러 모순이 있다. 예수의 부모는 예수가 탄생하기 전에 베들레헴에 살았고, 베들레헴에 집이 있었다(〈마태〉2,11). 예수의 부모는 이집트에서 돌아온 뒤에야 갈릴래아 나자렛에 집을 구했다(〈마태〉2,19-23). 〈루가〉에서 예수의 부모는 처음부터 나자렛에 살았고(〈루가〉1,26-27), 호구조사를 하러 베들레헴으로 갔다(〈루가〉2,4).

〈루가〉가 말한 호구조사는 로마제국 전체가 아니라 유다 지방에서 실행했다. 유다가 로마제국 소속인 시리아 총독 관할에 편입된 공통년 6-7년에 말이다. 예수의 부모가 살던 나자렛 지방에는 해당하지 않는 일이다. 갈릴래아 지방 나자렛은 헤로데 안티파스가, 유다 지방 베들레헴은 로마 총독이 통치했으며, 호구조사는 본적지가 아니라 거주지에서 했다.

나자렛에 살던 예수의 부모는 호구조사를 위해 베들레헴에 갈 필요가 없었다. 〈마태〉와 〈루가〉 저자가 "그러나 에브라다 지방 베들레헴아, 너는 비록 유다 부족들 가운데서 보잘것없으나 나 대신 이스라엘을 다스릴 자, 너에게서 난다"(〈미가〉 5,1)는 말씀 때문에 예수의 베들레헴 탄생 이야기를 지어낸 것 같다. 예수의 베들레헴 탄생은 역사의 예수에는 사실과 다르지만, 지상의 그리스도에는 어울리는 이야기다.[89]

예수 탄생 연도를 〈마르〉 〈요한〉에서 추측할 수 없다. 〈마태〉는 예수가 헤로데 왕 때, 유다 베들레헴에서 났다고 기록했다(〈마태〉 2,1). 헤로데 대왕은 공통년 이전 4년에 사망했다. 〈루가〉는 예수 탄생 연도를 이보다 10년 뒤로 가리킨다. 유다 지방은 공통년 6년에 로마제국의 속주 시리아로 편입됐다. 시리아의 로마 총독 키리니우스Publius Sulpicius Quirinius는 호구조사를 했다.[90] 로마제국의 호구조사를 오해한 〈루가〉의 예수 탄생 연도 보도는 신뢰하기 곤란하다. 예수는 서른 살가량 되어 전도하기 시작했다(〈루가〉 3,23)는 기록은 자세하지 않아 별 도움이 못 된다. 〈루가〉 저자가 "다윗은 나이 삼십에 왕위에 올라 사십 년을 다스렸다"(〈2사무〉 5,4)는 말씀을 생각하지 않았을까. 예수 탄생 연도에 대한 여러 설명이 있다.[91] 헤로데 대왕이 죽기 전에 예수가 탄생했다고 단언할 수도 없고, 그때 탄생했을 가능성을 제외할 수도 없다. 예수가 언제 탄생했는지 우리는 정확히 알지 못한다.

예수의 직업은 무엇이었을까. 예수는 목수의 아들(〈마태〉 13,55)로 목수τέκτων(〈마르〉 6,3)였다. 목수(〈2사무〉 5,11; 〈2열왕〉 12,12; 〈1역대〉 14,1; 〈이사〉 44,13), 대장장이(〈1사무〉 13,19; 〈이사〉 44,12), 석수(〈2사무〉 5,11; 〈1역대〉 14,1)를 가리키는 그리스어가 모두 τέκτων이다. 예수는 돌·나무·쇠를 다루는 일을 했다고 보인다. 아들이 보통 아버지 직업을 물려받았다. 나무뿐 아니라 돌과 쇠를 다루는 직업이다. 나자렛은 나무가 별로 없는 지역이니,

예수는 나무보다 돌을 자주 만졌을 것이다. 제주도에 사는 나는 돌담을 볼 때마다 돌 만지는 예수를 상상한다.

　나자렛이라는 작은 동네에서 가족을 부양하기 충분한 일거리를 찾기는 쉽지 않았을 것이다. 요셉과 예수의 형제들은 일거리를 찾아 여기저기 돌아다녔을 것이다. 요셉은 나자렛과 6킬로미터 떨어진 도시 세포리스 재건 공사에서 일했을 가능성이 있다. 예수도 아버지를 따라 세포리스에서 일했을지 모른다. 갈릴래아를 통치한 헤로데 안티파스는 공통년 17년부터 티베리아스라는 도시를 건설하기 시작했다. 나자렛에서 30킬로미터 떨어진 티베리아스는 갈릴래아 호수에 붙어 있다. 아버지 요셉과 20대 초반 예수, 그 형제들은 티베리아스 공사판에서 객지 생활을 했을 가능성이 크다.

　세포리스는 로마 총독 바루스Varus가 파괴했다. 공통년 이전 4년 헤로데 대왕이 죽고 그 세 아들이 국토를 나눠 물려받고 통치하는 동안 세포리스에 사는 유다인들이 로마제국에 무력으로 저항했기 때문이다. 유다인 약 2000명이 십자가형을 받았다는 이야기도 있다. 예수는 아버지나 동네 어른들에게 로마 군대가 세포리스에서 유다인을 몰살한 이야기를 들으며 자랐을 것이다. 예수의 성장기에 로마 군대에 대한 적개심이 아무 역할도 하지 못했다는 상상은 상식에 어긋나고 합리적이지 않다.

　예수는 나이가 들거나 병, 사고로 죽음을 맞이한 것이 아니라 정치범으로 사형당한 사실을 한순간도 잊어선 안 된다. 예수는 죽음을 맞이한 것이 아니라 죽음을 당했다. 복음서의 공통된 증언에 따르면 예수는 금요일에 처형됐다(〈마르〉 15,42; 〈마태〉 27,62; 〈루가〉 23,54; 〈요한〉 19,31). 〈마르〉 〈마태〉 〈루가〉에 따르면, 예수는 니산Nisan 달 15일에 십자가에서 죽음을 당했다. 공통년 27-34년 어느 금요일에 해당한다. 예수 최후 만찬은 파스카πάσχα 만찬이다. 예수는 파스카 첫날 오후에 처형됐다. 〈요한〉에 따르면 예수는 파스카 준비하는 날, 즉 유다교 달력으로 니산 달 14일에 처형됐다(〈요한〉 18,28; 19,14.31.42). 공통년 30-34년 어느 금요일에 해당한다. 유다교 달력은 음력이다. 예수 최후 만찬은 파스카 만찬이 아니다. 예수는 파스카 축제가 열리기 전날 오후에 처형됐다.

우리는 엇갈린 두 보도를 어떻게 받아들여야 하나. 어느 보도가 신학적 해석이 덜 덧붙었고, 역사적 관점을 더 택했을까. 성서학자들의 고뇌는 계속된다. 복음서 모두 신학적 해석이 포함된다. 〈마르〉〈마태〉〈루가〉는 예수 최후 만찬을 예수 운동의 빵 나눔과 연결하려 했다. 그러려면 예수 최후 만찬을 파스카 만찬으로 설명하는 게 좋다. 〈요한〉은 예수를 진정한 파스카 양으로 표현하려 했다. 그러려면 파스카 축제에서 양들이 성전에서 도살되는 시간(〈출애〉 12,46; 〈민수〉 9,12)에 예수 처형 시간을 맞추는 게 좋다. 성서학자 다수는 〈요한〉 보도를 역사적으로 더 신빙성 있다고 본다.[92] 예수 최후 만찬의 진행 절차나 빵과 포도주 해석 말씀에서 파스카 만찬과 연관이 뚜렷하지 않기 때문이다. 그러나 이 뚜렷하지 않은 설명 덕분에 오히려 〈마르〉〈마태〉〈루가〉 보도가 역사적으로 더 신빙성 있다고 볼 수도 있다.

예수는 평소 아람어를 썼다. 유다교 회당에서 안식일마다 히브리어 성서를 들었을 것이다. 예수가 객지로 다니며 일하는 동안 그리스어 사용자들과 접촉했을 수 있다. 그리스어 몇 마디는 알아들었을 수 있다. 빌라도가 라틴어로 심문하는 말을 예수가 알아듣고 라틴어로 답했을까. 둘 사이에 통역이 있었을까. 우리는 알 수 없다. 예수는 글을 읽고 쓸 수 있었을까. 〈루가〉 저자와 바울은 예수의 형제 야고보에 대한 소식을 전했다(〈사도〉 15,13-21; 21,18-25; 〈갈라〉 1,19; 2,1-10.12). 예수와 형제들이 교육과 거리가 먼 가정 출신은 아닌 듯하다. 아마도 예수는 글을 읽고(〈루가〉 4,17) 쓸 줄 알았을 가능성이 크다.

복음서는 예수의 결혼 여부에 대해 말이 없다. 예수와 막달라 마리아의 관계를 언급한 문헌이 나그함마디Nag Hammadi에서 발견됐다. 막달라는 갈릴래아 호수 서쪽에 있는 마을이다. 모두 공통년 2세기 중반에 쓰인 것으로, 역사적 가치는 없다. 신약성서에서 막달라 마리아는 여러 번 보도됐다. 일곱 마귀가 나간 막달라 여자 마리아(〈루가〉 8,2)는 예수가 십자가에서 숨을 거두는 모습을 지켜보고(〈마르〉 15,40), 예수의 무덤을 지켜본 여인 중 하나(〈마르〉 15,47), 예수가 부활한 소식을 천사에게 듣고 제자들에게 알려준 여인 중 하나(〈루가〉 24,4-10)로 기록됐다.

# 5. 유다인 예수

　나자렛 예수, 갈릴래아 예수에 이어 유다인 예수를 다룰 차례다. 예수의 종교인 유다교 배경에 예수를 놓고 보는 일은 예수 연구의 새로운 흐름에서 가장 중요한 특징이다.[93] 너무나 당연한 듯 보일 수 있는 이 말은 심각한 충격을 주기도 한다. 예전의 예수 연구에서 많은 그리스도교 성서학자들과 신학자들은 예수와 유다교를 갈등이 심한 대립 관계로 설정하고 해설했다. 예수가 유다교를 극복하고 새로운 그리스도교를 창시했다는 것이다. 이런 설명은 여전히 효력이 있을까.

　예수가 시작한 개혁 운동이 나중에 예수 운동으로 이어지고, 유다교와 갈등을 일으키고 분열해 그리스도교 창설로 연결됐다. 이런 역사적 사실과 경과는 부인할 수 없다. 그러나 이런 역사의 흐름이 생전의 예수가 의도했거나 시작했다고 보기는 쉽지 않다. 유다교와 그리스도교의 분열을 예수가 의도했고 일으켰다고 말하긴 어렵다. 예수가 유다교를 떠나 그리스도교를 창시했다고 말하긴 어렵다. 예수는 이스라엘을 개혁하려고 했지, 이스라엘을 버리고 새로운 공동체를 만들려고 하지 않았다.

　유다 사회에서 고대 이스라엘 종교는 분명히 편협하고 굳어진 상태를 겪었으며, 하느님의 권능과 율법 해석에서 타락을 경험했다는 주장[94]은 적절할까? 당시 유다교 문헌이나 고고학 증거로 볼 때 유다교를 옹졸한 율법 종교로 낙인찍는 일은 찬성하기 어렵다. 예수 시대 유다교는 다양한 그룹이 활동하고 의견이 오가는 생기 넘치는 종교였다. 예수 시대 유다교에 대한 정확하고 공정한 이해 없이 예수를 제대로 이해하기 어렵다. 논의 순서는 유다교 안에 있는 예수부터 보는 게 맞다.

예수는 유다교의 기본 신념을 이해하고 동의했다.[95] 하나이신 하느님, 이스라엘을 선택하고 계약을 맺은 하느님, 율법을 계약의 기초로 주신 하느님이 유다교의 기본 신념에 속한다. 유다인은 매일 아침저녁 다음과 같이 기도한다. "너, 이스라엘아 들어라. 우리의 하느님은 야훼시다. 야훼 한 분뿐이시다. 마음을 다 기울이고 정성을 다 바치고 힘을 다 쏟아 너의 하느님 야훼를 사랑하여라. 오늘 내가 너희에게 명령하는 이 말을 마음에 새겨라. 이것을 너희 자손들에게 거듭거듭 들려주어라. 집에서 쉴 때나 길을 갈 때나 자리에 들었을 때나 일어났을 때나 항상 말해주어라"(〈신명〉 6,4-7).

유다교의 가장 중요한 전승은 공동성서 율법, 예언서, 기타 문헌에 있다. 공동성서는 기타 문헌 일부를 제외하면 공통년 이전 2세기에 사실상 완결됐다. 신약성서에는 율법과 예언서(〈마태〉 5,17; 〈루가〉 16,16; 〈요한〉 1,45; 〈로마〉 3,21) 언급이 있다. 하느님은 유다인에게 남자 아기의 할례(〈창세〉 17,9-14), 안식일(〈출애〉 20,8-11; 〈신명〉 5,12-15) 의무를 주셨다. 하느님을 경배하는 중요한 장소는 예루살렘성전이다. 유다인은 일상생활을 거룩하게 지내야 한다.

토라Tora를 우리말로 어떻게 옮기고 이해하느냐도 중요하다. 히브리어 토라는 그리스도교에서 흔히 율법으로 번역됐다. 토라에는 규정이나 명령이라는 뜻이 있지만, 안내와 권고, 지혜 같은 뜻도 있다. 유다인은 토라를 하느님의 뜻에 맞게 살기 위한 안내와 도움으로 받아들이고 생각했다. 유다인은 율법을 억압적인 규정이나 부담으로 여기지 않았다. 예수는 율법의 효력을 전혀 부정하지 않았다. 예수 전승에서 모든 율법 논쟁은 어떻게 율법을 올바로 이해할지에 대한 토론이었다.

예수 시대 유다교를 자세히 이해하기 위해 그리스 문화를 언급하지 않을 수 없다. 알렉산더대왕(공통년 이전 336-323년 재위)이 지중해 지역을 정복하면서 이스라엘 땅에도 그리스 언어와 문화가 퍼졌다. 히브리어 공동성서가 그리스어로 번역됐다. 〈솔로몬 지혜〉〈2마카〉, 필론과 요세푸스의 글처럼 그리스어로 쓴 유다교 문헌이 나타나기 시작했다. 그리스식 건축물과 생활 방식도 유다교에 들어왔다. 유다와 갈릴래아는 알렉산더대왕 이후 이집트 프톨레마이오스왕조에게 지배당하고, 그후 시리아 셀레우키드 왕조에 지배당했다. 셀레우키드 왕조의 안티오쿠스Antiochus 4세(공통년 이전 175-164년 재위)는 유다에 그리스 문화를 강요했다.

유다인은 원래 바다를 누비던 해양 민족은 아니었다. 예수 시대 유다인은 대부분 유다와 갈릴래아가 아니라 이스라엘 밖 여러 곳에 흩어져 살았다. 유다교 종교 행사는 금지됐다. 예루살렘성전 제단은 올림포스Olympos산 제우스Zeus신에게 강제로 바쳐졌다. 마카베오 항쟁으로 유다인은 공통년 이전 164년에 예루살렘을 되찾고, 예루살렘성전을 다시 거룩하게 만들었다. 유다는 독립을 쟁취했고, 마카베오 형제의 투쟁으로 유다 열두 부족의 땅에 거의 맞먹는 영토를 회복했다. 그 무렵에 계약과 율법에 의지해 유다인의 정체성과 민족의식을 강조하는 문헌이 나오기 시작했다. 지혜문학과 계시문학이라는 장르가 대표적이었다. 지혜문학이 이민족 치하에서 유다인의 생존과 처세를 말하는 글이라면, 계시문학은 이민족의 지배를 이겨내고 해방을 맞이할 미래의 희망을 노래했다.

로마 황제 폼페이우스는 공통년 이전 64-63년에 마카베오 왕조의 100년 독립을 끝장냈다. 유다와 길릴래아는 다시 이방인의 지배를 받았다. 헤로데 대왕과 그 아들들은 로마제국에 무거운 세금을 바치는 조건으로 호의를 얻고 유다와 갈릴래아를 통치했다.[96]

# 6. 세례자 요한과 예수

세례자 요한과 예수의 만남은 예수 역사에서 십자가 처형과 함께 가
장 확실한 역사적 사건에 속한다. 〈마르〉〈마태〉〈루가〉〈요한〉 모두 예수
공식 활동 처음에 세례자 요한과 만남을 말한다. 두 사람이 언제 만났는
지 분명치 않다. 로마 황제 티베리우스 재위 15년 차에 세례자 요한이 등
장했다(〈루가〉 3,1). 공통년 26-30년에 해당한다. 예수는 세례자 요한이 활
동한 초기에 합류한 것 같다.[97] 세례자 요한과 예수의 관계에서 적어도
세 가지 질문은 빼놓을 수 없다.

　1. 예수는 세례자 요한에게 정말 세례를 받았는가?
　2. 예수는 세례자 요한의 제자였는가?
　3. 예수는 왜 세례자 요한을 떠났는가?

예수는 왜 세례자 요한에게 갔을까. 추측만 가능하다. 세례자 요한이
활동한 요르단강 지역은 나자렛에서 꽤 멀다. 세례자 요한이 세례 준 곳
을 정확히 알 수 없지만, 나자렛에서 요르단강 지역은 약 60킬로미터 거
리다. 적어도 이틀은 걸어야 닿는다. 예수와 세례자 요한이 우연히 마주
친 게 아니다. 예수는 세례자 요한의 소식을 어디선가 들었고, 그 메시지
에 감동을 받았으며, 고뇌했고, 큰마음 먹고 먼 길을 갔음에 틀림없다. 예
수는 예루살렘에 순례하러 간 길에 세례자 요한을 방문했을까.[98]

〈마르〉는 세례자 요한을 예수가 세상에 올 것을 예고하는 인물로 간단히 소개했다. 세례자 요한은 〈마르〉 1,2에서 "이제 내가 일꾼을 너보다 먼저 보내니 그가 네 갈 길을 미리 닦아놓으리라"(〈이사〉 40,3)를 인용하며 "하늘에서 '너는 내 사랑하는 아들, 내 마음에 드는 아들이다' 하는 소리가 들려왔습니다"(〈마르〉 1,11)처럼 하느님 뜻에 따라 예수가 세상에 올 것을 예고하는 사람이다. 정확히 말하면 〈이사〉 40,3을 인용한 〈마르〉 저자가 독자에게 전하는 말이다. 하늘에서 들려오는 소리(〈마르〉 1,11)는 예수가 들었지, 세례자 요한이 들은 게 아니다. 성령이 비둘기 모양으로 당신에게 내려오시는 것(〈마르〉 1,10)을 예수가 봤지, 세례자 요한이 본 게 아니다.

〈마태〉는 사람들이 세례자 요한에게 자기 죄를 고백하며 세례를 받았다(〈마태〉 3,2-6; 〈마르〉 1,5)고 말한다. 그리고 세례자 요한이 "제가 선생님께 세례를 받아야 할 터인데 어떻게 선생님께서 제게 오십니까?"(〈마태〉 3,14) 하고 사양하는 말을 덧붙였다. 세례자 요한과 예수는 서로 잘 아는 사이였을까? 〈루가〉는 "회개하고 세례를 받아라. 그러면 죄를 용서받을 것이다"(〈루가〉 3,3) 하며 세례자 요한의 세례와 죄 용서를 〈마르〉와 〈마태〉처럼 유지한다. 그런데 〈루가〉는 3,19-20에 안티파스가 요한을 감옥에 가뒀다는 소식을 보도하고 곧바로 3,21-22에 예수가 세례를 받는 장면을 배치했다. 세례자 요한이 아니라 하느님이 예수에게 세례를 베푸시는[99] 듯한 인상을 준다.

〈요한〉에는 예수가 세례자 요한에게 세례를 받았다는 말이 아예 없다. 세례자 요한은 "나는 이분이 누구신지 몰랐다"(〈요한〉 1,33)고 말하며, 당신들이 알지 못하는 사람 한 분(〈요한〉 1,26)이 하느님의 아드님이라고 증언한다(〈요한〉 1,34). 세례자 요한은 예수를 세상에 알리는 여러 증인 가운데 하나로 소개될 뿐이다.

예수가 세례자 요한의 제자 그룹에 참여했을 가능성은 있다.[100] 예수가 상당 기간 세례자 요한의 제자 그룹에 속했으리라 짐작되는 이유가 있다.[101] 하느님 나라 메시지는 세례자 요한의 심판 메시지를 전제한다. 예수의 하느님 나라 메시지는 세례자 요한과 만남 없이 상상하기 어렵다. 예수가 세례자 요한의 심판 메시지를 받아들이고, 고치고, 자신만의 하느님 나라 메시지를 만드는 일이 세례자 요한과 짧은 시간 한두 번 만나서 가능했을까.

신약성서에는 요한의 제자들(〈마르〉 2,18; 〈마태〉 11,2; 〈요한〉 1,35) 언급이 여러 번 나온다. 요한의 제자들은 스승의 시신을 거두어 장사 지냈다(〈마르〉 6,29; 〈마태〉 14,12). 예수 제자들처럼 도망치지 않았다. 세례자 요한은 제자들에게 스승Rabbi으로 불리기도 했다(〈루가〉 3,12; 〈요한〉 3,26). 요한의 제자들은 세례자 요한이 처형된 뒤에도 활동했다(〈사도〉 19,1-7). 요한의 제자 중에 예수에게 건너온 사람들이 있었다(〈요한〉 1,35-39). 페레아에 있던 세례자 요한의 제자 중 두 사람이 멀리 갈릴래아에 사는 이름 없는 예수를 어떻게 알고 따라왔을까. 예수가 상당 기간 요한의 제자 그룹에 참여하지 않았다면 상상하기 어려운 일이다.

예수와 세례자 요한의 공통점, 즉 예수가 세례자 요한에게 배우고 받아들인 내용은 무엇일까. 먼저 예수는 회개의 중요성에 찬성했다. 다가온 하느님의 심판이 예수의 핵심 메시지에 속한다. 모든 이스라엘이 회개해야 한다. 이스라엘이 하느님께 선택받았기 때문에 심판에서 면제되진 않는다.

"여러분은 무엇을 구경하러 광야에 나갔습니까? 바람에 흔들리는 갈대입니까? 아니면 무엇을 보러 나갔습니까? 화려한 옷을 입은 사람입니까? 화려한 옷을 입고 사치스럽게 사는 사람들은 왕궁에 있습니다. 그렇다면 여러분은 무엇을 보러 나갔습니까? 예언자입니까? 그렇습니다. 그러나 사실은 예언자보다 훌륭한 사람을 보았습니다"(〈루가〉 7,24-26). 예수는 요한을 예언자보다 훌륭한 사람으로 평가하기 전에 갈릴래아 영주 헤로데 안티파스를 군중 앞에서 비판한다. 안티파스가 만들어 통용한 동전에 갈대가 찍혀 있었다.[102] 화려한 옷을 입고 사치스럽게 사는 왕궁에 있는 사람들은 안티파스를 비롯한 권력층을 가리킨다. 예수가 정치적으로 아주 위험한 말(권력층에게 의지할 필요 없다)을 한 것이다. 예수가 한 말이 안티파스 귀에 들어가지 않았을 리 있겠는가.

모든 백성과 세리까지 요한의 설교를 듣고 세례를 받으며 하느님의 뜻을 받아들였으나, 바리사이파와 율법 학자들은 세례를 받지 않거나 하느님의 뜻을 받아들이지 않았다(〈루가〉 7,29-30). 이 부분이 예수의 생각을 가리키는지, 〈루가〉 저자의 말인지 확실치 않다. 요한의 설교와 세례를 예수가 높이 평가했음이 분명하다. 예수는 요한의 메시지를 전하고 충실한 제자로 활동하면 충분하지 않았을까. 예수는 왜 세례자 요한을 떠났을까. 예수가 세례자 요한에게 가담한 이유만 중요한 게 아니다.

예수는 세례자 요한을 예언자보다 훌륭한 사람, 여인에게서 태어난 사람 중에 가장 큰 사람으로 평가했다(〈루가〉 7,24-28; 〈마태〉 11,7-11). "하느님 나라에서는 가장 작은 이라도 그 사람보다 큽니다"(〈루가〉 7,28b)에서 작은 이는 누구를 가리킬까. 문장구조상 예수를 가리킨다고 볼 수밖에 없다.[103] 작은 사람 μικρότερος이라는 뜻은 그리스어에서 드물지만, 그런 뜻으로 사용됐다. 예수는 세례자 요한의 제자로 세례 운동에서는 세례자 요한보다 작은 사람이었지만, 하느님 나라를 선포하고 드러내는 예수 운동에서는 세례자 요한보다 큰 사람이다.

세례자 요한은 더 훌륭한(강한) 분(〈마르〉 1,7)이 오실 것이라 예고했다. 예수 운동은 강한 분이 당연히 예수를 가리킨다고 이해했다. 그러나 세례자 요한이 그렇게 생각했을 리 없다.[104] 세례자 요한은 자신을 이스라엘에 하느님 심판이 오기 전에 회개를 촉구하는 마지막 예언자라고 생각했다. 세례자 요한 뒤에 또 다른 예언자가 나타나 하느님 심판을 예고한 다는 상상은 이미 나무뿌리에 닿은 도끼 비유와 어울리지 않는다. 세례 자 요한은 더 강한 분으로 당연히 하느님을 생각했다고 보는 것이 합리적 이다. 하느님의 불 세례(심판) 전에 세례자 요한은 물세례를 준다.

"나보다 더 훌륭한 분이 내 뒤에 오십니다. 나는 몸을 굽혀 그의 신발 끈을 풀어드릴 만한 자격조차 없는 사람입니다"(〈마르〉1,7)라고 기록된 세례자 요한의 말은 해석하기 쉽지 않다. 신발 끈은 옷차림에서 신분이 금방 드러나는 귀족을 연상할 수밖에 없다. 세례자 요한은 어떤 귀족을 기다렸단 말인가. 세례자 요한이 아는 예수는 그런 옷차림을 하지 않았 다. 예수가 긴 가죽끈으로 묶는 가죽신calceus patricius[105]을 신었을까.

예수는 세례자 요한을 높이 평가했지만, 예수 운동은 세례자 요한에 대한 예수의 평가를 제대로 따르지 못했다. 예수에게 가장 큰 영향을 끼 친 세례자 요한은 예수 운동에서 예수 뒤로 사라지고 말았다. 예수가 세 례자 요한에게 세례를 받았고 세례자 요한의 제자였다는 사실이 복음서 저자들에게 고뇌를 안겼다. 세례자 요한이 주는 세례가 죄 사함을 위한 회개의 세례(〈마르〉1,4;〈루가〉3,3)임을 생각하면, 문제는 더 심각해진다. 예 수도 죄인이었다는 뜻인가? 예수 운동에 당황스러운 이 사건을 예수 운 동 전승이 일부러 지어냈을 리 없다.

예수가 세례를 받은 것은 세례자 요한의 제자가 되는 의식이 아니고, 성령이 주어지고 하느님 아들로 받아들여지는 것으로 설명됐다(〈마르〉 1,9-11). 세례자 요한은 예수에게 세례 주기를 사양하고 자신이 오히려 예 수에게 세례를 받아야 마땅하다고 말한다(〈마태〉3,14). 죄 사함이 세례자 요한의 세례와 연결되지 않고 최후 만찬과 이어지는 것은 우연이 아니다 (〈마태〉26,28).〈요한〉은 예수가 세례자 요한에게 세례 받은 사실을 삭제하 고, 성령이 예수에게 내려온 광경을 목격한 증인으로 세례자 요한을 내세웠다(〈요한〉1,32).

세례자 요한은 예수의 등장을 미리 알리는 역할로 소개됐다(〈마르〉 1,2.7; 〈말라〉3,1; 〈출애〉23,20). 공동성서에 나오는 엘리야가 세례자 요한의 모범으로 사용됐다(〈마르〉9,13; 〈루가〉1,17.76; 〈말라〉3,1.23). 엘리야는 주님이 오시는 날을 미리 알려주는 예언자로 여겨졌다. 복음서는 세례자 요한과 예수의 관계를 언급하면서 예수는 하느님의 아들이고, 죄 없는 인간이라는 두 주제를 말한다. 예수의 죄 없음은 신약성서에서 자주 언급된다(〈1요한〉3,5; 〈히브〉4,15). "우리를 위해서 하느님께서는 죄를 모르시는 그리스도를 죄 있는 분으로 여기셨습니다. 그래서 우리는 그리스도로 말미암아 하느님께로부터 무죄 선언을 받게 되었습니다"(〈2고린〉5,21).

세례자 요한뿐 아니라 예수도 세례를 베풀었다는 보도(〈요한〉3,22-24; 4,1)는 사실일까. 〈마르〉〈마태〉〈루가〉에는 그런 언급이 없다. 세례자 요한이 사실을 근거로 말했을 가능성도 있다. 최근 연구에서 예수가 공식 활동 전에 세례 활동에 참여했다는 주장이 나온다.[106] 공식 활동 후 세례를 계속 베풀었다는 추측[107]도 있지만, 그런 것 같지 않다.[108] 예수가 세례를 받은 뒤 세례 활동에 가담하면서 첫 추종자가 생겼을 가능성도 있다(〈요한〉4,2). 세례가 예수 운동의 중요한 상징 가운데 하나가 된 사실과 부활한 예수의 세례 명령(〈마태〉28,19)을 생각하면 그렇다.

예수는 세례자 요한의 충실한 제자로 남을 수 있었고, 세례 운동을 확장하는 데 계속 참여할 수도 있었다. 세례자 요한을 따라 세례자 예수로 머물 수도 있었다. 세례자 요한에게 세례를 받았고, 다가오는 심판에 대비해서 회개를 다짐했으며, 단식과 정의로 열매 맺는 삶에 정진할 수도 있었다. 예수는 왜 스승 세례자 요한을 떠나 "즐겨 먹고 마시며 세리나 죄인들하고만 어울리는구나!"(〈루가〉7,34)라는 핀잔을 듣는 삶으로 전환했는가. 엄숙하게 단식하던 예수는 왜 즐겨 먹고 마시는 예수가 됐는가. 예수에게 뭔가 결정적인 전환이 있었음이 틀림없다. 코페르니쿠스의 전환보다 중요한 예수의 전환이다.

예수가 스승 세례자 요한을 떠나게 만든 결정적 체험 사건으로 두 가지를 들 수 있다. "나는 사탄이 하늘에서 번갯불처럼 떨어지는 것을 보았습니다"(〈루가〉 10,18), "광야에서 사십 일 동안 사탄에게 유혹을 받았습니다. 또한 들짐승들과 함께 지냈는데 천사들이 그의 시중을 들었습니다"(〈마르〉 1,13).

사탄이 하늘에서 번갯불처럼 떨어지는 것을 보았다니, 21세기에 사는 우리에겐 친숙하지 않은 설명이다. 대수롭지 않게 보일 수 있는 이 구절은 2000년 전 예수 시대 세계관으로 보면 특별하다. 당시 중동 지방에 유행한 신들의 전쟁 신화가 배경이다. 공동성서에는 혼란을 일으키는 용과 하느님의 싸움 이야기가 있다(〈이사〉 51,9; 〈욥기〉 26,5-14; 〈시편〉 74,12-14; 89,10). 하느님 군대와 악마의 군대가 생사를 걸고 하늘에서 벌이는 전쟁이다. 악마의 군대가 하느님 군대에 패해 하늘에서 추락하는 장면이다. 악마의 권세가 무너지는 것이다. "웬일이냐, 너 새벽 여신의 아들 샛별아, 네가 하늘에서 떨어지다니! 민족들을 짓밟던 네가 찍혀서 땅에 넘어지다니!"(〈이사〉 14,12)

사탄이 하늘에서 떨어지는 것은 사탄의 패배[109]를 뜻한다. 〈묵시〉에 미카엘 천사가 용과 뱀으로 불리는 악마와 하늘에서 벌이는 전쟁 이야기가 있다. "그때 하늘에서는 전쟁이 터졌습니다. 천사 미가엘이 자기 부하 천사들을 거느리고 그 용과 싸우게 된 것입니다. 그 용은 자기 부하들을 거느리고 맞서 싸웠지만 당해내지 못했습니다. 그래서 하늘에는 그들이 발붙일 자리조차 없었습니다. 그 큰 용은 악마라고도 하고 사탄이라고도 하며 온 세계를 속여서 어지럽히던 늙은 뱀인데, 이제 그놈은 땅으로 떨어졌고 그 부하들도 함께 떨어졌습니다. 그때 나는 하늘에서 큰 음성이 이렇게 말하는 것을 들었습니다. '우리 형제들을 무고하던 자들은 쫓겨났습니다. 밤낮으로 우리 하느님 앞에서 우리 형제들을 무고하던 자들이 쫓겨났습니다. 이제 우리 하느님의 구원과 권능과 나라가 나타났고 하느님께서 세우신 그리스도의 권세가 나타났습니다'"(〈묵시〉 12,7-10). 땅에 떨어진 용이 다시 발악하지만, 용의 끝 날은 정해져 있다(〈묵시〉 12,13-18; 20,2.7-10).

사탄이 하늘에서 떨어지는 것을 봤다고 예수가 말하기 직전에 일흔두 제자가 "주님, 저희가 주님의 이름으로 마귀들까지도 복종시켰습니다"(〈루가〉 10,17)라고 전하는 대목이 있다. 예수는 "내가 여러분에게 뱀이나 전갈을 짓밟는 능력과 원수의 모든 힘을 꺾는 권세를 주었으니"(〈루가〉 10,19)라고 화답한다. "네가 사자와 독사 위를 짓밟고 다니며, 사자 새끼와 큰 뱀을 짓이기리라"(〈시편〉 91,13). 예수가 본 것은 하느님 뜻의 계시로, 예수에게 악마를 쫓아낼 권능이 주어진 것으로, 예수가 악마를 무찌를 사명이 있는 것으로 해석하는 계기가 된 듯하다. 예수는 자신이 앞으로 무엇을 해야 할지 깨달은 것 같다.

"광야에서 사십 일 동안 사탄에게 유혹을 받았습니다. 또한 들짐승들과 함께 지냈는데 천사들이 그의 시중을 들었습니다"(〈마르〉 1,13)에서 예수와 사탄이 두 주인공처럼 보이지만 들짐승과 천사도 언급됐다. 예수는 사탄이 하늘에서 떨어지는 모습을 본 정도에 그치는 것이 아니라, 사탄과 40일간 실컷 만나고 대화하고 유혹받는다. "늑대가 새끼 양과 어울리고 표범이 숫염소와 함께 뒹굴며 새끼 사자와 송아지가 함께 풀을 뜯으리니 어린아이가 그들을 몰고 다니리라. 암소와 곰이 친구가 되어 그 새끼들이 함께 뒹굴고 사자가 소처럼 여물을 먹으리라. 젖먹이가 살무사의 굴에서 장난하고 젖 뗀 어린 아기가 독사의 굴에 겁 없이 손을 넣으리라"(〈이사〉 11,6-8)라는 말씀이 떠오른다.

아담은 뱀의 유혹에 넘어갔지만(〈창세〉 3,1-6), 예수는 악마의 유혹에 빠지지 않았다. "주께서 너를 두고 천사들을 명하여 너 가는 길마다 지키게 하셨으니, 행여 너 돌부리에 발을 다칠세라 천사들이 손으로 너를 떠받고 가리라. 네가 사자와 독사 위를 짓밟고 다니며, 사자 새끼와 큰 뱀을 짓이기리라"(〈시편〉 91,11-13). 예수는 새로운 아담[110]으로 소개된다. 사탄이 떨어지는 것을 예수가 언제 봤는지 우리가 정확히 알기 어렵다.[111] 그러나 광야에서 유혹받은 일은 예수가 세례자 요한에게 세례를 받고 독자 활동을 시작한 사이에 일어났다.

두 체험 사건에서 예수는 세례자 요한의 메시지와 활동의 효력과 한계를 고뇌한 것 같다. 세례자 요한의 제자로 계속 머무르느냐, 예수 자신의 새 깃발을 올리느냐 고민하지 않았을까. 세례자 요한의 메시지에서 감동받았지만, 예수가 할 일은 따로 있다. 세례자 요한의 제자로서 세례 운동을 확장하는 일이 아니라, 예수의 새 깃발을 올려야 한다. 악마의 패배와 하느님 나라가 다가왔음을 알리는 일이 예수의 사명이다. 사탄이 하늘에서 떨어지는 것을 보고 사탄에게 광야에서 유혹받은 사건을 통해 예수의 역사 해석학이 정리됐다고 나는 생각한다. 예수는 세례자 요한의 제자에서 새로운 아담으로 역할이 바뀌어야 한다. 예수는 요르단강 건너편에서 약속의 땅으로 돌아왔다.

예수가 자기 깃발을 들고 처음 한 말은 "때가 다 되어 하느님의 나라가 다가왔습니다"(〈마르〉 1,15)이다. 예수는 세례자 요한의 제자가 아니라 새로운 아담이다. 이제부터 예수의 행동과 말은 세례자 요한과 뚜렷이 다르다. 세례자 요한은 요르단강 지역에서 활동했고, 그를 찾아오는 사람에게 세례를 베풀었다. 사람들이 세례자 요한을 찾아가기는 쉽지 않았다. 우선 회개할 결단을 해야 했다. 요한을 찾아가는 길에 적지 않은 시간과 여행 경비도 필요했다. 가난한 사람에게 꽤 부담이다. 예루살렘성전 순례나 세례자 요한을 찾아가는 길에는 상당한 돈이 필요했다. 예수는 사람들이 사는 곳을 직접 찾아가 회개를 망설이는 이에게도 하느님 나라 메시지를 전했다. 예수를 만나는 데 돈이 들지 않았다. 찾아오는 사람을 기다리는 광야의 은둔자 세례자 요한과 사람들이 사는 곳으로 직접 가서 만나는 거리의 예언자 예수다.

세례자 요한과 제자들은 엄격한 금욕 생활을 했다(〈마르〉 1,6; 2,18). 예수는 "즐겨 먹고 마시며 세리나 죄인들하고만 어울리는구나!"(〈루가〉 7,34)라는 핀잔을 들었다. 겉으로 보면 누가 더 종교적으로 경건하고 모범적일까. 예수 운동은 세례자 요한과 예수의 대조적인 삶을 그대로 전해준다. 세례자 요한은 세례라는 종교의식을 통해 죄 사함을 베풀었다. 예수는 아무런 종교의식도 요구하지 않고 평범한 일상에서 죄 사함을 베풀었다(〈마르〉 2,5).

예수가 세례자 요한을 반대한 것은 아니다. 세례자 요한을 이어받고 극복하며 살았다. 세례자 요한이 하느님 나라를 기다리며 살았다면, 예수는 하느님 나라가 왔다고 생각했다. 예수는 하느님 나라를 누리며 살았다. 하느님 나라가 대체 무엇이기에 예수의 대표 메시지가 됐을까. 하느님 나라라는 말은 공동성서에 있다. 예수가 만든 말이 아니다. 예수가 당시 유다인이 듣지도 못한 말과 사상을 불쑥 들이밀지 않았다.

하느님은 당신 백성을 모으신다. "야훼께서 모든 민족을 향하여 깃발을 드시고 이스라엘에서 흩어진 자들까지도 불러들이시며 유다에서 쫓겨난 자들을 땅의 구석구석에서 모으시리라"(〈이사〉 11,12), "야곱아, 내가 기어이 너희를 다시 모으리라. 살아남은 이스라엘 백성을 기어이 모아오리라"(〈미가〉 2,12). 예수는 당신 백성을 모으시는 하느님의 활동에 참여했다.

하느님은 당신 백성을 잔치에 초대하신다. "이 산 위에서 만군의 야훼, 모든 민족에게 잔치를 차려주시리라. 살진 고기를 굽고 술을 잘 익히고 연한 살코기를 볶고 술을 맑게 걸러 잔치를 차려주시리라. 이 산 위에서 모든 백성들의 얼굴을 가리던 너울을 찢으시리라. 모든 민족들을 덮었던 보자기를 찢으시리라. 그리고 죽음을 영원히 없애버리시리라. 야훼, 나의 주께서 모든 사람의 얼굴에서 눈물을 닦아주시고, 당신 백성의 수치를 온 세상에서 벗겨주시리라"(〈이사〉 25,6-8). 예수는 당신의 백성을 잔치에 초대하시는 하느님의 활동에 참여했다. 잔치가 시작됐는데 단식할 순 없다.

하느님은 마지막 날에 사람들의 죄를 용서하신다. "우리를 재판하는 이는 야훼, 우리의 법을 세우는 이도 야훼, 우리를 다스리는 왕도 야훼, 그분만이 우리를 구원하신다. 소경도 전리품을 듬뿍 얻고 절름발이도 노획물을 양껏 차지하리라. 그곳에 사는 백성은 모든 죄를 용서받아 몸이 아프다고 탄식하는 자 없으리라"(〈이사〉 33,22-24). 하느님은 아무 제사와 종교의식 없이 사람들의 죄를 용서하신다. 사람들의 죄를 용서하시는 하느님의 활동에 예수가 참여했다.

예수와 세례자 요한의 가르침은 어떤 점에서 다를까.[112] 세례자 요한의 가르침은 윤리를 향한다. 유다교 정신을 일상, 개인의 삶에서 실천하자는 생각이다.[113] 개인의 윤리뿐 아니라 사회와 정치 윤리를 포함한다. 예수의 가르침은 신학 중심이다. 하느님이 어떤 분인지 새롭게, 가깝게 소개한다. 세례자 요한은 심판을 들이밀어 회개와 실천을 재촉한다. 예수는 하느님 나라의 기쁨을 말해서 회개에 초대한다. 세례자 요한에게 구원의 메시지가 없는 것은 아니고, 예수에게 심판에 대한 경고가 없는 것도 아니다. 세례자 요한에게서 엄한 아버지가 떠오른다면, 예수에게서 자애로운 어머니가 드러난다.

예수는 단지 세례자 요한에게서 하느님과 하느님 나라에 대해 배웠을까. 부모와 형제, 유다교 회당, 직업 생활, 많은 친구와 지인을 통해서 하느님과 하느님 나라를 생각하지 않았을까. 식민지 백성으로 고통받는 자기 민족의 아픈 역사에서 하느님과 하느님 나라를 고뇌하지 않았을까. 예수가 예언서, 특히 〈이사〉를 자주 인용했다는 사실이 내 관심을 끈다. 예수는 자기 민족의 아픈 역사를 몸으로 느끼고, 〈이사〉를 탐독하고, 세 례자 요한에게 배우고, 유다교 회당과 자기 일터에서 많은 사람과 만나고 대화하며 자신이 할 일이 무엇인지 고뇌했을 것 같다.

예수와 세례자 요한의 관계를 다음 네 단계로 정리하면 어떨까.

1. 자신이 할 일이 무엇인지 오랜 기간 고뇌해온 예수는 어떤 경로로 세례자 요한의 메시지와 활동을 듣고 알았다.
2. 예수는 어떤 기회(아마도 예루살렘 순례 길[114])에 세례자 요한을 찾아가 그 가르침을 듣고 감동받고 동의해 세례를 받았다.
3. 세례자 요한 곁에 상당 기간 머물며 세례 운동에 참여한 예수는 어 떤 계기로 세례자 요한을 떠나 갈릴래아로 돌아온다.
4. 예수는 세례자 요한이 체포된 소식을 듣고 얼마 후 활동을 시작한다.

예수와 세례자 요한은 세례자 요한의 경건한 아버지 즈가리야(〈루가〉 1,67-79)에게 매혹됐다. 예수는 세례자 요한이 하느님을 두려워하는 예 언자라고 봤다.[115] 시리아 지역에 세례자 요한을 따르는 사람들이 있었던 것 같다. 그들은 〈요한〉 공동체와 논쟁(〈요한〉 1,6-8.15.19-28)한 적도 있는 듯하다. 쿰란 문헌은 세례자 요한을 언급하지 않았다. 역사의 세례자 요 한 연구는 복음서, 〈사도〉, 요세푸스의 문헌에 의지할 수밖에 없다. 성서 학계는 세례자 요한 운동을 가리키는 구절을 주목해왔다(〈마르〉 6,17-29; 〈루가〉 1,46-55.68-79);〈요한〉 1,1-18).

세례자 요한의 등장과 그 의미는 당시 유다교에서 화제가 됐다(⟨마르⟩ 1,4; ⟨루가⟩ 3,15; 7,24-26.29; ⟨마태⟩ 21,32; ⟨사도⟩ 13,25). 그는 유다, 갈릴래아, 사마리아 지역에서 상당한 호응을 얻은 듯하다. 갈릴래아 영주 헤로데 안티파스가 그를 처형하자, 많은 사람이 격한 반응을 보였다.[116] 세례자 요한이 처형되고 10여 년, 뒤에서 그 이름을 의지하는 사람들이 있었다(⟨사도⟩ 18,24-28; 19,1-7). 세례자 요한의 세례가 종교 단체에 가입하는 첫 의식은 아니었다. 세례자 요한에게 세례 받은 사람은 살던 곳으로 돌아가 의롭게 살면서 자신의 회개에 걸맞게 열매 맺으면 됐다.

세례자 요한과 예수의 공통점과 차이점은 뭘까. 둘 다 예루살렘성전의 종교적 독점 지위에 타격을 주고 틈이 생기게 했다. 유다교 종교 권력을 수도권에서 지방으로 분산하는 간접 효과도 생겼다. 종교의식을 간소하게 했다. 개인의 회개를 강조해 종교적 개인주의의 물꼬를 텄다. 세례자 요한은 이스라엘 선조를 빙자하거나 미래의 구원을 인용하지 않고, 현재 개인의 행동과 실천을 강조했다. 구원은 현재 자신의 행동에 달렸다는 것이다. 그러나 세례자 요한의 세례는 이스라엘의 일부 거룩한 자를 대상으로 했고, 예수는 그렇지 않았다.

세례자 요한이 장례식 분위기라면, 예수는 결혼식 분위기라고 비유할까. 세례자 요한이 깨끗한 소수를 모으는 데 집중했다면, 예수는 더러운 사람을 끌어안는 데 집중했다. 세례자 요한의 종교 엘리트주의를 예수는 민중 중심으로 바꿨다. 세례자 요한에게 심판과 멸망이 기본이고 구원이 예외라면, 예수에게 구원이 기본이고 심판과 멸망이 예외다. 세례자 요한이 구원을 외면하거나, 예수가 심판을 외면한 게 아니다. 강조한 점이 다르다. 코페르니쿠스 신부가 천동설을 지동설로 바꿨듯이, 예수는 심판을 자비로 바꿨다고 표현하고 싶다.

2
부

예수와 하느님 나라

# 1. 예수, 갈릴래아 등장

예수가 세례자 요한이 세례 주던 광야를 떠나 갈릴래아로 온 것은 단순히 고향으로 돌아왔다는 사실에 그치지 않는다.[1] 예수는 스승 세례자 요한과 광야를 떠나 자기 깃발을 올릴 예정이다. 예수 생각에 갈릴래아는 하느님께서 약속한 구원의 땅이다. 〈마르〉는 예수 활동을 다음과 같이 요약한다. "요한이 잡힌 뒤에 예수는 갈릴래아에 와서 하느님의 복음을 전파하며 '때가 다 되어 하느님의 나라가 다가왔습니다. 회개하고 이 복음을 믿으시오' 하였다"(〈마르〉 1,14-15). 갈릴래아로 온 사실과 하느님 나라 선포는 예수의 등장을 알리는 특징이다. 예수가 세례자 요한에 이어 등장한 사실이 〈마르〉 저자에게 중요하다. 세례자 요한의 운명을 예수도 이어간다는 뜻이다. 세례자 요한은 정치권력에 희생됐고, 예수는 정치권력에 정치범으로 몰려 처형됐다.

세례자 요한과 예수의 사명은 가깝게 연결된다. 예수도 세례자 요한처럼 회개를 강조했고, 회개를 선포할 때 거의 세례자 요한의 단어를 가져왔다. 둘 다 곧 다가올 하느님의 심판을 말했다. 세례자 요한은 구원의 길로 세례를 제안했고, 예수는 하느님 나라를 내세웠다. 세례자 요한이나 예수는 심판과 구원이 하느님의 계획에 포함된다고 생각했다(〈루가〉 6,43-45; 〈마태〉 12,33-35).[2] 예수는 세례자 요한의 사명을 이어받은 바탕에 나름대로 독자적인 특징을 보였다. 예수 전승 어디에도 세례자 요한의 활동을 깎아내리거나 예수의 사명과 대조적인 모습으로 표현하거나 평가한 곳은 없다.

예수는 왜 세례자 요한을 떠났을까? 예수가 세례자 요한과 다른 길을 걷기로 한 이유 중 하나로 나는 예수의 체험 사건을 꼽고 싶다. "나는 사탄이 하늘에서 번갯불처럼 떨어지는 것을 보았습니다"(〈루가〉 10,18)는 예수가 진짜 한 말로 여겨진다.[3] 〈루가〉 편집자가 끼워 넣은 구절로 보기도 한다.[4] 예수는 하느님이 오셔서 사탄을 이기는 모습을 본 것 같다. 사탄의 몰락과 예수의 악령 추방은 강하게 연결된다.[5] 예수의 결정적 체험 Schlüsselerlebnis[6]은 예수가 세례자 요한을 떠나 독자 활동을 시작할 것을 알리는 계기로 여겨진다.[7]

세례자 요한은 분리를 통한 개혁 운동을 펼친 것으로 보인다. 회개를 결단한 사람에게 세례를 베풀고, 행동으로 회개를 증명하라는 선포다. 예수는 하느님 나라 주권이 약속의 땅 이스라엘 열두 민족에게 우선 향한다고 말한다. 예수의 활동이 옛날 북부 이스라엘에 속한 지역에 집중된 이유다. 열두 제자 그룹을 결성한 것도 이스라엘 회복을 위한 상징적 의미다. 세례자 요한은 이스라엘 개혁 운동의 상징적 장소로 광야를 선택했다.

예수는 여러 장소를 돌아다녔다. 유랑하는 모습은 예수 사명의 독특한 내용을 잘 말해준다. "그러나 예수는 '여우도 굴이 있고 하늘의 새도 보금자리가 있지만 사람의 아들은 머리 둘 곳조차 없습니다' 하고 말하였다"(〈루가〉 9,58). 유랑하는 예수는 가난과 낮은 신분보다 온 이스라엘 땅에 하느님 나라를 선포하려는 의도를 드러낸다. 이스라엘의 특별한 장소인 광야를 택해 사람들을 초대한 세례자 요한과 이스라엘 모든 영토를 직접 방문하는 예수다.

세례자 요한과 예수는 겉모습도 다른 인상을 준 것 같다. 둘 다 유다인의 반대에 부딪혔다. 술을 마시지 않는 세례자 요한은 귀신 들린 사람

으로 평가받았다. 예수는 대식가, 주정뱅이, 세리와 죄인의 친구(〈마태〉
11,19)라며 정신 나간 사람으로 비난받았다. 세례자 요한이 금욕을 강조
하고 회개를 촉구한 고상한 설교자라면, 예수는 가난한 사람이나 죄인과
어울려 먹고 마시는 거리의 유랑 설교자였다.

사탄에게 유혹받은 이야기(〈마르〉1,12-13;〈마태〉4,1-11;〈루가〉4,1-13)도
예수가 독자 활동을 시작한 흐름에 있다.[8] 여기서 예수가 실제로 경험한
사건을 다루는지, 오래된 전승에서 예수와 사탄의 대결을 신화적으로 설
명하는지 분명치 않다.[9] 〈루가〉 10,18과 달리 사탄의 몰락이 아니라 힘없
어진 사탄을 말한다. 예수가 등장하면서 사탄의 힘이 약해진다는 점이
중요하다. 하느님도 사탄을 무너뜨리고, 예수도 사탄과 싸워 이긴다.

# 2. 예수가 만난 사람들

예수의 핵심 메시지는 하느님 나라다. 하느님 나라를 이해하는 여러 가지 방법과 순서가 있다. 공동성서에 있는 하느님 나라를 찾아 추적하는 방법, 예수의 실천을 알아보는 방법, 예수가 만난 사람을 주목하는 방법 등이다. 나는 예수를 스승, 교사, 설교자로 보고 예수의 말씀을 살피는 대다수 연구와 다른 길을 가보려고 한다. 예수에 대한 사실facts에 집중한 다음 예수의 말씀sayings을 살펴보려는[10] 생각에 동의한다. 예수에 대한 사실을 알기 위해 먼저 예수가 만난 사람과 예수의 실천을 언급하고, 예수의 말씀을 보려 한다.

예수를 단순한 지혜의 스승, 윤리 교사, 말씀의 설교자로 가두면 범위가 너무 좁다. 예수는 설교자 이상이다. 예수는 멋진 말이나 지어내는 이야기꾼이 아니다. 예수는 하느님 나라를 선포하고 전달하는 데 그치지 않았다. 하느님 나라를 실천하고, 하느님 나라를 반대하는 세력에 맞서 싸웠다. 하느님 나라를 전달하고 선포할 뿐, 하느님 나라를 반대하는 세력에 맞서 싸우지도 않는 사람을 누가, 왜 죽이려 하겠는가.

예수는 가난한 사람을 선택하고 하느님 나라를 반대하는 세력과 싸운 투사요 예언자다. 그래서 예수의 관심은 사람을 만나는 데 있었다. 누구를 먼저 만나느냐가 예수 삶의 핵심이다. 하느님은 인간을 선택하셨고, 예수는 가난한 사람을 선택했다. 가난한 사람을 통해 인간을 이해하는 방식이다. 예수의 실천도, 가르침과 말씀도 사람을 만난 뒤의 일이다.

예수 운동에서 누가 중심인물이고, 누구를 주요 대상으로 하는가. 예수 운동의 두 인물 그룹은 제자와 가난한 사람이다. 제자는 예수 운동을 전하고 돕는 역할을 맡았다. 예수 운동은 가난한 사람을 향한다. 제자와 가난한 사람을 나누거나 대립 구도로 봐선 안 된다. 가난한 사람 출신인 제자가 있고, 아직 제자는 아닌 가난한 사람이 있었다.

　예수 운동에서 예수의 제자가 지도층이고 가난한 사람이 피지배층이 아니다. 제자는 가난한 사람에게 봉사하지, 그들을 지배하지 않는다. 제자가 가난한 사람을 위해 존재하지, 가난한 사람이 제자를 위해 존재하지 않는다. 가난한 사람이 예수 운동에서 그저 대상이 아니다. 가난한 사람은 예수 운동에서 주체요, 중심이요, 핵심이다. 예수 운동 드라마에서 제자는 조연이고 가난한 사람이 주연이다. 그리스도교 역사에서 가난한 사람과 제자의 역할이 잘못 이해되고 실천된 사례가 적지 않았다.

　예수 등장이 가져온 충격과 감동은 추종자 그룹과 반대자 그룹을 낳고 말았다. 예수의 친척들은 예수가 미쳤다(〈마르〉 3,21)고 말했다. 예수는 이에 맞서 하느님의 뜻을 실천하는 사람이 참된 가족(〈마르〉 3,31-35; 〈도마복음〉 99장)이라고 말했다. 예수의 가르침과 행적은 그를 평범한 가문에서 태어나 시골에 살던 자영업자 목수로 보는 고향 나자렛 사람들에게 의아함과 충격을 줬다(〈마르〉 6,1-6; 〈마태〉 13,53-58). 예수는 자신이 고향에서 푸대접을 받으리라(〈루가〉 4,24)고 말했다. 고향에서 버림받는 예언자 이야기는 복음서와 〈도마복음〉에 나온다(〈마르〉 6,4; 〈마태〉 13,57; 〈루가〉 4,24; 〈요한〉 4,44; 〈도마복음〉 31장). 예수 운동은 예수가 고향에서 멸시당한 쓰라린 추억을 기억한다. 예수처럼 곳곳에 돌아다니며 지혜를 설파하던 그리스 철학자들도 같은 운명을 알고 있다. "모든 철학자에게 고향에서 삶은 수고스럽다."[11] "철학자는 고향을 피한다."[12]

## 가난한 사람

행복 선언(〈루가〉6,20b-21;〈마태〉5,3-6) 처음은〈이사〉61,1-3을 생각한 듯하다. 〈마태〉가〈이사〉61,2에 좀 더 가까운 모습이다.[13] 여기서 가난한 사람에게 기쁜 소식을 전하는 것이 예수 사명의 맨 처음에 있다는 사실이 중요하다. 복음은 진리 이전에 기쁨이다. 기뻐하지 않는 진리를 어디에 쓸까. 예수는 죽은 사람의 부활을 자기 사명의 처음에 두지 않고 가난한 사람에게 기쁜 소식을 전하는 것을 내세웠다.[14]

예수가 가장 먼저 누구에게 다가갈지 뚜렷해졌다. "가난한 사람들에게 복음이 전해집니다"(〈마태〉11,5;〈루가〉7,22). 예수는 가난한 사람을 1순위로 선택했다. 가난한 사람을 먼저 선택한 것은 아시시의 프란치스코 성인Sanctus Franciscus Assisiensis이나 해방신학이 아니라 예수가 원조다. 가난한 사람에게 전해지지 않는 복음은 예수의 복음이 아니다. 가난한 사람을 외면하는 복음은 예수의 복음이 아니다. 가난한 사람은 예수의 복음에서 무조건 1순위다. 나머지는 다음 문제다.

가난한 사람들πτωχοί은 보통 복수 명사로 쓰였다. 복음서에서 가난한 과부 한 사람(〈마르〉12,42-43;〈루가〉21,3), 거지 라자로(〈루가〉16,20.22)를 가리킬 때만 단수 명사로 쓰였다. 가난한 사람 하나하나 관심을 기울여야 하지만, 가난한 사람 전체를 구조적 시각에서 보라는 뜻 아닐까. 가난한 사람을 하나하나 놓치지 않으면서 가난한 사람 전체를 본다. 그리스어 가난한 사람들πτωχοί 뒤에 히브리어 관련 단어가 여럿 있는데, 특히 aniyyim이 있다. 공동성서 그리스어 번역본에서는ani를 주로πτωχός로 옮겼다.[15] 이 단어는 물질적 가난을 여러 원인과 결과를 들어 설명했다. 유다교 공동체에게 주어진 가난한 사람들에 대한 책임이 가장 중요하다. 가난한 사람에 대한 하느님의 선택[16]이라고 부를 수 있겠다.

고대 농업 사회에서 토지 소유는 경제 안정의 기초였다. 가난한 사람은 과부나 고아, 외국인처럼 이런 경제적 기초가 부족했다. 유다교 공동체에게 가난한 사람에 대한 책임이 강조됐다.

그 사람이 지극히 가난한 자일 경우 너희는 그가 잡힌 담보물을 덮고 자면 안 된다. 해 질 무렵이면 그 담보물을 반드시 돌려주어야 한다.(《신명》24,12-13a)

가난하기 때문에 품을 파는 사람을 억울하게 다루어서는 안 된다. 너희 나라, 너희 성문 안에 사는 사람이면 같은 동족이나 외국인이나 구별 없이 날을 넘기지 않고 해 지기 전에 품삯을 주어야 한다.(《신명》24,14-15a)

밭에서 곡식을 거둘 때에 이삭을 밭에 남긴 채 잊고 왔거든 그 이삭을 집으러 되돌아가지 마라. 그것은 떠돌이나 고아나 과부에게 돌아갈 몫이다. 그래야 너희 하느님 야훼께서 너희가 손수 하는 모든 일에 복을 내려주실 것이다. 올리브 나무 열매를 떨 때, 한 번 지나간 다음 되돌아가서 가지들을 샅샅이 뒤지지 마라. 그것은 떠돌이나 과부에게 돌아갈 몫이다. 포도를 딸 때에도, 한 번 지나간 다음 되돌아가서 다시 뒤지지 마라. 그것은 떠돌이나 고아나 과부에게 돌아갈 몫이다.(《신명》24,19-21)

야훼께서 예언자 나단을 다윗에게 보내셨다. 나단은 다윗을 찾아와 이런 이야기를 하였다. "어떤 성에 두 사람이 살고 있었는데, 한 사람은 부자였고 한 사람은 가난했습니다. 부자에게는 양도 소도 매우 많았지만, 가난한 이에게는 품삯으로 얻어 기르는 암컷 새끼 양 한 마리밖에 없었습니다. 그는 이 새끼 양을 제 자식들과 함께 키우며, 한 밥그릇에서 같이 먹이고 같은 잔으로 마시고 잘 때는 친딸이나 다를 바 없이 품에 안고 잤습니다.

그런데 하루는 부잣집에 손님이 하나 찾아왔습니다. 주인은 손님을 대접하는데 자기의 소나 양은 잡기가 아까워서, 그 가난한 집 새끼 양을 빼앗아 손님 대접을 했습니다." 다윗은 몹시 괘씸한 생각이 들어 나단에게 소리쳤다. "저런 죽일 놈! 세상에 그럴 수가 있느냐? 그런 인정머리 없는 짓을 한 놈을 그냥 둘 수는 없다. 그 양 한 마리를 네 배로 갚게 하리라." 그때 나단이 다윗에게 말하였다. "임금님이 바로 그 사람입니다."(〈2사무〉 12,1-7)

가난은 권력자의 착취 때문에 늘어나기도 한다. 가난은 경제 문제 이전에 정치 문제다. 가난은 정치·경제 문제 이전에 신학 문제다. 다윗 왕의 권력 남용을 비판한 예언자 나단(〈2사무〉 12,1-7), 권력을 악용해 나봇의 포도밭을 빼앗은 아합 왕(〈1열왕〉 21장)을 보자. 그런 권력자가 가난한 사람을 착취하면 가난한 사람에게 어떤 희망이 있을까. 권력자가 부패하면 가난한 사람은 누구에게 억울함을 하소연해야 할까. 가난한 사람을 착취하는 사람이 죽으면 그 시신을 개들이 뜯어 먹고 새들이 쪼아 먹으리라(〈1열왕〉 21,24). 하느님께서 경고해야 하는가. 특히 예언자 아모스(〈아모〉 2,6-7; 5,11-12; 8,4-6)와 이사야(〈이사〉 3,14-15; 10,1-2; 58,3.6-7)는 가난한 사람을 편들면서 부자와 권력자의 착취를 강하게 비판했다.

가난한 사람은 착취와 가난 앞에서 힘없고 희망이 없어 하느님에게 더 매달릴 수밖에 없다. 그래서 가난한 사람이라는 단어에 자신의 약함을 알고 하느님께 도움을 청하는 뜻이 포함된다(〈욥기〉 5,16; 〈시편〉 10,12-14; 25,16; 68,5). 자신을 믿고 의지하는 사람도 있지만, 가난한 사람은 하느님에게 더 애원할 수밖에 없다. 특히 〈시편〉은 하느님이 가난한 사람의 보호자라고 칭송했다(〈시편〉 9,18; 14,6; 102,17; 132,15). 더 놀라운 일은 〈시편〉 저자와 그 공동체가 자신을 '가련하고 불쌍한 이 몸'(〈시편〉 40,17; 70,5; 86,1; 109,22)이라고 말하면서 가난한 사람과 일치시켰다는 점이다. 예수 시대 직전에 〈솔로몬 시편〉과 쿰란 공동체 문헌에도 자신을 가난한 사람과 일치시키는 모습이 있었다(〈솔로몬 시편〉 5,2.11; 10,6; 15,1; 1QM 11,9.13; 13,3-14; 4Q 171, 2,9-10).[17]

작고 가난한 나자렛 시골 출신 예수는 빈민층은 아니지만 가난한 사람에 속했다.[18] 예수는 마을 사람들이 빚더미에 허덕이고 세금에 시달리는 모습을 모르지 않았을 것이다. 소작인으로 떨어지고 날품팔이로 돌아선 사람들을 모르지 않았을 것이다. 공통년 20년대 갈릴래아 저지대 농민은 로마제국의 상업화 정책과 헤로데 영주의 도시화 정책 탓에 더 빈곤해졌다. 그들이 예수의 주요 관심이었다.[19] 예수가 살던 지역에서 벌어진 경제 상황이 예수의 비유에 배경으로 소개된다. "무엇을 먹고 마시며 살아갈까, 또 몸에는 무엇을 걸칠까 하고 걱정하지 마십시오. 무엇을 먹을까 무엇을 마실까, 또 무엇을 입을까 하고 걱정하지 마십시오"(〈마태〉 6,25.31; 〈루가〉 12,22.29)는 하루하루 생존을 걱정한 당시 가난한 사람에게 주는 위로의 말이다.[20]

"목숨이 음식보다 더 귀하고 몸이 옷보다 더 귀하지 않습니까? 저 까마귀들을 생각해보십시오. 그것들은 씨도 뿌리지 않고 거두어들이지도 않습니다. 그리고 곳간도 창고도 없습니다. 그러나 하느님께서는 그들을 먹여주십니다. 여러분은 저 날짐승들보다 훨씬 더 귀하지 않습니까? 저 꽃들이 어떻게 자라는가 생각해보십시오. 그것들은 수고도 아니하고 길쌈도 하지 않습니다. 오늘 피었다가 내일이면 아궁이에 던져질 들꽃도 하느님께서 이처럼 입히시거든 하물며 여러분에게야 얼마나 더 잘 입혀주시겠습니까?"(〈루가〉 12,23-24.27-28)

이 구절이 어느 시골 성당 미사에서 낭독됐다. 내가 1997년 엘살바도

르에서 혼 소브리노Jon Sobrino 교수에게 해방신학을 공부할 때 일이었다. 내 곁에 앉은 젊은 남자가 중얼거렸다. "나는 까마귀나 들꽃보다 못해. 저런 성서 구절에 한두 번 속았나⋯⋯." 어느 성서학자의 글보다 나를 깨우친 말이다. 평생 돈 걱정 없이 사는 사람이 저 성서 구절을 제대로 이해할 수 있을까. 가난한 사람의 고통을 모르면, 가난한 사람을 선택하지 않으면 성서도 예수도 알 수 없다. 그런데 많은 사람이 가난한 사람을 선택하지 않으면서 성서와 예수를 알려고 애쓰는 것 같다. 종교인도 교회도 그런 길을 걷는 듯하다.

구약시대와 예수 시대에 없던 착취 방법과 세력이 우리 시대에 등장했다. 강대국이 약소국을 갈취하고, 상류층이 가난한 사람을 갈취한다. 전쟁, 자본주의 논리, 통치 행위, 합법, 관행의 이름으로 여러 가지 착취가 일상적으로 평범하게 일어난다. 어떤 착취가 내 곁에서 매일 자행되는지 알아내기 어려울 정도다. 이런 시대에 종교의 역할이 도대체 무엇이냐고 묻는 사람들이 늘어난다. 예수를 믿고 따른다고 주장하는 그리스도교가 왜 가난한 사람을 편들지 않고 외면하느냐고 항의하는 소리가 하늘에 닿는다. "여러분은 있는 것을 팔아 가난한 사람들에게 주시오"(〈루가〉 12,33)라는 예수의 말씀은 부자뿐 아니라 그리스도교 자신을 향한다.

가난한 사람은 애타게 기다린다. 하느님 나라가 어서 오기를, 하느님의 정의가 실현되는 세상이 어서 오기를, 오늘 먹을 양식이 떨어지지 않기를, 무거운 부채가 없어지기를, 모든 것을 포기하고 싶은 유혹에서 벗어나기를. 가난한 사람은 살고 싶다. 인간답게 살고 싶다. 가난한 사람은 땅(〈마태〉 5,5)을 가지고 싶다. 약속의 땅에서 함께 살고 싶다.[21] 주의 기도를 예수 따르는 사람들의 식사 기도라고 보는 의견이 있다.[22] 예수가 가르쳐준 기도에서 죄ἁμαρτίας(〈루가〉 11,4)와 빚ὀφείλημα(〈마태〉 6,12)의 아람어 원어는 hobha라고 오래 인정돼왔다.[23] 〈마태〉 저자가 〈루가〉 저자처럼 아람어 hobha가 죄를 뜻할 수 있음을 몰랐던 게 아니고, hobha에 빚진 돈이라는 뜻이 있음을 알아챘다.[24] 〈마태〉 저자는 빚진 돈을 갚지 못하는 현실을 가난한 사람이 하느님과 멀어지는 것에 비유했다는 말이다.[25] 하느님과 관계를 강조하는 내용이 아무리 풍부하다 해도 주의 기도는 가난한 사람의 기도다.[26]

예수는 가난한 사람을 어떻게 봤을까. 부자들과 나눈 이야기(〈마르〉 10,17-22; 〈마태〉 19,16-26; 〈루가〉 18,18-27)에서 예수의 대화 상대가 부자(〈마르〉 10,22), 부자 청년(〈마태〉 19,22), 유다의 권력자요 큰 부자(〈루가〉 18,18,23)로 나온다. 예수 시대에 부자는 적어도 넓은 땅을 소유한 사람이다. 부자 청년은 부친에게 재산을 상속받은, 요즘 말로 재벌 몇 세쯤 되겠다. 권력자요 큰 부자는 월급으로 큰 재산을 일구지 않은 권력형 부패자에 해당하겠다. "가서 가진 것을 다 팔아 가난한 사람들에게 나누어주시오"(〈마르〉 10,21)라는 말이 우선 충격이다. 예수의 경험에서 우러나온 말이겠다.[27]

이 말을 들은 당사자(부자)뿐 아니라 예수의 남성 제자들에게도 충격이었다. 예수는 자신이 활동하는 데 도움이 되게 헌금하라고 부탁하지 않았다. 예수를 경제적으로 도운 갈릴래아 여인들이 있었지만(〈마르〉 15,41), 부자들의 후원을 받지 않은 것 같다. 가진 것을 다 팔아 가난한 사람에게 나눠주라는 말씀은 오늘날 부자와 그리스도교에 여전히 충격이다. 가진 것을 다 팔아 교회나 성당에 바치라는 말이 아니다. 가난한 사람에게 주라는 말이다. 교회나 성당은 가진 것을 다 팔아 가난한 사람에게 나눠주라.

예수가 부자에게 한 말은 자선을 권유하고 강조한 정도가 아니다. "여러분의 돈이 있는 곳에 여러분의 마음도 있습니다"(〈마태〉 6,21; 〈루가〉 12,34), "하느님과 재물을 함께 섬길 수는 없습니다"(〈마태〉 6,24; 〈루가〉 16,13). 예수는 돈의 위험을 말한다. 자선하기 전에 돈의 위험을 깊이 깨달으라는 뜻이다. 돈은 잘못된 안정감을 줄 수 있다. 진짜 안정은 하느님에게 둬야 하는데 말이다. 돈 μαμων(〈마태〉6,24)은 동사 믿다ων에서 왔다. 돈, 소유, 자원 등 하느님과 대조되는 어떤 믿는 대상을 가리킨다.[28]

"여러분의 돈이 있는 곳에 여러분의 마음도 있습니다"(〈마태〉6,21)는 예수가 한 말이 아니라는 의견이 있다.[29] 고대 어느 속담에도 그런 말은 없다는 것이다.[30] 그러니까 그 말을 더 예수가 하지 않았을까.[31] "하느님과 재물을 함께 섬길 수는 없습니다"(〈마태〉6,24; 〈루가〉16,13)는 확실히 예수가 한 말이다.[32]

그러면 부자는 어떻게 되는가. 부자의 신세를 성서만큼 처량하고 잔인하게 말하는 책이 또 있을까. "재물을 많이 가진 사람이 하느님 나라에 들어가는 것은 얼마나 어려운 일인지 모릅니다"(〈마르〉10,23), "부자가 하느님 나라에 들어가는 것보다는 낙타가 바늘귀로 빠져나가는 것이 더 쉬울 것입니다"(〈마르〉10,25). 두 발언 중 하나 혹은 둘 다 어떤 모습으로든 예수가 했다는 사실을 의심하는 성서학자는 없다.[33] 이 도발적인 발언과 충격을 가볍게 여기면 안 된다.[34]

예수의 부자 비판과 연결할 때 잘 이해되지 않는 사건이 있다. 성서 전승 역사에서 복잡한 사례 중 하나[35]인 예수 머리에 기름 부은 여인 이야기다. "과월절 이틀 전 곧 무교절 이틀 전"(〈마르〉14,1), 예수 죽음 이틀 전 수요일에 생긴 일이다. 유다인은 한국인처럼 사건 첫날부터 하루로 계산했다. 수요일에 베다니아에서 어떤 여인이 예수 머리에 기름을 부어 이틀 뒤 예수의 죽음을 세상에 미리 알린다. 예수 죽음 이틀 후 일요일에 갈릴래아에서 온 몇 여인은 예수의 부활을 세상에 알린다. 〈마르〉 저자는 예수가 처형된 금요일을 중심으로 이틀 전후에, 즉 수요일과 일요일에 여인들의 영웅적인 행동과 예수 수난사를 함께 기록했다.[36]

예수가 베다니아에 있는 나병 환자 시몬의 집에 있을 때의 일이다. 마침 예수가 음식을 먹고 있었는데 어떤 여자가 매우 값진 순 나르드 향유가 든 옥합을 가지고 와서 그것을 깨뜨리고 향유를 예수의 머리에 부었다. 그러자 거기 같이 있던 몇 사람이 매우 분개하여 "왜 향유를 이렇게 낭비하는가? 이것을 팔면 삼백 데나리온도 더 받을 것이고 그 돈을 가난한 사람들에게 나누어줄 수 있을 터인데!" 하고 투덜거리면서 그 여자를 나무랐다. 그러자 예수는 "참견하지 마시오. 이 여자는 나에게 갸륵한 일을 했는데 왜 괴롭힙니까? 가난한 사람들은 언제나 여러분 곁에 있으니 도우려고만 하면 언제든지 도울 수가 있습니다. 그러나 나는 언제까지나 여러분과 함께 있지는 않을 것입니다. 이 여자는 내 장례를 위하여 미리 내 몸에 향유를 부은 것이니 자기가 할 수 있는 일을 다 한 것입니다. 나는 분명히 말합니다. 온 세상 어디든지 복음이 전해지는 곳마다 이 여자가 한 일도 알려져서 사람들이 기억하게 될 것입니다" 하고 말하였다.(⟨마르⟩ 14,3-9)

　　"가난한 사람들은 언제나 여러분 곁에 있으니 도우려고만 하면 언제든지 도울 수가 있습니다. 그러나 나는 언제까지나 여러분과 함께 있지는 않을 것입니다"(⟨마르⟩ 14,7)는 "너희가 사는 땅에서 가난한 사람이 없어지지는 않을 것이다. 너희가 사는 땅에는 너희 동족으로서 억눌리고 가난한 사람이 어차피 있을 것이다. 그러므로 이렇게 너희 손을 뻗어 도와주라고 이르는 것이다"(⟨신명⟩ 15,11)에서 가져왔을 것이다.

　　우리가 ⟨마르⟩ 저자의 의도를 잘 이해한다 해도, 본문에 의아한 내용이 있다. 여인이 노동자 1년 반 소득에 해당하는 비싼 기름을 예수 장례를 위해 꼭 써야 했는가. 그렇다고 여인이 무슨 잘못이라도 했는가. 여인의 행동을 나무란 사람들은 무슨 잘못을 했단 말인가. 그들은 가난한 사람에 대한 애정이 있지 않은가. 예수가 그들을 나무라는 말은 "가서 가진 것을 다 팔아 가난한 사람들에게 나누어주시오"(〈마르〉10,21)라고 한 자신의 말과 잘 어울리는가. 가난한 사람을 위한 선행은 언제든 할 수 있지만, 예수의 장례는 한 번뿐이다. 유다교에서 장례 참여는 선행보다 중요하게 여겼다.[37] 〈마르〉 저자는 예수의 죽음이 다가왔다는 말을 하고 싶다.

〈마르〉는 예수의 유다인 청중을 가리키는 데 λαος를 거의 쓰지 않고 ὄχλος로 썼다. 처음부터 예수의 말씀을 듣고 행동을 지켜보는 ὄχλος에서 제자들과 열두제자가 탄생했다. 예수는 그들을 불러 모으고 "여러분은 내 말을 새겨들으시오"(〈마르〉7,14)라고 요청했다. 제자들과 달리 유다인 청중λαος은 예수를 메시아로 보지 않고 세례자 요한이나 엘리야나 예언자 중 하나로 봤다(〈마르〉8,28). 유다인 청중이 예수에게 다가오기 전, 예수가 다가갔다.

예수는 굶주린 청중에게 측은함을 느꼈다. "군중이 많이 모여 있는 것을 보고 목자 없는 양과 같은 그들을 측은히 여기어 여러 가지로 가르쳐주었다"(〈마르〉6,34), "사람들이 또 많이 모여들었는데 먹을 것이 없어서 예수는 제자들에게 '이 많은 사람들이 벌써 사흘이나 나와 함께 지냈는데 이제 먹을 것이 없으니 참 보기에 안됐습니다. 그들을 굶겨서 집으로 돌려보낸다면 길에서 쓰러질 것입니다. 더구나 그중에는 먼 데서 온 사람들도 있습니다'라고 말했다"(〈마르〉8,1-3). 예수가 누구인지 소개하기 전에 듣는 사람이 밥을 먹었는지, 굶었는지 알아야겠다. 독일 극작가 베르톨트 브레히트Bertolt Brecht는 이렇게 말했다. "우선 처먹고. 그다음 윤리고 도덕이고 나발이고."

예수의 병 치유, 마귀 쫓음, 빵 나눔 기적도 다 측은지심에서 나온 행동이다. 예수가 한 놀라운 일과 능력에 우리가 감탄하는 데 그칠 게 아니라, 백성의 고통을 알고 느끼고 함께 아파해야 하지 않을까. 백성의 고통을 잘 모르면서 예수의 능력에 감탄하는 자는 아직 예수의 마음에 가까이 가지 못한 사람이다. 측은지심을 품고 가난한 백성의 아픔을 안 다음, 예수에게 가까이 가는 것이 옳은 순서 아닐까. 측은지심이 없고 가난한 백성의 아픔을 알지 못했다면, 예수가 백성에게 다가서는 것이 무슨 의미가 있겠는가. 그랬다면 백성에게 민폐만 끼쳤을 것이다.

예수는 갈릴래아뿐 아니라 유다 지방 백성에게 긍정적인 호응을 얻었다(〈마르〉 10,1). 예루살렘 유다교 지배층은 예수를 따르며 예수의 말을 듣는 유다인의 숫자에 놀라고, 예수의 가르침에 백성이 보이는 반응을 두려워했다(〈마르〉 11,18). 예수가 예루살렘에 진출했을 때, 수많은 사람이 열렬히 환영한다(〈마르〉 11,7-9). 그런데 예수를 반대하는 선동에 동참하고 십자가에 못 박으라고 외친 사람들을 가리키는 데 ὄχλος라는 단어가 네 번이나 사용됐다(〈마르〉 14,43; 15,8.11.15).

〈마태〉는 예수를 이스라엘 백성의 구원자로 내세운다(〈마태〉 1,21).[38] 〈마태〉는 백성을 이스라엘과 신학적으로 연결하려 애썼다.[39] 그래서 〈마태〉 처음부터 끝까지 유다인이 아닌 백성은 구원의 역사 입장에서 유다 백성의 운명에 포함된다(〈마태〉 1,1; 4,15; 5,16; 12,21; 28,19).[40] 〈마태〉는 λαος라는 단어를 〈마르〉보다 훨씬 자주 썼다.[41] λαος와 ὄχλος가 똑같은 청중을 얼마나 다른 방식으로 가리키는지 특히 〈마태〉 27,24에서 논의된다.[42]

〈마태〉는 백성이 예수에게 적극적으로 호응했다고 강조하고, 바르사이파 사람들이 예수를 헐뜯는다고 덧붙인다(〈마태〉 9,32-34; 12,22-24). 예수가 마귀를 쫓아내자 군중은 이스라엘에서 처음 보는 일이라며 놀라 웅성거렸다. 그러나 바리사이파 사람들은 예수가 마귀 두목의 힘을 빌려 마귀를 쫓아낸다고 비꼬았다(〈마태〉 9,32-34). 산상수훈에서 청중은 예수의 가르침을 자세히 듣고(〈마태〉 5,1) 예수의 놀라운 능력을 알아채고 감탄한다(〈마태〉 7,28).

청중은 예수 안에서 하느님의 뜻이 드러났음을 보고(〈마태〉9,33), 예수를 약속된 다윗 가문의 메시아로 본다.[43] 예수가 예루살렘에 진출할 때 환영한 수많은 사람들πολλοί(〈마르〉11,8)은 많은 사람들πλεῖστος ὄχλος(〈마태〉21,8)로 바뀌었다. 독자들이 우리말 성서에서 그 차이를 뚜렷이 알아차리긴 쉽지 않다. 번역이 좀 아쉽다. "그 사람의 피에 대한 책임은 우리와 우리 자손들이 지겠습니다"라고 소리친 군중(〈마태〉27,25)은 예루살렘 시민이다.[44] 그들은 다른 군중과 구분돼야 한다.

〈루가〉도 〈마르〉〈마태〉와 마찬가지로 군중을 우선 예수의 청취자로 그렸다. 〈마태〉처럼 백성을 이스라엘과 신학적으로 연결해 설명했다.[45] λαος와 ὄχλος라는 단어는 〈루가〉에서 자주 나온다. ὄχλος가 예수의 치유와 가르침에 감탄하는 군중을 가리킬 때 주로 쓰였다면, λαος는 이스라엘 백성의 운명을 가리키는 대목에서 군중을 가리킬 때 주로 쓰였다.[46] 〈마르〉〈마태〉와 비교하면, 〈루가〉 저자는 여러 곳에서 ὄχλος를 λαος로 대체하거나 보충했다(〈루가〉6,17;7,1;8,47;9,13).

예수는 예루살렘에 있을 때 군중과 접촉했다. 예루살렘성전에서 사람들을 모았다(〈루가〉19,47;21,37). 예수의 역사를 이스라엘 백성의 운명과 연결하고 강조하기 위해 성전 항쟁부터 무화과나무 비유가 나오는 부분까지(〈루가〉19,47-21,38) ὄχλος는 전혀 보이지 않고 λαος만 있다.[47] 〈루가〉에서 빌라도가 예수를 재판하는 장면에 군중의 역할이 줄었고(〈루가〉23,13-25), 유다교 지배층의 역할은 늘었다(〈루가〉24,19-20). 예수의 죽음을 슬퍼하는 예루살렘 여인들이 기록되고(〈루가〉23,27-28), 예수는 죄가 없다고 고백한 동료 십자가 사형수 이야기가 덧붙었다(〈루가〉23,41-43). 이스라엘 전체가 구원되리라는 희망이 〈마태〉처럼 〈루가〉에도 강조됐다(〈루가〉24,21).[48]

〈요한〉은 예수를 사람들보다 세상 앞에 내놓으려 했다. 이런저런 구체적인 사람들 앞에 예수를 소개하기보다 온 세상 앞에 내놓았다(〈요한〉 1,7; 11,51). 그래도 〈요한〉에서 군중이 등장한다(〈요한〉 6,1-15). 5000명을 먹인 기적으로 흔히 인용되는 이 이야기 제목은 우리가 바꾸는 게 좋을 듯싶다. "남자만 약 오천 명이나 되었다"(〈요한〉 6,10)는 표현은 〈요한〉 저자가 여성을 제외하고 사람 수를 세는 남성 우월주의에서 벗어나지 못한 사례다. 21세기에 사는 우리가 잘못된 표현을 본받거나 따를 이유가 없다. 〈요한〉 여기저기에 다양한 뜻으로 언급되는 유다인Ἰουδαῖοι(〈요한〉 7,35)이란 단어는 특히 조심해야 한다. 유다 민족이나 유다교를 반대하고 차별하는 근거로 오해·악용되는 일은 없어야 한다.[49]

## 죄인

사람들이 퍼부은 비난이 예수가 어떤 사람인지 알려주기도 한다. "저 사람은 즐겨 먹고 마시며 세리나 죄인들하고만 어울리는구나!"(〈루가〉 7,34)[50]는 예수가 어떤 사람한테 들은 말을 군중에게 전하듯 한 말이다. '즐겨 먹고 마시는' 예수는 소비생활을 낙인찍은 것이고, '세리나 죄인들 하고만 어울리는' 예수는 사교 행태에 대한 비난이다. 즐겨 먹고 마신다 는 표현은 고기나 술을 많이 소비한다는 예수의 취향을 가리키는 게 아니 다. "저 사람이 세리와 죄인들과 어울려 같이 음식을 나누고 있으니 어찌 된 노릇이오?"(〈마르〉 2,16)는 바리사이파 율법 학자들이 예수의 제자들에 게 비난하듯 묻는 말이다.

아버지의 말이나 어머니의 말을 전혀 듣지 않고 거역하기만 하여 애를 태우는 아들이 있는 경우, 아무리 타일러도 듣지 않거든 부모는 그 고장 성 문께, 성읍의 장로들이 있는 곳으로 그를 데리고 가서 그 성읍의 장로들에 게 호소하여라. '이 녀석은 우리 아들인데 거역하기만 하고 애만 타게 합니다. 우리의 말을 전혀 듣지 않습니다. 방탕한데다가 술만 마십니다.' 그러면 온 시민은 그를 돌로 쳐죽일 것이다. 이런 나쁜 일은 너희 가운데서 송두리째 뿌리 뽑아야 한다. 온 이스라엘이 이 말을 듣고 두려워하게 될 것이다.(〈신명〉21,18-21)

내 아들아, 잘 듣고 지혜를 얻어 네 마음을 바른길로 이끌어라. 술독에 빠진 사람과 고기를 탐내는 사람과는 어울리지 마라. 고기와 술에 빠지면 거지가 되고 술에 곯아떨어지면 누더기를 걸치게 된다.(〈잠언〉23,19-21)

건달들과 어울리는 자는 아비에게 욕을 돌린다.(〈잠언〉28,7b)

그런 욕을 듣는 예수는 좋은 아들이 아니라는 말이다. 예수는 부모를 부끄럽게 하고, 자기 몸 하나 책임지지 못한다. 예수의 부모는 예수를 불효자로 동네에 널리 알려야 하고, 동네 사람들은 예수를 돌로 쳐 죽여야 마땅하다는 뜻이다. 예수는 전통적인 공동체 질서를 어지럽히는 사람이니 공동체가 집단 처벌해야 마땅하다.[51] 예수는 공동체 질서에 반항한 인물로 여겨졌다.

예수는 새로운 세상을 꿈꿨다. 때가 차고 새로운 세상이 시작됐다. 하느님 나라의 큰 잔치가 시작되고 있다. 〈이사〉는 "너를 지으신 이가 너를 아내로 맞으신다. 신랑이 신부를 반기듯 너의 하느님께서 너를 반기신다"(〈이사〉62,5)고 하느님과 이스라엘 백성의 관계를 결혼식에 비유했다. "이 산 위에서 만군의 야훼, 모든 민족에게 잔치를 차려주시리라. 살진 고기를 굽고 술을 잘 익히고 연한 살코기를 볶고 술을 맑게 걸러 잔치를 차려주시리라. 이 산 위에서 모든 백성들의 얼굴을 가리던 너울을 찢으시리라. 모든 민족들을 덮었던 보자기를 찢으시리라. 그리고 죽음을 영원히 없애버리시리라. 야훼, 나의 주께서 모든 사람의 얼굴에서 눈물을 닦아주시고, 당신 백성의 수치를 온 세상에서 벗겨주시리라"(〈이사〉 25,6-8). 이런 잔치에 예수가 빠질 수 없다. 예수는 결혼식에 온 손님이 단식할 수 있냐[52]고 반문했다(〈마르〉 2,19).

예수는 갈릴래아에서 하느님 나라의 메시지를 선포하며 하느님 나라 잔치에서 먹고 마셨다. 일정한 수입도 없는 떠돌이 예수가 어디서 어떻게 먹고 마셨을까. 단순한 호기심에서 나온 질문이 아니다. "저 사람은 즐겨 먹고 마시며 세리나 죄인들하고만 어울리는구나!"(〈루가〉 7,34)에서 그 단서를 찾을 수 있다. 세리나 죄인들이 예수에게 밥과 술을 사지 않았을까. 더 정확히 말해 세리나 죄인들이 예수와 제자 등 수십 명의 술값과 밥값을 내지 않았을까. 물론 우리가 예수 일행의 회계장부를 가진 건 아니다. 갈릴래아 유다인에게 예수는 두 번 찍혔다. 예수가 술 마시고 흥청거릴 뿐 아니라, 못된 인간들과 어울린다는 것이다.

세리나 징수원은 간접세를 걷는 사람이다. 다리 건널 때, 길 통과할 때, 시장에서, 소금 팔 때, 물건을 다른 도시나 지역으로 운반할 때 세금을 걷었다. 헤로데 필립보가 통치하는 베싸이다 지역 주민과 헤로데 안티파스가 통치하는 가파르나움 지역 주민은 이동하며 물품을 사고팔 때 세리를 만날 수밖에 없다. 주민은 1년에 한 번 토지세와 주민세를 관리나 동네 징수원에게 내야 했다. 세리는 거의 매일 마주쳤다. 부패하고 악독한 세리가 왜 없었겠는가. 갈릴래아 호수 어부들은 고기 잡을 때, 소금 살 때, 운반할 때, 잡은 고기를 시장에 내다 팔 때 세금을 냈다. 갈릴래아 유다인이 세리를 얼마나 싫어했겠는가. 세리는 보통 유다인이지만 병자(〈마르〉 2,5-17), 죄인(〈마르〉 2,17)이라 불렸다. 세리는 사회적·종교적 혐오의 대상이었다.[53]

하느님 나라가 지상에서 실현되려면 악마가 추방될 뿐 아니라 흩어진 백성이 한데 모여야 한다. 한편으로 악의 세력을 물리치고, 다른 편으로 사회에서 제외되고 버려진 사람을 받아들여야 한다. 예수가 하느님의 뜻에 따라 지상에서 한 일은 두 가지다. 악의 세력과 싸우고, 버려진 사람을 가까이하는 일이다.

"여러분 가운데 누가 양 백 마리를 가지고 있었는데 그중에서 한 마리를 잃었다면 어떻게 하겠습니까? 아흔아홉 마리는 들판에 그대로 둔 채 잃은 양을 찾아 헤매지 않겠습니까? 그러다가 찾으면 기뻐서 양을 어깨에 메고 집으로 돌아와 친구들과 이웃을 불러 모으고 '자, 같이 기뻐해주십시오. 잃었던 양을 찾았습니다' 하며 좋아할 것입니다."(〈루가〉 15,4-6)

주 야훼가 말한다. 망하리라. 양을 돌보아야 할 몸으로 제 몸만 돌보는 이스라엘의 목자들아! 너희가 젖이나 짜 먹고 양털을 깎아 옷을 해 입으며 살진 놈을 잡아먹으면서 양을 돌볼 생각은 않는구나. 약한 것은 잘 먹여 힘을 돋우어주어야 하고 아픈 것은 고쳐주어야 하며 상처 입은 것은 싸매주어야 하고 길 잃고 헤매는 것은 찾아 데려와야 할 터인데, 그러지 아니하고 그들을 다만 못살게 굴었을 뿐이다. 양들은 목자가 없어서 흩어져 온갖 야수에게 잡아먹히며 뿔뿔이 흩어졌구나. 내 양 떼는 산과 높은 언덕들을 이리저리 헤매고 있다. 내 양 떼가 온 세상에 흩어졌는데 찾아다니는 목자 하나 없다.(〈에제〉 34,2-6)

예수의 잃어버린 양 비유(〈예레〉 31,10; 〈미가〉 2,12)는 나쁜 목자를 비판하는 하느님의 경고에 기초한다. 잃어버린 양 비유에서 착한 목자를 칭송하는 데 그치지 말아야 한다. 나쁜 목자가 누구이며, 어떻게 처신했는지 똑바로 알아야 한다. 예수의 잃어버린 양 비유는 〈에제〉 34장에 나오는 양의 비유와 두 가지가 다르다. 착한 목자는 아흔아홉 마리는 들판에 그대로 둔 채 잃은 한 마리를 찾아 헤맨다. 마침내 양을 찾으면 기뻐서 지인들과 잔치를 베푼다. 예수가 잃은 한 마리 양을 찾고, 기뻐하며 잔치하는 모습을 보여준다. 세리는 잃어버린 양처럼 예수 눈에 띄면 된다. 이웃 사람들은 잃어버린 양을 찾은 때처럼 세리를 기쁘게 환영하면 된다.

"어떤 사람이 두 아들을 두었는데 작은아들이 아버지에게 제 몫으로 돌아올 재산을 달라고 청하였습니다. 그래서 아버지는 재산을 갈라 두 아들에게 나누어주었습니다. 며칠 뒤에 작은아들은 자기 재산을 다 거두어 가지고 먼 고장으로 떠나갔습니다. 거기서 재산을 마구 뿌리며 방탕한 생활을 하였습니다. 그러다가 돈이 떨어졌는데 마침 그 고장에 심한 흉년까지 들어서 그는 알거지가 되고 말았습니다. 하는 수 없이 그는 그 고장에 사는 어떤 사람의 집에 가서 더부살이를 하게 되었는데 주인은 그를 농장으로 보내어 돼지를 치게 하였습니다. 그는 하도 배가 고파서 돼지가 먹는 쥐엄나무 열매로라도 배를 채워보려고 했으나 그에게 먹을 것을 주는 이는 아무도 없었습니다. 그제야 제정신이 든 그는 이렇게 중얼거렸습니다. '아버지 집에는 양식이 많아서 그 많은 일꾼들이 먹고도 남는데 나는 여기서 굶어 죽게 되었구나! 어서 아버지께 돌아가, 아버지, 제가 하늘과 아버지께 죄를 지었습니다. 이제 저는 감히 아버지의 아들이라고 할 자격이 없으니 저를 품꾼으로라도 써주십시오 하고 사정해보리라.'

마침내 그는 거기를 떠나 자기 아버지 집으로 발길을 돌렸습니다. 집으로 돌아오는 아들을 멀리서 본 아버지는 측은한 생각이 들어 달려가 아들의 목을 끌어안고 입을 맞추었습니다. 그러자 아들은 '아버지, 저는 하늘과 아버지께 죄를 지었습니다. 이제 저는 감히 아버지의 아들이라고 할 자격이 없습니다' 하고 말했습니다. 그렇지만 아버지는 하인들을 불러 '어서 제일 좋은 옷을 꺼내어 입히고 가락지를 끼우고 신을 신겨주어라. 그리고 살진 송아지를 끌어내다 잡아라. 먹고 즐기자! 죽었던 내 아들이 다시 살아왔다. 잃었던 아들을 다시 찾았다' 하고 말했습니다. 그래서 성대한 잔치가 벌어졌습니다.

밭에 나가 있던 큰아들이 돌아오다가 집 가까이에서 음악 소리와 춤추며 떠드는 소리를 듣고 하인 하나를 불러 어떻게 된 일이냐고 물었습니다. 하인이 '아우님이 돌아왔습니다. 그분이 무사히 돌아오셨다고 주인께서 살진 송아지를 잡게 하셨습니다' 하고 대답하였습니다. 큰아들은 화가 나서 집에 들어가려 하지 않았습니다. 그래서 아버지가 나와서 달랬으나 그는 아버지에게 '아버지, 저는 이렇게 여러 해 동안 아버지를 위해서 종이나 다름없이 일을 하며 아버지의 명령을 어긴 일이 한 번도 없었습니다. 그런데도 저에게는 친구들과 즐기라고 염소 새끼 한 마리 주지 않으시더니 창녀들한테 빠져서 아버지의 재산을 다 날려버린 동생이 돌아오니까 그 아이를 위해서는 살진 송아지까지 잡아주시다니요!' 하고 투덜거렸습니다. 이 말을 듣고 아버지는 '얘야, 너는 늘 나와 함께 있고 내 것이 모두 네 것이 아니냐? 그런데 네 동생은 죽었다가 다시 살아왔으니 잃었던 사람을 되찾은 셈이다. 그러니 이 기쁜 날을 어떻게 즐기지 않겠느냐?' 하고 말하였습니다."(〈루가〉 15,11-32)

큰아들의 못마땅한 반응(〈루가〉 15,25-32)이 예수가 한 말인지 아닌지 논의[54]는 비유의 뜻과 별로 관계없다. 돌아온 아들을 향해 달려가는 아버지의 모습은 가문의 어른으로서 점잖은 체통과 거리가 멀다. 비유에서 들판과 집, 안과 밖은 유다 사회의 차별과 혐오를 상징하는 단어로 쓰였다. 마을 안에 사는 세관장 자캐오의 집으로 들어가는 예수(〈루가〉 19,1-10)는 유다인이 보기에 선을 넘었다. 유다 사회에서 제외된 잃은 양을 찾아

기뻐하는 잔치를 갈릴래아 유다인이 거절한다. 그들은 예수가 왜 세리나 죄인과 함께 먹고 마시며 어울리는지 이해하지 못한다.

예수는 가정경제에 아무런 보탬이 되지 않는 자발적 실업자다. 부지런히 노동해서 가족을 부양하는 유다 사회와 불화하는 인간이다. 세리는 부정한 방법으로 돈은 많이 모았지만, 동족 유다인에게 멸시당하는 존재다. 예수는 즐겨 먹고 마시는 패륜아로 몰렸고, 세리는 불결한 죄인으로 찍혔다. 예수는 외국 신 베엘제불과 연합했다는 의심을 사 유다교 배신자로 비난받았고, 세리는 외국 군대에 복무해 유다 민족의 배신자로 여겨졌다.

인간적인 눈으로 보면 세리나 예수나 유다 사회에서 소외된 사람이다. 아웃사이더인 그들은 서로 받아들이고 손잡았다. 사실 예수와 세리는 어울리기 쉽지 않은 사이다. 돈 많은 세리와 얻어먹어야 사는 예수다. 세리는 예수에게 든든한 돈줄이었고, 예수는 세리가 인간의 존엄성을 인정하고 회복하게 해줬다. 꼴찌들의 반란이자 동맹이라고 할까.

어느 세리 집에서 예수 일행을 초대한 식사 광경을 상상해보자. 손님으로 열두제자 부부를 빼놓을 수 없다. 병자들도 참석했다. 그중 치유 받은 몇몇 사람은 예수를 계속 따라다녔을 수 있다(〈마르〉 5,18; 10,52). 예수의 제자들이 평소 움직인 모습을 〈마르〉 저자가 그렇게 그렸을 수도 있다.[55] 일곱 마귀가 나간 막달라 출신 마리아(〈루가〉 8,2)도 동행한 것 같다. 그녀는 그리스도교 역사에서 죄지은 여인으로 잘못 알려졌다. 예수를 따라다니는 여성들이 갈릴래아 시골에서 경건한 유다인의 입방아에 얼마나 올랐을까.[56] 여성이 배우자 없이 예수를 따라다닐 수 있었을까 계속 논의되고 있다.[57]

예수가 주로 어울린 사람을 세 그룹(제자, 세리, 병자)으로 볼 수 있다.[58] 제자들은 자발적 결단으로 유다 사회에서 소외됐다. 세리는 직업, 로마제국과 관계 때문에 유다 사회에서 소외됐다. 병자는 없는 존재로 취급됐다. 앞 못 보는 거지는 동네 변두리에, 정신병 환자는 동네 밖에, 피부병 환자는 격리돼 살았다. 예수에게 치유를 간청하려고 따라다닌 병자들이 식사 자리에도 예수 일행과 함께 있었음은 당연하다. 그중에는 공격적으로 행동하거나 발작을 일으키는 사람도 있었다(〈마르〉 5,1-5). 제자들은 재산을 포기하고 예수를 따랐고, 병자들은 가진 게 없었다. 예수와 병자, 제자들이 세리에게 먹을 것을 신세 졌다. 세리는 예수와 병자, 제자들에게 먹을 것을 준 공로가 있다. 꼴찌들이 서로 돕고 살려줬다.

예수는 병자, 세리, 제자들과 함께 주류 사회에 대조되는 대안 공동체 혹은 저항 공동체를 만들었다. 치유된 병자들은 지상에서 악마의 세력이 물러나고 있음을 보여주는 산 증거가 됐다. 제자들은 야곱의 열두 부족이 회복됐음을 상징했다. 세리는 하느님이 잃어버린 양을 찾았음을 보여줬다. 병자, 세리, 제자들과 함께 있는 예수는 하느님 뜻이 지금 어디에 있고 무엇인지 행동으로 보여준 셈이다. 대다수 갈릴래아 유다인의 눈에 예수 일행은 경건한 유다 사회를 어지럽히는 패륜아 집단에 불과했다. 예수 일행은 예루살렘 유다교 지배층뿐 아니라 갈릴래아 평범한 유다인 농부와 어부에게 인심을 얻지 못했다.

병자와 세리, 제자들이 서로 잘 이해하고 화합했을 거라는 추측은 지나치게 낭만적이다. 어부 출신 제자들은 예수를 알기 전에 갈릴래아 호수 등에서 세리를 자주 만났을 것이다. 병자도 세리에 대한 나쁜 소문과 진실을 모르지 않았을 것이다. 불쾌한 기억이 많은 상대와 밥 몇 끼 같이 먹었다고 금방 좋은 친구가 되겠는가. "남을 비판하지 마십시오. 그러면 여러분도 비판받지 않을 것입니다. 남을 단죄하지 마십시오. 그러면 여러분도 단죄받지 않을 것입니다. 남을 용서하십시오. 그러면 여러분도 용서를 받을 것입니다"(〈루가〉 6,37).

"보아라, 저 사람은 즐겨 먹고 마시며 세리나 죄인들하고만 어울리는구나!"(〈루가〉7,34; 〈마태〉11,19)는 예수가 세상에서 들은 가장 치욕적인 말인지도 모른다. 그러나 이렇게 자랑스러운 말이 어디 또 있을까. 인류가낳은 어떤 위대한 인물이나 종교 창시자가 그런 영광스럽고 인간적인 말을 들었을까. 단순한 욕설이 아니라 예수를 아주 잘 나타내는 신학적 표현일 수도 있다.

이 말은 사람들이 예수를 세례자 요한과 비교한 말이기도 하다. 세례자 요한은 빵도 먹지 않고 포도주도 마시지 않으니까 미쳤다는 소리를 들었다(〈루가〉7,33; 〈마르〉1,6). 예수는 먹기도 하고 마시기도 하니까 즐겨 먹고 마시며 세리나 죄인들하고만 어울린다는 말을 들었다(〈루가〉7,34). 예수는 세례자 요한과 달리 음식에서 금욕주의나 채식주의가 없었다. 예수가 세례자 요한과 음식 취향이 아니라 시대를 읽는 관점이 기본적으로 달랐기 때문이다. 예수는 단식도 세례자 요한과 달랐다.

요한의 제자들과 바리사이파 사람들이 단식을 하고 있던 어느 날, 사람들이 예수에게 와서 "요한의 제자들과 바리사이파 사람의 제자들은 단식을 하는데 선생님의 제자들은 왜 단식을 하지 않습니까?" 하고 물었다.(〈마르〉2,18)

우리는 세례자 요한과 그 제자, 동료들이 어떻게 공동생활을 하고 어떤 음식을 먹었는지 잘 모른다. 세례자 요한의 제자들이 모든 것을 버리고 그를 따랐는지도 잘 모른다. 그러나 우리는 예수와 그 제자, 동지들이 빈털터리 신세였음을 잘 안다. 얼마나 춥고 배고프고 서러웠을까. 얻어먹을 힘만 있어도 주님의 은총이라 말하지만, 얻어먹는 데도 용기가 필요하다. 직업과 재산을 버리고 가족을 떠난 예수 일행은 얻어먹는 사람들이었다. 〈마르〉〈마태〉〈루가〉에 예수 일행의 식사 장면(〈마르〉2,15; 7,2; 14,3; 〈루가〉7,36; 14,1)이 자주 나오는 이유가 거기에 있다. 예수가 누구를 식사에 초대한 적은 복음서에 없다.

예수가 혼자 식사에 초대된 적은 없다. 예수의 식사 자리에는 다른 사람도 초대되거나 동행한 듯하다. 치유와 악령 추방 사건에서도 그렇지만, 예수의 식사 자리는 북적였다. 치유와 악령 추방 사건처럼 예수의 식사 자리는 하느님 나라의 잔치나 다름없다. 예수의 치유와 악령 추방이 단순히 병을 고치고 마귀를 쫓아내는 사건이 아니듯, 예수의 식사 자리는 단순히 배고픔을 해결하는 식사 모임이 아니다. 하느님 나라가 해설되고 이뤄지는 현장이다. 예수가 즐겨 먹고 마시는 모습과 세리나 죄인들하고 어울리는 모습은 거의 언제나 붙어 다니는 사건이다. 예수는 세리나 죄인들과 먹고 마셨다. 예수가 상류층과 먹고 마시고 어울리는 장면은 복음서에 없다.

예수가 제자로 초대한 세리 레위의 집에서 예수 일행은 세리와 죄인들과 함께 식사했다(〈마르〉2,15). 예수는 돈 많은 세관장 자캐오의 집에 머물기도 했다. 자캐오는 자기 재산의 반을 가난한 사람들에게 나눠주겠다고 자진해서 말했다(〈루가〉19,1-10). 세리와 죄인들이 예수의 말씀을 들으려고 모여들었다(〈루가〉15,1). 바리사이파 사람과 율법 학자들은 예수가 죄인을 환영하고 함께 음식까지 나눈다며 못마땅해했다(〈마르〉2,16; 〈루가〉15,2). 예수가 바리사이파 사람 집에 초대받아 음식을 먹을 때, 행실 나쁜 여자가 눈물로 예수의 발을 적시고 머리카락으로 닦고 발에 입 맞추며 향유를 부었다(〈루가〉7,36-38). 예수는 성 노동자인 듯한 그 여인의 행동을 막지 않았다. 여인의 행동도 대담하지만 그대로 둔 예수의 행동도 대범하다. 바리사이파 사람과 율법 학자들이 죄인을 환영하고 함께 음식을 나누는 예수를 비판할 때, 예수는 비유를 들어 응수했다.

"성한 사람에게는 의사가 필요하지 않으나 병자에게는 필요합니다. 나는 의인을 부르러 온 것이 아니라 죄인을 부르러 왔습니다."(〈마르〉2,17)

"어떤 돈놀이꾼에게 빚을 진 사람 둘이 있었습니다. 한 사람은 오백 데나리온을 빚졌고 또 한 사람은 오십 데나리온을 빚졌습니다. 이 두 사람이 다 빚을 갚을 힘이 없었기 때문에 돈놀이꾼은 그들의 빚을 다 탕감해주었습니다. 그러면 그 두 사람 중에 누가 더 그를 사랑하겠습니까?"(〈루가〉7,41-42)

"여러분 가운데 누가 양 백 마리를 가지고 있었는데 그중에서 한 마리를 잃었다면 어떻게 하겠습니까? 아흔아홉 마리는 들판에 그대로 둔 채 잃은 양을 찾아 헤매지 않겠습니까? 그러다가 찾으면 기뻐서 양을 어깨에 메고 집으로 돌아와 친구들과 이웃을 불러 모으고 '자, 같이 기뻐해주십시오. 잃었던 양을 찾았습니다' 하며 좋아할 것입니다. 잘 들어두시오. 이와 같이 회개할 것 없는 의인 아흔아홉보다 죄인 한 사람이 회개하는 것을 하늘에서는 더 기뻐할 것입니다."(〈루가〉15,4-7)

"또 어떤 여자에게 은전 열 닢이 있었는데 그중 한 닢을 잃었다면 어떻게 하겠습니까? 그 여자는 등불을 켜고 집 안을 온통 쓸며 그 돈을 찾기까지 샅샅이 다 뒤져볼 것입니다. 그러다가 돈을 찾으면 자기 친구들과 이웃을 불러 모으고 '자, 같이 기뻐해주십시오. 잃었던 은전을 찾았습니다' 하고 말할 것입니다. 잘 들어두시오. 이와 같이 죄인 하나가 회개하면 하느님의 천사들이 기뻐할 것입니다."(〈루가〉15,8-10)

예수는 여러 사람과 자주 기꺼이 식사했고, 식사할 수밖에 없었다. 초대받는 신세였기 때문이다. 식사 자리는 다양한 사람과 교류하는 차원에 머물지 않았다. 예수는 식사 자리를 하느님 나라를 설명하고 느끼고 실현하는 계기로 삼았다. 사회에서 버림받고 소외된 사람들이 아픔을 나누고 위로하는 대조 공동체Kontrast-gesellschaft를 잠시 실현한 셈이다. 식사 자리는 덕담으로 끝나지 않고 오히려 논쟁으로 연결되는 일이 잦았다. 식사 모임은 예수를 가까이 보고 듣고 체험하면서 참석자를 회개로 초대하는 자리가 됐다. 예수는 자신을 식사에 초대한 사람을 도덕적으로 정당화하지 않았다. 예수는 밥을 얻어먹어도 할 말은 하는 사람이다.

먹고 마시는 예수의 모습은 세례자 요한의 모습과 대조해야 비로소 그 특징이 드러난다. 세례자 요한의 식사는 그의 심판 설교와 연결된다. 가까이 닥칠 심판 앞에서 요한의 단조로운 식사와 단식은 자신을 낮추고 회개하는 자기 처벌의 몸짓이었다.

단식을 선포하여라. 성회를 소집하여라. 장로들아, 전 국민을 불러 너희 하느님 전에 모으고 야훼께 부르짖어라. 마침내 그날이 오고야 말았구나. 야훼께서 거동하실 날이 다가왔구나. 전능하신 하느님께서 마구 멸하실 날이 오고야 말았구나.(〈요엘〉1,14-15)

이 말에 니느웨 사람들은 하느님을 믿고 단식을 선포하였다. 높은 사람 낮은 사람 할 것 없이 모두 굵은 베옷을 입고 단식하게 되었다. 이 소문을 듣고 니느웨 임금도 용상에서 일어나 어의를 굵은 베옷으로 갈아입고 잿더미 위에 앉아 단식하였다. 그리고 대신들의 뜻을 모아 니느웨 시민들에게 아래와 같이 선포하였다. "사람이나 짐승, 소 떼나 양 떼 할 것 없이 무엇이든지 맛을 보아서는 안 된다. 먹지도 마시지도 마라. 사람뿐 아니라 짐승에게까지 굵은 베옷을 입혀라. 그리고 하느님께 간절한 마음으로 부르짖어라. 권력을 잡았다고 해서 남을 못살게 굴던 나쁜 행실은 모두 버려라. 하느님께서 노여움을 푸시고 우리를 멸하시려던 뜻을 돌이키실지 아느냐?" 이렇게 사람들이 못된 행실을 버리고 돌아서는 것을 보시고 하느님께서는 뜻을 돌이켜 그들에게 내리시려던 재앙을 거두시었다.(〈요나〉 3,5-10)

구원과 잔치의 관계는 심판과 단식의 관계와 대조된다. 예수의 모습은 세례자 요한의 모습과 대조된다.

이 산 위에서 만군의 야훼, 모든 민족에게 잔치를 차려주시리라. 살진 고기를 굽고 술을 잘 익히고 연한 살코기를 볶고 술을 맑게 걸러 잔치를 차려주시리라. 이 산 위에서 모든 백성들의 얼굴을 가리던 너울을 찢으시리라. 모든 민족들을 덮었던 보자기를 찢으시리라. 그리고 죽음을 영원히 없애버리시리라. 야훼, 나의 주께서 모든 사람의 얼굴에서 눈물을 닦아주시고, 당신 백성의 수치를 온 세상에서 벗겨주시리라. 이것은 야훼께서 하신 약속이다.(〈이사〉 25,6-8)

아브라함과 이사악과 야곱과 모든 예언자들은 다 하느님 나라에 있는데 여러분만 밖에 쫓겨나 있는 것을 보면 거기서 가슴을 치며 통곡할 것입니다. 그러나 사방에서 많은 사람들이 모여들어 하느님 나라의 잔치에 참석할 것입니다.(〈루가〉 13,28-29)

또 그 천사는 나에게 "어린 양의 혼인 잔치에 초대받은 사람은 행복합니다'라고 기록하시오" 하고 말했습니다. 또 이어서 "이 말씀은 하느님의 참된 말씀입니다" 하고 말했습니다.(〈묵시〉 19,9)

예수는 구원을 애타게 기다리는 유다교의 종말론 범위에서 움직인다. 세상 끝 날 구원의 잔치를 미리 맛보는 차원에서 식사의 의미를 해석한 것이다. 예수가 있는 곳 어디나 잔치나 마찬가지다. 아무도 잔칫집에서 단식하지 않듯이, 예수나 제자들도 지금 단식할 수 없는 노릇이다.

"잔칫집에 온 신랑 친구들이 신랑이 함께 있는 동안에야 어떻게 단식을 할 수 있겠습니까? 신랑이 함께 있는 동안에는 그럴 수 없습니다."(〈마르〉2,19)

소외된 사람들과 예수가 함께 하는 식사는 지금 구원이 실현되는 진짜 상징Realsymbol[59]이라고 표현할 수 있겠다.

거기에 자캐오라는 돈 많은 세관장이 있었는데 예수가 어떤 분인지 보려고 애썼으나 키가 작아서 군중에 가려 볼 수가 없었다. 그래서 예수가 지나가는 길을 앞질러 달려가서 길가에 있는 돌무화과나무 위에 올라갔다. 예수는 그곳을 지나다가 그를 쳐다보며 "자캐오여, 어서 내려오시오. 오늘은 내가 당신 집에 머물러야 하겠습니다" 하고 말하였다. 자캐오는 이 말씀을 듣고 얼른 나무에서 내려와 기쁜 마음으로 예수를 자기 집에 모셨다.
이것을 보고 사람들은 모두 "저 사람이 죄인의 집에 들어가 묵는구나!" 하며 못마땅해했다. 그러나 자캐오는 일어서서 "주님, 저는 제 재산의 반을 가난한 사람들에게 나누어주렵니다. 그리고 제가 남을 속여먹은 것이 있다면 그 네 갑절은 갚아주겠습니다" 하고 말씀드렸다. 예수는 자캐오를 보며 "오늘 이 집은 구원을 얻었습니다. 이 사람도 아브라함의 자손입니다. 사람의 아들은 잃은 사람들을 찾아 구원하러 온 것입니다" 하고 말했다.(〈루가〉19,2-10)

예수는 자신이 참석한 식사 자리를 구원으로 초대하는 자리로 비유해 설명했다. 하느님의 구원이 현재와 미래에 동시에 있다는 점에서 하느님 나라나 식사 자리가 공통적이다. 온 세상에 흩어진 이스라엘 백성이 한데 모일 구원의 잔치는 미래에 있다(〈마르〉 14,25; 〈루가〉 13,28-29; 〈마태〉 8,11-12). 예수가 참석한 모든 식사는 하느님의 구원이 지금 여기서 곧바로 실현되는 자리다(〈마르〉 2,19; 〈루가〉 15장; 19,9-10). 예수의 식사와 다른 모든 식사가 기본적으로 다른 점은 바로 이것이다. 예수는 사회에서 고통받고 소외된 사람들과 기꺼이 식사[60]했을 뿐만 아니라, 예수가 참석한 식사에서 하느님의 구원이 지금 이뤄졌다고 선포했다.

세리와 죄인은 예수 전승(〈마르〉 2,15-16; 〈루가〉 7,34; 15,1; 〈마태〉 11,19)을 제외하면 고대 문헌 어디에도 보이지 않는 표현이다. 세리와 죄인은 서로 인정하거나 존중하는 상대가 아니었다. 세리나 죄인 입장에서 '세리와 죄인'은 잘 어울리지 않고, 환영받지 못할 언짢은 표현이다. 이방인이나 세리(〈마태〉 18,17)도 마찬가지다.

세리는 식민지 로마 군대에 복속한 국가공무원이 아니고, 로마 위성 국가인 갈릴래아 영주에게 복종하며 일하는 지방공무원도 아니다. 각종 간접세를 납세 당사자에게 징수하는 권리를 국가에 선불하고 얻은 자영업자다. 당연히 현금이 상당히 있고, 권력층에 밉보이지 않은 유다인이어야 했다. 세리稅吏, 즉 세무직 공무원보다 간접세 위탁 징수원이라 부르는 게 정확하다.[61]

"세리들도 와서 세례를 받고 '선생님, 우리는 어떻게 했으면 좋겠습니까?' 하고 물었다. 요한은 '정한 대로만 받고 그 이상은 받아내지 마시오' 하였다"(〈루가〉 3,13). 세리는 정해진 세율이 얼마인지 모르는 사람들의 약점을 이용해 주머니를 채울 기회가 많았다.[62] 유다인 납세자는 간접세를 징수하는 유다인 세리를 당연히 미워했다. 세리는 돈이 많지만, 사회적으로 존중받거나 인정받지 못했다. 세리와 창녀들(〈마태〉21,31-32)이라는 표현까지 있었다. 세리가 당시 사회에서 그만큼 멸시받았다는 뜻이다. 살인자와 강도, 세리가 동급으로 열거될 뿐만 아니라, 유다교 율법 연구집《미쉬나Mischna》에 그들을 속이고 비난해야 마땅하다는 구절도 있었다(Nedarim 3,4).

예수는 자기네만 옳은 줄 믿고 남을 업신여기는 사람들에게 이런 비유를 말하였다. "두 사람이 기도하러 성전에 올라갔는데 하나는 바리사이파 사람이었고 또 하나는 세리였습니다. 바리사이파 사람은 보라는 듯이 서서 '오, 하느님! 감사합니다. 저는 다른 사람들과 달리 욕심이 많거나 부정직하거나 음탕하지 않을뿐더러 세리와 같은 사람이 아닙니다. 저는 일주일에 두 번이나 단식하고 모든 수입의 십 분의 일을 바칩니다' 하고 기도하였습니다. 한편 세리는 멀찍이 서서 감히 하늘을 우러러보지도 못하고 가슴을 치며 '오, 하느님! 죄 많은 저에게 자비를 베풀어주십시오' 하고 기도하였습니다.

잘 들으시오. 하느님께 올바른 사람으로 인정받고 집으로 돌아간 사람은 바리사이파 사람이 아니라 바로 그 세리였습니다. 누구든지 자기를 높이면 낮아지고 자기를 낮추면 높아질 것입니다."(〈루가〉18,9-14)

세리는 예수 당시 유다인에게 널리 미움을 받았지만, 복음서에서 언제나 부정적으로 전해진 것은 아니다. "세리와 성 노동자 여성들이 여러분보다 먼저 하느님의 나라에 들어가고 있습니다. 사실 요한이 여러분을 찾아와서 올바른 길을 가르쳐줄 때에 여러분은 그의 말을 믿지 않았지만 세리와 성 노동자 여성들은 믿었습니다"(〈마태〉21,31-32; 〈루가〉7,29; 18,9-14).

세리를 부정적으로 보도한 경우는 〈마태〉에 두 번 나온다. "여러분이 자기를 사랑하는 사람들만 사랑한다면 무슨 상을 받겠습니까? 세리들도 그만큼은 하지 않습니까?"(〈마태〉 5,46), "어떤 형제가 당신에게 잘못한 일이 있거든 단둘이 만나서 그의 잘못을 타일러주시오. 그가 말을 들으면 당신은 형제 하나를 얻는 셈입니다. 그러나 듣지 않거든 한 사람이나 두 사람을 더 데리고 가시오. 그리하여 '두 사람이나 세 사람의 증언을 들어 확정하여라' 한 말씀대로 모든 사실을 밝히시오. 그래도 그들의 말을 듣지 않거든 교회에 알리고 교회의 말조차 듣지 않거든 그를 이방인이나 세리처럼 여기시오"(〈마태〉 18,15-17).

죄인은 세리와 달리 특정한 사회 그룹을 가리키지 않는다. 어느 그룹이 전부 죄인이고, 어느 그룹은 죄인이 전혀 없다는 말이 아니다. 죄인은 어느 그룹에나 있을 수 있다. 누가 죄인인가 묻기보다 어떤 행동을 하는 사람이 죄인인가 물어야겠다. 하느님 뜻에 맞지 않게 사는 사람을 흔히 죄인이라 불렀다. 구체적인 사람을 가리키지 않고 특정한 행동을 하는 경우를 죄인의 예로 들었다(〈시편〉 1,1.5; 10,2). 특정한 사람을 죄인이라 칭할 경우(〈루가〉 5,8; 18,13) 그런 사람을 낙인찍는 고정관념으로 죄인이란 단어가 쓰이기도 했다.

치유와 마귀 추방 사건에서 예수가 악마 두목과 결탁했다는 오해와 비난을 받은 것처럼, 식사에서도 예수는 세리와 죄인의 친구라는 욕을 들었다. 여러 사건(〈마르〉 2,13-17; 〈루가〉 7,36-50; 19,1-10)과 말씀 전승(〈루가〉 7,34; 15,2; 〈마태〉 11,19)에 소개됐다. 병자 치유와 마귀 추방 사건뿐 아니라 식사 자리도 예수의 사명에서 중요한 사건이었다는 사실을 기억해야 한다. 예수는 악마 편은 물론이고 못된 사람들과 어울린다는 평가를 받았다. "세리들과 죄인들이 모두 예수의 말을 들으려고 모여들었다"(〈루가〉 15,1)는 세리와 죄인 사이에 호감 있고 인기 높은 예수를 소개한 것 같다.

세리와 죄인이란 표현은 반대자들이 예수에게 시비를 걸거나 논쟁을 유도할 때 쓰였다. 예수가 세리와 죄인들과 가깝게 지낸다거나, 그들을 잘 안다는 사실에 반대자들이 깜짝 놀랄 때였다(〈마르〉 2,16; 〈루가〉 7,34.39; 15,2; 19,7; 〈마태〉 11,19). 예수는 대사제, 원로, 바리사이파, 율법 학자 등 유다교의 권위 있고 믿음 두텁다는 사람을 세리와 죄인과 비교하고, 세리와 죄인을 훨씬 좋게 평가했다(〈마태〉 21,31-32; 〈루가〉 7,29-30; 18,9-14). 저 하찮은 세리와 죄인과 지극히 거룩한 우리를 비교하다니? 대사제, 원로, 바리사이파, 율법 학자들이 예수에게 얼마나 불쾌하고 분노했을까.

예수가 세리와 죄인과 가깝게 지낸 이유가 뭘까. 하느님 나라 메시지가 소외된 사람들에게 먼저 향한다고 생각했기 때문일까. 예수의 하느님 나라 메시지는 이스라엘 전체를 향하지 않았는가. 부자와 권력자, 종교 지배층은 하느님 나라에서 제외되는가. 부자와 권력자, 종교 지배층에게 무관심한 예수의 행동에 놀라기보다 세리와 죄인과 가깝게 지낸 예수에게 감탄해야 한다. 세리와 죄인은 이스라엘에서 제외했고, 부자와 권력자, 종교 지배층은 이스라엘에 포함됐기 때문이다.

"부자가 하느님 나라에 들어가는 것보다는 낙타가 바늘귀로 빠져나가는 것이 더 쉬울 것입니다." 제자들은 깜짝 놀라 "그러면 구원받을 사람이 어디 있겠는가?" 하며 서로 수군거렸다.(〈마르〉 10,25-26)

"세리와 성 노동자 여성들이 여러분보다 먼저 하느님의 나라에 들어가고 있습니다."(〈마태〉 21,31)

예수는 여기서 두 가지를 말한다. 부자가 하느님 나라에 들어가는 게 유다 사회에서 당연하게 여겨졌는데, 그렇지 않다는 것이다. 세리와 성 노동자 여성은 하느님 나라에 당연히 들어가지 못하는 줄 알았는데, 그렇지 않다는 것이다. 세리와 성 노동자 여성이 하느님 나라에 먼저 들어간다는 것이다. 부자는 하느님 나라에 당연히 들어가는 줄 알았는데, 사실상 불가능하다는 것이다. 부자가 하느님 나라에 혹시 들어간다 해도 세리와 성 노동자 여성보다 늦게 들어간다는 뜻이다. 유다교 전통을 뒤엎는 발언이다. 부자가 하느님 나라에 당연히 들어가는 줄 알던 예수의 제자들이 깜짝 놀라는 장면을 보자. 부자는 이 발언에 얼마나 충격을 받았겠는가. 대사제, 원로, 바리사이파, 율법 학자는 이 발언에 얼마나 불쾌했겠는가.

예수는 세리와 죄인을 이스라엘에 회복시키는 역할을 한다. 예수의 하느님 나라 메시지는 이스라엘을 하느님 품으로 되돌리려는 것이다. 예수는 그동안 이스라엘에서 사실상 제외된 세리와 죄인을 다시 이스라엘에 포함했다. 돈 많은 세관장 자캐오는 재산의 반을 가난한 사람들에게 나눠주고, 남을 속여먹은 것이 있다면 네 갑절은 갚아주겠다고 예수에게 말했다(〈루가〉 19,2-8). 예수는 자캐오도 아브라함의 자손(〈루가〉 19,9)이라고 말한다. 자캐오는 세리가 회개한 모범이자, 회개한 부자 중 하나다.

여기서 한 가지 주목할 일이 있다. 당연히 이스라엘에 포함되는 것으로 여겨온 부자, 권력자, 종교 지배층은 이제 이스라엘에서 추방돼야 하는가. 예수는 그들에게 회개를 촉구한다. 당연히 하늘나라에 들어갈 줄 알고 살던 부자들에게 예수는 한 마디로 경고했다. "부자가 하느님 나라에 들어가는 것보다는 낙타가 바늘귀로 빠져나가는 것이 더 쉬울 것입니다"(〈마르〉 10,25). "가서 가진 것을 다 팔아 가난한 사람들에게 나누어주시오"(〈마르〉 10,21). 가진 것을 다 팔아 가난한 사람에게 나눠주지 않으면 부자가 하느님 나라에 들어갈 길은 없다.

그렇다고 예수가 죄인이 죄 없다고 말하지는 않았다. 예수는 세상 사람들이 죄인을 보는 눈과 하느님이 죄인을 보는 눈이 같지 않다는 사실을 보여주고 알려준다(《루가》15,4-6.8-9.24.32; 19,10). 사람들은 죄인을 버리거나 잊지 말고 잃어버린 양처럼 찾아다녀야 한다. 그리고 찾으면 기뻐해야 한다. 죄인을 사람 사는 세상에서 분리하거나 제외하지 말고 찾아다녀야 한다. 예수는 죄인을 병자로 비유했다(《마르》2,17). 병자는 의사가 필요하고 얼른 나아야 한다. 잃은 양은 잃지 않은 양보다 귀하다(《루가》15,4-10). 예수는 의사처럼 병자를, 죄인을 찾아다녔다.

예수는 "사람의 아들은 잃은 사람들을 찾아 구원하러 온 것입니다"(《루가》19,10)라고 자신의 존재 의미를 해설했다. "성한 사람에게는 의사가 필요하지 않으나 병자에게는 필요합니다. 나는 의인을 부르러 온 것이 아니라 죄인을 부르러 왔습니다"(《마르》2,17)도 마찬가지다. 예수가 죄인을 찾으면 하느님도 죄인을 찾는 셈이다. 의사가 성한 사람보다 병자를 먼저 찾듯이, 하느님은 예수를 통해 죄인을 먼저 찾으신다. 죄인이 예수를 찾아오면(《루가》15,1) 하느님을 찾으러 온 셈이다. 죄인이 예수를 찾아오면 하느님은 회개로 여기신다.

네 사람의 도움으로 예수를 찾아온 중풍병자에게 예수는 따뜻하게 말했다. "당신은 죄를 용서받았습니다ἀφίενταί"(《마르》2,5). 행실이 나쁜 여자가 예수를 찾아와 눈물 흘렸을 때, 예수는 여인에게 따뜻하게 말했다. "당신의 죄는 용서받았습니다.ἀφέωνταί"(《루가》7,48). 예수가 그들을 용서해준 것이 아니라 하느님이 용서해주셨다는 뜻이다. '용서받다'라는 단어는 신적 수동태神的 受動態, passivum divinum로 표현됐다. 중풍병자와 여인은 유다교에서 죄 용서에 필요한 종교의식을 전혀 하지 않았다. 하느님을 찾으면 죄는 용서받은 셈이다. 예수는 하느님께서 죄를 용서하신다는 사실을 알려줄 뿐 아니라, 지금 실행되고 있음을 보여준다. "이제 땅에서 죄를 용서하는 권한이 사람의 아들에게 있다는 것을 보여주겠습니다"(《마르〉2,10). 죄 사함 권한과 절차를 독점하던 유다교 대사제, 사제, 사두가이 파 사람들은 예수의 이런 말과 행동에 얼마나 불쾌했을까.

예수의 말은 아무 데나 인용하는 게 아니다. 역사적 배경을 알아야 정확히 어디에 적용할지 드러난다. 동학군이 서로 비판하거나 단죄하지 않고 용서한다. 항일 독립군이 서로 비판하거나 단죄하지 않고 용서한다. "당신은 형제자매의 눈 속에 든 티는 보면서도 어째서 제 눈 속에 있는 들보는 깨닫지 못합니까?"(〈루가〉6,41) 새로운 씨앗은 언제나 낡은 땅에 뿌려지게 마련이다. 낡은 땅이 새 씨앗을 진통 없이 받아들일 수 있겠는가. 병자, 세리, 제자들과 예수는 오래된 땅에 새로운 씨앗을 뿌린다.[63] 새 세상의 주축은 옛 세상에서 소외된 병자, 세리, 제자들이다.

### 여인들

예수 주변과 신약성서 전체에서 여성의 역할은 20세기 후반 여성 신학이 역사상 처음으로 강력하게 질문했다.[64] 신약성서에 나온 여성에 대한 언급은 대부분 현대 남성 성서학자의 시각이라는 각성이 있었다. 성서 저자들의 남성 우월주의적 표현은 또 어떻게 봐야 할까.[65] 열두제자를 남자로 제한한 부분도 마땅히 질문했다.[66] 남녀평등이 예수 시대에 있었다는 순진한 가정은 비판받았다.[67] 예수가 여성을 억압에서 완전히 해방했다는 주장도 수정됐다.[68] 예수 당시 유다교에서 여성의 역할과 표현을 아는 것이 의미 있다는 주장이 제기됐다.[69]

예수의 가족에서 여인은 우선 어머니(〈마르〉3,31), 이름이 전해지지 않은 누이들(〈마르〉6,3)이 있다. 〈마르〉는 예수의 형제들 이름을 야고보, 요셉, 유다, 시몬(〈마르〉6,3)이라고 기록했지만, 누이들 이름은 아쉽게도 역사에 남기지 않았다. 여인은 예수가 갈릴래아에서 처음 활동할 때부터 하느님 나라 메시지를 듣는 청취자였고, 치유와 마귀 추방 사건에서 놀라운 일을 직접 경험하고 당당히 증언했다. 마리아(〈루가〉 10,38-42), 막달라 마리아(〈요한〉 20,16)처럼 여인은 예수를 따라다니며 제자가 됐다. 예수가 남자를 제자로 부른 이야기처럼 여인을 제자로 부른 이야기는 복음서에 없다. 열두제자 중 여성은 하나도 없다.

〈마르〉에서 여성과 예수의 직접 만남은 맨 처음 치유 사건에 있었다. 예수는 여성의 아름다움이 아니라 고통을 통해 여성을 봤다. 눈의 첫째 임무는 보는 게 아니라 눈물 흘리는 것이라는 말이 문득 떠오른다. 예수에게 처음으로 치유 받은 여인은 시몬의 장모다(〈마르〉 1,30-31). 회당장 야이로의 어린 딸(〈마르〉 5,22-24.35-43)과 열두 해 동안 앓던 여인(〈마르〉 5,25-34)도 예수에게 치유 받았다. 예수는 갈릴래아와 국경을 맞댄 띠로 지방에서 시로페니키아 출생 이방인 여인의 딸에게서 마귀를 쫓아냈다(〈마르〉 7,24-30). 치유된 여성은 치유된 남성 숫자보다 적게 기록됐다.

예수와 여인의 만남이 치유와 마귀 추방 사건에 국한된 것은 아니다. 예수는 예루살렘성전에서 동전 한 닢을 헌금하는 가난한 과부를 보고 말했다. "저 가난한 과부가 어느 누구보다도 더 많은 돈을 헌금 궤에 넣었습니다. 다른 사람들은 다 넉넉한 데서 얼마씩 넣었지만 저 과부는 구차하면서도 있는 것을 다 털어 넣었으니 생활비를 모두 바친 셈입니다"(〈마르〉 12,43-44). 예수는 가난한 과부에게 헌금하지 말고 돈을 가져가 살림에 보태 쓰라고 왜 말하지 못했을까.

예수에게 "제가 무엇을 해야 영원한 생명을 얻겠습니까?"(〈마르〉 10,17)라고 물은 부자 청년과 가난한 과부가 대조된다. 어려서부터 '살인하지 마라', '간음하지 마라', '도둑질하지 마라', '거짓 증언하지 마라', '남을 속이지 마라', '부모를 공경하여라'라는 계명을 다 지켜온 부자 청년에게 예수는 "당신에게 한 가지 부족한 것이 있습니다. 가서 가진 것을 다 팔아 가난한 사람들에게 나누어주시오"라고 요구한다. 그 청년은 재산이 많왔기 때문에 예수의 말을 듣고 울상이 되어 근심하며 떠나갔다. 예수는 복음서에서 여성의 잘못과 남성의 모범이 대조된 경우를 한 번도 언급하거나 인용하지 않았다.

예수가 베다니아에 있는 나병 환자 시몬의 집에서 식사할 때, 어떤 여인이 비싼 향유를 가져와 예수의 머리에 부은 사건을 보자(〈마르〉 14,3-9). 같이 있던 몇 사람은 그 여인을 나무랐지만, 예수는 "이 여인은 내 장례를 위하여 미리 내 몸에 향유를 부은 것이니 자기가 할 수 있는 일을 다 한 것입니다. (…) 온 세상 어디든지 복음이 전해지는 곳마다 이 여인이 한 일도 알려져서 사람들이 기억할 것입니다"(〈마르〉 14,8-9)라고 여인을 감싼다. 죽음 앞에서 예수를 배신한 베드로와 예수의 죽음을 미리 슬퍼한 여인의 행동을 대조한 이야기다.

〈마르〉 저자는 갈릴래아부터 예수를 충실히 따르고 봉사한 여인들의 이름을 십자가 처형 뒤에야 기록했다(〈마르〉 15,40). 막달라 여자 마리아, 작은 야고보와 요셉의 어머니 마리아, 살로메다. "그 밖에도 예수를 따라 예루살렘에 올라온 여자들이 거기에 많이 있었다"(〈마르〉 15,41). 예수를 따라 예루살렘에 올라온 남자들이 십자가 처형장에 많았다는 언급은 복음서 어디에도 없다. 막달라 마리아, 작은 야고보와 요셉의 어머니 마리아, 살로메는 예수가 특히 데리고 다닌 세 제자(〈마르〉 5,37; 9,2)와 대응한다.

작은 야고보와 요셉의 어머니 마리아(〈마르〉 15,40)는 요셉의 어머니 마리아(〈마르〉 15,47), 야고보의 어머니 마리아(〈마르〉 16,1)와 동일 인물[70]로 봐야 하는가. 나자렛 예수의 어머니 마리아를 가리킨다[71]고 봐야 하는가. 살로메는 예수 누이 중 한 사람[72]으로 봐야 하는가. 세 여인은 모두 유다인이다. 열두제자에 포함되지 못했지만, 예수를 믿고 십자가까지 충실히 따른 여성 제자다.[73] "하느님의 뜻을 행하는 사람이 곧 내 형제요, 자매요, 어머니입니다"(〈마르〉3,35)에 예수가 여성 제자를 부르는 비유가 포함된다.

여성 제자는 남성 제자나 열두제자와 달리 예수의 죽음과 장례를 목격한 증인이며, 부활의 사명(〈1고린〉15,3b-5)을 먼저 부탁받았다. 막달라 여자 마리아와 작은 야고보와 요셉의 어머니 마리아는 예수의 무덤을 지켜보고 있었다(〈마르〉15,47). 막달라 마리아와 야고보와 요셉의 어머니 마리아와 살로메는 무덤에 가서 예수의 몸에 발라드리려고 향료를 샀다(〈마르〉16,1). 세 여인은 예수의 무덤에서 흰옷을 입고 오른편에 앉아 있는 젊은이를 봤다. 예수는 다시 살아났고 먼저 갈릴래아로 가실 것이며(〈마르〉14,28) 거기서 그분을 만나게 될 것이라고 제자들과 베드로에게 전하라는 부탁을 받았다(〈마르〉16,5-7). 여인들은 겁에 질려 무덤 밖으로 나와 도망쳤고 너무 무서워서 아무에게도 말을 못 했다(〈마르〉16,8). 천사의 나타남과 하느님의 권능을 경험한 반응으로 보인다(〈마르〉2,12; 4,41). 남성 제자들이 예수를 이해하지 못한 사실과 대응하는 것으로 비유할까.[74]

〈마태〉에서 여성 다섯 명이 예수의 족보에 들어왔다(〈마태〉1,1-17). 다말(〈창세〉38장), 라합(〈여호〉2,6), 룻(〈룻기〉1-4장), 우리야의 아내 바쎄바(〈2사무〉11장), 예수의 어머니 마리아다. 그녀들이 왜 족보에 있는지 가장 유력한 해설은 다말, 라합, 룻, 바쎄바는 모두 유다인이 아니라는 것이다.[75] 예수의 족보에서 유다인이 아닌 여성은 또 있다. 르호보암 왕의 어머니인 암몬 여자 나아마(〈1열왕〉14,21; 〈2역대〉12,13)다. 위대한 선조의 여인인 사라, 레베카, 유다의 어머니 레아가 예수의 족보에 나오지 않는 것이 특이하다.

예수 탄생에서 어머니 마리아의 역할이 크게 강조된다(〈마태〉1,18-23). 〈마태〉는 〈마르〉에 나온 여성 이야기를 거의 옮겨 실었다. 그러나 〈마태〉는 가난한 과부의 헌금 이야기(〈마르〉12,41-44; 〈루가〉21,1-4)를 빼버렸다. 회당장 야이로의 어린 딸(〈마르〉5,22-24.35-43)과 열두 해 동안 앓던 여인(〈마르〉5,25-34) 이야기는 〈마태〉에서 아주 짧게 기록됐다. 유다인이 아닌 여성이 예수를 믿고 치유 받은 사실은 크게 칭찬했다(〈마태〉15,28). 〈마태〉는 여성에게 제자μαθηταῖ라는 단어를 쓰지 않았다. 남성이 주도적 역할을 한 〈마태〉 공동체 상황을 반영한 것 같다.[76]

　〈마태〉에서 여성은 남성처럼 예수의 메시지를 듣는 사람이다(〈마태〉 10,34-36). 사회에서 소외된 성 노동자 여성도 하느님 나라 메시지를 듣고 받아들인다(〈마태〉21,31). 특히 예수의 무덤에서 예수가 부활한 소식을 들은 여인들의 반응이 〈마르〉와 〈마태〉에 상당히 다르게 소개된다. 〈마태〉에서 예수의 부활 소식을 들은 여인들의 역할이 더 적극적이다.

　여자들은 겁에 질려 덜덜 떨면서 무덤 밖으로 나와 도망쳐버렸다. 그리고 너무도 무서워서 아무에게도 말을 못하였다.(〈마르〉16,8)

　여자들은 무서우면서도 기쁨에 넘쳐서 제자들에게 이 소식을 전하려고 무덤을 떠나 급히 달려갔다.(〈마태〉28,8)

　〈루가〉는 여인 치유 사건을 새롭게 더 수록했다(〈루가〉13,10-17). 예수는 〈루가〉에서 고통받고 소외된 사람에게 관심을 쏟는 사람으로 강조된다(〈루가〉5,27-32; 15,1; 18,1-8; 21,1-4). 어떤 과부의 외아들이 세상을 떠났다(〈루가〉7,12). 과부가 외아들을 잃었으니 온 세상을 잃은 셈이다. 예수는 측은한 마음에 과부에게 울지 말라고 위로하며 상여에 손을 대고 "젊은이여, 일어나시오"라고 말한다(〈루가〉7,12-14). 예수가 한반도 모든 젊은이에게 일어나라고 위로했으면 좋겠다.

　〈마르〉와 〈마태〉는 막달라 여자 마리아, 작은 야고보와 요셉의 어머니 마리아, 살로메를 예수의 무덤에서 중요한 역할로 소개한다. 〈루가〉에는 세 여인과 대응하는 다른 세 여인을 예수의 삶 처음에 등장한다. 세례자 요한의 어머니 엘리사벳, 예수의 어머니 마리아, 여성 예언자 안나다. 여류 작가, 여성 작가라는 표현이 성차별적이라는 의견에 충분히 동감한다. 내가 '여성 예언자'라고 쓰는 이유는 성차별에 저항하는 의미다. 엘리사벳과 예수의 어머니 마리아는 예수의 탄생부터 여인의 역할을 부여한 것이다(〈루가〉 1,5-56).

안셀 지파의 혈통을 이어받은 안나라는 나이 많은 여자 예언자가 있었다. 그는 결혼하여 남편과 일곱 해를 같이 살다가 과부가 되어 여든네 살이 되도록 성전을 떠나지 않고 밤낮없이 단식과 기도로써 하느님을 섬겨왔다. 이 여자는 예식이 진행되고 있을 때에 바로 그 자리에 왔다가 하느님께 감사를 드리고 예루살렘이 구원될 날을 기다리던 모든 사람에게 이 아기의 이야기를 하였다.(〈루가〉 2,36-38)

안나 이야기 바로 앞에 아기 예수를 성전에서 봉헌하는 이야기가 나온다. 〈루가〉에만 있는 이야기다. 〈루가〉 저자가 여성 예언자 안나의 삶뿐만 아니라 그녀의 말을 남성 예언자 시므온의 말처럼 복음서에 기록했다면 얼마나 좋았을까. 시므온이라는 남성 예언자가 아기 예수를 보고 예언했다. "주여, 이제는 말씀하신 대로 이 종은 평안히 눈감게 되었습니다. 주님의 구원을 제 눈으로 보았습니다. 만민에게 베푸신 구원을 보았습니다. 그 구원은 이방인들에게는 주의 길을 밝히는 빛이 되고 주의 백성 이스라엘에게는 영광이 됩니다"(〈루가〉 2,29-32).

시므온은 그들을 축복하고 나서 마리아에게 말했다. "이 아기는 수많은 이스라엘 백성을 넘어뜨리기도 하고 일으키기도 할 분이십니다. 이 아기는 많은 사람들의 반대를 받는 표적이 되어 당신의 마음은 예리한 칼에 찔리듯 아플 것입니다. 그러나 그는 반대자들의 숨은 생각을 드러나게 할 것입니다"(〈루가〉 2,34-35).

예수 일행을 경제적으로 후원한 여성 이름도 기록됐다. "악령이나 질병으로 시달리다가 나은 여자들도 따라다녔는데 그들 중에는 일곱 마귀가 나간 막달라 여자라고 하는 마리아, 헤로데의 신하 쿠자의 아내인 요안나, 그리고 수산나라는 여자를 비롯하여 다른 여자들도 여럿 있었다. 그들은 자기네 재산을 바쳐 예수의 일행을 돕고 있었다"(〈루가〉 8,2-3). 〈루가〉가 예수의 갈릴래아 활동이 얼마나 중요한지, 상류층 선교에도 성과가 없지 않았다는 사실을 말하는 것 같다.[77] 예수 가까이 앉아 말씀을 듣던 마리아는 여성 제자로 소개된다(〈루가〉 10,39).[78]

예수가 십자가에서 처형되는 모습을 지켜보는 사람 중에 예수의 친지들(〈루가〉 23,49)이 등장한다. 〈마르〉와 〈마태〉에는 없는 이야기다. 처형장으로 끌려가는 예수를 뒤따르며 가슴을 치고 통곡하는 여자들(〈루가〉 23,27)이 있었다. 갈릴래아부터 예수와 함께 온 여자들이 예수의 시신을 무덤에 어떻게 모시는지 무덤까지 따라가 눈여겨본다(〈루가〉 23,55). 이때 예수의 남성 제자와 열두제자는 어디서 뭘 하고 있었단 말인가. 열두제자는 자기들끼리 권력 다툼할 줄은 알았다. "예수는 집에 들어가자 제자들에게 '길에서 무슨 일로 다투었습니까?' 하고 물었다. 제자들은 길에서 누가 제일 높은 사람이냐 하는 문제로 서로 다투었기 때문에 아무 대답도 하지 못하였다"(〈마르〉 9,33-34).

예수의 부활 이야기에서도 여인들은 중요한 역할을 했다. "열한 제자와 그 밖의 여러 사람들에게 와서 이 모든 일을 알려주었다. 그 여자들은 막달라 여자 마리아와 요안나와 또 야고보의 어머니 마리아였다. 다른 여자들도 그들과 함께 이 모든 일을 사도들에게 말하였다"(〈루가〉 24,9-10). 막달라 마리아, 요안나, 야고보의 어머니 마리아뿐 아니라 다른 여인들도 예수가 부활한 이야기를 사도들에게 말했다는 사실이 중요하다. 사도들이 예수의 부활을 맨 처음 안 것이 아니다. 여인들은 예수의 부활을 널리 알리는 데 애썼다(〈사도〉 9,36-43; 16,11-15). 〈루가〉를 여인들의 복음이라 불러도 지나치지 않다.

〈요한〉은 〈마르〉〈마태〉〈루가〉에 비해 여성을 적게 언급했다. 〈요한〉에 이름이 밝혀진 여성 제자는 없다. 여성을 치유한 이야기도 없다. 그러나 예수의 어머니 마리아 역할이 〈요한〉에 두드러진다. 예수의 첫 표징 σημεῖον(〈요한〉 2,11)이 드러난 갈릴래아 지방 가나 혼인 잔치에 마리아가 있었다(〈요한〉 2,1-12). 복음서 중 유일하게 〈요한〉에 예수의 어머니 마리아가 아들의 십자가 아래 있었다. "예수의 십자가 밑에는 그 어머니와 이모와 글레오파의 아내 마리아와 막달라 여자 마리아가 서 있었다"(〈요한〉 19,25). 〈요한〉은 예수 어머니 마리아의 체면을 살려준 복음이다.

막달라 마리아는 복음서에서 예수의 처형과 부활의 증인으로 나타난다. 예수의 무덤(〈마르〉 15,47; 〈마태〉 27,61; 〈루가〉 23,55; 〈요한〉 20,1)에서, 부활한 예수를 만날 때(〈마르〉 16,9-11; 〈마태〉 28,9; 〈요한〉 20,11-18) 막달라 마리아가 있었다. 바울은 부활한 예수의 증인 목록(〈1고린〉 15,5-8)에서 막달라 마리아를 언급하지 않았다. 막달라 마리아는 예수 운동 초기 공동체에서 지도적인 자리를 맡았을 것으로 추측된다.[79] 예수의 사랑받는 여성 제자로서 막달라 마리아가 베드로와 경쟁 관계에 있었을까.[80]

어느 사마리아 여인과 예수는 야곱의 우물가에서 메시아 이야기를 나눈다(〈요한〉 4,1-30). 〈요한〉도 〈루가〉처럼 예수가 마르타와 마리아 자매를 만난 이야기를 실었다(〈요한〉 12,1-11). 마르타는 예수가 그리스도이며 하느님의 아드님이라고 고백했다(〈요한〉 11,27). 라자로의 부활(〈요한〉 11,43-44), 예수와 마르타의 부활 주제 대화는 예수의 부활을 알리는 전주곡에 해당한다(〈요한〉 11,1-45). 간음하다 잡힌 여인(〈요한〉 7,53-8,11)은 〈요

한〉에 원래 없었던 부분이다.[81]

〈요한〉에서 여성의 특별한 역할이 〈요한〉 공동체 상황으로 얼마나 설명될 수 있는지 토론된다.[82] 복음서 저자들이 여성의 역할을 어떻게 드러냈는지는 여전히 토론되고 있다. 아직 명쾌하게 해설되지 못한 내용도 있다.[83] 복음서는 여성의 역할을 갈릴래아 활동부터 소개한다. 여성은 예수에게 호의적인 태도를 보였다.[84] 여성은 예수 운동에 참여했다. 기혼 여성과 비혼 여성, 미혼 여성, 과부도 예수 운동에 참여했을 것으로 여겨진다.[85]

### 예수와 이방인

가난한 사람, 소외된 사람을 향한 예수의 관심과 사랑은 유다인이 아닌 이에게 어떻게 펼쳐질까. 언젠가 예수가 언급하지 않을 수 없는 주제다. 하느님 나라 메시지에 비추면 예수가 유다인이 아닌 사람에게도 뭔가 말해야 했다. 예수가 유다교 전승에서 유난히 언급하지 않은 주제가 있다. 예수는 하느님이 이스라엘 민족을 선택하셨다는 이야기, 이스라엘 선조 이야기, 이집트 탈출, 땅 정복 이야기를 주제로 삼은 적이 거의 없다.[86] 〈이사〉 전문가라고 불릴 만한 예수가 그런 주제를 몰랐을 리 없다. 예수는 동족 유다인의 식민지 운명에 무관심하지 않았지만, 딱히 유다 민족주의자라고 불릴 만한 근거도 없다.

예수가 유다인이 아닌 사람을 만난 이야기는 복음서에 드물지 않다. 유다인이 아닌 사람을 예수만큼 자주 접촉한 유다인은 유다교 문헌에 없다. 예수가 세관장 자캐오를 아브라함의 자손이라고 말했을 때(〈루가〉 19,9) 평범한 유다인은 얼마나 불쾌했을까. 예수는 종교적으로 차별받던 사마리아 사람에게 이웃이 되어준 사람은 누구냐고 유다인에게 대놓고 물었다(〈루가〉 10,32-37). 시로페니키아 출생의 유다인이 아닌 여인을 만난 예수는 생애 처음 논쟁에서 졌다(〈마르〉7,24-30). 그리고 그녀의 딸에게서 마귀를 쫓아냈다. 예수는 가파르나움에서 이스라엘에 주둔한 외국 군대 용병 간부인 백인대장의 간청을 듣고 그 하인의 중풍병을 고쳐주었다.(〈마태〉8,5-13) 두 사건 모두 역사의 예수에서 비롯한다고 인정된다.[87] 인도주의적 모범보다 동족 유다인에게 민족의 배신자로 오해받기 쉬운 처신이다. 사마리아 사람에게 너그러운 예수 이야기(〈루가〉9,51-56; 10,30-35; 17,11-19; 〈요한〉4,1-42)는 〈마태〉고유 자료에서 나왔다는 의견이 있다.[88]

## 제자

고향 나자렛을 떠난 예수에게 가파르나움(〈마태〉4,13)이 활동 중심지가 됐다는 의견[89]을 예수가 가파르나움에 새로 거처를 마련했다는 뜻으로 해석할 필요는 없다. 예수가 아직 이방인의 땅에 들어선 것도 아니다. 나자렛은 이스라엘 열두 부족 가운데 즈불룬 부족, 가파르나움은 납달리 부족 땅이다. 예수는 나자렛(〈루가〉4,16-30)이나 가나(〈요한〉2,1-10)에서 활동을 시작했고, 같은 갈릴래아 지역 동네인 코라진과 베싸이다와 함께 저주받은 장면(〈루가〉10,13-15)이 가파르나움의 비중을 약화한다. 예수 운동에서 베드로가 중요한 역할을 맡았고, 그가 살던 가파르나움에서 여러 전승이 생겼기 때문에 가파르나움이 자주 언급되지 않았을까. 베드로가 큰 비중을 차지하지 못하는 〈요한〉에서 가파르나움(〈요한〉2,12; 4,46-54; 6,24) 언급은 돋보이지 않는다.

예수가 특정한 장소에 얽매이지 않고 사는 방식은 제자 초대에도 반영된다. 예수는 제자를 부를 때 직업과 삶을 포기하도록 요구했다. 시몬과 안드레아 형제나 야고보와 요한 형제를 초대할 때(〈마르〉1,16-20), 엘리야가 엘리사를 초대한 이야기(〈1열왕〉19,19-21)가 배경이 됐다. 예수가 제자를 부른 장면(〈마르〉2,14; 〈루가〉9,57-62; 〈마태〉8,18-22; 〈요한〉1,35-51)에서 부른 사람들의 이름과 직업이 언급되고, 그들은 즉시 가족과 직업을 떠나 예수를 따라나선다. 부모와 가족을 돌보라는 유다교 의무를 포기하고 훌쩍 떠나는 모습에 가족과 지인들은 예수에게 얼마나 불쾌했을까.

예수가 정말 열두제자 그룹을 만들었는지 의문이 없지 않았다. 최근 연구는 대체로 긍정적인 편이다.[90] 유다교 종말론은 이스라엘 회복과 같은 말이라고 볼 수 있다. 이스라엘의 선한 일부를 모으기보다 열두 부족을 다시 뭉치게 한다는 희망이 유다교 문헌에 많았다. 공통년 1세기에 유다인의 미래 희망은 열두 부족의 회복을 포함한다.[91] 열두제자도 유다인의 희망과 연결된다. 열두제자 결성을 당시 유다교에 없던 전혀 새로운 현상으로 보면 안 된다.

예수가 갈릴래아 호숫가를 지나가다가 호수에서 그물을 던지는 어부 시몬과 그의 동생 안드레아를 보고 "나를 따라오십시오. 내가 여러분을 사람 낚는 어부가 되게 하겠습니다" 하고 말하였다. 그들은 곧 그물을 버리고 예수를 따라갔다. 예수가 조금 더 가다가 제베대오의 아들 야고보와 그의 동생 요한이 배에서 그물을 손질하는 것을 보고 부르자 그들은 아버지 제베대오와 삯꾼들을 배에 남겨둔 채 예수를 따라나섰다.(〈마르〉 1,16-20)

엘리야는 그곳을 떠나 길을 가다가 사밧의 아들 엘리사를 만났다. 그는 황소 열두 쌍에 겨리를 지워 밭을 갈고 있었는데 자신은 열두째 겨리를 부리고 있었다. 엘리야가 그 옆을 지나가면서 자기의 겉옷을 그에게 걸쳐 주었다. 그러자 엘리사는 소를 그냥 두고 엘리야에게 달려왔다. 그리고 이렇게 말하였다. "부모님께 작별 인사를 한 후에 당신을 따라가겠습니다. 허락하여주십시오." 그러자 엘리야가 말하였다. "어서 가보게. 내가 어찌 작별 인사를 금하겠는가?" 엘리사는 엘리야를 떠나 집으로 돌아가서 황소 두 마리를 잡고 쟁기를 부수어 그 고기를 구워 사람들을 대접하였다. 그리고 나서 엘리사는 엘리야를 따라나서 그의 제자가 되었다.(〈1열왕〉19,19-21)

예수가 제자를 부르는 장면을 〈마르〉가 실시간으로 중계방송하는 것은 아니다. 제자를 부르는 예수가 이상한 사람이 아니라, 예언자 엘리야와 비슷하고 더 뛰어난 인물임을 설득하려는 의도다. 엘리야는 예수 시대 갈릴래아 유다인에게도 친숙한 인물이다. 엘리야는 집도 재산도 없이 유랑하는 예수를 유다인에게 알리는 데 인용하기 좋은 선배다. 부모를 떠나 예언자의 제자가 되는 엘리사는 예수를 따르는 제자들을 정당화하기에도 좋은 모범이다. 엘리야를 인용해 예수와 제자들의 처신과 행동을 당시 갈릴래아 유다인에게 설득하려는 것이다.[92] 그만큼 갈릴래아 유다인이 예수와 제자들의 처신과 행동을 이해하기 어려웠다.

예수 운동의 의미는 열두제자에서 잘 드러난다. 바울과 〈요한〉도 열두제자를 말한다(〈1고린〉15,5; 〈요한〉6,67.70; 20,24). 열두제자의 이름이 언제나 똑같진 않았다(〈마르〉3,16-19; 〈마태〉10,2-4; 〈루가〉6,14-16; 〈사도〉1,13). 〈루가〉는 〈마르〉와 〈마태〉에서 언급된 타대오 대신 야고보의 아들 유다를 써넣었다. 열두제자 목록에 시몬 베드로는 언제나 첫 자리에 있다. 안드레아, 요한, 야고보는 시몬 베드로와 함께 처음 네 자리에 있다. 유다 이스가리옷은 언제나 맨 마지막에 나오고 〈사도〉1,13에는 빠졌다.

"예수는 열둘을 뽑아 사도로 삼고 당신 곁에 있게 하였다"(〈마르〉3,14). 열두제자는 이스라엘 열두 부족을 상징하며, 예수의 활동이 의도하는 이스라엘의 회복을 드러낸다. 열두제자는 이스라엘 열두 부족을 심판할 것이다(〈루가〉22,30). 그래서 열두제자가 누구였는지 확인하는 일보다 '12'라는 숫자가 중요하다. 열두제자는 이스라엘 열두 부족을 상징하기 때문에 열두제자 목록에는 남자 이름만 올랐다. 열두제자가 이스라엘의 구성과 영원한 존속을 상징하기 때문에 남자인 열두제자는 결혼해야 한다. 〈루가〉 14,26에 따르면 열두 부족의 남자 선조 곁에 열두 여자 선조가 있어야 한다. 예수 곁에 열두제자가 있었다기보다 열두제자 부부가 있었다고 봐야 한다.[93]

예수 시대에 이스라엘 열두 부족 중에 유다 부족과 벤자민 부족만 남았다. 상속받은 땅이 없는 레위 부족을 합치면 세 부족이 겨우 남은 셈이다. 이스라엘 열두 부족을 상징하는 열두제자는 세상 끝 날에 다시 모이리라 약속받은(〈미가〉 2,12; 〈솔로몬 시편〉 17,26) 야곱의 열두 부족이 살던 이스라엘 곳곳에 파견돼야 한다. 예수는 제자들을 둘씩δύο δύο(〈마르〉 6,7; 〈루가〉 10,1) 보냈다. 우리는 당연히 남성 제자 둘을 연상하기 쉽다. 예수가 형제 둘씩 부른 기억이 곧 떠오르기 때문이다(〈마르〉 1,16-20). 그러나 예수는 제자 부부 한 쌍씩 파견했다고 봐야겠다.[94] 바울의 증언에 따르면 베드로도 아내와 함께 선교 활동에 나선 듯하다(〈1고린〉 9,5). 브리스카와 아퀼라 부부(〈로마〉 16,3; 〈사도〉 18,2), 안드로니고와 유니아 부부(〈로마〉 16,7)의 사례가 보인다. 예수가 제자 부부 한 쌍씩 파견했는지 여부는 성서학계의 활발한 토론을 좀 더 기다려야 하지 않을까.

열두제자 중 베드로의 위치는 베드로를 직접 만난 바울도 잘 알고 있었다(〈1고린〉 15,3-5). 베드로는 예수가 부활한 뒤 예루살렘 공동체에서 지도적인 임무를 맡았다.[95] "당신은 베드로입니다. 내가 이 반석 위에 내 교회를 세울 터인즉 죽음의 힘도 감히 그것을 누르지 못할 것입니다. 또 나는 당신에게 하늘나라의 열쇠를 주겠습니다"(〈마태〉 16,18-19)는 역사의 예수가 한 말이 아니다.[96] 〈마르〉 저자는 시몬 베드로의 권위를 강조하기 위해 베드로의 신앙고백(〈마르〉 8,27-30) 장면을 이용했다.

예수와 제자들 모습에서 두 가지 특징이 나타난다. 제자들의 직업이 바뀌었다. 고기 낚는 어부가 사람 낚는 어부가 된다. 핏줄로 이어진 아버지를 떠나 영적으로 이어진 아버지(〈2열왕〉2,12)나 스승(〈마르〉4,38)을 모신다. 그렇다고 해도 "누구든지 나에게 올 때 자기 부모나 처자나 형제자매나 심지어 자기 자신마저 미워하지 않으면 내 제자가 될 수 없습니다"(〈루가〉14,26)라는 예수의 말은 좀 지나치지 않을까.[97] 원수도 사랑하라고 가르치는 분이 부모와 처자를 미워하라고 요구하다니? 자신을 미워하는 사람이 어떻게 이웃을 내 몸같이 사랑할 수 있을까? 〈마태〉는 오해를 막기 위해 "아버지나 어머니를 나보다 더 사랑하는 사람은 내 사람이 될 자격이 없고 아들이나 딸을 나보다 더 사랑하는 사람도 내 사람이 될 자격이 없습니다"(〈마태〉10,37)라고 조금 다듬었다.

예수의 제자 모집은 오늘날 자본주의사회에서 유행하는 광고 방식과 아주 다르다. 예수는 매력적인 보상을 제시하는 대신 가혹한 조건을 내걸었다. 사실 제자가 되라는 간절한 설득이 아니라 제자가 되지 말라는 냉정한 만류에 가깝다. 예수는 자기 가르침을 설명하기보다 제자나 동지로 살아가는 방식을 내세웠다. 예수를 따르고 제자나 동지가 되는 길은 예수처럼 사는 일이다. 예수처럼 가문과 가족을 떠나고, 직업도 소유도 포기하고, 걸식하고, 욕을 먹고, 십자가를 지는 일이다. 예수처럼 사는 방식을 '철저한 유랑Wanderradikalismus'[98]이라고 부를까. 라틴어 radix(뿌리)에서 온 독일어 radikal은 '급진적인'보다 '철저한'이란 뜻이 어울린다.

예수의 제자가 되는 첫째 조건으로 부모를 떠나는 삶이 요구됐다. "너희는 부모를 공경하여라. 그래야 너희는 너희 하느님 야훼께서 주신 땅에서 오래 살 것이다"(〈출애〉20,12), "너희는 각자 자기의 부모를 경외해야 한다"(〈레위〉19,3). 부모에게 옷과 음식을 드리고 정성스레 장사 지내는 것은 자녀의 의무에 속했다.[99] 예수의 제자가 되는 첫째 조건이 유다교 계명에 어긋난다. 둘째 조건인 자녀를 떠나라는 요구는 어떤가. 자녀를 결혼할 때까지 돌보고 신부 지참금을 포함해 결혼식 준비를 책임지는 것이 당

시 부모의 의무였다.[100]

　예수 시대 유다인은 토지와 재산이 일부 계층에 집중되고, 여러 가지 이유로 굶주림에 시달리고, 로마제국에 바치는 지나친 세금과 강제 노역에 지쳐 살기 힘들었다. 그런 상태에서 부모를 모시고 자녀를 기르는 중간 세대인 예수의 제자 그룹은 가정에서 핵심 노동력이자 경제 주체였다. 그들이 예수를 따른다는 핑계로 부모와 자녀를 버리고 가출하면 그 집은 어떻게 될까. 예수의 제자가 배출되는 집은 부모와 자녀가 더 경제적 곤궁에 빠지고 만다. 예수나 제자들이 주변 유다인에게 얼마나 원망을 듣고 비난받았을까. 당시 유다 사회에서 이탈하는 방법은 몇 가지 없었다.[101] 스스로 거지가 되어 납세의무에서 벗어나거나, 독립운동에 가담해 목숨을 걸거나, 은둔하는 종교 단체로 들어가 숨거나. 쿰란 공동체에서 어려운 입회 조건과 오랜 수습 기간을 제시한 것은 밀려드는 지원자를 효과적으로 막기 위한 장치 같다(1QS 6,13-23).[102]

　"누구든지 나에게 올 때 자기 부모나 처자나 형제자매나 심지어 자기 자신마저 미워하지 않으면 내 제자가 될 수 없습니다"(〈루가〉 14,26)는 예수의 제자 되기가 사회적 신분 상승이 전혀 아니고 집안을 망하게 하는 지름길이란 경고다. 예수는 곧바로 제자 됨에 관해 설명한다.[103] 예수 제자가 될 능력이 자신에게 있는지, 자기 것을 버릴 준비가 됐는지, 가족과 결별할 각오와 뒷감당할 자신은 있는지 심각하게 따져보라는 말이다.

　"여러분 가운데 누가 망대를 지으려 한다면 그는 먼저 앉아서 그것을 완성하는 데 드는 비용을 따져 과연 그만한 돈이 자기에게 있는지 곰곰이 생각해보지 않겠습니까? 기초를 놓고도 힘이 모자라 완성하지 못한다면 보는 사람마다 '저 사람은 집 짓기를 시작해놓고 끝내지 못하는구나!' 하고 비웃을 것입니다. 또 어떤 임금이 다른 임금과 싸우러 나갈 때 이만 명을 거느리고 오는 적을 만 명으로 당해낼 수 있을지 먼저 앉아서 생각해보지 않겠습니까? 만일 당해낼 수 없다면 적이 아직 멀리 있을 때에 사신을 보내어 화평을 청할 것입니다. 여러분 가운데 누구든지 나의 제자가 되려면 자기가 가지고 있는 것을 모두 버려야 합니다."(《루가》14,28-33)

예수 제자가 되라고 사람들을 설득하는 모습과 거리가 멀다. "하늘나라는 밭에 묻혀 있는 보물에 비길 수 있습니다. 그 보물을 찾아낸 사람은 그것을 다시 묻어두고 기뻐하며 돌아가서 있는 것을 다 팔아 그 밭을 삽니다. 또 하늘나라는 어떤 장사꾼이 좋은 진주를 찾아다니는 것에 비길 수 있습니다. 그는 값진 진주를 하나 발견하면 돌아가서 있는 것을 다 팔아 그것을 삽니다"(《마태》13,44-46)와 분위기가 확 달라졌다. 왜 그럴까. 이스라엘이라는 밭에 묻힌 보물을 발견한 이방인 장사꾼을 가리키는가.[104] 하늘나라의 보물은 이스라엘 전체에게 주어지는 것이지, 예수의 제자에게 주어지는 특혜가 아니라는 뜻이다. 예수를 따르면 주어지는 특혜는 예수를 따르는 사람에게만 주어지는 것이 아니라는 말이다. 예수가 자기를 따르는 사람에게만 특혜를 베풀려고 하느님 나라를 선포한 것은 아니다.

"누구든지 나에게 올 때 자기 부모나 처자나 형제자매나 심지어 자기 자신마저 미워하지 않으면 내 제자가 될 수 없습니다"(《루가》14,26). 배우자를 떠나 이혼하고서 예수를 따르라는 요구는 없다. 예수 시대 유다인은 이혼이 허용됐다. 배우자와 이혼하고 나서 예수를 따를 사람이 생길 수도 있었다. 예수는 그것을 막았다. 예수는 기혼 남성만 들으라고 한 말(《루가》14,26)이 아니다. 기혼 여성에게도 해당하는 말이다. 여성이 예수를 따르는 제자가 될 수 있다는 사실은 당시 유다교에서 엄청난 충격이었다. 나는 예수의 말에 두 가지 가능성이 포함됐다고 추측하고 싶다. 부부가 함께 예수를 따르는 유랑 제자가 되거나, 아내 혹은 남편이 이혼하지 않고 배우자의 허락을 받아 유랑 제자로 집을 나서는 길이다.

유랑 설교자 예수의 삶에 온전히 참여하는 것이 제자들의 특징이다. 열두제자를 파견하는 예수의 말씀에 잘 나타난다(〈마르〉 6,7-13; 〈마태〉 10,1-16; 〈루가〉 9,1-6; 10,1-16). 갈릴래아 지역에 대한 예수의 저주(〈마태〉 11,21-24; 〈루가〉 10,12-15)도 제자 파견 말씀과 연결된다. 예수는 제자들에게 하느님 나라 선포와 건설에 동참할 것을 호소했다. 예수의 십자가를 대신 지라고 하지 않고 제자들 자신의 십자가를 지라고 말했다. 예수 운동도 그 출발을 제자들에 대한 예수의 선교 명령에서 찾았다.

예수가 모든 유다인에게 자기를 따르라고 말하거나 설득하진 않았다. 예수는 자신을 따르는 모든 추종자에게 하느님 나라를 선포하고 전파하는 유랑 생활에 참여하라고 말하지도 않았다. 떠돌이 생활을 하면서 하느님 나라를 전파하는 제자들이 있고, 정착 생활을 하면서 하느님 나라를 전파하는 제자들이 있다. 예수가 떠돌이로 살면서 하느님 나라를 전파하는 제자들이 정착 생활하면서 하느님 나라를 전파하는 제자들보다 높거나 뛰어나다고 말한 적도 없다. 정착 생활하면서 하느님 나라를 전파하는 제자들이 없었다면, 떠돌이로 살면서 하느님 나라를 전파하는 제자들이 존재할 수도 생존할 수도 없었다.

그러나 옛 세상이 새 세상에 주도권을 순순히 넘겨줄 리 없다. 예수는 자기 세력과 친선과 단합을 도모한 뒤 옛 세상에 새 씨앗을 뿌릴 제자들을 파견한다. 공격적인 홍보에 나서는 일이다. 당연히 위험이 따른다. 제자 교육이 필요하다. "등불을 켜서 됫박으로 덮어두는 사람은 없습니다. 누구나 등경 위에 얹어둡니다. 그래야 집 안에 있는 사람들을 다 밝게 비출 수 있지 않겠습니까? 여러분도 이와 같이 여러분의 빛을 사람들 앞에 비추어 그들이 여러분의 착한 행실을 보고 하늘에 계신 아버지를 찬양하

게 하십시오"(〈마태〉5,15-16).[105]

예수 제자들은 집 안을 비추는 등불처럼 실천으로 하느님 나라 메시지를 갈릴래아 유다인에게 전하라는 비유다.[106] 그런데 갈릴래아 사람들은 하느님 나라라는 단어를 이미 알고 있었다. 제자들이 그들에게 다른 어떤 메시지를 전하라는 말일까? 악마가 사라지기 시작했다는 소식을 전하고, 유다 사회에서 소외된 사람을 다시 받아들이라고 전하라는 말이다. 유다인이 배우고 들어 알지만, 그동안 제대로 실천하지 않은 일을 어서 하라고 설득하고 모범을 보이라는 말이다.

"어느 집에 들어가든지 먼저 '이 댁에 평화를 빕니다!' 하고 인사하십시오. 그 집에 평화를 바라는 사람이 살고 있으면 여러분이 비는 평화가 그 사람에게 머무를 것이고 그렇지 못하면 여러분에게 되돌아올 것입니다. 주인이 주는 음식을 먹고 마시면서 그 집에 머무르십시오. 일꾼이 품삯을 받는 것은 당연한 일입니다. 이 집 저 집으로 옮겨 다니지 마십시오"(〈루가〉10,5-7).[107] 확실히 예수가 한 말로 보이는 구절이다.[108]

예수의 선교 전략은 시장보다 가정을 생각했다. 소극적이지만 현실적인 방법일 수 있다. 예수는 외국 악마와 연합했다고 몰리고, 제자들은 의심받는 사람들에 속했다. 온 동네가 두 손 벌려 제자들을 환영할 처지와 거리가 멀었다. 하느님 나라가 가까이 왔으니 기뻐하라고 크게 외치고 다닐 형편도 아니었다. 유다인 누구나 아는 '평화Schalom를 빕니다εἰρήνη τῷ οἴκῳ τούτῳ'(〈루가〉10,5)라는 인사가 적절한 시작 아니었을까. 환영받으면 주는 음식을 먹고, 동네 병자들을 고쳐주며 하느님 나라가 다가왔다고 전한다(〈루가〉10,8-9).

선교 전략은 도시에서 조금 달라진다. 환영받지 못하면 길거리에 나가 발의 먼지를 털고 간다 말하며 하느님 나라가 다가왔다는 것만은 알아두라고 일러주라 한다(〈루가〉10,10-11). 선교 폭력에 해당하는 지나친 말

아닐까. 환영받으면 주는 음식도 냉큼 받아먹고, 병자를 고쳐주며 하느님 나라 다가왔다 전하라 하더니, 환영받지 못하면 발의 먼지도 보란 듯이 털고 하느님 나라가 다가왔다고 경고하라니. 그렇지 않아도 예수 일행을 경계하는 사람들의 마음을 그런 옹졸한 처신으로 감히 얻겠다고? 심판에 대한 예수의 이 난감한 말을 우리는 어떻게 이해해야 할까.

예수의 심판 발언을 듣는 사람으로 가상의 청취자와 실제 청취자를 구분하면 어떨까.[109] 미하엘 볼터는 예수의 심판 발언이 대부분 제자를 향한 말이라고 생각한다. 성공하지 못한 선교 노력을 위로하고(〈루가〉 10,13-15), 새로 얻은 삶의 지침을 잘 유지하라고 당부하며(〈마르〉 9,43-48), 예수 운동의 정신을 다짐하려는(〈마태〉 18,23-35) 뜻에서 한 말이라는 해석이다.

예수의 선교 발언은 제자들이 전하라는 내용을 자세히 말하지 않았다. 제자들이 사람들에게 회개하라고 가르치는 기록은 있다(〈마르〉 6,12). 예수가 자신의 가르침을 그대로 전하라는 말을 안 할 리 있겠는가. 예수의 선교 전략은 제자들이 전하는 내용보다 제자들의 살아가는 방식을 중요하게 말하는 것 같다. 회개와 하느님 나라는 예수 이전에도 세례자 요한이 한 말이고, 세례자 요한 이전에도 많은 예언자가 오랜 세월 해온 말이다. 갈릴래아 유다인이 생전 듣지도 보지도 못한 말을 예수 제자들이 처음으로 전한 게 아니다. 물론 예수의 가르침에 새로움도 있다. 무엇보다 먼저 예수와 제자들이 새롭고 남다르게 행동으로 보여줘야 한다.

당시 여행할 때 신발, 겉옷, 자루, 지팡이를 챙겼다. 지팡이는 뱀이나 강도를 막아낼 때 호신용 무기로도 사용했다. 자루에 식량과 돈을 넣고 다녔다. 겉옷은 비 올 때 입고 야외에서 노숙할 때 이불로 사용했다. 신발은 산이 많은 갈릴래아 지방에서 특히 쓸모 있었다. 강도에게 쫓겨 도망칠 때 신발은 정말 중요하다. 그런데 예수는 제자들에게 무자비하게 요구한다.[110] 지팡이 외에 아무것도 지니지 말고 자루도 돈도 지니지 말며 신발은 신고 있는 것을 그대로 신고 속옷은 두 벌씩 껴입지 마라(〈마르〉 6,8-9),[111] 전대에 금이나 은이나 동전을 넣어 가지고 다니지 말고, 식량자루나 여벌 옷, 신, 지팡이도 가지고 다니지 마라(〈마태〉 10,9-10), 돈주머니도 식량 자루도 신발도 지니지 마라(〈루가〉 10,4).

예수 제자들의 겉모습을 상상해보자. 남녀 한 쌍이 여기저기 문을 두드리며 돌아다닌다. 여행자 같은데 행색이 초라하다. 거지 같진 않다. 로마제국 도시를 돌아다니며 구걸하고 가르치던 견유학파Kyniker 철학자처럼 보이지 말라는 뜻인 것 같다.[112] 사람들이 많이 오가는 시장이나 길에서 자주 눈에 띈다. 지팡이가 없으니 남을 해칠 사람 같진 않다. 도망갈 때 필요한 신발이 없으니 겁 많은 사람도 아니다. 예수처럼 정신 나간 사람들로 여겨질 수 있다. 대체 왜 그러고 다니는지 궁금할 수도 있다. 그들이 하는 말을 들어보고 싶기도 할 것 같다. 겉모습에 그들이 하는 일이 드러난다.

세리들이 예수 제자들에게 날마다 잔치를 열어주진 않았을 것이다. 그들이 편안히 잠잘 곳을 언제나 구했을까. 끼니 걱정을 하지 않는 날이 있었을까. 강도에게 한두 번 쫓겼을까. 사람들의 차가운 시선과 냉대를 몰랐을까. 유랑하는 제자들의 먹을 것과 잠잘 곳을 걱정하는 예수의 심정이 여기저기 애타게 전해진다.

"저 까마귀들을 생각해보십시오. 그것들은 씨도 뿌리지 않고 거두어들이지도 않습니다. 그리고 곳간도 창고도 없습니다. 그러나 하느님께서는 그들을 먹여주십니다. 여러분은 저 날짐승들보다 훨씬 더 귀하지 않습니까? 도대체 여러분 중에 누가 걱정한다고 목숨을 한 시간인들 더 늘일 수 있겠습니까? 이렇게 하찮은 일에도 힘이 미치지 못하면서 왜 다른 일들까지 걱정하십니까? 저 꽃들이 어떻게 자라는가 생각해보십시오. 그것들은 수고도 아니하고 길쌈도 하지 않습니다. 그러나 온갖 영화를 누린 솔로몬도 결코 이 꽃 한 송이만큼 화려하게 차려입지는 못하였습니다. 여러분은 왜 그렇게 믿음이 적습니까? 오늘 피었다가 내일이면 아궁이에 던져질 들꽃도 하느님께서 이처럼 입히시거든 하물며 여러분에게야 얼마나 더 잘 입혀주시겠습니까? 그러니 무엇을 먹을까 무엇을 마실까 하고 염려하며 애쓰지 마십시오."(〈루가〉 12,24-29)[113]

까마귀는 남성 제자를, 들꽃은 여성 제자를 나타낸다. 까마귀는 씨도 뿌리지 않고 거둬들이지도 않는다. 들꽃은 수고도 길쌈도 하지 않는다. "그것들은 수고도 아니하고 길쌈도 하지 않습니다"(〈루가〉 10,27)가 원래 있었던 구절인지 논의된다.[114] 하느님께서 까마귀와 들꽃을 돌봐주시듯 남성 제자와 여성 제자를 돌보실 것이다. 여성 제자와 남성 제자는 무엇을 먹을까 무엇을 마실까 염려하지 말라는 말이다. 이 구절은 여성 제자도 선교에 나섰다는 간접 근거로 여겨질 수 있다.[115]

예수가 게으름을 찬양하는 말은 전혀 아니다. 하느님께 의지하는 마음을 기본적으로 잃지 말라는 뜻이다. 예수의 말을 아무 데나 가져다 쓰면 안 된다. 악마도 성서를 능숙하게 인용한다. 같은 물이라도 소가 먹으면 우유가 되고, 뱀이 먹으면 독이 된다. 성서에 게으름을 꾸짖는 곳도 당연히 있다. "게으른 자는 개미에게 가서 그 사는 모습을 보고 지혜를 깨쳐라. 개미는 우두머리도 없고 지휘관이나 감독관이 없어도 여름 동안 양식을 장만하고 추수철에 먹이를 모아들인다. 그런데 너 게으른 자야, 언제까지 잠만 자겠느냐? 언제 잠에서 깨어 일어나겠느냐?"(〈잠언〉 6,6-9) 예수가 제자들에게 왜 이런 말을 했을까? 부지런한 사람 눈으로 보면 게을러 보이는 사람도 하느님께서 염려하고 신경 쓰신다는 말이다. 인간의 가치를 생산성으로 평가하는 자본주의사회에서 우리가 깊이 새겨야 할 말이다.

"생선을 달라는 자식에게 뱀을 줄 아비가 어디 있겠으며 달걀을 달라는데 전갈을 줄 사람이 어디 있겠습니까?"(〈루가〉 11,11-12) 이번에는 여자와 남자의 위치가 바뀌었다. 막 구운 빵을 요청하는 자녀에게 돌 한 덩어리를 줄 어머니가 어디 있겠는가. 갈릴래아 호숫가에 도착한 배에 있는 아버지가 생선을 청하는 자녀에게 먹을 수 없고 냄새나는 전갈을 주겠는가.[116] 갈릴래아 시골에 사는 유다인 아버지와 어머니도 음식을 청하는 예수의 제자들에게 돌이나 전갈을 주진 않을 거라는 말이다. 음식을 청하는 예수의 제자나 유다인 아버지와 어머니도 자비로우신 하느님을 믿는 사람 아닌가.

예수의 제자들은 날마다 낯선 집 문을 두드리면서도 거지처럼 처신하여 이 집 저 집 옮겨 다니면 안 됐다(〈루가〉 10,7). "구하시오, 받을 것입니다. 찾으시오, 얻을 것입니다. 문을 두드리시오, 열릴 것입니다"(〈마태〉 7,7). 예수는 문 두드리는 수고를 하라고 유랑하는 제자들을 격려한다. 구했어도 못 받고, 찾아도 못 얻고, 두드리면 문이 더 굳게 닫힌 적도 없지 않았을 것이다. 하느님 나라가 다가옴, 마귀 추방, 이스라엘의 잃어버린 사람들을 한데 모으고 하나 되게 하는 운동을 꾸준히 전해야 한다. 제자들의 등을 떠미는 예수도, 이런 예수를 믿고 말없이 떠나는 제자들도 어지간한 사람들이다. 눈물 많은 예수는 제자들을 보내고 미안한 마음에 홀로 울지 않았을까.

누가 억지로 오 리를 가자고 하거든 십 리를 같이 가주십시오.(〈마태〉 5,41)

누가 뺨을 치거든 다른 뺨마저 돌려 대주고 누가 겉옷을 빼앗거든 속옷마저 내어주십시오.(〈루가〉 6,29)

먹을 걱정, 잘 곳 걱정뿐이었을까. 예수 제자들에게 갈릴래아 시골을 돌아다니며 맞닥뜨릴 위험도 있었다.[117] 〈마태〉 5,41에서 로마 거리 단위 $\mu i\lambda \iota o\nu$과 억지로 가자$\dot{\alpha}\gamma\gamma\alpha\rho\epsilon\dot{\nu}\sigma\epsilon\iota$는 단어로 보아, 예수는 로마 군대가 유다인에게 요구한 강제 노역[118]을 예로 들었다. 말하는 예수나 듣는 제자들이나 로마 군대의 횡포를 떠올리겠다. 로마 군대는 눈에 띄는 유다인을 짐꾼으로 부려먹었다.[119] 일제의 징용에 끌려간 우리 선조를 생각하자. 세리와 밥 먹던 예수와 제자들은 경건한 유다인에게 민족 반역자로 몰려 어디서든 뺨이나 몰매 맞을 수도 있다. 뺨 맞는 일은 인격적인 모독을 나타낸다.

로마 군대가 예수 제자들에게 짐을 나르라고 시킬 때, 목숨을 뺏기지 않으려면 고분고분 말을 들어야 했을까. 왼뺨을 맞으면 오른뺨마저 돌려 대주라고? 왼손으로 상대를 때리는 행동 자체가 때리는 사람에게 모욕으로 여겨졌다. 다른 뺨마저 돌려 대주다가 건방지게 보여 더 맞을 수도 있다. 강도는 겉옷을 먼저 빼앗았다. 속옷에 돈을 숨긴 것으로 추측하기 때문이다. 속옷마저 내어주라는 말은 감춘 돈이 없음을 나체로 보여주라는 뜻이다. 강도 앞에서 돈 없는 거 자랑하다가 괘씸죄에 걸려 더 봉변당할 수 있다. 폭력에 저항하는 폭력을 사용하다가 목숨을 잃지 말라는 예수의 현실적인 훈계일까.

# 3. 하느님 나라

"하느님의 나라는 무엇과 같으며 또 무엇에 비길 수 있을까요? 어떤 사람이 겨자씨 한 알을 밭에 뿌렸습니다. 겨자씨는 싹이 돋고 자라서 큰 나무가 되어 공중의 새들이 그 가지에 깃들였습니다. 하느님의 나라는 이 겨자씨와 같습니다." 예수가 또 말했다. "하느님의 나라를 무엇에 비길 수 있을까요? 어떤 여자가 누룩을 밀가루 서 말 속에 집어넣었더니 마침내 온 덩이가 부풀어 올랐습니다. 하느님의 나라는 이런 누룩과 같습니다."(《루가》 13,18-21)

예수 당시 겨자는 가장 두려운 잡초로 알려졌다. 텃밭에 자리 잡으면 뿌리 뽑기 어렵다.[120] 누룩(《마르》 8,15; 《1고린》 5,6-8; 《갈라》 5,7-9)도 겨자 못지않게 부정적인 이미지로 알려졌다.[121] 빵 구울 때 발효 과정에 필요하지만, 다른 재료와 닿지 않게 따로 보관해야 한다. 한번 뒤섞이면 부패가 진행되는 과정을 멈출 수 없다. 겨자씨는 남자 세계에서, 누룩은 여자 세계에서 가져온 비유다. 예수는 한번 시작되면 멈출 수 없는 하느님 나라 운동을 설명하기 위해 일상생활에서 흔한 누룩과 겨자씨를 인용했다. 유랑선교하는 제자들이 하느님 나라를 전하는 누룩과 겨자씨 역할을 한다.

누룩과 겨자씨 비유는 예수의 하느님 나라 운동이 세상을 얼마나 뒤엎는지 드러낸다.[122] 채소와 과일이 자라는 텃밭에 침투해 막을 수 없이 성장하는 겨자는 안정된 사회질서를 뒤집는 정치적 비유로 여겨진다. 텃

밭은 고대 아시아 지역에서 보호받는 문화 영역을 상징했다.[123] 밀가루 서 말에 누룩을 넣으면 100-160명이 먹기 충분한 빵을 만들 수 있다.[124] 누룩으로 부풀어 오른 밀가루 덩어리는 하느님 나라가 드러남을 상징한다(〈창세〉 18,6; 〈판관〉 6,19; 〈1사무〉 1,24).[125] 보잘것없어 보이는 유랑 제자들의 선교는 사람들 사이에 누룩과 겨자씨처럼 소리 없이 퍼지고 있다.

> "씨 뿌리는 사람이 씨를 뿌리러 나갔습니다. 씨를 뿌리는데 어떤 것은 길바닥에 떨어져 새들이 와서 쪼아 먹고 어떤 것은 흙이 많지 않은 돌밭에 떨어졌습니다. 흙이 깊지 않아서 싹은 곧 나왔지만 해가 뜨자 뿌리도 내리지 못한 채 말라버렸습니다. 또 어떤 것은 가시덤불 속에 떨어졌습니다. 가시나무들이 자라자 숨이 막혀 열매를 맺지 못하였습니다. 그러나 어떤 것은 좋은 땅에 떨어져서 싹이 나고 잘 자라 열매를 맺었는데, 열매가 삼십 배가 된 것도 있고 육십 배가 된 것도 있고 백 배가 된 것도 있었습니다."(〈마르〉 4,3-8)

이 비유는 일상에서 만나는 세계와 다른 면이 있다. 유능한 농부는 가시덤불에 씨를 뿌리지 않는다. "엉겅퀴 속에 씨를 뿌리지 말고 땅을 새로 갈아엎고 심어라"(〈예레〉 4,3). 열매가 뿌려진 씨의 삼십 배, 육십 배, 백 배가 됐다는 표현은 과장법이다. 보통 4-8배다.[126] 예수가 "이사악은 그 땅에 씨를 뿌려 그해에 수확을 백 배나 올렸다. 야훼께서 이렇듯 복을 내리셔서 그는 부자가 되었다"(〈창세〉 26,12-13)는 말씀을 떠올린 것 같다.[127] 제자들이 선교에서 실패한 경험이 담긴 비유로 보인다. 길바닥이나 돌밭, 가시덤불에 떨어진 씨처럼 4분의 3이 실패할 수도 있다. 현명한 농부는 그 사실을 예상할 수도 있다. 그러나 예수는 제자들의 선교가 결국 열매 맺으리라 격려한다.

"하늘나라는 어느 임금이 자기 아들의 혼인 잔치를 베푼 것에 비길 수 있습니다. 임금이 종들을 보내어 잔치에 초청받은 사람들을 불렀으나 오려 하지 않았습니다. 그래서 다른 종들을 보내면서 '초청을 받은 사람들에게 가서 이제 잔칫상도 차려놓고 소와 살진 짐승도 잡아 모든 준비를 다 갖추었으니 어서 잔치에 오라고 하여라' 하고 일렀습니다. 그러나 초청받은 사람들은 대수롭지 않게 여기고 어떤 사람은 밭으로 가고 어떤 사람은 장사하러 가고 또 어떤 사람들은 그 종들을 붙잡아 때려주기도 하고 죽이기도 했습니다."(〈마태〉 22,2-6)

이번에도 선교 실패 경험이 담긴 비유다. 초대받은 손님들은 갈릴래아 유다인을 가리킨다. 초대받은 갈릴래아 유다인이 대부분 하느님 나라 잔치를 거절한다 해도 잔치는 틀림없이 열린다. 비유에서 잔칫집은 결국 세리와 병자로 가득 찼다(〈마태〉 22,10).[128]

예수의 핵심 메시지 '하느님 나라'라는 표현은 공동성서와 유다교 문헌에 자주 나온다. 야훼는 이스라엘뿐 아니라 온 세상의 영원한 임금이시다. '다스리다'라는 동사로 표현된 곳은 흔하지만(〈시편〉 103,19; 145,13), 명사 표현은 드물다. 온 세상을 다스리시는 하느님을 경배하는 장소가 예루살렘성전이다. 하느님의 주권은 성전 제사와 왕의 즉위식을 통해 표현된다. 이른바 '시온 시편'이라고 불리는 노래들은 성전과 왕궁으로 대표되는 예루살렘에 머무시는 하느님을 칭송한다(〈시편〉 46·48·76·84·87장). 세상 끝 날에 모든 백성이 시온으로 몰려들어 야훼 하느님의 주권을 노래할 것이다.

그러나 유다 백성 일부가 바빌론으로 끌려가고, 이스라엘이 여러 민족 사이에 흩어지고, 페르시아와 그리스, 로마 등 여러 이방 민족이 예루살렘을 점령하는 역사가 계속됐다. 세상 종말에 하느님 왕권이 다시 세워지리라는 희망이 유다교 문헌에 등장했다. 다윗 왕조가 다시 생기리라는 기대와 연결됐다. 나단의 예언(〈2사무〉 7,12-16), 쿰란 문헌(4Q174)이 그 일부 예다. 〈시편〉 18편을 모아 공통년 이전 1세기에 편찬된 〈솔로몬 시편〉은 미래의 다윗 왕조를 하느님의 기름 부음 받은 자로 불렀다. 그가 예루살렘을 이방인 손에서 구출하고 지혜와 정의로 다스리리라 노래했다. 예수가 등장한 배경에 유다 백성의 기나긴 고통과 애타는 희망이 있었다. 어떤 사람들은 예수를 기름 부음 받은 자(메시아=그리스도)라고 불렀다.

이스라엘의 주요한 두 문학 양식으로 지혜문학과 계시문학이 있었다. 지혜문학이 이방 민족의 압제 아래 살아남는 방법을 말했다면, 계시문학은 억압을 이겨내고 자유와 해방을 얻는 희망의 예언을 말했다. 선이 악을 이기고, 정의가 불의를 이긴다는 확신을 강조했다. 예언서(〈이사〉 24-27장; 31장; 〈다니〉 2,7), 에녹과 모세, 에즈라, 바룩 등 이름을 딴 문헌들이 하느님 나라가 다가옴을 노래했다. 계시문학에서 사람의 아들(〈다니〉 7,13-)이 주목되곤 했다. 하느님에게 힘을 받아 세상을 심판하리라는 천상 존재를 가리킨다(〈마르〉 13,24-27; 〈루가〉 17,24-37, 〈마태〉 25,31-46). 예수를 사람의 아들로 본 사례는 복음서에 많지만, '사람의 아들'이란 표현이 모두 예수를 가리킨 것은 아니다.

예수도 유다인처럼 이스라엘의 하느님이 세상을 다스리신다는 하느님 나라 사상에 동의했다. 예수는 유다교 평신도다. 세례자 요한도 하느님 나라 사상에 동의했다. 하느님 나라 사상은 예수가 처음 만들어 세상에 내놓은 것은 아니다. 하느님 나라가 어떻게 예수를 대표하는 핵심 메시지가 됐을까? 예수는 하느님 나라를 미래가 아니라 현재와 강하게 연결했다. 그래서 하느님 나라와 심판의 연결, 구원 선포가 예수에게 중요한 의미가 됐다.[129]

이스라엘의 역사가 중대한 전환점에 이르렀다는 데 예수와 세례자 요한의 생각이 일치했다.[130] 하느님의 심판이 곧 닥치리라는 말이다(〈루가〉 13,28-29). 이스라엘 백성이라는 사실이 하느님의 마지막 심판에서 아무 역할도 하지 못한다. 이방인도 하느님 나라에 들어갈 수 있다(〈마태〉 25,31-46). 이 말은 당시 유다인에게 큰 충격이었다. 교회나 성당에 다닌다는 말이 하느님의 심판에서 아무 역할도 못 하고, 교회나 성당에 다니지 않는 사람도 하느님 나라에 들어갈 수 있다는 말이 지금 교회나 성당에 다니는 사람에게 얼마나 큰 충격일까?

하느님이 이스라엘에 약속한 사랑이 취소된다는 뜻이 아니다. 의로운 자와 불의한 자가 유다인과 이방인이라는 경계로 나뉘지 않는다는 말이다. 유다인 중에도 일부는 하느님 나라에 속하고, 일부는 제외될 것이다. 교회나 성당에 다니는 사람 중 일부는 하느님 나라에 속하고, 일부는 제외될 것이다. 유다인은 회개할 필요가 없다는 말이 아니라 모든 유다인은 어서 회개하라(〈루가〉 11,29-32)는 말이다. 그리스도인은 회개할 필요가 없다는 말이 아니라 모든 그리스도인은 어서 회개해야 한다는 말이다. 이스라엘 열두 부족의 땅인 코라진, 베싸이다, 가파르나움도 예수에게 심판의 경고를 받았다(〈루가〉 10,13-15). 하느님의 심판에서 진실한 회개 없이 유다인 족보나 그리스도교 세례 문서는 아무 의미 없다.

다가오는 하느님의 심판에서 모두 회개해야 한다는 세례자 요한의 생각에 예수도 동의했다. 그러나 하느님 나라를 보는 눈이나 심판에 대한 생각은 예수와 세례자 요한이 상당히 다르다. 첫째, 하느님의 심판은 사탄을 이김으로써 지금 시작된다. 예수는 하느님 나라를 반대하는 세력과 싸우는 모습을 강조한다. 해방신학은 하느님 나라를 반대하는 세력과 싸우는 해방자 예수를 강조한다.[131] 세례자 요한은 심판과 하느님 나라의 관계를 따로 설명하지 않았다. 예수는 하느님 나라가 지금 시작돼서 미래에 완성된다고 여겼다. 심판이 다가오지만, 하느님 나라도 다가온다는 말이다. 하느님의 심판은 개인의 죄악을 드러내기보다 악의 세력을 무너뜨리는 데서 드러난다. 심판을 개인의 언행에 국한해서 보는 태도는 너무 좁은 해석이다.

둘째, 하느님의 심판에서 특혜받는 사람들이 분명히 있다. 가난한 사람, 굶주린 사람, 우는 사람이다(〈루가〉 6,20-21). 예수는 아무 조건 없이 그들을 축복했다. 그리스도교 신자나 목사, 신부가 하느님의 심판에서 특혜를 받지 않는다. 하느님의 심판은 개인보다 악의 세력을 주목하라고 가르친다. 하느님이 누구를 먼저 애틋하게 생각하시는지 눈여겨보게 만든다.

하느님 나라는 깨어 기다려야 한다. 예상치 못한 때 갑자기 올 수 있다(〈루가〉 12,39-48; 17,23-37). 유다교 전통에서 심판을 가리키고 예수 전승에서 하느님 나라 완성과 연결된 수확의 비유에도 깨어 기다림이 잘 나타난다(〈마르〉 44,3-29; 13,24-30; 〈루가〉 17,24).

예수가 하느님 나라를 심판과 연결하는 데 그쳤다면, 세례자 요한의 충실한 제자에 머물렀을 것이다. 예수는 무엇보다 심판이 구원의 시작임을 강조해 스승을 넘어섰다. 하느님 나라는 동시에 심판이지만, 심판보다 구원에 좀 더 가깝다. 심판으로 멸망에 빠지지 않고 구원이 시작된다. 예수의 시간은 하느님의 구원 계획이 실행되는 기쁜 시간이다. 예수 시대는 하느님 나라에 속한다(〈루가〉 16,16; 〈마태〉 11,12-13).

〈루가〉 16,16에서 세례자 요한이 율법과 예언자 시대에 속하는지, 하느님 나라에 속하는지 분명하지 않다. 그리스어 전치사 μέχρι는 A를 포함할 수도 있고, 제외할 수도 있다. 〈루가〉 16,16에서 세례자 요한은 하느님 나라에 포함될 수도 있고, 제외될 수도 있다. 〈마태〉 11,12-13은 세례자 요한이 율법과 예언자 시대에 속한다고 분명히 말한다. 세례자 요한과 예수는 각자 스타일에 따라 하느님의 회개 요구를 동시대 유다인에게 확실히 드러냈다. 세례자 요한은 광야에서 은둔하는 금욕주의자로, 예수는 시장 바닥에서 가난한 사람과 어울리며 먹고 마시는 유랑 설교자로 하느님 나라를 맞이하는 자기 스타일을 드러냈다.

예수의 활동을 압축한 구절(〈마르〉 1,15)뿐 아니라 마귀 추방(〈루가〉 11,20)에서 하느님 나라를 반대하는 세력과 싸우는 예수의 특징이 잘 드러난다. 하느님 나라를 알리고 선포하는 데 그치지 말고, 하느님 나라를 반대하고 억압하는 세력과 맞서 싸워야 한다. 하느님 나라를 선포한 예수를 전하는 데 그치고, 하느님 나라를 반대하는 악의 세력과 싸우는 예수를 외면하면 어떻게 될까. 하느님 나라를 제대로 전하지 않는 것은 물론, 악의 세력에 동조하는 셈이 된다. 서양 신학이 오랫동안 하느님 나라를 망각한 역사라고 고백해야 마땅하다면, 우리 시대 신학은 하느님 나라를 외면한 역사라는 새로운 위험 앞에 있다.

지금 하느님 나라가 있다는 사실을 알리려면 시대의 징표를 알아차려야 한다. 하느님 나라는 예수의 말과 행동에서, 특히 가난한 사람에게 일어나고 있다. 그 사실을 알아차리는 것이 시대의 징표를 아는 일이다. "보십시오. 하느님 나라는 여러분 안에 있습니다"(〈루가〉 17,21; 〈도마복음〉 113장).

하느님 나라가 언제 시작되느냐보다 누구에게 먼저 드러나느냐가 중요하다. "가난한 사람들은 복됩니다. 하느님 나라가 그들의 것입니다"(〈루가〉 6,20). 예수가 가난한 사람에게 바친 가장 위대한 존경의 인사다. 열두제자도 예수에게 이런 인사를 듣지 못했다. 가난한 사람은 예수에게 제자보다 중요하다. 가난한 사람이 나중에 천국에서 보상받는다는 말이 아니다. 지금 여기서 하느님 사랑을 받는다는 말이다.

많은 성서학자가 하느님 나라가 언제 시작되고 완성되느냐에 다양한 근거와 주장을 내놓았다. 그에 못지않게 중요한 주제가 있다.

1. 하느님 나라가 누구에게 먼저 드러나는가.
2. 하느님 나라를 반대하고 억압하는 세력은 누구인가.


예수의 하느님 나라 메시지는 이스라엘과 하느님의 관계를 새롭게 하자는 회복뿐 아니라, 가난한 사람에 대한 사랑과 정의를 부각한다. 종교적 의미에서 그치지 않고, 사회적·정치적 의미가 있다는 말이다. 예수의 하느님 나라 메시지를 사회적·정치적 프로그램으로 해석하는 것은 너무 짧은 생각[132]이라는 말은 옳은 지적이다. 그런 적절한 언급이 하느님 나라 메시지의 사회적·정치적 차원을 격려하기보다 무시하는 방향으로 악용되는 일이 많다는 게 문제다.

예수의 하느님 나라 선포에서 현재와 미래가 연결된 사례를 복된 선언(〈루가〉 6,20-23; 〈마태〉 5,3-12)뿐만 아니라 주의 기도 후반부(〈마태〉 6,11-13; 〈루가〉 11,3-4; 〈지혜〉 14,3; 〈토비〉 13,4)에서도 볼 수 있다. 하느님을 따르는 공동체와 개인의 삶이 현재, 현실과 연결된다. 예수는 복된 선언과 주의 기도에서 역사를 다스리시는 하느님의 힘과 악의 세력에 승리하는 하느님을 노래했다. 복된 선언과 주의 기도를 '하느님 나라 찬가'라고 이름 지어도 되지 않을까.

하느님 나라가 현재, 미래와 연결된다는 사실은 적잖이 설명했다. 하느님 나라가 삶에서 경험 가능하다는 사실도 중요하다. 기도와 종교의식뿐만 아니라 일상에서 하느님 나라를 느낄 수 있다. 예수는 하느님 나라를 경험하기 위해 종교적 체험을 강조하지 않았다. 하느님 나라는 가난한 사람이 살아가는 자리에서 가능하고, 경험할 수 있다. 특히 비유와 식사 자리에서 하느님 나라의 모습이 잘 드러난다. 겨자씨 비유(〈마르〉 4,30-32)는 작은 씨앗과 엄청난 푸성귀의 대조를 강조한다. 겨자씨 비유(〈루가〉 13,18-19)는 씨앗에서 푸성귀로 성장을 강조한다. 누룩 비유(〈루가〉 13,20-

21; 〈마태〉 13,33)는 놀라운 성장 과정을 드러낸다. 예수의 등장이 겨자씨나 누룩처럼 잘 보이지 않지만,[133] 분명히 세상을 바꾸고 있다. 예수의 비유에는 하느님 나라를 선포했다가 거절당한 경험도 담겼다.

하느님 나라는 잘 보이지 않지만, 분명히 있다. 하느님 나라는 세상 질서와 달리 대조 사회Kontrast-Gesellschaft, 저항 사회Gegen-Gesellschaft를 보여준다고 말하고 싶다. 하느님 나라는 세상 질서와 다르고, 세상 질서에 저항한다. 하느님 나라는 세상 질서와 다르다는 선포이자, 세상 질서와 싸운다는 선언이다. 그동안 신학에서 하느님 나라의 저항하는 모습이 덜 강조됐다.

하느님 나라 메시지를 예수의 행동과 말에서 보고 듣고 경험한 당시 유다인은 어떻게 살아가려고 했을까. 그들 앞에 두 가지 전제가 있었다. 한편으로 당연하게 배워온 유다교 율법이 있었다. 예수의 하느님 나라 메시지가 요구하는 삶의 방식이 새롭게 요구됐다. 예수의 하느님 나라 메시지와 유다교 율법은 어떤 관계일까. 계승? 극복? 모순? 오늘 한국인에게는 낯설고 먼 주제지만, 당시 유다인에게는 심각한 문제였다.

하느님 나라 메시지가 요구하는 삶을 어떤 용어로 표현하면 좋을까? 윤리Ethik라고 말하든, 그보다 폭넓게 에토스Ethos[134]라고 말하든 중요한 문제는 아니라고 생각한다. 예수는 하느님 나라가 요구하는 삶을 체계적으로 다루거나 이론으로 정립하지 않았다. 겨우 3년도 안 되는 활동에서 그 큰 주제를 차분히 다룰 수 없었을 것이다. 예수의 윤리 혹은 에토스는 행복 선언에서 대표적으로 드러난다. 행복 선언이 과연 실천될 수 있는가 하는 주제는 오랫동안 논의됐다.

아우구스티누스의 책 《산상 설교De sermone domini in monte》이후 특히 그 이름으로 불린 예수 행복 선언은 예수 운동과 그리스도교에 큰 영향을 미쳤다. 예수의 하느님 나라 메시지가 가장 정확하게 드러낸다는 해설과 감동이 많았다. 〈마태〉 5-7장은 영향력이 큰 성서 구절에 속한다. 특히 신앙 실천과 교회 쇄신 역사에서 대단한 역할을 해왔다. 동시에 산상수훈은 그리스도교에 문제를 안겼다. 산상수훈이 모든 그리스도교 신자에게 적용될 윤리에 속하느냐, 제한된 분야의 일부 수도자에게 요구되는 윤리에 속하느냐 하는 문제다. 예수 운동은 산상수훈을 당연히 실천 가능하다고 여겼다(Did 6,2). 프란치스코회, 종교개혁 시대 세례파, 종교 사회주의자도 그 흐름에 있다.

예수의 윤리는 예수와 숙식하며 동행한 제자와 자기 집이나 동네에 살던 제자가 아닌 사람에게 따로 적용돼야 한다는 의견이 있었다. 예수가 부른 열두제자나 자발적으로 예수를 따라다닌 다른 제자들은 예수의 살아가는 방식을 함께했다. 갈릴래아에 사는 대다수 사람이 예수와 함께 유랑 생활을 할 수 없었다. 예수를 따르는 사람은 이처럼 유랑 제자와 정착 제자로 나뉘었다.

두 그룹 제자에게 똑같은 생활 방식을 요구할 수 없다. 정착 생활을 하는 제자에게 가정을 떠나라고 요구할 수 없다. 예수와 함께 유랑 생활을 하는 제자에게 이혼을 요구할 수 없다. 사회학적으로 다른 상황에 있는 유랑 그룹과 정착 그룹에게 각기 그들에 적합한 윤리를 말한다. 두 그룹 사이에 신분 차별이나 등급 차이가 있지 않았다. 거룩한 1등급 제자에게 대단한 윤리를 요구하고, 평범한 2등급 제자에게 보통 윤리를 요청한다는 식으로 오해하면 안 된다. 유랑 제자는 가족을 잠시 떠나 부양의무를 소홀히 했고, 직업을 잠시 그만둬 자발적 실업자가 됐다.

예수는 하느님 뜻을 실천하는 사람을 가족(〈마르〉 3,31-35)이라 불렀다. 예수의 가족에 죄인과 세리도 포함된다(〈마르〉 2,14-17; 〈루가〉 7,34; 19,1-10). 가족은 용서할 준비가 된 사람들이다(〈마태〉 6,14-15). 용서는 예수 운동에서 즉시 실천돼야 한다(〈마태〉 18,23-35). 하느님은 사람을 자비로 대하신다(〈루가〉 15,11-32; 18,1-8; 〈마태〉 20,1-16).

예수의 윤리에 소유에 대한 가르침도 있다. 예수는 하느님 뜻을 따르고 실천하는 데 돈이 가장 방해가 된다고 생각했다. "하느님과 돈을 함께 섬길 수는 없습니다"(〈루가〉 16,13). 그리스도교 역사에서 가장 무시당한 예수의 말이 바로 이것이다. 예수를 따르는 개인이나 교회에 모두 해당하는 말이다. 제자들 반응과 오늘날 종교인의 반응이 크게 다를까?

예수는 살인하지 마라, 간음하지 마라, 도둑질하지 마라, 거짓 증언하지 마라, 남을 속이지 마라, 부모를 공경하라는 계명을 어릴 때부터 모두 지켰다고 고백하는 사람에게 한 가지가 부족하다고 분명히 말했다. 솔직히 한두 가지 계명을 지키기도 버겁지 않은가. 그 어려운 계명을 다 지켰는데 하나가 빠졌다니. "가진 것을 다 팔아 가난한 사람들에게 나누어주십시오"(〈마르〉 10,21). 부모를 공경하기보다 가난한 사람에게 돈을 나눠주기가 어렵다는 말일까. 재산을 10퍼센트만 나눠주라 해도 지나친 말씀이 아닐까. 성서를 바꿀 수 없으니 우리 생각과 행동을 고쳐야겠다.

약은 청지기 비유(〈루가〉 16,1-8)는 오해하기 쉽다. 해고당할 때가 가까워지자, 낭비가 심한 청지기는 주인의 채무자에게 빚을 줄여준다. 약은 청지기는 주인의 돈으로 자기 주머니를 채우진 않았다. 예수가 청지기의 부도덕한 행실을 칭찬한 게 아니다. 다가올 하느님의 심판 앞에서 자기 돈과 지혜를 다른 사람의 고통을 줄여주는 데 쓰라는 조언이다. 예수는 돈을 제대로 쓰는 방법도 가르쳐준다.

예수가 행복 선언만 한 건 아니다. 예수는 불행 선언(〈루가〉 6,24-26; 〈마태〉 23,2-36)도 했다. 가난한 사람, 굶주린 사람, 우는 사람이 예수에게 축복받았다. 예수는 부자, 배불리 먹고 지내는 사람, 웃고 지내는 사람은 불행하다고 선언했다. 행복 선언은 기억하지만, 불행 선언은 못 들은 체하는 사람이 많다. 그리스도교가 부자를 축복할 거라고 오해하는 사람이 여전히 많다.

국가권력에 대한 태도는 어때야 하는가. 예수가 플라톤의《국가론 Politeia》처럼 정치에 관해 체계적인 생각을 펼친 일은 없다. 세금 논쟁(〈마르〉 12,13-17)에서 예수의 생각을 엿볼 수 있다. 예수가 살던 갈릴래아는 헤로데 안티파스가 통치했다. 안티파스는 로마 황제나 자신의 얼굴이 새겨진 동전을 만들어 통용시키지 않았다. 예루살렘을 포함한 유다 지역에서 로마 황제 티베리우스의 초상이 새겨진 동전이 사용된 시기에 벌어진 이야기다.

"로마 황제(카이사르) 것은 로마 황제에게 주고 하느님 것은 하느님에게 주십시오"(〈마르〉 12,17)에서 핵심은 뒷부분이다. 하늘과 땅과 그 안의 모든 권세는 하느님 것이다. 로마 황제도 하느님의 권세 아래 있다. 로마 황제가 하느님 뜻을 어긴다면 사람들은 그에게 복종할 의무가 없다. 하느님 것은 하느님에게 주라는 말에서 예수는 로마 황제의 한계를 알려준다. 예수가 마카베오 형제들이나 젤로데파처럼 직접 무장투쟁에 가담하지 않았으나, 식민지 조국의 독립에 무관심한 것은 아니었다. 무장투쟁 세력과 방식은 달랐지만, 예수도 결국 정치범으로 처형됐다. 정치에 거리가 먼 듯한 예수가 로마제국에 위협적인 존재로 인정된 것이다.

예수는 성 문제에 대해 거의 발언한 적 없지만, 돈 문제에 대해 자주 말했다. 어찌 된 일인지 그리스도교 역사에서는 예수와 정반대로 성 문제는 과장하고, 돈 문제는 축소하는 경향이 있었다. 예수에게 가장 많이 혼난 사람은 부자인데, 그리스도교에서 부자가 과연 가장 많이 혼나는가.

가족과 직업을 떠난 유랑 제자들의 행동은 유다교 문화에서 비판받을 처신이었다. 그러나 가족 중심주의와 재산 존중의 문화를 거역하고 저항하는 몸짓이었다. 다가오는 하느님 나라의 가치를 삶에서 보여주는 여러 상징 가운데 하나였다. 가족과 재산이 가치 없고 의미 없다는 말이 아니다. 가족과 재산을 하느님 나라의 가치 아래 봐야 한다는 뜻이다. 하느님 나라는 그토록 소중하다.

밭에 묻힌 보물을 발견한 사람 비유(〈마태〉 13,44)에는 수상한 구석이 있다. 보물을 왜 밭(땅)에 묻었으며, 더구나 남의 땅에 숨겼을까. 뇌물이나 전리품이나 빼앗은 물건이나 부정한 돈을 번 사람이 남의 땅에 숨긴 것일까. 우연히 발견한 남의 보물을 경찰에 신고하지 않고 자신이 차지하려고 보물이 묻힌 땅을 사는 사람도 있나 보다. 하늘나라에 그렇게 부정한 방법으로 가려 해도 되는가. 이해하기 어려운 비유다. 좋은 진주를 찾아다니다 발견한 상인 비유(〈마태〉 13,45-46)는 경우가 조금 다르다.

우연히 보물을 발견한 사람이나 좋은 진주를 찾으려고 애쓰다 찾은 사람이나 우선 기뻐한다. 그들은 보물이나 진주가 소중한 것임을 안다. 두 비유의 핵심은 하늘나라가 비교할 수 없을 만큼 가치 있다는 것이다. 보물이나 진주가 비싼 값 때문에 하늘나라에 비유된 것은 아니다. 예수가 하늘나라를 자본주의 가치에 근거해서 말한 것도 아니다. 듣는 사람이 이해하기 쉽게 예를 들었을 뿐이다. 하늘나라가 가장 소중하다는 말을 하고 싶었을 뿐이다. 자영업자 출신 예수는 돈의 위력과 위험을 잘 알았다. "하느님과 돈을 함께 섬길 수는 없습니다"(〈루가〉 16,13).

예수는 하느님 나라(하늘나라)가 그토록 가치 있기에 제자를 불렀다. 제자들은 하느님 나라의 가치를 알았기에 예수의 부름에 응답했다. 하느님 나라가 소중해서 하느님 나라를 함께 전하기 위해 예수를 따라나섰다. 유랑 제자들이 소유를 포기한 것은 그리스 견유학파 철학자처럼 인간의 존재가 물질에 종속되지 않음을 드러내기 위해서가 아니다. 하느님 나라의 가치와 하느님께 의지하는 삶을 드러내기 위해서다(〈루가〉 12,22-31). 예수나 제자들이 부모와 형제자매의 소중함을 몰라서 유랑 생활을 시작한 것은 아니다. 그들의 유랑 생활은 오래가지 못했다. 정착 생활하는 제자들의 도움 없이 그들의 유랑 생활은 가능하지 않았을 것이다.

예수 따르기에 원래 포함된 요청 가운데 하나가 원수 사랑인 듯하다. 예수는 제자들이 박해받은 불의에 대해 가해자에게 보복하지 않도록 요청한다. 박해받은 경험이 없는 사람은 피해자에게 원수 사랑이니, 보복 금지니 하는 말을 함부로 하지 말라는 뜻일까. 원수 사랑과 보복 금지 요청을 예수가 직접 했는지, 〈Q문헌〉에 있는 내용인지 분명하지 않다.[135]

원수 사랑은 피해자의 일방적인 태도다.[136] 폭력의 터무니없음을 하느님 나라 앞에 대조적으로 드러내는 일이다. 가해자에게 하느님 나라의 질서를 알고 느끼게 하며, 삶을 하느님 나라 쪽으로 이동하라고 초대하는 일이다. 원수 사랑은 불의와 폭력에 저항하지 말라는 뜻이 아니다. 불의한 억압에 순응하고 참으라는 강요나 협박도 아니다. 가해자에게 너그럽고 피해자에게 잔인한 속임수도 아니다. 원수 사랑은 가해자의 요구 때문이 아니라 피해자가 자발적으로 결단하는 일이다.

하느님 나라의 질서에 속하는 윤리 중 하나가 예수 제자들 사이에서 지배와 복종의 관계를 청산하는 일이다(〈마르〉 10,42-44). 지배하지 말고 봉사하라는 교훈에 그치는 일이 아니다. 계급 구조Hierarchie, 억압, 폭력은 예수 제자들 사이에 있어선 안 된다. 교회 구조와 운영 방식에 심각한 질문과 고뇌를 주는 말이다. "사람의 아들도 섬김을 받으러 온 것이 아니라 섬기러 왔고"(〈마르〉 10,45)라는 구절은 부활 이후 예수 운동에서 생긴 말 같다.[137]

봉사 모티프는 예수 전승에 확실히 있다(〈루가〉 12,37; 22,27; 〈요한〉 13,1-20). 예수가 제자들의 발을 씻어준 행동은 단순히 봉사의 본보기가 아니라, 제자들 사이에 계급 구조를 금지한 경고다. 예수는 유랑 제자들에게 재산 포기, 원수 사랑, 보복 금지, 지배와 복종 구조 청산을 요구했다.

예수는 자기 삶과 세상의 현실과 역사를 하느님의 시각으로 봤다. 하느님의 유일하심은 예수의 생각과 복음 선포의 기초다. 이런 하느님 중심주의 관점은 무엇보다 예수가 살고 호흡한 유다교의 영향에서 왔다. 유다교를 잘 모르면 예수를 알기 어렵다. 유다교를 오해하거나 왜곡하면 예수를 오해하거나 왜곡하기 쉽다. 불행히도 한국 그리스도인이나 독자들이 유다교를 제대로, 공정하게 소개받을 기회는 많지 않다. 그런 실정을 솔직히 인정하고 시작해야 한다.

유일신 야훼에 대한 이스라엘 백성의 믿음(⟨신명⟩ 6,4; ⟨호세⟩ 13,4)은 제2이사야 시대에 기본적인 신학 개념으로 자리 잡았다.[138] 제2이사야(⟨이사⟩ 40-55장)는 공통년 이전 6세기에 유다인이 바빌론으로 끌려갔을 때 바빌론에서 활약한 인물로 추측된다.

나, 내가 곧 야훼이다. 나 아닌 다른 구세주는 없다.(⟨이사⟩ 43,11)

내가 야훼다. 누가 또 있느냐? 나밖에 다른 신은 없다. 너는 비록 나를 몰랐지만 너를 무장시킨 것은 나다. 이는 나밖에 다른 신이 없음을 해 뜨는 곳에서 해 지는 곳에까지 알리려는 것이다. 내가 야훼다. 누가 또 있느냐? 빛을 만든 것도 나요, 어둠을 지은 것도 나다. 행복을 주는 것도 나요, 불행을 조장하는 것도 나다. 이 모든 일을 나 야훼가 하였다.(⟨이사⟩ 45,5-7)

야훼는 유일한 신이요, 구원자다. 유일한 하느님과 하느님 나라가 연결된다. 유일한 하느님과 하느님 나라의 연결은 예수 사상과 활동의 핵심이다. 복음서에서 예수가 가장 많이 인용한 공동성서는 ⟨이사⟩다. 예수를 잘 알려면 ⟨이사⟩를 먼저 깊이 이해하면 좋겠다.

평화가 왔다고 외치며, 희소식을 전하는구나. 구원이 이르렀다고 외치

며 "너희 하느님께서 왕권을 잡으셨다"고 시온을 향해 이르는구나.(《이사》 52,7)

야훼께서 온 세상의 임금으로 오르시면, 그날부터 온 세상에서 하느님은 야훼뿐, 사람들은 그의 이름만을 부르게 되리라.(《즈가》 14,9)

예수 전승에서 유일하신 하느님은 네 곳에 뚜렷이 언급된다.[139] 예수는 중풍병자를 고친 사건(《마르》 2,1-12), 첫째 계명 토론(《마르》 12,28-34), 부자 청년과 대화(《마르》 10,17-27), 하늘에 한 분뿐인 아버지(《마태》 23,9)를 소개했다. 부자 청년과 대화에서 "왜 나를 선하다고 합니까? 선하신 분은 오직 하느님뿐이십니다"(《마르》 10,18)와 "이 세상 누구를 보고도 아버지라 부르지 마십시오. 여러분의 아버지는 하늘에 계신 아버지 한 분뿐이십니다"(《마태》 23,9)는 예수가 직접 한 말로 보기 어렵다.[140]

"율법 학자 몇 사람이 속으로 '이 사람이 어떻게 감히 이런 말을 하여 하느님을 모독하는가? 하느님 말고 누가 죄를 용서할 수 있단 말인가?' 하며 중얼거렸다"(《마르》 2,6-7)에서 하느님에 대한 예수의 독특한 의식을 간접적으로 엿볼 수 있다.[141] 첫째 계명 토론에서 "첫째가는 계명은 이것입니다. '이스라엘아, 들어라. 우리 하느님은 유일한 주님이시다. 네 마음을 다하고 목숨을 다하고 생각을 다하고 힘을 다하여 주님이신 너의 하느님을 사랑하여라.' 또 둘째가는 계명은 '네 이웃을 네 몸같이 사랑하여라' 한 것입니다. 이 두 계명보다 더 큰 계명은 없습니다"(《마르》 12,29-31)는 예수가 한 말일까. 《신명》 6,5과 《레위》 19,18을 연결한 이 말이 역사의 예수가 한 것[142]이라는 의견과 예수가 진짜 한 말은 아니다[143]라는 의견이 맞선다. 하느님 사랑과 이웃 사랑 계명은 유다 사회에 퍼져 있었다. 유다인은 모든 율법 계명을 중요하게 여겼기 때문에 우선순위를 정하거나 요약하는 일은 하지 않았다.

유일신 하느님에 대한 생각이 예수의 사명에 얼마나 기초적인 자리를 차지하는지 예수가 가르쳐준 기도에 잘 나타난다. "온 세상이 아버지를 하느님으로 받들게 하시며 아버지의 나라가 오게 하소서Πάτερ, ἁγιασθήτω τὸ ὄνομά σου· ἐλθέτω ἡ βασιλεία σου·"(〈루가〉 11,2). 하느님 이름의 거룩함은 하느님의 유일하심에 근거한다. 하느님 나라가 오는 것은 하느님의 유일하심이 지상에 자리 잡는 일이다. 예수의 하느님 나라 사상은 하느님의 유일하심에서 왔다. 예수가 왜 하느님 나라 사상을 자기 사명의 핵심으로 내세우고, 다른 구원 개념을 하느님 나라 사상에 흡수시켰는지 여기서 이해된다.[144]

예수가 하느님을 아빠 아버지로 부른 사실이 새로운 특징은 아니다. 그리스·로마 문화나 유다교(〈신명〉 32,6; 〈이사〉 63,16; 〈예레〉 3,4; 〈지혜〉 14,3)에서 신이나 하느님을 아버지로 불렀다. 그리스 신 제우스는 아버지, 구세주로 불렸다.[145] 다른 유다인처럼 예수도 하느님을 아빠 아버지라고 불렀지만, 다른 유다인과 다르게 예수는 하느님을 아빠 아버지라고 자주 불렀다. 예수의 입에서 아버지라는 단어가 무려 170번 정도 나왔다. 대부분 예수가 진짜 한 말이라고 여길 수 없지만, 하느님을 아빠 아버지로 자주 불렀다는 사실은 의미가 있다. 예수가 아빠 아버지라고 부른 아람어 단어 αββα는 그리스어로 기록된 신약성서에서도 아람어 단어 그대로 전해왔다(〈갈라〉 4,6; 〈로마〉 8,15).

αββα는 공동성서에서도 하느님의 호칭으로 사용됐다(〈지혜〉 14,3).[146] αββα는 예수가 하느님의 아들이라는 자의식에 기초한다는 의견이 널리 받아들여진 때가 있었다. 예수 기도에서 하느님 아빠αββα라는 용어의 완벽한 새로움과 유일함은 αββα가 하느님과 예수의 관계에서 핵심임을 보여준다[147]는 것이다. 물론 반대하는 의견도 있다.[148] αββα라는 단어

를 예수가 처음 썼다거나 독점 사용했다는 말이 아니라, 예수가 소박하고 친근하게 하느님을 부른 사실이 중요하다. 예수가 하느님을 소박하고 친근하게 불렀다면, 하느님이 그만큼 인간 가까이 계시다는 사실을 전제한다. 하느님을 소박하고 친근하게 부른 예수의 당당함에 감탄하는 데 그칠 게 아니라, 하느님이 사람 가까이 계시다는 사실에 기쁨을 감추지 말아야겠다. 예수가 하느님을 가까이 부르기 전에 하느님이 사람 가까이 오셨다. 예수는 그 사실을 우리에게 알려준다. 우리가 그동안 모르던 새로운 하느님을 예수가 알려준 건 아니다. 예수를 통해 하느님의 새로운 모습이 우리 앞에 소개된 것이다.

충실한 유다교 신자 예수는 하느님의 새로운 모습을 알려주되, 유다교의 하느님 사상에 어긋나는 모습을 소개하지 않았다. 예수의 하느님 사상에서 당시 유다교의 주요한 흐름과 다른 점도 보인다. 하느님과 이스라엘 민족의 계약,[149] 이스라엘 민족이 이집트에서 해방된 사건, 땅 점유 등이 배경으로 전제됐지만, 뚜렷이 언급되지 않았다.[150] 예수가 선포한 핵심은 공통년 이전 2세기 중반부터 유다인의 삶을 규정해온 토라보다 하느님 나라였다. 토라를 부정하거나 극복한 건 아니다. 예수가 선포한 하느님 나라 메시지라는 관점에서 토라의 위치와 역할을 새롭게 본다는 말이다.[151]

예수가 가르쳐준 기도(〈루가〉 11,2)에서 하느님의 거룩함이 하느님의 유일하심에 근거한다는 사실이 드러난다. 하느님의 거룩함은 하늘뿐 아니라 지상에서도 드러나야 한다. 지상에서도 드러나는 하느님의 거룩함이 곧 하느님 나라다. 하느님 나라는 특히 예수의 기도에 잘 담겨 있다. 한편으로 하느님을 바라보고, 다른 편으로 하느님 나라를 애타게 기다리는 인간의 모습이 예수의 기도에 담겨 있다.[152] 예수가 가장 애타게 바라는 것이 당연히 기도에 포함되지 않겠는가. 예수는 "아버지의 나라가 오게 하소서"라고 한 다음 "날마다 우리에게 필요한 양식을 주시고"(〈루가〉 11,3)라고 기도했다. "우리가 우리에게 잘못한 이를 용서하오니 우리의 죄를 용서하시고 우리를 유혹에 빠지지 않게 하소서"(〈루가〉 11,4)는 빵을 주시라는 기도보다 뒤로 밀렸다. 기도 순서가 가볍지 않다. 인류에게 빵이 용서보다 먼저라는 뜻 아닐까.

가난은 경제 문제 이전에 신학 문제다. 가난은 하느님 나라를 지상에 건설하는 데 최우선 주제다. 가난 문제는 예수 시대뿐 아니라 우리 시대에도 첫째 주제다. 예수 시대 이후 2000년이 지났지만, 가난 문제는 여전히 해결되지 않았다. 소수 개인과 일부 국가에 집중된 돈과 권력은 불평등 문제를 예수 시대보다 악화시켰다. 오늘도 지구 인구의 70퍼센트가 넘는 사람이 "날마다 우리에게 필요한 양식을 주시고"(〈루가〉 11,3)라고 기도한다. 가난을 외면하는 하느님 나라 선포와 토론은 무의미하고 거짓이다. 인류 절반이 훨씬 넘는 사람의 가난 문제를 모른 체하는 종교를 어디에 쓸까.

하느님 나라 혹은 하느님의 통치는 유다교[153]와 그리스·로마 문화에서 신을 임금으로 여기는 상징으로 사용됐다. 성전(〈이사〉 6,1; 〈시편〉 47,9; 99,1) 혹은 시온Zion(〈시편〉 46·48·84·87장)에 계시는 야훼는 모든 민족의 임금(〈시편〉 47·93·96-99장)이시다. 이스라엘의 임금이신 야훼는 백성을 새로운 방식으로 받아들이실 것이다(〈이사〉 41,21; 43,15; 44,6). 하느님은 세상 끝 날 당신의 원수를 무찌르실 것이다(〈즈가〉 14,9; 〈다니〉 2,24-45; 〈2마카〉 1,7-8). 공통년 이전 50년쯤 쓰인 〈솔로몬 시편〉 17·32·34장은 이스라엘의 영원한 임금이신 야훼를 대표하여 메시아(구세주)가 곧 나타나리라 노래했다. 메시아는 예루살렘의 통치자로, 유다인이 아닌 민족에게서 이스라엘 땅을 깨끗이 만드실 것이다(〈솔로몬 시편〉 17,21-22.28.30). 유다인이 아닌 민족은 이스라엘로 몰려들어 선물을 바칠 것이다(〈솔로몬 시편〉 17,30).

이스라엘을 위한 하느님 나라는 유다인이 아닌 민족에 반대하는 뜻으로 여겨졌다(〈다니〉 2,44; 7,9-25). 하느님은 세상 끝 날에 모든 피조물을 통치하시고, 모든 악마는 존재하지 않을 것이다(AssMos 10,1). 쿰란 공동체에서 사용된 안식일 노래에 하느님 나라의 현재 성격이 강하게 나타난다.[154] 지상에서 종교의식은 하늘의 의식에 참여한다(4Q401 14i). 유다인의 18기도 가운데 11번을 보자. "예전처럼 우리 심판관을 처음처럼 지혜로우신 주님이여, 다시 오소서. 임금이시여, 당신 홀로 서둘러 우리에게 오소서."[155] 카디쉬Qaddisch 기도 두 번째 구절도 마찬가지다. "그 임금의 통치가 우리 사는 시대에, 우리 날에, 이스라엘 모든 집이 사는 시대에, 서둘러 어서 오소서."[156] 예수나 세례자 요한이 하느님 나라가 어서 오기를 처음으로 기대한 사람은 아니다. 당시 유다인은 하느님 나라가 어서 오기를 간절히 기다리고 기도했다. 예수나 세례자 요한은 자기 시대 동족 유다인의 공통된 희망에 뿌리를 둔다. 예수가 하느님 나라 사상을 유다 역사에서 처음 개발하거나 선언한 것은 아니다.

예수의 하느님 나라 사상은 정치 메시지를 담고 있는가. 하느님 나라는 현실 정치와 역사에서 어떤 구체적 프로그램이 있는가. 반대자들은 예수의 하느님 나라 사상에서 정치적 위협을 느꼈는가. 헤로데 안티파스는 식민지 로마의 허락을 얻어 갈릴래아와 페레아 지역을 포함한 위성국가를 통치했다. 헤로데 안티파스는 세례자 요한과 예수를 정치적으로 위협적인 메시아 운동의 지도자로 여겼다(〈루가〉 13,31-32). 메시아 운동은 공통년 1세기 이스라엘에서 드문 사건이 아니었다.[157]

갈릴래아는 제주도 넓이의 90퍼센트쯤 되고, 서울보다 두 배는 넓다. 이승만 군대와 서북청년단은 1947년 삼일절 발포 사건을 시작으로, 1948년 4월 3일 발생한 소요 사태를 거쳐 1954년 9월 21일까지 제주도민 약 3만 명을 학살했다. 제주도에 1901년 이재수의 난이라는 슬픈 역사가 또 있다. 노비 이재수를 중심으로 뭉친 사람들과 가톨릭 신자들 사이에 벌어진 무력 충돌로 도민 300여 명과 가톨릭 신자 300여 명이 희생됐다. 제주도 좁은 땅에 2차 세계대전 말기에 일군이 6만 명이나 주둔했다. 제주도나 갈릴래아나 자연은 아름답지만, 역사는 슬프다.

갈릴래아는 여러 가지 사회적 긴장이 심한 땅이었다.[158] 유다인과 유다인이 아닌 민족의 갈등, 도시와 농촌의 갈등, 부자와 가난한 사람의 갈등, 로마제국 지배층과 식민지 유다인의 갈등이 심했다. 유다 역사가 요세푸스는 로마제국에 대체로 우호적이던 도시 사람들과 농촌 사람들의 갈등과 미움을 기록했다. "농촌 사람들은 세포리스와 티베리아스 도시 사람들을 미워했다. 두 도시와 주민들을 없애려 했다."[159] 갈릴래아 유다인은 예수의 하느님 나라 메시지를 어떻게 생각했을까. 예수의 하느님 나라 메시지가 농촌 유다인에게 어떤 영향을 미쳤을까. 유다인은 하느님 나라가 어서 오기를 기다리고 간절히 기도해왔다. 예수가 하느님 나라의 정치적 의미를 어떻게 생각했든 관계없이 말이다.

이런 역사적 배경에서 예수의 하느님 나라 메시지가 농촌 유다인이나 헤로데 안티파스에게 정치적 의미가 없는 소리로 들리지 않았을 것이다.[160] 〈마르〉1,24; 3,22-27; 5,1-20; 12,17을 예로 들면서 예수가 로마제국의 이스라엘 지배를 예언자적으로 비판했다는 의견도 있다.[161] 예수는 로마제국의 질서는 다가올 하느님 나라의 심판 아래 있다는 확신에서 피지배 유다 백성에게 사회 개혁의 임무를 시작했다는 것이다.[162] 여러 도시 건설로 생겨난 갈릴래아 지방의 내부 갈등을 주목하면서 예수의 활동을 이해하는 핵심으로 강조하지 않는 의견도 있다.[163] 예수 전승 전체로 보면 예수를 로마제국에 저항하고 싸운 투사로 보기는 어렵다는 의견도 있다.[164] 세례자 요한과 예수는 외적인 정치 변화를 위해 일하지 않았다는 의견도 있다.[165]

예수가 자기 메시지의 핵심 단어로 하느님 나라를 선택하고 내세운 사실은 분명하고 의미 깊다. 이는 자기 시대 유다인의 희망을 받아들였음을 뜻한다. 하느님 나라라는 단어를 선택한 예수와 유다인의 희망을 받아들인 예수를 동시에 기억해야겠다. 적잖은 그리스도인에게 예수와 유다인을 자꾸 떼어놓고 생각하려는 선입관과 습관이 있다. 예수는 자기 시대에 유다 사회에 널리 퍼진 종교적 단어와 이미지 중에 하느님 나라를 골랐다.[166] 예수를 제외하면 유다 사회 어느 문헌에도 하느님 나라가 핵심에 자리한 경우는 없다.[167] 예수는 하느님을 임금으로 비유하는 당시 유다교 흐름과 분명히 거리를 뒀다.[168]

예수는 모든 유다인과 마찬가지로 하느님께서 역사 안에서 실제로 활동하신다고 생각했다. 역사를 떠난 유다교나 예수는 상상할 수도 없다. 예수 운동도 마찬가지다. 역사를 떠나 하늘만 바라보는 유다교나 그리스도교는 존재한 적 없다. 예수는 세례자 요한처럼 하느님 나라가 곧 다가올 것이며, 역사 안에 존재한다고 봤다. 예수는 하느님 나라를 세례자 요한과 연결해서 말했다.[169] "요한 때까지는 율법과 예언자의 시대였습니다. 그 이후로는 하느님 나라의 복음이 선포되는데 누구나 그 나라에 들어가려고 애쓰고 있습니다Ὁ νόμος καὶ οἱ προφῆται μέχρι Ἰωάννου· ἀπὸ τότε ἡ βασιλεία τοῦ θεοῦ εὐαγγελίζεται καὶ πᾶς εἰς αὐτὴν βιάζεται"(〈루가〉 16,16).

세례자 요한은 율법과 예언자 시대의 끝에 있는가, 하느님 나라의 처음에 있는가, 율법과 예언자 시대를 하느님 나라와 연결하는 역할을 하는가. 시간을 나타내는 '까지μέχρι'와 '그때부터ἀπὸ τότε'는 호응하는 단어다. 세례자 요한은 하느님 나라에 속하지 않는다는 뜻으로 해석할 수밖에 없다.[170] 세례자 요한은 구시대의 마지막 사람이고, 예수는 새 시대의 첫 사람인가. 세례자 요한과 예수의 가장 큰 차이가 바로 여기에 있다.[171] 예수는 세례자 요한에게 배웠지만, 세례자 요한을 넘어 새로운 사상을 펼쳤다. 예수와 세례자 요한의 결정적 차이는 바로 예수다.[172] 세례자 요한은 예수가 아니다.

"사실 여자의 몸에서 태어난 사람 중에 세례자 요한보다 더 큰 인물은 없습니다. 그러나 하느님 나라에서는 가장 작은 사람이라도 그 사람보다 큽니다"(〈루가〉 7,28). 세례자 요한은 하느님 나라에 속하지 않고, 구시대와 하느님 나라를 연결하는 사람으로 소개된다. 이 구절은 예수가 한 말인지, 예수 운동이 예수와 세례자 요한을 구분하려는 의도에서 만든 말인지 논란이 된다. 〈루가〉 16,16과 연결하면 예수의 뜻이 분명해 보인다. 여자의 몸에서 태어난 가장 큰 인물과 하느님 나라에서 가장 작은 사람은 여자의 몸에서 태어난 시대와 하느님 나라 시대를 구분한다. 세례자 요한과 예수는 시대가 다르다. '작은 사람μικρότερος'(〈루가〉 7,28)은 그리스어에서 최상급 뜻이 있는 비교급 단어다.[173]

하느님 나라 시대는 세례자 요한 시대와 다를뿐더러, 공간성을 띤다. 나라라는 단어를 공간과 연결해 생각하는 것은 고대 사람에게 당연한 일이었다. 하느님 나라는 현재 성격도 있다. 동사 '있다ἐστιν'(〈루가〉 7,28)는 현재를 가리킨다. '하느님 나라에서는ἐν τῇ βασιλείᾳ'(〈루가〉 7,28)이란 표현은 예수 운동이 만들었다는 의견이 있다.[174] 하느님 나라는 예수와 연결되고, 공간성을 띠며 현재 성격이 있다. 그런데 예수 전승 곳곳에 하느님 나라와 미래가 연결된 구절이 있다. 하느님 나라는 미래의 것인가, 현재의 것인가. 하느님 나라는 현재에도 있고 미래에도 있는가.

"아버지의 나라가 오게 하소서ἐλθέτω ἡ βασιλεία σου"(〈루가〉 11,2)는 하느님의 거룩함, 주권, 통치가 세상에 어서 드러나기를 바라는 기도다.[175] 유다인이 즐겨 한 카디쉬 기도 두 번째 구절과 내용이 비슷하다.[176] 짧고 간결한 어법으로 보아 "아버지의 나라가 오게 하소서"(〈루가〉 11,2)는 예수의 작품으로 여겨진다.[177]

모든 민족이 이스라엘의 하느님을 찾아 예루살렘으로 오리라는 생각(〈이사〉 2,2; 〈미가〉 4,1)은 분명히 미래를 향한 말이다. 예수는 유다인과 함께 이스라엘의 하느님을 찾아 모든 민족이 예루살렘으로 순례 오리라는 기대를 했다. "아브라함과 이사악과 야곱과 모든 예언자들은 다 하느님 나라에 있는데 여러분만 밖에 쫓겨나 있는 것을 보면 거기서 가슴을 치며 통곡할 것입니다. 사방에서 많은 사람들이 모여들어 하느님 나라의 잔치에 참석할 것입니다"(〈루가〉 13,28-29). 예수의 이런 경고는 선민의식에 빠진 유다인에게 큰 충격이었을 것이다.[178] "하느님 나라에서 새 포도주를 마실 그날까지 나는 결코 포도로 빚은 것을 마시지 않겠습니다"(〈마르〉 14,25), 무화과나무 비유(〈루가〉 13,6-9)도 하느님 나라의 미래 성격을 드러낸다.

　　예수의 복음 선포는 다가올 하느님 나라가 벌써 시작되고 있다는 점이 돋보인다. 예수는 새로운 구원의 시대가 시작되고 있다고 말한, 우리에게 알려진 유일한 유다인이다.[179] 예수 행복 선언에서 하느님 나라가 시작되고 있음이 알려졌다. "가난한 사람들아, 여러분은 행복합니다. 하느님 나라가 여러분의 것입니다ἐστίν. 지금 굶주린 사람들아, 여러분은 행복합니다. 여러분은 배부르게 될 것입니다. 지금 우는 사람들아, 여러분은 행복합니다. 여러분은 웃게 될 것입니다"(〈루가〉 6,20-21). ἐστὶν은 '있다'를 뜻하는 현재형 동사다. 역사의 예수는 가난한 사람(〈루가〉 6,20b; 〈마태〉 5,3), 굶주린 사람(〈루가〉 6,21a; 〈마태〉 5,6), 우는 사람(〈루가〉 6,21b; 〈마태〉 5,4)을 축복했다.[180] 예수 행복 선언과 비슷한 말은 공동성서(〈이사〉 32,20; 〈신명〉 33,29; 〈시편〉 127,2)와 유다교 문헌(Sap 3,13; AssMos 10,8; äthHen 58,2; 99,10), 그리스 문헌[181]에도 있다. 하느님 나라가 시작되고 있다는 사실은 가난한 사람과 굶주린 사람과 우는 사람이 하느님께 축복받는 데서 가장 먼저 드러난다. 하느님이 가난한 사람을 먼저 선택하신 것이 하느님 나라의 특징이다.

하느님 나라가 시작되고 있다는 사실은 악마가 쫓겨나고 악의 세력이 물러나는 모습에서도 드러난다. 악마가 하늘에서 번갯불처럼 떨어짐(〈루가〉 10,18), 예수가 마귀 두목 베엘제불의 힘을 빌려 마귀들을 쫓아낸다고 비난받은 논쟁(〈루가〉 11,14-19), 악에서 구해달라는 기도(〈마태〉 6,13b) 등에서 악마와 싸우는 예수의 모습이 드러난다. 병 치유는 하느님 나라가 우리 곁에 있음을 알려준다. "나는 하느님의 능력으로 마귀를 쫓아내고 있습니다. 그렇다면 하느님의 나라는 이미 여러분에게 와 있는 것입니다"(〈루가〉 11,20), "시각장애인이 보게 되고 신체장애인이 제대로 걸으며 나병 환자가 깨끗해지고 청각장애인이 들으며 죽은 사람이 살아나고 가난한 사람이 복음을 듣습니다"(〈루가〉 7,22).

자라는 씨앗 비유(〈마르〉 4,26-29), 겨자씨와 누룩 비유(〈루가〉 13,18-21)도 하느님 나라가 시작되고 있음을 알려준다. 하느님 나라는 우리 눈에 보이지 않아도 시작되고 있다. 우리가 잠든 사이에도 하느님 나라의 씨앗을 뿌리는 사람이 있고, 그 씨앗을 돌보는 하느님이 계신다. 단식 질문(〈마르〉 2,18-22) 역시 지금 시대가 하느님 나라에 속한다는 것을 알려준다. 하느님 나라가 언제 오느냐는 질문에 예수가 답한다. "하느님 나라가 오는 것을 눈으로 볼 수는 없습니다. 또 '보아라, 여기 있다' 혹은 '저기 있다'고 말할 수도 없습니다. 하느님 나라는 바로 여러분 가운데 있습니다"(〈루가〉 17,20-21). '여러분 가운데ἐντὸς ὑμῶν'(〈루가〉 17,21)라는 번역과 의미는 논란이 되고 있다.[182] 이 말을 예수가 했는지 분명하지 않다. 영적 의미에서 '여러분 마음속에' 있다(〈도마복음〉 3장), 공간적 의미에서 '여러분 사이에' 있다(〈도마복음〉 113장)고 볼 수도 있다. 여러분의 경험 영역에 있다는 뜻으로 여길 수도 있다.[183]

대체 하느님 나라는 미래의 것인가, 현재의 것인가. 예수가 세상에 나타난 이유와 사명을 요약한 구절을 보자. "때가 다 되어 하느님의 나라가 다가왔습니다. 회개하고 이 복음을 믿으시오"(〈마르〉 1,15)는 〈마르〉 저자가 쓴 글이지만, 나자렛 예수의 선포와 잘 연결된다.[184] 예수에게 하느님 나라는 미래의 것인가, 현재의 것인가 하는 문제는 없어졌다. 미래를 화려하게 꾸며서 현재를 쓸쓸하게 만드는 일도, 현재를 화려하게 꾸며서 미래를 쓸쓸하게 만드는 일도 의미 없다. 현재에 미래가 있고, 미래에 결국 현재가 의미 있을 것이다. 현재와 미래는 서로 격려하고 성장한다. 현재와 미래를 따로 놓을 수 없다. 미래는 현재 없이 무의미하고, 현재는 미래 없이 맹목적이다.

하느님 나라는 미래의 것인가, 현재의 것인가 하는 문제는 많이 연구되고 논의돼왔다. 하느님 나라의 시간문제 못지않게 중요한 주제다. 지옥이 과연 있는가보다 누가 지옥에 들어가는가 하는 주제가 중요하지 않을까. 하느님 나라는 언제 오는가보다 하느님 나라는 누구 것인가 하는 주제가 그리스도인에게 실존적이고 심각할 수 있다.

"누구든지 어린이와 같이 순진한 마음으로 하느님 나라를 받아들이지 않으면 결코 거기 들어가지 못할 것입니다"(〈마르〉 10,15)라는 예수의 말은 어른이 중심인 유다교 사회에서 놀라움 이상이었을 것이다. 야훼가 누구신지, 토라가 무엇인지 아직 모르고 선행을 하고 율법을 지킬 상황도 못 되는 어린이들이 하느님 나라를 받아들이고 있다니? "첫째가 꼴찌가 되고 꼴찌가 첫째가 되는 사람이 많을 것입니다"(〈마르〉 10,31)라는 예수의 말은 세상에서 첫째라고 자처하는 사람들에게 보내는 경고다. 유다 권력층, 상류층, 종교 지배층 등 이른바 사회 지도층 인사들은 예수를 얼마나 두려워하고 불쾌하게 생각했을까. "누구든지 자기를 높이는 사람은 낮아지고 자기를 낮추는 사람은 높아질 것입니다"(〈루가〉 14,11)는 높아지기 위한 비결이나 처세술을 가르치는 말이 아니다. 윤리적·종교적 겸

손을 말하는 것도 아니다. 존재적으로 자신을 낮추고 살라는 말이다. 예수는 자기 계급을 포기하고 존재 방식을 바꾼 사람이다.

"재물을 많이 가진 사람이 하느님 나라에 들어가는 것은 얼마나 어려운 일인지 모릅니다"(〈마르〉10,23). 유다인은 부자가 당연히 천국에 들어갈 줄 알고 살았다. 예수의 제자들도 마찬가지다. "'부자가 하느님 나라에 들어가는 것보다는 낙타가 바늘귀로 빠져나가는 것이 더 쉬울 것입니다.' 제자들은 깜짝 놀라 '그러면 구원받을 사람이 어디 있겠는가?' 하며 서로 수군거렸다"(〈마르〉10,25-26). 낙타가 바늘귀로 빠져나가는 것은 불가능하다.

부자가 하느님 나라에 들어가는 것은 불가능하다. 예수가 그냥 하는 말이 아니다. 예수는 부자에게 분명하고 강력하게 경고한다. 〈마태〉는 한 걸음 더 나간다. "세리와 성 노동자 여성들이 여러분보다 먼저 하느님의 나라에 들어가고 있습니다"(〈마태〉21,31). 뭐, 세리와 성 노동자 여성이 하느님 나라에 들어가고 있다고? 그것도 우리보다 먼저? 예수의 이런 말이 당시 유다인에게 얼마나 파격이고 충격이었을까. 예수가 미쳤다는 소문이 그냥 생긴 게 아니다. 예수가 미쳤을까, 부자와 권력층, 종교 지배층이 미쳤을까?

예수는 하느님 나라에 먼저 들어갈 사람이 누구인지 공개 선언했다. "가난한 사람들아, 여러분은 행복합니다. 하느님 나라가 여러분의 것입니다. 지금 굶주린 사람들아, 여러분은 행복합니다. 여러분은 배부르게 될 것입니다. 지금 우는 사람들아, 여러분은 행복합니다. 여러분은 웃게 될 것입니다"(〈루가〉6,20-21). 예수가 멋진 말 한번 해본 게 아니다. 예수를 팔아먹기 좋으라고 선전용으로 남긴 말이 아니다. 예수의 하느님 나라 운동을 대표하고 요약하는 말이다. 성서를 몇 문장으로 줄이라면 나는 당연히 이 말씀을 선택하겠다.

하느님 나라는 가난한 사람의 것이다. 이 말은 하느님 나라는 언제 오느냐 하는 질문보다 몇천 배 중요하다. 하느님 나라는 언제 오느냐는 질문은 성서신학에서 오래 논의됐지만, 하느님 나라는 가난한 사람의 것이라는 말은 신학이나 그리스도교에서 덜 다뤄지고 적게 강조됐다. 서양 신학은 오랫동안 하느님 나라를 망각해왔다. 하느님 나라는 가난한 사람의 것이라는 말은 거의 잊혀왔다. 그래선 안 된다. 가난한 사람은 굶어 죽어가는데, 한가하게 커피나 마시며 하느님 나라라는 단어는 무슨 뜻인가 토론할 순 없다. 신학은 해석이 아니라 변혁이다. 성서신학은 단어 해설이 아니라 현실 변혁이다.

하느님 나라는 예수의 비유에서 설명되거나 그려졌다. 하느님 나라는 가난한 사람의 것이다. 하느님 나라는 예수의 식사 자리와 공동체에서 잘 드러난다. 하느님 나라를 이해하려면 예수의 비유, 가난한 사람, 예수의 식사 자리와 공동체를 연구해야 한다. 예수의 마귀 추방과 병자 치유도 빼놓으면 안 된다. 하느님 나라는 예수의 말과 행동에서 전해지고 실천된다. 사랑한다는 말은 사랑을 전달할 뿐만 아니라, 실천하고 더 깊게 해준다. 사랑한다는 말처럼 하느님 나라도 예수의 말과 행동에서 전달되고 실천되고 더 깊어졌다.

# 4. 마귀 추방, 치유, 기적

예수의 갈릴래아 활동을 시간 순서에 따라 정리하기는 어렵다. 복음서 저자들도 그 순서를 신경 쓰지 않았다. 마귀를 쫓은 활동은 예수의 갈릴래아 활동에서 중요한 부분을 차지한다. 예수가 처음부터 대단한 명성을 얻거나 환영받은 건 아니다. 예수는 마귀 두목의 힘을 빌려 마귀를 쫓아낸다(《마르》3,22), 마귀 두목 베엘제불의 힘을 빌려 마귀들을 쫓아낸다(《루가》11,15)는 말을 들었다. 예수 운동이 예수에게 불리한 이런 말을 지어냈을 리 없다.[185] 당시 유다인은 마귀 추방을 어떻게 생각했기에 예수를 비난했을까.

"더러운 악령이 어떤 사람 안에 있다가 나오면 물 없는 광야에서 쉼터를 찾아 헤맵니다. 그러다가 찾지 못하면 '전에 있던 집으로 되돌아가야지' 하면서 돌아갑니다. 그리고 그 집이 말끔히 치워지고 잘 정돈된 것을 보고는 다시 나와 자기보다 더 흉악한 악령 일곱을 데리고 들어가 자리 잡고 살게 됩니다. 그러면 그 사람의 형편은 처음보다 더 비참하게 됩니다."(《루가》11,24-26)

예수는 악령이 무엇인지 정의하지 않고 악령이 살아가는 방식을 설명한다. 악령은 기생충이나 바이러스 같은 존재로 몸 안에, 집 안에 자리 잡고 산다. 더러운 악령[186]은 몸의 구멍인 입, 코, 귀 등으로 침입해 인간을 착취한다. 귀걸이(〈창세〉35,4)가 악령 침투를 막아주는 용도로 사용됐다.

들귀신과 물귀신(〈이사〉34,14), 들귀신(〈이사〉13,21)처럼 악령의 이름을 가리킨 곳이 있다.[187] 정글에서 들짐승에 대한 두려움이 사람이 악령에 관해 생각하는 데 영향을 미쳤다[188]는 의견이 있었다. 악령이 들었을 때 증상은 열(〈마르〉1,30-31), 발작(〈마르〉9,17-26) 등 다양하게 기록됐다.[189] 미쳤다는 표현을 쓰기도 했다.[190] 예수도 미쳤다(〈마르〉3,21)는 소문이 있었다.

악령은 외국 군대로 불리기도 한다. "수도 없이 많은 외국 군이 내 나라에 쳐들어왔다"(〈요엘〉1,6)는 말씀을 잊고 사는 유다인이 있었을까. 예수가 갈릴래아 호수 건너편 게라사 지방 무덤가에서 악령 들린 사람을 만난다(〈마르〉5,1-17). 악령의 이름은 '군대λεγιὼν'(〈마르〉5,9)였다. 숫자가 많고 그 땅을 떠나기 싫어한다. 이스라엘을 점령한 로마 군대에 대한 유다인의 분노와 저항이 담긴 이야기다.[191] '돼지 떼 이천 마리', 즉 로마 군대가 물속에 빠져 죽었다는 비유에서 유다인은 얼마나 속 시원했을까. 동학혁명 때 일군 2000명이 금강에 빠져 죽었다는 이야기처럼 들린다.

마귀를 쫓아낸 예수는 큰 비난에 시달렸다. 갈릴래아 활동 처음부터 욕을 먹었다. 예수가 베엘제불에게 사로잡혔다느니, 마귀 두목 힘을 빌려 마귀를 쫓아낸다느니 말이 있었다(〈마르〉3,22).[192] 오늘 한국인 독자들이 이해하기 쉽지 않은 부분이다. 베엘제불은 대체 누구인가. 예수가 마귀 두목의 힘을 빌려 마귀를 쫓아낸다는 건 또 무슨 말인가.

"아하지야가 사마리아에 있는 자기의 다락방 난간에서 떨어져 몹시 다쳤다. 그래서 그는 에크론의 신 바알즈붑에게 사람을 보내어 자기의 병이 회복될 수 있는지를 문의하게 하였다"(〈2열왕〉1,2). 페니키아 도시 에크론Ekron의 신을 '바알Βααλ'이라 부른 것 같다. 바알을 수식하는 호칭처럼 붙은 단어 '제불ζεβοὺλ'은 귀족이라는 뜻이다. 지하 세계를 다스리는 신으로 여겨졌다.[193] '마귀 두목'(⟨마르⟩ 3,22)은 베엘제불 Βεελζεβοὺλ을 번역한 것이다. 예수가 이스라엘의 하느님이 아니라 외국 신의 힘을 빌려 악령을 쫓아낸다는 비난이다.[194] 예수가 남의 나라 종교를 믿었으니 동족을 배신한 이단이라는 비난이다.

예수는 베엘제불 논쟁(⟨마르⟩ 3,22-30; ⟨루가⟩ 11,15-23)에서 자신의 행동을 어떻게 해명하고 방어했을까. "한 나라가 갈라져 서로 싸우면 그 나라는 제대로 설 수 없습니다. 또 한 가정이 갈라져 서로 싸우면 그 가정도 버티어 나갈 수 없습니다"(⟨마르⟩ 3,24-25). 예수가 정치철학이나 가정 윤리를 강의하는 게 아니다. 예수가 마귀의 힘을 빌려 마귀를 쫓아낸다면 마귀 나라는 자멸할 것이다. 마귀가 자기 나라가 망하도록 예수에게 힘을 줄 리 있겠냐는 반문이다. 예수는 마귀의 힘을 빌리지 않는다는 말이다.

"내가 베엘제불의 힘을 빌려 마귀를 쫓아낸다면, 여러분 사람들은 누구의 힘으로 마귀를 쫓아내는 것입니까?"(⟨루가⟩ 11,19) 예수의 두 번째 해명이다. '여러분 사람들(여러분 아들들)οἱ υἱοὶ ὑμῶν'은 예수가 동네 어르신에게 하는 말일까?[195] 그렇게 볼 수 있다고 생각한다. 유다인 동네 어르신이 생각하는 것처럼 마을 사람들이 하느님 이름으로 악령을 쫓아낸다면, 예수도 하느님 이름으로 악령을 쫓아낸다는 뜻이다. 유다인 동네 어르신이나 동네 사람들이 "뭇 족속이 섬기는 신은 모두 허수아비"(⟨시편⟩ 96,5)라고 믿듯이, 예수도 그렇게 믿는다는 말이다. 예수가 베엘제불의 힘을 빌려 마귀를 쫓아낸다면, 유다인 동네 사람들도 베엘제불의 힘으로 마귀를 쫓아낸다는 의심을 받아야 한다.

"누가 힘센 사람의 집에 들어가서 그 세간을 털어 가려면 그는 먼저 그 힘센 사람을 묶어놓아야 하지 않겠습니까? 그래야 그 집을 털 수 있을 것입니다"(⟨마르⟩ 3,27). 예수가 도둑질이나 군사작전을 설명하는 게 아니다. 도둑질할 물건에 집중하느라 힘센 집주인을 망각한 사람에게 주는 말이다. 로마 군인은 침략 전쟁에서 유다인 집에 쳐들어와 재산을 마구 약탈했다.[196] 그 사실을 모르는 유다인이 있겠는가. 예수가 악령을 쫓아내기는 쉽다. 하느님이 하늘에서 악령을 묶어뒀기 때문이다. 예수가 지금 악령을 쫓아내는 손가락만 보고 하느님이 사탄을 하늘에서 떨어뜨리는 모습을 망각하지 말라는 뜻이다.[197]

〈마르〉 3,24과 〈루가〉 11,19은 예수를 베엘제불과 엮는 모함과 비난에 대한 예수의 생각을 해명한다. 〈마르〉 3,27은 악령을 쫓아내는 예수 행동의 깊은 의미를 적극적으로 강조한다.

예수가 마귀 두목과 연결됐다고 의심하지 않지만, 하느님 나라가 다가오고 있다는 말에 거리를 둔 유다인에게 예수는 적극적으로 설득한다. "나는 하느님의 손가락으로 마귀를 쫓아내고 있습니다. 그렇다면 하느님의 나라는 이미 여러분에게 와 있는 것입니다"(〈루가〉 11,20)는 예수가 직접 한 말로 여겨진다.[198] 모세와 싸우던 이집트 파라오와 마술사들은 왕에게 이것은 하느님의 손가락(〈출애〉 8,15)이라고 말했다. 〈출애〉 8,15은 〈루가〉 11,20을 이해하는 열쇠다.[199]

예수가 악령을 쫓아낸 사실을 비난하는 것은 아니다. 그 비난이 사실인지 검증할 자료도 없다. 예수가 외국 신의 힘을 빌려 악령을 쫓아냈을 것 같지 않다. 예수가 악령을 쫓아냈느냐 아니냐 문제가 아니라, 누구 힘을 빌려 악령을 쫓아냈느냐가 핵심 질문이다. 악령을 쫓아낸 예수를 보는 갈릴래아 유다인과 유다교 지배층의 평가가 중요하다. 예수의 해명과 설득이 갈릴래아 유다인에게 긍정적인 효과를 얻었을까. 그랬다면 예수는 갈릴래아에서 많은 지지자를 얻었을 것이다. 그런 일은 일어나지 않았다. 갈릴래아 유다인은 예수를 호의적으로 본 것 같지 않다.[200] 예수가 유다인에게 인심을 얻지 못한 원인이 따로 있을까. 예수에게 어떤 문제가 있었을까.

예수는 부모를 떠났다. 유다교에서 중요히 여기는 부모 공양 의무를 저버린 것이다. 예수는 고향을 떠났다. 고향 공동체를 버렸으니 고향 사람의 마음을 얻기 어렵다. 부모와 고향을 등졌으니 예수는 유다 사회에서 경계를 벗어난 변두리 인간이 됐다. 사람들이 예수를 버린 게 아니라 예수가 사람들을 버린 셈이다. 예수가 악령을 쫓은 일로 사람들의 시선을 끌었지만, 사람들은 예수를 따뜻하게 본 것 같지 않다.

〈마르〉에서 예수는 가파르나움 어느 유다교 회당에서 첫 공식 활동을 했다(〈마르〉 1,21-28). 예수가 무엇을 가르쳤는지 나타나지 않는다. 악령이 예수를 '하느님께서 보내신 거룩한 분'이라고 표현하고, 예수가 악령을 쫓아낸 장면이 사람들을 더 놀라게 한 것 같다. 사람들은 악령을 쫓아내고 치유하는 사건에서 대체 예수라는 사람이 누구인가 질문할 수밖에 없다. 사람을 보고 사건을 본 게 아니라, 사건을 보고 사람을 봤기 때문이다. 예수에게 호감이 있는 사람과 거부감이 드는 사람으로 엇갈렸다. 예수는 부활한 세례자 요한이나 엘리야, 예언자 중 한 사람으로 여기는 의견도 있었다(〈마르〉 6,14-16; 8,28-).

제자들은 예수의 마귀 추방과 치유 사건을 경험한 사실뿐 아니라 예수가 칭송되거나 비방을 받는 사례를 이야기로 전했다. 그들은 예수의 능력을 하느님과 연결해서 표현했다. 물 위를 걸음(〈마르〉 6,45-52), 물고기 속에서 동전 발견(〈마태〉 17,24-27), 가나 혼인 잔치에서 물을 포도주로 바꿈(〈요한〉 2,1-11) 등이 예수의 놀라운 능력을 강조하는 사건이다.

예수의 놀라운 능력은 이스라엘 예언자들과도 이어진다고 소개됐다. 가난한 사람에게 기쁜 소식이 전해지고(〈이사〉 61,1), 못 듣는 사람이 듣고 못 보는 사람이 보게 되며(〈이사〉 29,18), 걷지 못하는 사람이 사슴처럼 기뻐 뛴다(〈이사〉 35,6). 유다교에서 간직해온 이 희망이 쿰란 문헌에도 보인다. "그때 그분은 못 박힌 사람과 죽은 자를 살게 하시리라. 가난한 사람들에게 선한 것을 전하고 채워주시며 쫓겨난 자를 이끌어주시고 굶주린 이를 부유하게 만드시리라"(4Q521, 2,12-13).[201]

예수는 놀라운 능력이 있는 사람으로 세상에 등장했다. 예수를 오래 알던 지인들이 당황하고 충격에 빠졌다. 예수는 자신의 활동이 하느님 나라 선포와 실행에 연결된다고 생각한 것 같다. 그래서 예수는 마귀 추방과 치유를 목격한 사람들을 기꺼이 축복했다(〈루가〉 10,23-24). 예수의 능력을 경험한 사람들이 모여 이야기를 전하고, 앞으로 어떻게 할까 대화하는 것은 자연스럽다. 예수의 하느님 나라 메시지 앞에 중립은 없다.

제자들이 관찰자로서 냉정하게 예수를 전하긴 어려웠을 것이다. 신문기자가 쓰는 사건 보도가 아니라, 예수를 하느님과 일치하는 분으로 존중하고 믿은 사람들이 전하는 이야기다. 나는 복음서가 신학 다큐멘터리라고 비유하고 싶다.

예수의 등장이 준 가장 강력한 충격은 베엘제불 논쟁에서 잘 드러난다(〈마르〉 3,22-30; 〈루가〉 11,14-23; 〈마태〉 12,22-30). 〈마르〉 전승과 〈Q 문헌〉 전승으로 전해졌다. 〈마르〉와 〈Q 문헌〉이 생기기 훨씬 전의 전승을 가리킨다. 반대자들은 예수가 악마의 세력과 손잡고 활동한다고 비방한다.

예수의 등장은 결과적으로 악의 세력을 드러낸다. 하느님 나라 선포는 하느님 나라를 반대하는 개인과 세력이 누구인지 폭로하는 결과를 낳는다. 악마의 힘이 줄어들고 무너진다는 사실에 흥분하고, 마귀를 쫓는 예수의 능력에 감탄하는 데 그칠 게 아니다. 누가 마귀인지 정확히 알아내는 것도 중요하다. 하느님 나라를 반대하는 세력과 개인은 누구일까.

예수는 자신의 능력이 아니라 하느님에 의지해서 마귀를 쫓았다. 마귀가 물러나면서 예수의 존재가 사람들 눈에 돋보이지만, 사실은 하느님 나라가 시작된 것이다. 하느님의 손가락(〈루가〉 11,20; 〈출애〉 8,15)은 악마와 예수의 대결보다 악마와 하느님의 대결임을 정확히 알려준다. 예수가 마귀를 쫓은 활동에서 결정적인 질문은 이것이다. 하느님이냐, 악마냐? 악마는 하느님 나라를 선포하는 예수의 활동을 방해했기 때문에 하느님께 용서받지 못한다(〈마르〉 3,28-29).

예수의 마귀 추방은 하느님을 거역하는 힘과 싸우는 활동이다. 그래서 예수의 치유 활동은 마귀 추방과 가깝게 연결된다(〈마르〉 1,32-34; 3,7-12; 〈사도〉 10,38).[202] 베드로 장모의 손을 잡아 일으킨 일(〈마르〉 1,31), 중풍병자를 일으켜 걸어가게 한 일(〈마르〉 2,11), 오그라든 손을 펴게 한 일(〈마르〉 3,5), 못 듣고 말 못 하는 사람을 고친 일(〈마르〉 7,31-37), 베싸이다의 못 보는 사람을 고친 일(〈마르〉 8,22-26), 12년간 하혈증 앓은 여인을 고친 일(〈마르〉 5,25-34), 날 때부터 못 보는 사람을 고친 일(〈요한〉 9,1-12) 등이다. 죽은 사람을 살려낸 이야기도 전해진다(〈마르〉 5,35-42; 〈루가〉 7,11-17; 〈요한〉 11,1-44).

예수 시대에는 질병을 의학적 측면과 종교적 측면으로 나눠서 보지 않았다. 환자는 종교적·사회적·윤리적으로 흠 있는 사람으로 여겨졌다. 병은 흔히 죄와 연결됐다(〈마르〉 2,1-12; 〈요한〉 9,1-41). 예수의 치유 활동에서 사회적·종교적으로 제외되고 무시당한 환자를 공동체로 복귀시키는 역할도 중요했다. 병자에게 손을 내미는 하느님의 사랑을 전하는 예수에 대한 신뢰가 강조된 것도 이 때문이다. "예수께서는 그 여자에게 '여인이여, 당신 믿음이 당신을 살렸습니다. 병이 완전히 나았으니 안심하고 가시오' 하고 말씀하셨다"(〈마르〉 5,34; 10,52; 〈루가〉 7,50; 18,42).

마귀 추방은 예수 활동에서 널리 퍼진 사건과 이야기에 속한다.[203] 마귀 추방 이야기는 예수 활동에 대한 믿을 수 있는 기억을 보존한다.[204] 당시 로마제국의 식민지 통치, 경제적 어려움, 밀려 들어온 그리스 문화의 유행 아래 정신적으로 혼란을 겪는 사람이 많았다.[205] 일곱 마귀에게 시달렸다는 막달라 마리아(〈루가〉 8,2)도 한 사례다. 한민족 역사에도 전쟁과 가난으로 고달프게 살아온 여인들이 있었다. 전쟁으로 성폭력, 결혼, 출산 등에서 강요된 삶을 영위한 여인들이 얼마나 많았는가. 마귀를 쫓아낸 예수의 놀라운 능력에만 감탄할 게 아니다. 먼저 정신병을 앓는 사람이 왜 많았는지, 예수는 왜 그들에게 관심을 보였는지 알아봐야겠다. 예수의 마귀 추방은 더 나은 세상을 위한 희망에서 나왔다고 볼 수 있다.

마귀 추방 이야기에서 영혼이 어디를 돌아다닌다거나, 예수가 환상 속에 무엇을 봤거나 영혼을 불러 대화한다는 말은 없었다.[206] 예수가 당시 성행한 유다교 마귀 추방과 직접 연결됐다는 흔적도 찾기 어렵다. 쿰란 공동체나 유다 독립 전쟁 때 활약한 주술사 엘레아자르Eleazar처럼 마귀를 추방할 때 〈시편〉을 낭송하거나 솔로몬의 마귀 추방 기도를 쓰지도 않았다. 예수의 마귀 추방은 다가오는 하느님 나라와 연결될 뿐이었다. 예수의 마귀 추방은 더 나은 세상을 위한 사회적 프로그램이라는 희망에서 나왔다[207]고 볼 수 있다.

마귀 추방과 치유가 예수 시대 유다교 환경에서 보이는 유일한 현상은 아니었다. 로마제국에서 의술의 신으로 여겨진 아스클레피오스에 대한 문헌에도 보인다.[208] 오늘날 사람들은 마귀 추방과 치유가 정말 가능했을까 하는 질문에 더 관심 있을지 모르겠다. 예수 시대 사람들은 마귀와 병의 억압에서 해방된 사건이라는 의미에 집중하고 기뻐했다. 오늘도 제삼세계 가난한 사람은 예수의 마귀 추방과 치유 사건을 볼 때 21세기 교육받은 한국인보다 예수 시대 사람들의 심정에 가까이 있는지 모른다. 자연과학 지식과 정보가 신학적 의미를 알아내고 받아들이는 데 반드시 유리한 배경은 아닐 수도 있다.

악령 이야기에서 의학적 증상 외에 역사와 정치적·경제적 환경을 보는 눈이 필요하지 않을까. 식민지 시대에 백성의 정신이 얼마나 힘들었을까. 가난과 억압이 몸과 마음에 주는 영향은 얼마나 컸을까. 총알과 폭

탄 소리에 편안히 잠들 수 있었을까. 일제강점기, 한국전쟁, 국민보도연맹 사건을 비롯한 민간인 학살, 제주 4·3 사건, 5·18민주화운동에서 얼마나 많은 사람이 공포와 두려움에 떨었을까. 억울한 영혼들과 그 가족의 한은 누가 풀어주나. 예수가 악령을 쫓아내는 이야기에서 유다인의 아픔만 느끼면 될까. 한반도, 남미와 아프리카 등 제삼세계에서 수없이 저질러진 식민지 통치와 전쟁, 학살을 기억해야 한다. 지금도 곳곳에서 자행되는 불의와 불평등을 똑바로 보는 눈이 필요하다.

악마는 사회구조뿐 아니라 개인의 몸과 마음에도 나쁜 영향을 끼친다. 환자는 자기 탓도 있지만, 우선 악마의 피해자다. 자기 몸과 마음에 위해를 가하는 행위도 길게 보면 악마의 교묘한 영향에서 벗어나지 못하기 때문이다. 코로나바이러스감염증-19, 우울증, 가난과 경제적 불평등은 결국 악마의 작품이다. 예수 시대 사람들은 개인이 어쩔 수 없는 무서운 힘을 악마라고 불렀다. 오늘 우리는 누구를 악마라고 말해야 하는가. 악마는 우리 시대에도 있다. 악마는 자기 정체를 숨기고 포장해 사람들을 속인다. 그들의 이름과 얼굴을 똑똑히 알고 싸워야 한다. 그것이 예수의 악마 추방을 우리가 이어가는 일이다.

〈마르〉는 예수의 사명뿐 아니라 예수의 활동과 운명에 대한 소식도 복음이란 단어로 표현했다. 정치 분야에서 쓰였고, 특히 로마 황제의 역할을 가리킨 복음이란 단어를 예수가 쓰지 않았음은 확실하다.

〈마르〉〈루가〉〈마태〉에서 예수의 놀라운 일(기적)을 가리키는 단어로 $\delta \upsilon \nu \acute{\alpha} \mu \epsilon \iota \varsigma$(〈마르〉 6,2; 〈루가〉 10,13; 〈마태〉 11,21)가 있다. 우리말 성서에서 흔히 기적이라고 번역되는데, 그리 잘된 번역으로 보이지 않는다. 기적보다 '놀라운 일'이 어떨까. $\delta \upsilon \nu \acute{\alpha} \mu \epsilon \iota \varsigma$는 놀라운 일을 보는 사람의 반응에서 나온 말이 아니고, 놀라운 일을 행한 예수를 보고 하는 말이다. 예수가 하느님에게 힘$\delta \upsilon \nu \acute{\alpha} \mu \epsilon \iota \varsigma$을 받아서 하는 일이란 뜻이다.[209] $\delta \upsilon \nu \acute{\alpha} \mu \epsilon \iota \varsigma$에 자연

법칙을 어기고 생긴 일이란 개념은 없다.

〈요한〉에서 예수의 행동은 '놀라운 일δυνάμεις'이 아니라 '표징σημείων' (〈요한〉 2,11.23; 3,2; 4,54; 6,2; 7,31)으로 표현된다. 예수의 행동이 하느님의 주권을 드러냈기 때문이다.[210] 예수의 행동은 하느님의 말씀을 드러내는 몸이다. 사람이 말씀을 볼 수 없으므로 말씀이 몸이 된 것이다. 하느님의 주권은 눈에 보이지 않기 때문에 예수의 행동에서 보이는 표징이 됐다. 나는 하느님 나라를 드러내는 예수의 행동은 놀라운 일δυνάμεις, 예수와 하느님의 일치를 드러내는 예수의 행동은 표징σημείων이라고 해설하고 싶다. 〈마르〉〈마태〉〈루가〉는 예수와 하느님 나라의 일치를 증언하고, 〈요한〉은 예수와 하느님의 일치를 증언하기 때문이다. 〈마르〉〈마태〉〈루가〉에서 예수는 예수와 하느님 나라의 일치를 증언하는 진짜 상징Realsymbol, 〈요한〉에서 예수는 예수와 하느님의 일치를 증언하는 진짜 상징이라고도 할 수 있다. Realsymbol은 현실을 갖춘 상징을 가리킨다.[211]

예수의 놀라운 일(기적) 연구는 성서신학에서 드물 정도로 의견 일치를 보여준다. 예수의 놀라운 일 가운데 치유와 악령 추방이 예수의 공식 활동에서 생긴 일로 인정된다.[212] 치유와 악령 추방 이야기는 복음서에 있고, 말씀으로 전해졌기 때문이다. "오늘과 내일은 내가 마귀를 쫓아내며 병을 고쳐주고 사흘째 되는 날이면 내 일을 마칩니다"(〈루가〉 13,32)는 예수의 치유와 악령 추방을 나타내는 대표적인 구절이다(〈마르〉 1,34; 〈마태〉 14,14). 반대자들도 누구 힘을 빌려 악령을 쫓아내는지 물었을 뿐, 예수가 병자를 치유하고 악령을 추방한 사실은 문제 삼지 않았다.

치유된 환자 이름이 있는 이야기는 역사적 사실에 근거한 경우로 여겨진다. 베드로의 장모(〈마르〉 1,29-31), 유다교 회당장 야이로의 딸(〈마르〉 5,21-24.35-43), 티매오의 아들 바르티매오(〈마르〉 10,46-52), 막달라 마리아(〈루가〉 8,2), 베다니아 동네 나자로(〈요한〉 11,1-44)를 예로 들 수 있다. 죽었다 깨어난 야이로의 딸(〈마르〉5,21-24.35-43), 무덤에서 걸어 나온 나자로(〈요한〉11,1-44) 이야기는 처음에 치유를 다뤘는데,[213] 전승 과정에 죽음에서 깨어난 이야기로 확대된 것 같다. 병도 죽음의 영역으로 여기던 유다교의 이해가 그 확대를 도운 듯싶다. 병에서 죽음이 인간의 몸으로 들어오고, 치유는 죽음에서 구출된 것으로 보는 생각이 있었다(〈시편〉18,5-6; 22,16; 86,13). 나인 동네 과부 외아들의 죽음(〈루가〉7,11-17)은 〈1 열왕〉 17,17-24을 생각하고 읽으면 좋다. 그리스 문화에서 죽은 자의 깨어남 이야기를 참조한 것 같다.[214]

치유와 악령 추방은 나란히, 그러나 다르게 다뤄진다(〈마르〉1,32; 3,10-11; 〈루가〉6,18; 〈마태〉4,24). 인간 개인의 고통을 질병과 악령에 사로잡힘으로 구분한다. 병은 인간의 몸에 고통을 주지만(〈마르〉5,25-34; 〈루가〉14,1-6), 개성과 인격을 앗아 가지 않는다. 악령에 사로잡힌 인간은 개성과 인격을 빼앗길 수 있다. 자기 안에 다른 존재가 침입한 상태라고 할까. 그렇지만 치유와 악령 추방이 겹칠 수 있어서 철저히 나눌 필요는 없는 것 같다. 예수는 더러운 악령을 꾸짖어 아이의 병을 고쳤다(〈루가〉9,42). 예수는 악령을 꾸짖듯이(〈루가〉4,35; 9,42) 열이 떨어지라고 명령한다(〈루가〉4,39). 예수는 하느님께 받은 능력을 선하게 사용했다.

치유와 악령 추방에서 예수가 한 행동과 당시 문화의 공통점도 있다. 고대 민간요법에서 치유 물질 중 하나로 쓰인 침[215]이 예수 이야기(〈마르〉 7,33; 8,23; 〈요한〉9,6)에 나온다. 환자를 손으로 만지거나 안수하는 모습도 마찬가지다(〈마르〉1,31; 7,33; 〈루가〉4,40; 14,4). 신약성서 밖의 고대 문헌에서 자주 보이지만,[216] 예수 이야기에 없는 모습도 있다. 예수는 환자에게 회복을 위한 지침을 소개하지 않았고, 환자들은 즉시 나았다. 예수는 악령을 추방할 때 말씀으로 명령(〈마르〉1,25; 5,8; 9,25; 〈마태〉8,16)할 뿐, 다른 보조 수단은 사용하지 않았다. 예수가 치유하고 악령을 추방한 뒤 돈을 요구하거나 받지도 않았다.

치유와 악령 추방 말고 다른 놀라운 일이 복음서에 언급된다. 성서학계에서는 자연 기적Naturwunder이란 용어로 다룬다.[217] 풍랑을 가라앉힘(〈마르〉4,35-41), 5000명을 먹임(〈마르〉6,30-44), 물 위를 걸음(〈마르〉6,45-52), 무화과나무를 저주(〈마르〉11,12-14.20), 고기잡이 기적(〈루가〉5,1-11), 물을 포도주로 바꾼 기적(〈요한〉2,1-10)이 있다. 자연 기적이 치유나 악령 추방과 다른 점이 있다. 예수가 직접 사람에게 행한 일이 아니라 자연환경 안에서 한 일이다. 딱 한 번 일어난 일이기도 하다. 그러나 자연 기적이란 용어는 적절하지 않은 것 같다. '나타남, 구원 기적, 선물 기적, 표준 기적' 등 다른 용어가 제안되고 받아들여져서 널리 사용된다.[218]

풍랑을 가라앉힘처럼 오직 하느님이 할 수 있는 일을 예수에게 연결하기도 했다. "광풍을 잠재우시어 물결을 잠잠케 하셨다"(〈시편〉107,29). 물 위를 걸음은 "홀로 하늘을 펼치시고 바다의 물결을 밟으시는 이"(〈욥기〉9,8)와 이어진다. 5000명을 먹임은 보리떡 20개로 100명을 먹인 예언자 엘리사와 연결된다(〈2열왕〉4,42-44). 이런 이야기는 부활한 예수에 대한 믿음을 기초로 예수 운동이 생전의 예수 활동에 거꾸로 투사한 것이다. 이 이야기에는 오직 예수 제자들이 돌아가는 상황을 안다. 5000명을 먹인 이야기에서 군중은 지금 무슨 일이 일어나는지 모른다. 4000명을 먹인 이야기(〈마르〉8,1-9)와 함께 〈마르〉 저자가 유다인과 이방인에 대한 선교를 배경으로 예수는 누구인가 비유하고 해설한다.[219]

야이로의 딸(〈마르〉5,21-24.35-43), 나인 동네에 사는 과부의 외아들(〈루가〉7,11-17), 베다니아 동네 라자로(〈요한〉11,1-44) 등 예수가 죽은 사람을 살린 이야기가 세 군데 있다. 예수가 십자가에 처형돼 죽었다가 살아났다는 소식으로도 엄청난 놀라움이다. 생전에 예수가 죽은 사람을 한 번만 살려냈어도 대단한 일이다.

과부의 외아들을 살려낸 이야기에서 예언자 엘리야가 죽은 자를 살려낸 이야기가 떠오른다(〈1열왕〉 17,17-24).[220] 두 이야기에서 예수와 엘리야는 과부의 아들을 살려냈고, 예언자로 존중받았다. 신약성서에서 죽은 자를 살려낸 가장 인상적인 이야기는 라자로의 경우다. 여러 전승을 고치고 덧붙인 이야기다.[221] 예수의 치유 기적이 나중에 죽은 사람을 살린 이야기로 확대된 것 같다.[222]

선물 기적Geschenkwunder은 예수의 능력을 보여주기 위해 어려움에 닥친 사람들에게 느닷없이 빵이나 포도주를 준 사건에서 드러난다.[223] 빵 기적은 5000명을 먹인 이야기(〈마르〉 6,30-44)와 4000명을 먹인 이야기(〈마르〉 8,1-10)로 전해졌다. 예수가 사람들에게 감춰둔 빵과 물고기를 내놓으라고 재촉한 데서 생겼다는 해설[224]은 복음서 본문에서 한참 벗어난다.

가나 혼인 잔치 포도주 기적(〈요한〉 2,1-10)의 배경은 무엇일까. 디오니소스는 그리스신화에 나오는 술의 신이다. 공통년 이전 2세기부터 이스라엘 지역에 디오니소스 숭배 문화가 들어왔다. 예수 시대 가나에서 멀지 않은 니사-스키토폴리스Nysa-Skythopolis에 디오니소스를 숭배한 중심지 한 곳이 있었다.[225] 포도주 기적 이야기에 예수와 디오니소스의 경쟁 구도가 반영됐다.[226] 디오니소스 숭배자들이 예수를 따르도록 설득하려는 의도가 있다.[227]

물고기 뱃속에서 은전을 발견한 이야기(〈마태〉 17,24-27)는 예수가 부활한 뒤에 덧붙였다. 예수를 따르던 유다인이 예루살렘성전에 성전세를 내야 하느냐는 질문에 응답하기 위해 꾸민 이야기다. 고대에 널리 퍼진 물고기 뱃속에서 돈을 찾은 이야기를 예수 운동이 예수를 설명하는 데 쓴 것 같다.[228]

물 위를 걸은 이야기(〈마르〉 6,45-52; 〈요한〉 6,16-21)의 배경은 뭘까. 예수 시대에 이스라엘에 적어도 두 번 차가운 계절이 있었다. 그때 갈릴래아 호숫가에 얼음이 생길 수 있었다. 얼음 위를 걷다가 사고 날 가능성도 있겠다. 그러나 예수가 물 위를 걸은 기적은 유다교와 그리스·로마 문화에서 배경을 찾아야 할 것 같다.[229]

예수가 무화과나무를 저주한 이야기(〈마르〉 11,12-14.20-25)에 배경이 있다. 이스라엘 백성은 무화과나무에 비유되곤 했다(〈예레〉 8,13; 〈요엘〉 1,7.12). 하느님 나라 메시지를 받아들이지 않는 동족 유다인에 대한 예수의 안타까움과 섭섭함이 담긴 구절이다. 예수가 죄 없는 나무를 저주했다거나, 자연을 존중하는 마음이 부족하다는 해석은 본문 의도와 관계없다.

자연 기적, 죽은 자를 살려낸 이야기 앞에서 우리는 좀 더 차분하고 침착해야 한다. 예수와 추억이 담겨 있다 해도, 그 이야기 모두 실제 일어난 사건을 그대로 전한 건 아니다.[230] 예수가 그런 능력이 있느냐 없느냐 따지는 게 아니다. 그런 사건이 실제로 있었느냐 없었느냐는 문제다. 예수는 학문적으로 설명이 불가능한 사실과 기적을 행할 수 있는 분이자, 하느님의 뜻에 따라 세상에 자유롭게 펼칠 수 있는 분이다.[231]

하느님이 이스라엘의 예언자들을 통해 약속하신 구원을 예수는 치유와 악령 추방과 놀라운 일을 통해 행동으로 옮겼다. 예수는 구원이 치유와 악령 추방과 놀라운 일을 통해 인간의 삶에서 일어나는 것을 보여줬다. 구원은 특히 고통받는 가난한 사람에게서 먼저 일어난다. 하느님이 사랑하는 1순위는 고통받는 가난한 사람이다. 하느님은 인간에게 예수를 선물하셨다. 예수는 하느님을 인간 가까이 모셔왔다. 하느님이 인간에게 보내주신 선물을 예수가 직접 배달했다. 예수는 하느님의 선물이자, 하느님의 선물을 배달하는 사람이다.

# 5. 비유

예수는 사람들에게 비유로만 말씀하셨다(〈마르〉4,34)고 할 정도로 비유를 즐겨 쓴 것 같다. 지금까지 이 모든 것을 비유로 들려줬지만, 이제 아버지에 관해 비유를 쓰지 않고 명백히 일러줄 때가 올 것(〈요한〉16,5)이다. 착한 사마리아 사람 비유(〈루가〉10,30-35), 잃어버린 아들의 비유(〈루가〉15,11-32)는 신약성서에서 큰 감동을 준 비유다. 예수의 가르침에서 비유는 왜 중심이 됐을까. 예수의 비유는 어떤 매력과 영향력이 있었을까.

예수의 비유에 관한 성서학계 연구에서 두 가지 기본 의견이 유행했다. 복음서에 나오는 비유의 원작자는 예수다.[232] 비유의 본래 뜻이 예수 운동과 후대 역사에서 달라지거나 심지어 잘못 사용됐다[233]는 것이다. 예수 운동에서 예수로 돌아가 예수가 원래 한 말ipsissima vox을 찾기 위해 비유가 변화된 법칙을 알아야 한다[234]는 의견이 나왔다. 예수의 비유는 예수 운동이나 당시 유다교에서 사용된 것과 다른, 특징적인 교육 방식[235]이라는 의견도 있었다.

어떤 비유가 실제로 예수가 말한 것이고, 어떤 비유가 예수 운동에서 만든 비유인지 최근까지 논의돼왔다. 예수가 실제로 말한 비유를 알아내는 기준은 다양하고 의견이 분분하다. 1985년 신학자 200여 명이 미국에서 만든 '예수세미나Jesus Seminar'는 예수가 실제로 말한 비유가 22개라고 결론지었다.[236] 〈도마복음〉97장과 98장도 22개에 포함됐다. 역사의 예수가 말한 비유는 4개(〈마르〉4,30-32; 12,1-11; 〈마태〉22,2-14; 25,14-30)뿐이라는 의견도 있다.[237] 이런 분류의 시도와 기준에 의문을 품는 의견도 있다.[238] 이런 기준은 예수 활동이라는 전체적 맥락에서 봐야 한다는 의견도 있다.[239]

예수가 비유라는 문학 양식을 창조했는가, 유다교에서 빌려왔는가? 후기 랍비 문헌에 비유가 많다. 기준에 따라 다르지만, 500-1400개 비유를 들기도 한다.[240] 그리스·로마 문화에서 비유라는 문학 양식이 활발했는가.[241] 20세기 초·중반 성서학계에서 예수와 유다교 사람들이 가르치는 방식이 크게 다르다[242]는 주장이 유행했다. 20세기 후반에는 예수와 유다교의 비유가 비슷하고 연결된다는 의견이 강했다.[243] 이제는 예수의 비유는 문학 양식상 유다교의 설명 방식에 속한다는 사실이 널리 인정되고 있다.[244]

유다교 전통에서 하느님을 비유로 말하는 습관이 널리 사랑받았다. "너희는 위로 하늘에 있는 것이나 아래로 땅 위에 있는 것이나, 땅 아래 물속에 있는 어떤 것이든지 그 모양을 본떠 새긴 우상을 섬기지 못한다"(《출애》 20,4). 유다인은 하느님을 손에 잡을 수 있는 모습으로 표현하지 못했기에, 언어로 말할 수 있는 한계까지 이미지로 접근할 수밖에 없었다. 예수의 하느님 나라 메시지도 유다인의 이 전통과 방식을 존중했다. 포도밭의 노래(《이사》 5,1-7), 예언자 나단이 다윗을 꾸짖은 이야기(《2사무》 12,1-14), 요담의 올리브나무 이야기(《판관》 9,7-15), 이스라엘 왕 여호아스의 레바논 가시나무 이야기(《2열왕》 14,8-14), 독수리와 포도 덩굴 이야기(《에제》 17,3-10) 등이 유다교 성서에 있다. 예수는 어린 시절에 동네 삼촌과 이모들에게 그런 이야기를 들으며 자라지 않았을까.

예수의 종말론적 사명에서 나온 비유와 교회의 은유적 해석을 구분해야 한다는 의견이 있다. 심지어 예수는 반대 비유Anti-Gleichnisse를 말했다는 것이다.[245] 하느님 나라를 설명하는 예수의 비유에 "임금은 몹시 노하여 군대를 풀어서 그 살인자들을 잡아 죽이고 그들의 동네를 불살라버렸다"(〈마태〉 22,7)는 부분은 하느님 나라의 일그러진 모습을 보여준다는 의견이 있다.[246] "주인이 돌아와서 그 종을 동강 내고 불충한 자들이 벌 받는 곳으로 처넣을 것입니다"(〈루가〉 12,46)에서 '그 종을 동강 내고'는 그리스도교 선교 역사에 자주 악용됐다. 예수의 비유 전승에 많은 의미 변화가 끼어들었다는 의견이 있다. 복음서 저자들은 예수의 비유를 교훈으로 길들이기 원했다[247]는 것이다. 예수 비유의 원래 배경을 되찾아 당시 유다인에게 준 충격을 회복해야 한다[248]는 의견도 있다.

예수는 하느님 나라를 비유로 표현했다는 주장[249]은 성서학계에서 널리 받아들였다. 예수 역사에 대한 최초 글 모음 〈Q 문헌〉에는 28개 비유가 실려 있다. 그중에 하느님 나라 비유는 2개에 불과하다.[250] 하느님 나라는 무엇과 같으며 또 무엇에 비길 수 있을까(〈루가〉 13,18.20). 〈마르〉 17개 비유에서 하느님 나라는 2개에 나온다(〈마르〉 4,26.30).[251] 〈마태〉에서 하느님 나라는 10개 비유에 언급된다. 예수는 비유에서 하느님 나라를 드물게 언급했는데, 유다교 전통을 강하게 유지한 〈마태〉 저자는 비유에서 하느님 나라를 강조했다.

비유는 예수가 하느님 나라를 설명하는 방식 중 하나다. 하느님 나라의 현재와 미래, 심판을 말할 때뿐만 아니라 치유와 식사에도 사용했다. 특히 하느님 나라가 인간에게 얼마나 가까이 있는지 나타낼 때 비유가 적절히 쓰였다.[252] 예수는 가난한 사람이 하느님 나라를 쉽고 생생하게 이해할 수 있도록 비유에 평범하고 소박한 소재를 동원했다. 20세기 성서신학에서 예수의 비유를 활발히 연구했다.[253] 예수의 모든 비유가 하느님 나라를 표현하는 데 쓰이진 않았다.

〈마르〉에서 비유는 예수 활동에 감춰져 시작되고, 차차 드러나는 하느님 나라를 설명하는 데 주로 쓰였다. 여러 땅에 뿌려진 씨앗의 비유

(4,3-8), 스스로 자라는 씨앗의 비유(4,26-29), 겨자씨 비유(4,30-32)가 그 예다. 포도원 소작인의 비유(12,1-9)는 예수의 죽음과 하느님의 심판을 설명했다.

〈마르〉의 비유를 조금 고치고 바꾼 〈마태〉는 감춰진 하느님 나라의 비유를 심판과 연결했다. 밀밭과 가라지 비유(13,24-30), 겨자씨 비유(13,31-32), 보물과 진주와 그물 비유(13,44-50), 포도원 일꾼과 품삯 비유(20,1-16), 두 아들 비유(21,28-32), 포도원 소작인 비유(21,33-42), 혼인 잔치 비유(22,2-14), 그날과 그 시간 비유(24,36-44), 충성스런 종과 불충한 종 비유(24,45-51), 열 처녀 비유(25,1-13)가 그 예다.

〈루가〉는 새로운 비유를 여러 가지 소개했다. 갈릴래아에서 예루살렘 가는 길(10-18장)에 '예수 따르기란 무엇인가'를 주제로 제자 교육에 쓰인 비유다. 착한 사마리아 사람 비유(10,30-37), 어리석은 부자 비유(12,16-21), 큰 잔치 비유(14,16-24), 잃었던 아들 비유(15,11-32), 부자와 가난한 라자로 비유(16,19-31), 과부와 재판관 비유(18,2-8), 바리사이파 사람과 세리의 기도 비유(18,10-14)가 그 예다.

〈요한〉에는 예수의 비유가 없다. 대신 예수의 설명paroimia이 세 군데 나온다(10,6; 16,25.29) 목자와 양(10,1-5)처럼 그림을 상상하게 만든다. 그 표현에는 비유와 다른 성격이 있다. 〈마르〉〈마태〉〈루가〉에 나타난 비유의 목적이 하느님 나라를 선포하고 표현하는 것이라면, 〈요한〉에 나오는 설명의 목적은 예수와 하느님의 일치를 드러내는 데 있다. 〈요한〉에는 예수와 니고데모의 대화(3,3.5)를 제외하면 하느님 나라가 다뤄지지 않는다.

예수의 말은 알아듣기 쉽다. 예수는 듣는 사람을 배려했고, 비유는 그런 화법에 딱 어울린다. 그래서 〈마르〉〈마태〉〈루가〉 곳곳에 예수의 비유가 나온다. 〈도마복음〉은 그중 11개 비유를 옮겨 적었다(8-9·20-

21·57·63-65·76·96·107장). 그러나 〈요한〉은 〈마르〉 〈마태〉 〈루가〉에 있는 비유를 하나도 싣지 않았다. 〈마르〉 〈마태〉 〈루가〉에서 예수가 비유로 이야기하는 작가라면, 〈요한〉에서 예수는 화가(10,1-18; 15,1-8)로 나타난다고 표현할까.

〈마르〉 〈마태〉 〈루가〉에 나오는 모든 비유가 실제로 예수가 말한 것은 아니다.[254] 예수 운동이 예수의 입을 빌려 복음서에 실은 비유가 있다. 예수가 다시 오신다거나, 예수가 오실 날이 늦어진다는 뜻을 담은 비유가 특히 그렇다(〈마르〉 13,33-36; 〈마태〉 24,45-51; 25,1-13; 〈루가〉 12,35-48; 19,11-27). 예수의 죽음을 전제한 나쁜 포도밭 소작인 비유(〈마르〉 12,1-9)도 마찬가지다. 이런 비유도 예수를 이해하는 데 도움이 된다.

비유는 처음에 특정한 상황에서 일어난 사건을 배경으로 한다. 당시 사정을 잘 모르면 비유를 이해하기 어렵다. 예수의 비유를 이해하려면 비유가 생긴 역사적 자리[255]와 예수 삶의 전체 맥락인 하느님 나라를 잘 알아야 한다. 죄인을 환영하고 그들과 음식까지 나눈다며 비난하는 바리사이파 사람들과 율법 학자들에게 예수는 잃은 양 비유(〈루가〉 15,1-7)로 응답했다. "회개할 것 없는 의인 아흔아홉보다 죄인 한 사람이 회개하는 것을 하늘에서는 더 기뻐할 것입니다"(〈루가〉 15,7). 잃은 양 비유(〈마태〉 18,10-14)는 예수 운동 공동체에서 아무도 잃지 말라는 경고로 바뀌었다. "여러분은 이 보잘것없는 사람들 가운데 누구 하나라도 업신여기는 일이 없도록 조심하십시오"(〈마태〉 18,10).

예수가 비유로 말한 주제는 하느님 나라다. 예수의 비유에서 세 가지를 주목하면 어떨까.[256] 인간, 예수, 하느님을 보자는 말이다. 예수의 비유는 인간, 예수, 하느님을 이야기하고 소개한다는 뜻이다. 인간 삶의 구체적 자리에서 예수의 행동과 말을 통해 하느님의 구원이 드러난다. 이 셋이 어떻게 어울리고 해석되는지 살펴보자. 인간 삶의 구체적 자리를 잘 모르면 예수를 이해하기 상당히 어렵다. 예수를 잘 모르면 하느님을 좀 더 가까이 느끼기 어렵다. 예수를 통해 더 잘 드러나는 하느님을 모르면 우리 자신을 제대로 이해하기 어려워질 수 있다. 예수와 하느님 없이도 인간을 이해하려고 시도할 수 있고, 의미 있겠지만 말이다.

예수의 비유에서 하느님은 두 군데 비유 끝(〈루가〉12,20; 18,14b)에 등장하신다. 예수의 비유에서 하느님은 아버지(〈마태〉21,28-32; 〈루가〉11,11-12; 15,11-32), 왕(〈마태〉18,23-34; 22,2-14), 포도밭 주인(〈마르〉12,1-12; 〈마태〉20,1-15; 〈루가〉13,6-9)으로 나타나신다. 자기 종들과 셈을 하는 왕(〈마태〉18,23), 돈놀이꾼(〈마태〉5,25-26; 18,24; 〈루가〉7,41-43; 12,57-59)으로도 등장하신다. 하느님이 악덕 사채업자가 아니라 죄를 빚으로 비유했기 때문이다. 예수가 쓴 아람어에서 죄와 빚의 어원이 hoba로 같다. 예수가 만든 주의 기도에 '우리의 잘못ὀφειλέταις을 용서하시고'(〈마태〉6,12), '우리의 죄ὀφειλοντι를 용서하시고'(〈루가〉11,4)라고 반영됐다.

빚ὀφειλέταις(〈마태〉6,12)을 우리말 성서에서 잘못이라고 번역한 것을 찬성하기 어렵다. '우리가 우리에게 잘못한 이를 용서하듯이 우리의 잘못을 용서하시고'를 '우리가 우리에게 빚진 사람의 빚을 탕감하듯이 우리의 빚을 탕감하시고'라고 바꿔보자. 가난한 사람, 제삼세계 사람이 얼마나 속 시원할까. 예수가 빚진 사람의 빚을 탕감해달라고 기도하기 전에, 악덕 사채업자와 악덕 채권 국가를 처벌해달라고 했다면 얼마나 좋았을까. 기도에서 처벌을 요구하기는 좀 그랬을까. 희생자의 아픔을 호소할 뿐 아니라, 가해자의 죄와 교만을 처벌해달라고 하느님께 호소하고 기도하지 못할 이유가 있는가.

"하늘나라는 이렇게 비유할 수 있습니다. 어떤 왕이 자기 종들과 셈을 밝히려 하였습니다. 셈을 시작하자 일만 달란트나 되는 돈을 빚진 사람이

왕 앞에 끌려왔습니다. 그에게 빚을 갚을 길이 없었으므로 왕은 '네 몸과 네 처자와 너에게 있는 것을 다 팔아서 빚을 갚아라' 하였습니다. 이 말을 듣고 종이 엎드려 왕에게 절하며 '조금만 참아주십시오. 곧 다 갚아드리겠습니다' 하고 애걸하였습니다. 왕은 그를 가엾게 여겨 빚을 탕감해주고 놓아 보냈습니다.

그런데 그 종은 나가서 자기에게 백 데나리온밖에 안 되는 빚을 진 동료를 만나자 달려들어 멱살을 잡으며 '내 빚을 갚아라' 하고 호통을 쳤습니다. 그 동료는 엎드려 '꼭 갚을 터이니 조금만 참아주게' 하고 애원하였습니다. 그러나 그는 들어주기는커녕 오히려 그 동료를 끌고 가서 빚진 돈을 다 갚을 때까지 감옥에 가두었습니다.

다른 종들이 이 광경을 보고 매우 분개하여 왕에게 가서 이 일을 낱낱이 일러바쳤습니다. 그러자 왕은 그 종을 불러들여 '이 몹쓸 종아, 네가 애걸하기에 나는 그 많은 빚을 탕감해주지 않았느냐? 그렇다면 내가 너에게 자비를 베푼 것처럼 너도 네 동료에게 자비를 베풀었어야 할 것이 아니냐?' 하며 몹시 노하여 그 빚을 다 갚을 때까지 그를 형리에게 넘겼습니다. 여러분이 진심으로 형제들을 서로 용서하지 않으면 하늘에 계신 내 아버지께서도 여러분에게 이와 같이 하실 것입니다."(《마태》18,23-35)


왕이 종의 큰 빚을 탕감하고(23-27절), 그 종이 동료의 빚을 탕감하지 않자(28-30절), 다른 종들이 분개하여 왕에게 일러바쳤고 왕이 분노하는 장면(31-35절)으로 구성된 비유다. 문제는 두 번째 장면이다. 왕에게 큰 빚을 탕감받았지만, 무자비한 종은 세상의 법과 원칙과 관행 안에서 생각하고 처신했다. 현행법에서 무자비한 종이 처벌받을 이유가 없다. 그러나 하느님 보시기에 무자비한 종은 분명히 죄가 있다. 무자비한 종은 하느님께 무자비한 심판을 받을 것이다.

세상의 법과 원칙과 관행을 어기지 않았다고 해서 죄가 없고 잘못이 없는 것은 아니다. 개인도, 국가도 마찬가지다. 오늘날 선진국의 번영은 대부분 전쟁, 식민지 지배, 불공정 경제 등을 통해 가난한 나라와 민족에게 착취한 피 묻은 돈을 바탕으로 했다. 각종 불법과 불의로 얻은 돈을 기초로 안락하게 사는 일부 한국인도 마찬가지다. 그들은 하느님께 무자비한 심판을 받을 것이다.

세상의 법과 원칙과 관행을 어기지 않았다는 것이 죄나 잘못이 없다는 말과 같진 않다. 합법의 틀 안에서 합법의 탈을 쓰고 범죄를 저지르는 경우가 얼마나 많은가. 일부 계층과 세력에 유리하게 법률을 만드는 헌법기관은 없는가. 일부 계층에 유리하게 법을 적용·집행하는 행정기관이나 사법기관은 없는가. 일부 계층에 유리하게 여론을 왜곡하는 언론과 종교, 지식인은 없는가.

"어떤 포도원 주인이 포도원에서 일할 일꾼을 얻으려고 이른 아침에 나갔습니다. 그는 일꾼들과 하루 품삯을 돈 한 데나리온으로 정하고 그들을 포도원으로 보냈습니다. 아홉 시쯤에 다시 나가서 장터에 할 일 없이 서 있는 사람들을 보고 '당신들도 내 포도원에 가서 일하시오. 그러면 일한 만큼 품삯을 주겠소' 하고 말하니 그들도 일하러 갔습니다. 주인은 열두 시와 오후 세 시쯤에도 나가서 그와 같이 하였습니다. 오후 다섯 시쯤에 다시 나가보니 할 일 없이 서 있는 사람들이 또 있어서 '왜 당신들은 하루 종일 이렇게 빈둥거리며 서 있기만 하오?' 하고 물었습니다. 그들은 '아무도 우리에게 일을 시키지 않아서 이러고 있습니다' 하고 대답하였습니다. 그래서 주인은 '당신들도 내 포도원으로 가서 일하시오' 하고 말하였습니다.

날이 저물자 포도원 주인은 자기 관리인에게 '일꾼들을 불러 맨 나중에 온 사람들부터 시작하여 맨 먼저 온 사람들에게까지 차례로 품삯을 치르시오' 하고 일렀습니다. 오후 다섯 시쯤부터 일한 일꾼들이 와서 한 데나리온씩을 받았습니다. 그런데 맨 처음부터 일한 사람들은 품삯을 더 많이 받으려니 했지만 그들도 한 데나리온씩밖에 받지 못하였습니다. 그들은 돈을 받아 들고 주인에게 투덜거리며 '막판에 와서 한 시간밖에 일하지 않은 저 사람들을 온종일 뙤약볕 밑에서 수고한 우리들과 똑같이 대우하십니까?' 하고 따졌습니다. 그러자 주인은 그들 가운데 한 사람을 보고 '내가 당신에게 잘못한 것이 무엇이오? 당신은 나와 품삯을 한 데나리온으로 정하지 않았소? 당신의 품삯이나 가지고 가시오. 나는 이 마지막 사람에게도 당신에게 준 만큼 삯을 주기로 한 것이오. 내 것을 내 마음대로 처리하는 것이 잘못이란 말이오? 내 후한 처사가 비위에 거슬린단 말이오?' 하고 말하였습니다."(《마태》 20,1-15)

포도원 주인은 먼저 일한 사람들에게 약속한 품삯을 줬다. 포도원 주인은 먼저 일한 사람들에게 약속을 위반하거나 잘못을 저지르지 않았다. 맨 처음부터 일한 사람들은 대체 무엇을 잘못했을까. 그들은 나중에 온 사람들보다 품삯을 더 받아야 한다고 생각할 수 있다. 그들은 포도원 주인이 나중에 온 사람들에게 베푼 배려를 시기하고 질투했다.

부자는 하느님이 가난한 사람에게 먼저 사랑을 베푼다는 사실을 시기·질투할 필요 없다. 하느님께 먼저 선택받은 유다인은 늦게 사랑받은 그리스도인을 시기·질투할 필요 없다. 먼저 예수를 믿고 따르는 사람은 하느님이 늦게 예수를 믿고 따르는 사람에게 베푸시는 사랑을 시기·질투할 필요 없다. 열심히 한 신자는 하느님이 별로 열심히 하지 않은 신자에게 베푸시는 사랑을 시기·질투할 필요 없다. 그리스도교 신자는 하느님이 교회나 성당 밖에서 이웃 종교와 무신론자에게 베푸시는 사랑을 시기·질투할 필요 없다. 그리스도교 신자는 자신도 모르게 하느님의 뜻을 실천하는 사람에게 하느님이 베푸시는 사랑을 시기·질투할 필요 없다.

무자비한 종은 자비로우신 하느님을 체험하고도 자비를 베풀지 않았다. 자비를 베풀지 않는 사람은 하느님께 벌을 받는다. 악을 저지르지 않아도 선을 게을리 실천한 사람은 벌을 받는다. 맨 처음부터 일한 사람은 정의로우신 하느님을 체험하고도 정의롭게 행동하지 않았다. 정의롭게 행동하지 않는 사람은 하느님께 벌을 받는다. 하느님의 자비는 인간의 자비와 같지 않다. 하느님의 정의는 인간의 정의와 같지 않다.

"어떤 사람이 두 아들을 두었는데 작은아들이 아버지에게 제 몫으로 돌아올 재산을 달라고 청하였습니다. 그래서 아버지는 재산을 갈라 두 아들에게 나누어주었습니다. 며칠 뒤에 작은아들은 자기 재산을 다 거두어 가지고 먼 고장으로 떠나갔습니다. 거기서 재산을 마구 뿌리며 방탕한 생활을 하였습니다. 그러다가 돈이 떨어졌는데 마침 그 고장에 심한 흉년까지 들어서 그는 알거지가 되고 말았습니다. 하는 수 없이 그는 그 고장에 사는 어떤 사람의 집에 가서 더부살이를 하게 되었는데 주인은 그를 농장으로 보내어 돼지를 치게 하였습니다. 그는 하도 배가 고파서 돼지가 먹는 쥐엄나무 열매로라도 배를 채워보려고 했으나 그에게 먹을 것을 주는 이는 아무도 없었습니다. 그제야 제정신이 든 그는 이렇게 중얼거렸습니다. '아버지 집에는 양식이 많아서 그 많은 일꾼들이 먹고도 남는데 나는 여기서 굶어 죽게 되었구나! 어서 아버지께 돌아가, 아버지, 제가 하늘과 아버지께 죄를 지었습니다. 이제 저는 감히 아버지의 아들이라고 할 자격이 없으니 저를 품꾼으로라도 써주십시오 하고 사정해보리라.'

마침내 그는 거기를 떠나 자기 아버지 집으로 발길을 돌렸습니다. 집으로 돌아오는 아들을 멀리서 본 아버지는 측은한 생각이 들어 달려가 아들의 목을 끌어안고 입을 맞추었습니다. 그러자 아들은 '아버지, 저는 하늘과 아버지께 죄를 지었습니다. 이제 저는 감히 아버지의 아들이라고 할 자격이 없습니다' 하고 말했습니다. 그렇지만 아버지는 하인들을 불러 '어서 제일 좋은 옷을 꺼내어 입히고 가락지를 끼우고 신을 신겨주어라. 그리고 살진 송아지를 끌어내다 잡아라. 먹고 즐기자! 죽었던 내 아들이 다시 살아왔다. 잃었던 아들을 다시 찾았다' 하고 말했습니다. 그래서 성대한 잔치가 벌어졌습니다.

밭에 나가 있던 큰아들이 돌아오다가 집 가까이에서 음악 소리와 춤추며 떠드는 소리를 듣고 하인 하나를 불러 어떻게 된 일이냐고 물었습니다. 하인이 '아우님이 돌아왔습니다. 그분이 무사히 돌아오셨다고 주인께서 살진 송아지를 잡게 하셨습니다' 하고 대답하였습니다. 큰아들은 화가 나서 집에 들어가려 하지 않았습니다. 그래서 아버지가 나와서 달랬으나 그는 아버지에게 '아버지, 저는 이렇게 여러 해 동안 아버지를 위해서 종이나 다름없이 일을 하며 아버지의 명령을 어긴 일이 한 번도 없었습니다. 그런데도 저에게는 친구들과 즐기라고 염소 새끼 한 마리 주지 않으시더니 창녀들한테 빠져서 아버지의 재산을 다 날려버린 동생이 돌아오니까 그 아이를 위해서는 살진 송아지까지 잡아주시다니요!' 하고 투덜거렸습니다. 이 말을 듣고 아버지는 '얘야, 너는 늘 나와 함께 있고 내 것이 모두 네 것이 아니냐? 그런데 네 동생은 죽었다가 다시 살아왔으니 잃었던 사람을 되찾은 셈이다. 그러니 이 기쁜 날을 어떻게 즐기지 않겠느냐?' 하고 말하였습니다."(〈루가〉 15,11-32)

잃어버린 아들의 비유, 돌아온 탕자의 비유, 너그러운 아버지 비유 등으로 불리는 아름다운 이야기다. 이 비유를 듣고 감동하지 않은 사람이 있으랴. 누구든 어느 정도 불효자식이 아닌가. 집 떠난 자녀를 기다리는 부모 심정을 누가 모르랴. "왕은 그를 가엾게 여겨 빚을 탕감해주고 놓아 보냈습니다"(〈마태〉 18,27)와 "집으로 돌아오는 아들을 멀리서 본 아버지는 측은한 생각이 들어 달려가 아들의 목을 끌어안고 입을 맞추었습니다"(〈루가〉 15,20)에서 왕과 아버지는 같은 심정이다. 종과 아들을 측은하게 여긴다. "아비가 자식을 어여삐 여기듯이 야훼께서는 당신 경외하는 자를 어여삐 여기시니"(〈시편〉 103,13)가 떠오른다.

큰아들은 무엇을 잘못했는가. 아버지 곁에서 열심히 일하고 말썽부리지 않았다. 돌아온 작은아들을 자비롭게 맞이하는 아버지를 반대하지도 않았다. 큰아들은 동생을 위해 잔치를 베푸는 아버지가 못마땅할 뿐이었다. 큰아들은 아버지가 자비롭게 맞아준 동생을 시기·질투하지 말고 함께 기뻐해야 했다. 바리사이파와 율법 학자들은 세리나 죄인들이 예수와 함께 있는 모습을 시기·질투하지 말고 함께 기뻐해야 했다. 교회나 성당 밖에서 일어나는 아름다운 이야기를 시기·질투하는 그리스도인은 마땅히 벌을 받는다. 죄인의 회개를 함께 기뻐하지 않는 것도 죄다. 내 회개도 중요하고, 회개한 이웃을 따뜻하게 대하는 것도 중요하다.

"당신을 고소하는 사람이 있거든 그와 함께 법정으로 가는 길에서 화해하도록 힘쓰시오. 그렇지 않으면 그가 당신을 재판관에게 끌고 갈 것이며 재판관은 당신을 형리에게 넘겨주고 형리는 당신을 감옥에 가둘 것입니다. 잘 들으시오. 당신은 마지막 한 푼까지 다 갚기 전에는 결코 거기에서 풀려나오지 못할 것입니다."(〈루가〉 12,58-59)

피고에게 재판을 대하는 자세를 가르쳐주는 이야기가 아니다. 심판에서 벗어날 마지막 기회는 예수를 모시고 결단하는 시간이라는 말이다. 재판이 아니라 다가오는 심판에서 하느님과 화해하는 길은 예수를 받아들이고 당장 회개하는 것이다.

"씨 뿌리는 사람이 씨를 뿌리러 나갔습니다. 씨를 뿌리는데 어떤 것은 길바닥에 떨어져 새들이 와서 쪼아 먹고 어떤 것은 흙이 많지 않은 돌밭에 떨어졌습니다. 흙이 깊지 않아서 싹은 곧 나왔지만 해가 뜨자 뿌리도 내리지 못한 채 말라버렸습니다. 또 어떤 것은 가시덤불 속에 떨어졌습니다. 가시나무들이 자라자 숨이 막혀 열매를 맺지 못하였습니다. 그러나 어떤 것은 좋은 땅에 떨어져서 싹이 나고 잘 자라 열매를 맺었는데, 열매가 삼십 배가 된 것도 있고 육십 배가 된 것도 있고 백 배가 된 것도 있었습니다."(〈마르〉 4,3-8;〈도마복음〉 9장)

"어떤 사람이 땅에 씨앗을 뿌려놓았습니다. 하루하루 자고 일어나고 하는 사이에 씨앗은 싹이 트고 자라나지만 그 사람은 그것이 어떻게 자라는지 모릅니다. 땅이 저절로 열매를 맺게 하는 것인데 처음에는 싹이 돋고 그다음에는 이삭이 패고 마침내 이삭에 알찬 낟알이 맺힙니다. 곡식이 익으면 그 사람은 추수 때가 된 줄을 알고 곧 낫을 댑니다."(〈마르〉 4,26-29)

"하느님 나라를 무엇에 견주며 무엇으로 비유할 수 있을까요? 그것은 겨자씨 한 알과 같습니다. 땅에 심을 때에는 세상의 어떤 씨앗보다도 더욱 작은 것이지만 심어놓으면 어떤 푸성귀보다도 더 크게 자라고 큰 가지가 뻗어서 공중의 새들이 그 그늘에 깃들일 만큼 됩니다."(〈마르〉 4,30-32;〈도마복음〉 20장)

"어떤 여자가 누룩을 밀가루 서 말 속에 집어넣었더니 마침내 온 덩이가 부풀어 올랐습니다. 하느님의 나라는 이런 누룩과 같습니다."(〈루가〉 13,21;〈도마복음〉 96,1-2)

네 가지 비유는 예수의 활동을 그림처럼 보여준다. 독자들은 미술관에서 그림을 보는 관객처럼 비유를 본다. 하느님이 언젠가 오셔서 세상의 질서를 바로잡으신다는 전통적인 생각이 예수의 행동과 말에서 조금씩 전해지고 실현된다. 모든 마지막은 처음이 있다. 처음과 마지막은 연결된다. 하느님 나라는 예수의 활동과 말씀 안에서 이미 시작됐다. 예수는 행동과 말씀으로 하느님 나라 소식을 전하고, 하느님 나라를 실현한다. 비유는 그 사실을 전하기 적절한 문학 양식이다.

이런 비유에 나타난 인간 삶의 현실은 심판을 앞둔 위기이자, 예수를 받아들일 기회다. 인간은 예수를 만날 때 하느님의 자비와 선하심을 만난다. "왕은 그를 가엾게 여겨 빚을 탕감해주고 놓아 보냈습니다"(〈마태〉 18,27). 인간은 구체적인 삶의 현장에서 예수를 만난다. 예수를 만난 사람은 보물을 찾아낸 사람(〈마태〉 13,44.46)이나 큰 잔치에 초대받은 사람(〈루가〉 14,16)처럼 자기 삶을 새로운 눈으로 보고, 해고 통지를 받은 청지기(〈루가〉 16,2)처럼 창조적 위기에 처하며, 위기를 넘어 새로운 기회를 만나게 된다.

예수를 만난 사람은 두 가지가 달라진다. 앞으로 무엇을 해야 할지 뚜렷해진다. 앞으로 무엇을 버려야 할지 분명해진다. 보물을 찾아낸 사람은 있는 것을 다 팔아 보물이 묻힌 밭을 산다(〈마태〉 13,44). 값진 진주를 발견한 장사꾼은 있는 것을 다 팔아 그것을 산다(〈마태〉 13,46). 해고 통지를 받아 살길을 찾는 청지기처럼 버릴 것은 버리고 취할 것은 취하려 애쓴다(〈루가〉 16,3-7).

예수를 만났지만 잘못 반응한 사람도 있다. 왕이 자기 빚을 탕감했는데 동료 채무자를 무자비하게 대한 종(〈마태〉 18,30), 잔치에 초대받았으나 거절한 사람들(〈루가〉 14,18-20), 땅과 재산을 믿다가 그날 밤 죽는 어리석은 부자(〈루가〉 12,16-20) 등이다. 당시에도 돈을 믿고 까불다가 갑자기 죽는 부자 이야기는 많았다. "겨우 돈 많음을 자랑하며 재물을 믿는 그들이거늘, 하느님께 돈을 바친다고 죽을 목숨을 살려주시랴?"(〈시편〉 49,6-7), "두고 가는 재산은 결국 남의 것, 그들이 땅에다가 제 이름 매겼더라도 그들의 영원한 집, 언제나 머물 곳은 무덤뿐이다. 사람은 제아무리 영화를 누려도 잠깐 살다 죽고 마는 짐승과 같다"(〈시편〉 49,10-12).

비유에는 하느님 나라를 이해하기 쉽게 알려준다는 특징만 있지 않다. 무엇보다 하느님 나라가 지금 여기, 인간의 역사와 현실에 가까이 있다는 사실을 말해준다. 하느님 나라 관점으로 현실을 보라는 뜻이다. 비유라는 문학 양식에 대한 학문적 관심보다 먼저 비유에 담긴 인간의 현실을 보라는 말이다. 비유는 고통스러운 인간의 현실과 역사를 평범한 사람에게 가까이 드러내는 양식으로 쓰였다.

하이데거의 말처럼 인간은 세계에 그저 던져진 존재일까. 하느님이 만드신 그 세계에 예수가 있다. 인간에게 무와 죽음이 있기 전에 가난이 있다. 인간은 가난과 다툰다. 예수의 비유는 인간의 본질이 아니라 실존을 다룬다. 실존이 본질에 우선한다면, 실존은 맨 먼저 무가 아니라 가난을 만난다. 인간은 철학적 무를 고뇌하기 전에 경제적 가난으로 고통받는다. 예수는 존재와 무를 묵상하는 철학자보다 하루 세 끼 걱정하는 가난한 사람에게 관심이 있다. 하이데거가 존재와 무를 다뤘다면, 예수의 비유는 존재와 가난한 사람을 다룬다.

가난한 사람의 세계를 모르면 예수의 비유를 이해하기 어렵다. 가난한 사람을 모르면 예수의 비유에 나타난 하느님 나라를 이해하기 어렵다. 예수의 비유에는 하느님과 예수뿐 아니라 가난한 사람의 삶의 자리Sitz im Leben와 죽음의 자리Sitz im Tode가 드러난다. 예수는 죽은 뒤의 삶보다 죽기 전의 삶을 먼저 다룬다. 예수는 죽기 전의 삶보다 죽기 전의 죽음을 먼저 다룬다. 가난한 사람은 살면서 죽음을 실제로 겪기 때문이다.

예수는 인간이란 무엇인가 논하기보다 인간이 지금 어떤 정치적·경제적 현실에 사는지 눈여겨봤다. 예수는 남자의 세계뿐 아니라 여자의 세계도 봤고, 어른의 세계뿐 아니라 어린이 세계도 자세히 봤다. 왕의 세계뿐 아니라 사기꾼의 세계까지 두루 봤다. 예수는 현실도 모르면서 하느님 이야기만 늘어놓지 않았다.

예수의 놀라운 관찰력과 분별력에 감탄하고 있을 때가 아니다. 비유는 예수가 자신을 어떻게 보고 해석하는지 알려준다. 성서학계에서 '예수의 자기 이해'라는 제목으로 흔히 논의되는 주제다. 예수의 자기 이해에서 비유를 빼놓으면 안 된다.[257] 예수의 비유는 하느님과 예수, 인간의 현실을 각각 표현하고, 하느님과 예수, 인간의 현실이 어떤 관계인지 보여준다. 그 관계를 설명할 뿐 아니라, 그 관계가 지금 역사에서 실천되고 있다는 사실을 강조한다. 예수의 비유는 신학 차원의 주제다.

예수의 비유는 하느님 나라를 알아듣기 쉽게 해설하고 심판을 경고하는 데 주로 쓰였다. 비유는 구체적인 배경과 현실을 알아야 그 뜻과 의도를 제대로 알 수 있다. 그렇지 않으면 비유가 본래 뜻과 관계없이 아무 상황에나 인용되고 아무 뜻이나 줄 수 있다. 예수의 비유를 우리 시대에 적용하는 데도 세심한 주의가 필요하다.

비유가 어떤 문학 양식인가, 어떤 비유가 예수에게서 비롯됐나 하는 성서신학 질문보다 중요한 게 있다. 예수가 비유로 든 가난한 사람을 생각해보자. 그들은 자신이 처한 고통스러운 역사적 현실을 하느님 나라의 눈으로 보기 시작했다. 식민지 시대 갈릴래아 농어촌의 척박한 일상에도 하느님 은총의 손길이 있다. 하느님 나라는 보고 듣고 만지고 경험할 수 있다. 하느님 나라 비유는 미래에 대한 희망은 물론, 현실을 정직하게 보고 힘껏 저항하고 확실히 변혁하는 힘과 용기를 준다. 비유는 부조리하고 잘못된 현실 세계와 역사를 까발린다. 비유는 현실을 이해하는 힘이 되고, 현실에 저항하고 변혁하는 힘이 된다.

그 힘을 예수가 일깨웠다. 현실 세계와 역사를 정확하게 보는 눈을 길러줬다. 잘못된 현실 세계와 역사를 뒤엎을 용기와 희망을 줬다. 이스라엘 백성이여, 하느님의 백성이여, 모든 사람이여, 힘을 내시오. 우리가 세상을 바꿀 수 있습니다. 하느님께서 바라시는 정의와 사랑 가득한 세상으로 바꿀 수 있습니다. 그런 세상이 예수가 선포한 하느님 나라에 있고, 예수의 행동과 말에서 지금 실천된다.

예수의 비유에서 세 가지 질문과 응답을 얻을 수 있다.

1. 예수는 누구인가.
2. 하느님 나라는 무엇인가.
3. 우리의 삶은 어때야 할까.

비유를 말하는 예수는 어떤 분인가. 예수가 그토록 강조하는 하느님 나라는 대체 무엇이란 말인가. 예수와 하느님 나라는 21세기 한반도에 사는 내게 어떤 의미인가. 2000년 전 이스라엘의 예수는 오늘 한반도에서 어떤 분인가. 분단, 불평등, 전쟁 위험이 있는 한반도와 우리에게 예수의 비유는 무엇을 말하는가. 예수의 비유에서 이런 질문을 이끌어내지 않으면, 복음서에서 비유를 아무리 자주 만나고 들어도 소용없다.

예수의 비유[258]가 주목받는 까닭은 문학적 성격 때문이 아니라 하느님 나라가 특히 예수의 비유로 해설됐기 때문이다.[259] 예수 전승 자료 모두 예수의 비유를 담고 있다. 예수는 왜 비유를 통해 하느님 나라를 해설했을까. 예수는 인간 삶의 현실에서 하느님의 진실을 드러내려 했다. 비유 자체를 보지 말고 비유를 말하는 예수의 깊은 뜻을 봐야 한다.

예수의 깊은 뜻은 대조 비유(〈마르〉 4,3-8; 〈루가〉 13,18)에서 잘 나타난다. 뿌려진 씨앗의 비유(〈마르〉 4,3-8)는 예수 사명의 영향에 대해 말한다.[260] 스스로 자라는 씨앗의 비유(〈마르〉 4,26-29)는 인간의 행동과 관계없이 다가오는 하느님 나라를 가리킨다. 씨앗에서 싹이 돋고 이삭이 패고 알찬 낟알이 맺히듯이 하느님 나라는 저절로 αὐτομάτη(〈마르〉 4,28) 온다. 가라지 비유(〈마태〉 13,24-30.36-43)는 예수가 한 말이 아니고 부활 이후 생긴 것 같다.[261]

대조 비유의 놀라움은 이야기 처음에 있다. 엄청난 결과에 놀라기보다 보잘것없던 처음을 주목하라는 말이다. 하느님 나라는 들판에 아무렇게나 크는 겨자씨처럼 보일지도 모른다. 겨자가 재배식물이었는지, 아무 데나 저절로 자라는 들풀이었는지 분명하지 않다.[262] 겨자가 들풀에 속한다면 하느님 나라는 여기저기서 마구 자라고 널리 퍼진다는 의미가 있다.[263] 하느님 나라는 들풀처럼 온 세상에 순식간에 퍼진다. 예수가 뿌리는 씨앗, 하느님이 돌보는 씨앗을 잊지 말라는 뜻이다.

하느님 나라의 놀라운 가치는 밭에 묻힌 보물 비유(〈마태〉 13,44)와 좋은 진주 비유(〈마태〉 13,45)에서도 볼 수 있다. 보물이나 좋은 진주를 발견한 사람은 다른 모든 것을 팔아서 보물이나 좋은 진주를 산다.[264] 예수의 청중과 성서 독자들은 밭에 묻힌 보물이나 좋은 진주를 발견한 사람과 자신을 동일시한다. 그러면 나는 어떻게 할까.

하느님 나라를 거절하는 청중에게 그물 비유가 등장한다. "하늘나라는 바다에 그물을 쳐서 온갖 것을 끌어 올리는 것에 비길 수 있습니다. 어부들은 그물이 가득 차면 해변에 끌어 올려놓고 앉아서 좋은 것은 추려 그릇에 담고 나쁜 것은 내버립니다. 세상 끝 날에도 이와 같을 것입니다. 천사들이 나타나 선한 사람들 사이에 있는 악한 자들을 가려내어 불구덩이에 처넣을 것입니다. 그러면 거기서 그들은 가슴을 치며 통곡할 것입니다"(〈마태〉 13,47-50).

예수의 비유는 '비유'이기 전에 '예수'의 비유다. 듣는 사람이 이해하기 쉬운 비유라는 문학 양식일 뿐 아니라, 예수가 말했기 때문이다. 예수의 비유는 하느님 나라가 우리 곁에 있음을 보여준다. 하느님 나라가 우리 가까이 있음을 봐야 한다. 하느님 나라가 가까이 있음은 예수가 세상에서 버림받은 사람을 가까이한 행동에서 가장 잘 드러난다. 하느님 나라의 개념 분석보다 하느님 나라는 누구 가까이 있느냐 하는 질문이 중요하다.

예수의 하느님 나라 선포가 "나는 의인을 부르러 온 것이 아니라 죄인을 부르러 왔습니다"(〈마르〉 2,17)[265]에서 자세히 드러난다. 세례자 요한처럼 이스라엘 백성 중에 의인을 따로 모으겠다는 말이 아니다. 예수는 이스라엘 백성을 한데 모으려 한다. 그러려면 소외된 사람부터 찾아 나서야 한다는 게 예수의 생각이다.

먼저 죄인에게 하느님의 사랑과 자비를 알리겠다는 계획이다. 의인 δικαίους과 죄인 ἁμαρτωλούς 대응은 예수 전승에서 낯설지 않다(〈루가〉 15,7; 18,9-13). 예수는 잃었던 아들 이야기(〈루가〉 15,11-32)에서 인간이 무엇이고, 하느님이 누구신지 해설한다.[266] 아들은 자신의 위기를 통해 아버지와 분리된 삶은 불가능하다는 진실을 깨닫는다. "아버지, 제가 하늘과 아버지께 죄를 지었습니다"(〈루가〉 15,18.21). 제가 죄를 지었습니다 ἥμαρτον. 인간이 살면서 가장 하기 힘든 말 아닐까.

"집으로 돌아오는 아들을 멀리서 본 아버지는 측은한 생각이 들어 달려가 아들의 목을 끌어안고 입을 맞추었습니다. 그러자 아들은 '아버지, 저는 하늘과 아버지께 죄를 지었습니다. 이제 저는 감히 아버지의 아들이라고 할 자격이 없습니다' 하고 말했습니다. 그렇지만 아버지는 하인들을 불러 '어서 제일 좋은 옷을 꺼내어 입히고 가락지를 끼우고 신을 신겨주어라.

그리고 살진 송아지를 끌어내다 잡아라. 먹고 즐기자! 죽었던 내 아들이 다시 살아왔다. 잃었던 아들을 다시 찾았다' 하고 말했습니다. 그래서 성대한 잔치가 벌어졌습니다."(《루가》 15,20-24)

돌아오는 아들을 멀리서 본 아버지는 아들을 따끔하게 혼내주려고 숨거나 기다리지 않았다. 위엄과 체면을 다 버리고 달려가 아들의 목을 끌어안고 입을 맞췄다. 아들이 죄를 다 고백하지도 못하게 막고 아버지는 잔치부터 준비시킨다. 아버지는 아들의 회개에 감동한다. 인간은 실수하는 존재고, 하느님은 용서하는 존재다. 인간은 용서를 청하기에 언제나 게으르고, 하느님은 용서하시기에 언제나 서두르신다.

잃었던 양 한 마리를 찾은 비유(《루가》 15,4-7)도 마찬가지다. 잃었던 양을 다시 찾은 기쁨이 이야기 주제다.[267] 가지고 있던 은전 열 닢 중 한 닢을 잃은 여인이 온 집안을 뒤져 찾은 이야기(《루가》 15,8-9)도 있다. 잃었던 양 한 마리, 잃었던 은전 한 닢, 잃었던 아들 이야기(《루가》 15,11-32)가 갈수록 긴장과 감동을 준다.

양 100마리 가진 남자는 한 마리를 잃었으니 100분의 1을 잃었다. 은전 열 닢 가진 여인은 한 닢을 잃었으니 10분의 1을 잃었다. 아들이 둘인 아버지는 하나를 잃었으니 온 세상을 잃었다. 은전 열 닢 가진 여인은 양 100마리 가진 남자보다 훨씬 가난하다. 예수는 비유를 통해 당시 여성의 경제적 가난을 고발한다. 우리는 그런 예수의 깊은 뜻을 잘 알아채지 못한다. 프란치스코 교황은 목자에게 양 냄새가 나야 한다고 말했다. 목자에게 늑대 냄새가 나면 어떻게 될까. 목자가 양 떼와 어울리지 않고 늑대와 어울리면 어떻게 될까. 교회는 죄인과 식사를 나누느냐 여부에서 넘어지거나 일어설 것이다.[268]

예수의 비유는 평범한 일상을 소재로 한 이야기에서 하느님은 누구신지, 예수 자신은 누구인지 보여준다. 개념과 이론으로 강의하는 것은 아니다. 예수는 철학자보다 이야기꾼에 가깝다. 비유를 듣고 읽는 청중과 독자는 비유에 등장하는 인물과 자신을 동일시한다. 청중과 독자는 자기 삶의 태도를 결단해야 한다. 예수에게 무관심할까 아니면 예수를 삶의 스승이나 친구로 삼아볼까.

그리스도교를 타력 구원이라고 평가절하 하는 사람이 있다. 죄를 스스로 선택하고 저질러서 자기 운명을 결정했는데, 무슨 타력 구원인가. 예수를 거절할까, 따를까 스스로 결단하는데 무슨 타력 구원인가. 그리스도교는 개인의 자유와 책임, 하느님의 도움을 함께 말한다. 인간이 만든 모든 문제를 인간의 힘과 지혜로 다 해결할 수 없다는 겸손한 태도가 그리스도교 기본에 있다.

예수는 하느님 나라를 선포하고 실천했다. 예수의 실천은 행동과 말에서 드러난다. 사람은 행동에 감동하지만, 말이 사람을 바꾸기도 한다. 역사의 모든 혁명에 말과 행동이 있었다. 혁명은 말에서 시작한다. 말이 사람을 움직인다.

예수는 모든 인간에게 다가가기 전에 가난한 사람, 굶주린 사람, 우는 사람에게 다가간다. 예수의 모든 행동과 말에 가난한 사람에 대한 우선적 선택이 있다. 예수는 종교적 편파성뿐 아니라 사회적·정치적 배경에서 하느님의 이름으로 가난한 사람에 대한 편파성이 있다.[269] 편파성이 없는 사랑은 아직 사랑이 아니다. 편파성이 없는 정의는 아직 정의가 아니다. 올바른 편파성은 하나밖에 없다. 예수처럼 가난한 사람을 편파적으로 선택하고 사랑하는 것이다. 예수의 최대 신비는 가난한 사람을 편파적으로 선택한 것이라고 말하고 싶다.

부자와 가난한 라자로 이야기(《루가》 16,19-31)에서 가난한 라자로 이름은 남았지만, 부자 이름은 언급조차 되지 않았다. 세상은 부자 이름을 기억한다. 가난한 사람은 이름은 고사하고 존재조차 잊힌다. 하느님 나라에선 정반대 현상이 일어난다. 하느님 나라에서 부자는 이름은 고사하고 존재조차 잊힌다.

부자와 가난한 라자로 이야기에서 부자가 가난한 사람에게 너그럽지 않았는지, 자선을 자주 베풀지 않았는지 나오지 않는다. 가난한 라자로가 불행이란 불행을 다 겪을 때 부자는 온갖 복을 누린 사실만 대조된다. 부자는 살아 있을 동안 온갖 복을 누렸기 때문에 죽음의 세계에서 고통받는다는 말밖에 없다(〈루가〉 16,25). 부자의 죽은 뒤 운명이 알려졌다.

부자가 가장 두려워해야 할 사람은 예수다. 인류 역사에 예수처럼 부자에게 충격과 절망을 안겨준 사람이 또 있을까. "부자가 하느님 나라에 들어가는 것보다는 낙타가 바늘귀로 빠져나가는 것이 더 쉬울 것입니다"(〈마르〉 10,25). 예수의 제자가 되려면 가진 것을 다 팔아 가난한 사람들에게 나눠주라(〈마르〉 10,21)는 요구까지 있었다. 교회나 성당에 재산을 바치라는 말이 아니다. 가난한 사람에게 나눠주라는 말이다.

예수는 여성을 가엾게 여겼다. 예수가 가부장주의나 온정주의의 포로였다는 말이 아니다. 당시 유다교에서 여성은 의학적 이유로 종교의식에서 제외되고 소외되는 경우가 많았다. 여성은 성서 공부에 참여하지 못했고, 법적으로 증인 자격도 인정받지 못했다.[270] 여성은 사제가 될 수 없고, 성서를 배우거나 가르칠 수도 없었다.

2000년 전 유다교와 21세기 그리스도교에서 여성의 권리와 역할에 별다른 변화나 발전이 없다는 현실이 슬프다. 예수는 종교적 이유로 누구를 차별하거나 혐오한 적 없다. 아직 인간으로 취급받지 못한 어린이에게도 마찬가지다(〈마르〉 10,14). 예수는 유다인에게 차별받던 사마리아 여인을 따뜻이 대하고 평등하게 존중하고 대화했다(〈요한〉 4,1-26). 유다인이 아닌 여인과 대화도 거절하지 않았다(〈마태〉 15,21-28).

유다교에서 식사는 종교적 의미가 있다. 하느님은 식탁의 주인이시다. 유다인은 식사에서 유다인으로서 자부심과 일치를 확인하고, 다른 민족과 다름을 확인했다. 1세기 유다교에서 음식 규정은 율법 이해의 핵심에 속한다.[271] 예수 운동에서도 음식 규정이 중요한 논란거리가 됐다(〈사도〉 11,3; 〈갈라〉 2,12-15). 바리사이파나 에세네파 사람에게도 음식과 연결되는 깨끗함이 생각의 중심에 있었다.[272] 바리사이파 사람은 그런 깨끗함을 모든 일상생활 분야에서 의무로 여기도록 확장하려고 애썼다.[273]

"너희는 거룩한 것과 속된 것, 부정한 것과 정결한 것을 구별하고"(〈레위〉 10,10)라는 유다교 배경에서 예수가 죄인들과 식사한 것은 깨끗함과 더러움이라는 기본 구조를 공격하는 일이었다. 예수가 죄인들과 식사한 경우는 복음서에서 얼핏 봐도 15군데가 넘는다(〈마르〉 2,15; 〈루가〉 7,34). 하느님께서 하루가 끝날 무렵에 의로운 사람과 구원받은 사람에게 풍성한 잔치를 베풀어주신다는 생각이 널리 퍼졌다. "이 산 위에서 만군의 야훼, 모든 민족에게 잔치를 차려주시리라. 살진 고기를 굽고 술을 잘 익히고 연한 살코기를 볶고 술을 맑게 걸러 잔치를 차려주시리라"(〈이사〉 25,6). 예수는 식사에서 이 생각을 받아들이고, 문화적 장벽을 뛰어넘었다.

예수가 식사에 초대하는 사람들 범위가 당시 사회적 통념을 깨뜨렸다(〈루가〉 14,15-24; 〈마태〉 22,1-10).[274] "길거리나 울타리 곁에 서 있는 사람들을 억지로라도 데려다가 내 집을 채우시오"(〈루가〉 14,23). 폭력을 써서라도 그리스도교 신자를 만들라는 선교 명령이 아니다. 길거리나 울타리 곁에 서 있는 사람, 즉 사회에서 소외된 사람을 간곡히 설득해 하느님 잔치에 어서 초대하라는 말이다. 제발 와서 밥 한 끼 편히 드시라는 애원이다. 사회에서 소외된 사람을 먼저 존중하라는 뜻이다.[275] 예수는 유다 사회에서 통용되던 관행과 가치를 뒤엎었다. "지금은 꼴찌지만 첫째가 되고 지금은 첫째지만 꼴찌가 될 사람들이 있을 것입니다"(〈루가〉 13,30), "가난한 사람들아, 여러분은 행복합니다. 하느님 나라가 여러분의 것입니다"(〈루가〉 6,20) 같은 예수의 말이 부자와 권력자, 종교인 등 사회 지배층에게 얼마나 불쾌하게 들렸을까.

예수는 당시 유다교에서 명백히 소외된 사람을 일부러 식사에 초대했다. 창조주 하느님은 죄인에게 너그러우시다. 하느님은 생명에 필요한 빵을 주신다. 날마다 우리에게 필요한 양식을 주시라고(〈루가〉 11,3) 애원하는 당신의 자녀들을 잊지 않으신다. 예수의 식사는 비유와 치유, 놀라운 일처럼 다가오는 하느님 나라를 알리고 실천하는 사건이다. 유다교에서 종교적으로 깨끗하지 못한 사람과 식사하는 것이 하느님 나라의 표현으로 소개된 적은 없었다. 제사가 여러 종교에서 큰 역할을 하지만, 식사 자체가 큰 의미를 띠는 경우는 예수가 처음인 것 같다.

하느님 나라는 예루살렘성전 제사보다 소외된 사람과 식사에서 우선 드러난다. 예수는 벽을 허물고 길을 놓은 사람이다. 예수는 섬을 이어주는 다리를 만든 사람이다. 외로운 섬처럼 살던 사람들이 소통하고 존중하도록 연결했다. 예수는 유다교 내부에서 사람들을 갈라놓던 각종 종교적 장벽을 시원하게 허물었다. 종교라는 이름 아래 사람을 나누고 차별하던 관행에 예수는 강하게 저항했다.

# 6. 율법

···············

예수와 유다인에게 율법Tora은 하느님께 선택받은 이스라엘 백성의 특징이다. 율법을 가리키는 히브리어 토라Tora는 하느님이 시나이산에서 당신 백성에게 건네주신 지시만 가리키지 않는다. 아비의 훈계와 어미의 가르침(〈잠언〉 1,8; 6,20), 아내의 지혜로운 말(〈잠언〉 31,26), 부모의 가르침과 훈계(〈잠언〉 3,1; 7,2)도 토라라고 한다. 율법 실천은 유다인에게 무거운 짐이나 족쇄가 아니라, 영광이요 자랑이다. 부모의 가르침과 훈계, 훌륭한 아내의 지혜로운 말을 버겁게 여기는 사람이 있을까.

율법을 글로 고정하면 새로운 주제가 생길 수 있다. 어느 종교든 경전을 만들면 생기는 문제다. 율법을 글로 고정한 뒤 새로운 상황을 만나면 어떻게 실천할까. 율법을 만들 때, 미래의 모든 상황과 경우의 수를 예측하고 해답을 제시할 순 없다. 유다 사회에서 글로 고정된 율법과 율법 해석집《할라카Halacha》가 구분되기 시작했다. Halacha는 히브리어 halah(걷다)에서 유래하는데, 글로 고정된 율법과 말로 전해진 율법 전체를 가리키고, 율법을 위한 생활 속 가르침을 가리키기도 한다.

율법 규정 하나하나를 새로운 시대와 상황에서 해석하다 보면, 해석에 차이가 생길 수 있다. 율법 규정을 시대에 맞게 실천하려 애쓰다 보면, 율법과《할라카》사이에 거리가 생길 수 있다.[276]《할라카》가 율법을 숨 쉬지 못하게 하거나, 율법에 없는 규정을 있는 것처럼 과장할 위험도 있다. 율법에 충실한 유다인이 급한 경우 안식일 규정을 어기기도 했다.

적군이 안식일을 택해서 공격해 왔기 때문에 유다인들은 처자와 가축과 함께 고스란히 죽어갔고, 죽은 사람은 천 명이나 되었다. 마따디아와 그의 동지들은 이 소문을 듣고 동포들의 죽음을 몹시 슬퍼하며 서로 이렇게 말하였다. "만일 우리 모두가 이미 죽어간 형제들을 본받아, 우리의 관습과 규칙을 지키느라고 이방인들과 싸우지 않기로 한다면 멀지 않아 그들은 우리를 이 지상에서 몰살시키고 말 것이다." 그날, 그들은 다음과 같이 결의했다. "우리를 공격하는 자가 있으면 안식일이라도 맞서서 싸우자. 그래야만 피신처에서 죽어간 우리 형제들처럼 몰살당하는 일이 없을 것이다."(〈1마카〉2,38-41)[277]

유다 역사가 요세푸스는 바리사이파 사람들이 모세 율법에 없는 것을 백성에게 전해준 일도 있다고 기록했다.[278] 그런 경우가 실제로 드물지 않았다.[279] 다음 규정은 원래 율법에 없었다.

원래 바리사이파 사람들뿐만 아니라 모든 유다인들은 조상의 전통에 따라 음식을 먹기 전에 반드시 손을 깨끗이 씻었고 또 시장에서 돌아왔을 때에는 반드시 몸을 씻고 나서야 음식을 먹는 관습이 있었다. 그 밖에도 지켜야 할 관습이 많았는데 가령 잔이나 단지나 놋그릇 같은 것을 씻는 일들이 그것이었다. 그래서 바리사이파 사람들과 율법 학자들은 예수께 "왜 당신의 제자들은 조상의 전통을 따르지 않고 부정한 손으로 음식을 먹습니까?" 하고 따졌다.(〈마르〉7,3-5)

다음에 인용한 〈마르〉7,15-19은 예수 운동이 유다인이 아닌 예수 추종자들과 유다인 출신 예수 추종자들이 함께 식사할 때 생긴 갈등을 다뤘다. 생전의 예수가 아니라 예수 운동이 예수 입을 빌려 하는 말이다.[280]

"무엇이든지 밖에서 몸 안으로 들어가는 것은 사람을 더럽히지 않습니다. 더럽히는 것은 도리어 사람에게서 나오는 것입니다." 예수가 군중을 떠나 집에 들어갔을 때에 제자들이 그 비유의 뜻을 묻자 "여러분도 이렇게 알아듣지를 못합니까? 밖에서 몸 안으로 들어가는 것은 사람을 더럽히지 못한다는 것을 모릅니까? 모두 뱃속에 들어갔다가 그대로 뒤로 나가버리지 않습니까? 그것들은 마음속으로 파고들지는 못합니다" 하며 모든 음식은 다 깨끗하다고 하였다.(〈마르〉7,15-19)

〈마르〉7,15-19은 음식에 한정해서 말한다. 예수 시대 유다인에게 많은 물건에 적용된 깨끗함과 더러움의 장벽을 예수가 모두 무너뜨렸다고 이해[281]하기는 곤란하다.[282] "모든 음식은 다 깨끗하다"(〈마르〉7,19)에서 예수가 모든 음식을 먹었으리라고 추론하거나 단정하는 건 지나치다. "어떤 동네에 들어가든지 여러분을 환영하거든 주는 음식을 먹고"(〈루가〉10,8; 〈도마복음〉14장)는 유다인이 아닌 민족에게 선교할 때 부닥친 상황을 전제한다. 생전의 예수가 아니라 예수 운동이 예수 입을 빌려 하는 말이다. 음식에 대한 율법 규정을 예수가 해석한 경우로 보기는 어렵다.

"'살인하지 마라. 살인하는 자는 누구든지 재판을 받아야 한다' 하고 옛사람들에게 하신 말씀을 여러분은 들었습니다. 그러나 나는 이렇게 말합니다. 자기 형제에게 성을 내는 사람은 누구나 재판을 받아야 하며 자기 형제를 가리켜 바보라고 욕하는 사람은 중앙 법정에 넘겨질 것입니다. 또 자기 형제더러 미친놈이라고 하는 사람은 불붙는 지옥에 던져질 것입니다."(〈마태〉5,21-22)

예수가 한 말로 여겨진다. 예수가 사형을 찬성하거나 허용한 것은 아니다. 예수는 율법 규정을 글자 그대로 믿는 유다인을 비판하고 있다. 율법 해석에 대한 유다교 내부 논쟁 가운데 하나로 보면 될 것이다. 예수는 이웃을 향한 분노는 살인에 버금간다는 말을 하고 있다. 예수가 모든 분노를 나쁘게 보거나 금지했다는 말은 아니다. "죄 없는 자가 피 흘리는 일을 이스라엘 가운데서 송두리째 뿌리 뽑아야 한다"(〈신명〉19,13)는 다짐이 예수에게도 기본이다. 예수는 죄 없는 자를 피 흘리게 만드는 사람과 세력에게 분노했고, 욕설과 저주를 퍼부었다. 원수를 사랑하라(〈루가〉6,27)고 말한 예수는 독사의 자식들(〈마태〉23,33)이라고 욕할 줄도 알았다.

"또 '거짓 맹세를 하지 마라. 그리고 주님께 맹세한 것은 다 지켜라' 하고 옛사람들에게 하신 말씀을 여러분은 들었습니다. 그러나 나는 이렇게 말합니다. 아예 맹세를 하지 마시오. 하늘을 두고도 맹세하지 마시오. 하늘은 하느님의 옥좌입니다. 땅을 두고도 맹세하지 마시오. 땅은 하느님의 발판입니다. 예루살렘을 두고도 맹세하지 마시오. 예루살렘은 그 크신 임금님의 도성입니다. 당신 머리를 두고도 맹세하지 마시오. 당신은 머리카락 하나도 희게나 검게 할 수 없습니다. 여러분은 그저 '예' 할 것은 '예' 하고 '아니오' 할 것은 '아니오'만 하시오. 그 이상의 말은 악에서 나오는 것입니다."(〈마태〉5,33-37)

내 형제 여러분, 무엇보다도 명심할 것은 맹세하지 않아야 한다는 것입니다. 하늘이나 땅이나 그 밖에 무엇을 두고도 맹세하지 마십시오. 다만 "예" 할 것은 "예"라고만 하고 "아니오" 할 것은 "아니오"라고만 하십시오. 그래야 심판을 받지 않을 것입니다.(〈야고〉5,12)

〈마태〉5,33-37이 예수가 한 말인지 아닌지 결정하기 어렵다.[283] 〈야고〉5,12에는 예수가 한 말이라는 언급이 없다. 맹세를 악용하는 관습은 예수 당시에도 많이 비판받았다. 에세네파 사람들은 맹세를 거부하고, 맹세가 위증이나 거짓말보다 나쁘다고 생각했다.[284] 예수는 인간의 못된 욕심을 위해 하느님을 멋대로 인용하고 이용하는 흐름에 반대한 것 같다. "너희는 너희 하느님의 이름 야훼를 함부로 부르지 못한다. 야훼는 자기의 이름을 함부로 부르는 자를 죄 없다고 하지 않는다"(〈출애〉20,7; 〈신명〉5,11). 그리스도교가 하느님을 아무리 친근하게 여기고 부른다 해도, 하느님의 이름을 함부로 부르지 않는 유다교의 갸륵한 뜻을 기억하고 존중하면 좋겠다.

안식일 계명(〈출애〉20,8-11; 〈신명〉5,12-15)을 두고 예수와 반대자 사이에 벌어진 논쟁을 보자. 안식일 논쟁은 사람이 안식일에 무엇을 하고, 하지 말아야 하는지 따진 게 아니다. 예수와 제자들이 무엇을 하는지 묻고 답한 사건이다. 안식일 논쟁에서 예수는 주로 치유에 대한 질문을 받았다. 한쪽 손이 오그라든 사람(〈마르〉3,1-6), 허리가 굽어져 몸을 펴지 못하는 여인(〈루가〉13,10-17), 수종병자(〈루가〉14,1-6)를 고친 사건은 모두 안식일에 벌어졌다.

〈요한〉도 안식일 논쟁을 수록했다. 예루살렘 베짜타 연못가에서 38년째 앓는 환자 치유(〈요한〉5,1-9), 태어나면서 못 보는 사람을 눈 뜨게 함(〈요한〉9,1-14)에 연결된 논쟁이 있었다. 예수는 반대자에게 비판 받았고(〈요한〉5,16; 9,16), 자신의 행동을 변호했다(〈요한〉7,21-24). 〈마르〉에 소개한 회당에서 악령 추방(〈마르〉1,21-26), 시몬의 장모를 열병에서 고친 사건(〈마르〉1,29-31)도 안식일에 일어났다. 그때는 예수를 비판하는 반대자가 아직 나타나지 않았다. 안식일 논쟁의 주제는 질병과 배고픔이다. 안식일 논쟁은 결국 안식일에 무엇이 허용되고, 무엇이 허용되지 않느냐 하는 문제였다.

안식일은 하느님께 속한 날이라고 여겨졌다.[285] 창조 후 일곱째 날 하느님의 휴식(〈창세〉 2,2), 이집트 노예살이에서 해방을 기념하는(〈신명〉 5,15) 안식일 근거가 하나뿐인 것은 아니다. 예수 시대 유다인은 안식일에 회당에 모여 예배를 드렸다. 예수는 안식일에 우연히 만난 환자를 치료했다. 예수가 안식일을 지킬 필요가 없다고 주장하려고 일부러 안식일에 치유한 것은 아니다. "안식일이 사람을 위하여 있는 것이지, 사람이 안식일을 위하여 있는 것은 아닙니다"(〈마르〉 2,27)라는 구절이 예수가 안식일을 비판한 것[286]이라고 단정할 필요는 없다.[287]

예수가 안식일이 무의미하다거나 안식일을 폐지해야 한다고 주장한적은 없다. 예수가 나서서 안식일 논쟁을 시작한 적도 없다. 안식일 논쟁관련 발언 가운데 역사의 예수에게서 비롯됐다고 확실히 말할 수 있는 것은 없다.[288] 〈마르〉 2,27도 마찬가지다. 안식일이 유다인을 위하여 있는 것이지, 유다인이 안식일을 위하여 있는 것은 아니라고 해야 유다인 예수에게 어울리는 말이겠다. 〈마르〉 2,27은 예수 운동이 유다인을 넘어 다른 민족에게 전파되기 시작한 뒤에 생긴 구절로 보인다.[289]

반대자들이 예수가 안식일 규정을 지키느냐 관점에서 안식일 치유를 주로 문제 삼았다면, 예수는 하느님 나라 관점에서 안식일 치유를 본다. 하느님의 뜻이 인간에게 펼쳐진다면, 안식일에도 고통받는 사람을 위한 하느님의 뜻이 드러나야 한다는 게 예수의 생각이다. 안식일 치유는 하느님의 작품[290]이다. 그러니 안식일 치유는 율법을 어긴 게 아니라 율법 정신을 잘 실천한 것이다. 예수가 안식일을 반대자보다 넓게 해석한 것이지, 안식일 치유가 안식일과 결별한 거라고 볼 필요는 없다.

예수는 율법에 대해 자주 말하지 않았다. 율법이 필요 없다고 말한 적도, 일부러 율법을 어긴 적도 없다. 율법 논쟁에 휘말렸을 때, 어떤 구체적인 행동이 율법 규정에 어긋나는지 아닌지 논쟁했을 뿐이다. 율법은 예수의 설교에서 시급한 주제가 아니다.[291] 율법 해석은 예수의 복음 전파에서 중심에 있지 않다.[292]

예수가 율법의 예배 의식 규정은 약화하고, 사회윤리 규정은 강화했다는 의견[293]이 있었다. 그러나 율법을 예배 의식 규정과 사회윤리 규정으로 나눈 것은 유다교가 아니라 예수 운동이다.[294] 예수는 그 시대 유다인과 마찬가지로 율법을 나눌 수 없는 전체로 봤다. 맹세 금지(〈마태〉 5,34.37; 〈야고〉 5,12)[295]처럼 예배 의식 규정과 사회윤리 규정으로 딱부러지게 나누기 어려운 율법 계명도 있다.

율법에 대한 예수의 입장은 성서신학에서 자주 논의되는 주제 중 하나다. 크게 보면 예수가 율법과 완전히 결별했다는 주장과 율법에 온전히 머물렀다는 의견이 있다. 유다교, 바울, 가톨릭에 대한 선입관이 이 주제를 제대로 논의하기 어렵게 만들기도 한다. 예수는 유다교처럼 율법을 하느님의 의지를 표현한 것으로 생각했다. 예수는 율법의 가치를 전적으로 문제 삼거나 거부하지 않았다. 예수가 율법을 거부했느냐, 완성했느냐 하는 질문은 바람직하지 않다. 하느님 나라 메시지 안에서 율법을 어떻게 이해했는지 묻는 게 적절하다.[296]

예수와 율법 문제는 예수보다 오히려 예수 운동에 다급하고 중요한 주제였다. 예수 운동과 유다교가 대립하고 분열하는 과정뿐 아니라 유다인이 아닌 민족에게 예수를 전하는 과정에서 특히 민감하고 난처한 문제였다. 예수 추종자들과 복음서는 생전에 예수가 율법을 어떻게 대했는지 돌아보고, 예수 운동의 입장을 정리하려 했다.

한 구절에 율법 전체를 요약한 시도는 유다교 문헌에 있었다. 예수처럼 율법을 하느님 사랑과 이웃 사랑으로 분명히 요약한 사례는 유다교 문헌에 명확히 보이지 않지만, 하느님 사랑과 이웃 사랑이 율법의 핵심인 것은 확실하다.[297]

"첫째가는 계명은 이것입니다. '이스라엘아, 들어라. 우리 하느님은 유일한 주님이시다. 네 마음을 다하고 목숨을 다하고 생각을 다하고 힘을 다하여 주님이신 너의 하느님을 사랑하여라.' 또 둘째가는 계명은 '네 이웃을 네 몸같이 사랑하여라' 한 것입니다. 이 두 계명보다 더 큰 계명은 없습니다"(⟨마르⟩ 12,29-31)를 보자. "너, 이스라엘아 들어라. 우리의 하느님은 야훼시다. 야훼 한 분뿐이시다. 마음을 다 기울이고 정성을 다 바치고 힘을 다 쏟아 너의 하느님 야훼를 사랑하여라"(⟨신명⟩ 6,4-5)와 "네 이웃을 네 몸처럼 아껴라"(⟨레위⟩ 19,18)를 연결한 것이다.

예수와 율법이 대립 구도로 보이는 구절이 있다. "옛사람들에게 하신 말씀을 여러분은 들었습니다. 그러나 나는 이렇게 말합니다"(⟨마태⟩ 5,21-22)라는 문장은 율법과 예수의 관계가 무엇인지 궁금하게 만든다(⟨마태⟩ 5,17-48). 하느님이 주신 거룩한 율법을 왈가왈부하는 예수는 대체 어떤 사람인가. 예수는 하느님과 어떤 사이이기에 감히 그런 말을 하느냐 말이다. ⟨마태⟩ 저자는 예수가 율법을 폐기한 것이 아니라 오히려 완성한다는 취지로 말한다. 율법 규정뿐 아니라 율법에 담긴 하느님의 뜻까지 헤아려 실천하라는 말이다. 예수 추종자들은 유다인보다 율법을 잘 지키고 실천하라는 말이다.

율법에 대한 예수의 태도를 알 수 있는 주제 중 하나가 안식일 규정 토론이다. 안식일에 허용된 범위를 두고 벌어진 논쟁이다. 예수가 시작한 주제는 아니다. 유다교 내부에서도 안식일 규정에 엄격한 흐름과 유연한 흐름이 있었다. ⟨마르⟩ 저자는 예수가 안식일에 한쪽 손이 오그라든 사람을 고쳐준 사건(⟨마르⟩ 3,1-5)을 빌미로 바리사이파 사람들이 예수를 죽이려고 모의했다(⟨마르⟩ 3,6)고 주장하지만, 예수의 죽음 과정에 바리사이파는 아무 역할도 하지 않았다.

제자들이 안식일에 밀 이삭을 자른 사건(⟨마르⟩ 2,23-28)은 ⟨마르⟩ 저자의 설정이 드러나는 이야기다. 바리사이파 사람들이 안식일에 왜 예수 일행과 같이 있겠는가. 예수가 안식일에 밀밭 사이를 정말 지나갔을까. 제자들이 안식일 음식 준비도 하지 않았을까. 예수가 인용한 다윗 일행 이야기(⟨1사무⟩ 21,2-7)가 안식일에 일어났다는 말은 없다. 예수가 제자들의 행동을 정당화하려고 인용한 것도, 안식일 음식 규정에 대한 논쟁도, 생사가 걸린 문제를 다룬 이야기도 아니다. 모세보다 훌륭한 예수는 율법에 모순되지 않으면서 율법의 본래 의도를 드러나게 할 권위가 있는 분이다.[298]

공통년 180년경 유다교 랍비 세미온 벤 메나샤Shimeon ben Menasja는 "너희는 안식일을 지켜야 한다. 안식일은 너희에게 거룩한 날이다. 이날을 범하는 자는 반드시 사형에 처하여야 한다. 그날 일하는 자는 누구든지 겨레에서 추방당해 목숨을 잃을 것이다"(⟨출애⟩ 31,14)를 해석하면서 "안식일이 여러분을 위해 있는 것이지, 여러분이 안식일을 위해 있는 것은 아닙니다"라고 말했다.[299] "안식일이 사람을 위하여 있는 것이지, 사람이 안식일을 위하여 있는 것은 아닙니다"(⟨마르⟩ 2,27)라는 예수의 말을 싫어할 유다인이 있을까. "사람의 아들은 또한 안식일의 주인입니다"(⟨마르⟩ 2,28)라는 발언에는 많은 유다인이 궁금하고 의아했을 것이다.

1986-1997년 이집트 카이로 근처 동굴에서 ⟨다마스쿠스 문헌⟩으로 나중에 이름 붙은 여러 글 조각이 발견됐다. 안식일에 새끼 낳는 짐승을 돕지 말고, 구덩이에 빠진 사람에게 막대기나 사다리를 제공하지 말라는 부분이 있었다(CD 11,13-17; 4Q265). 예수는 하나뿐인 양이 안식일에 구덩이에 빠진 안타까운 예를 들며 농부의 딱한 처지를 편들었다(⟨마태⟩ 12,11-12). 그러나 예수가 율법과 안식일의 가치를 근본적으로 뒤흔들거나 의문을 표하진 않았다. 유다인 모두가 율법에 완고한 태도를 보인다고 단정해도 안 된다.

당시 음식 규정에서 깨끗함을 유지할 의무는 유다인에게 진지한 주제였다. 음식 규정이 유다인을 불편하게 만들었다는 인상을 받기는 어렵다. 유다인이 율법을 무거운 짐으로 여겼으리라는 짐작은 그리스도인의 흔한 오해다. 유다인은 음식 규정을 기쁘게 지켰다. 아직 그리스도교 공동체가 없던 시절에 음식 규정은 할례, 안식일 준수와 함께 이방인과 구분되는 유다인의 특징identity marker 가운데 하나다.

유다인이 겉만 깨끗하게 유지하려고 잔꾀를 부리진 않았다. 예수는 이스라엘 내부에서 음식 규정을 지키지 못해 소외되는 사람을 받아들이려고 애썼다. 하느님 나라라는 거대한 맥락에서 음식 규정을 보자는 게 예수의 생각이다. 예수가 모든 정결 규정을 깨뜨려야 한다고 주장한 적은 없다. 예수 전승 어디에도 그런 것은 없다. 예수 운동이 유다인이 아닌 민족에게도 예수를 전하기 시작한 뒤, 음식 규정은 유다인으로서 예수를 따르는 사람들에게 심각한 고민거리가 됐다. 예수를 믿으려면 유다인의 특징을 버려야 하느냐는 고뇌다. 바울과 복음서 저자들이 율법의 음식 규정을 유다인이 아닌 사람에게도 적용해야 하느냐 차원에서 고민했다면, 예수는 유다교 내부에서 소외된 유다인을 받아들이는 차원에서 고뇌했다.

예수는 하느님 나라 선포를 생각하며 제자들과 함께 갈릴래아 지역의 유다인 모임에 참석했다. 공동성서 연구 모임이다. 지금 우리가 읽는 공동성서 형태의 문헌으로, 당시 완결되진 않았다. 예수는 갈릴래아 호수나 근처 지역에서 사람들과 이야기했다. 호기심이 생긴 사람들이 하나둘씩 모여들기도 했다. 예수의 말보다 마귀 추방이나 치유 같은 사건이 관심을 끌지 않았을까. 군중, 즉 대부분 가난한 사람이 예수의 청중이다 (〈마르〉 1,32-33; 2,1-12; 2,13; 3,7). 집, 공터, 호숫가 등이 만난 장소다. 예수의 소문이 옛 이스라엘 열두 부족의 지역까지 두루 퍼졌다(〈마르〉 3,7-8). 〈마태〉 저자는 예수와 이스라엘의 연결을 강조하려는 의도에서 예수를 임마누엘Immanuel(〈마태〉1,23)이라 소개했다. 모든 인간과 함께 계신 하느님이 우선 이스라엘 민족과 함께 계신다는 뜻이다. 목자 없는 양과 같이 시달리며 허덕이는 군중(〈마태〉9,36), 즉 이스라엘 백성에게 예수 안에서 하느님의 자비가 드러난다.

예수가 이스라엘의 가난한 사람에게 다가설 때 피할 수 없는 주제가 하나 있다. 율법을 다 지키면서 사람들을 만나느냐, 율법을 어기는 한이 있더라도 사람들을 만나느냐 하는 문제다. 예수는 세리 집에 머물렀다 (〈루가〉19,6). 죄인들과 함께 밥을 먹었다(〈마르〉2,15;〈루가〉15,2). 죄 많은 여인이 예수의 발을 씻게 두었다(〈루가〉7,36-38). 치유 사건에서도 병자와 접촉하고 이방인을 만났다(〈마르〉5,25-34;〈루가〉7,11-17;〈요한〉11,1-44). 예수는 율법을 어기면서 사람들을 만났다.

정결 규칙은 유다인에게 개인위생이나 예절 차원을 넘어선 중요한 종교적 계율이다(〈레위〉10,10;11,44). 낙타와 토끼, 돼지 등 특정한 짐승이나 음식은 먹어선 안 된다(〈레위〉11장;〈신명〉14장). 깨끗하지 않은 사람이나 물건과 접촉하거나 그런 장소에 가도 안 된다. 특히 예루살렘성전 예배에 참석할 때 정결해야 한다. 바리사이파 사람들은 성전뿐만 아니라 일상생활까지, 사제는 물론 신자에게도 정결 규정을 확장해서 지키려고 애썼다.

예수가 유다교 정결 규정을 모조리 무시한 것은 아니다(〈마르〉1,40-45). 예수가 정결 규정이 의미 없다고 말한 적은 없다. 깨끗함이고 더러움이고 그런 구분은 없다는 말도 아니다. 모든 것이 깨끗하다고 말한 것도 아니다. 하느님과 만나기 위해 깨끗함을 유지하려는 유다인의 착한 뜻을 예수가 업신여긴 적도 없다. 그렇다면 정결 규정에 대한 예수의 새로운 해석은 무엇일까.

음식, 물건, 장소보다 사람이 우선이고 중요하다는 것이다. 깨끗하지 못한 사람이나 물건과 접촉하거나 그런 장소에 간다고 사람이 더러워지는 것은 아니다(〈마르〉7,15; 〈마태〉15,11). 사람이 정결 규정을 위해 있는 게 아니라 정결 규정이 사람을 위해 있다. 깨끗한 사람만 따로 모일 게 아니라 깨끗하지 못한 사람도 깨끗하게 만들고 한데 모여야 한다. 먼저 환자를 건강하게 만들어야 한다(〈마르〉2,17). 더러운 영역을 깨끗한 영역으로 바꿔야 한다. 예수를 만나면 더러움도 깨끗함으로 변한다.

예수는 이런 바탕 위에 사람들에게 다가섰다. 유다교 정결 규정을 잘 지키기 위해서 죄짓지 않으려는 마음과 노력만 필요한 것은 아니었다. 병자는 아무리 애써도 더러움에서 벗어날 길이 없었다. 가난한 사람은 정결 규정을 지킬 시간적·경제적 여유가 부족했다. 돈 없는 사람은 종교적으로 깨끗하게 인정받기 힘들었다. 그들은 사회뿐만 아니라 종교에서도 소외됐다. 그들을 다시 받아들이지 않으면 이스라엘을 회복할 수 없다(〈마르〉3,31-35; 〈도마복음〉99장). 그래서 예수는 잃어버린 이스라엘의 양을 먼저 찾아갔다. 깨끗한 예수가 더러운 사람을 찾아가 만나서 더러움을 뒤집어썼다. 그들은 깨끗해지고 공동체에 받아들여지고 예수와 하나가 됐다. 이런 예수의 생각과 처신은 완고한 종교인들과 많은 유다인에게 충격과 분노를 일으켰다.

예수 행복 선언에서 먼저 언급되는 사람은 가난한 사람, 굶주린 사람, 우는 사람이다. 예수의 선교 활동은 사실상 그들에게 집중됐다고 말해도 지나치지 않다. 예수가 첫 설교에서 언급한 〈이사〉61,1-3a을 보자.

주 야훼의 영을 내려주시며 야훼께서 나에게 기름을 부어주시고 나를 보내시며 이르셨다. "억눌린 자에게 기쁜 소식을 전하여라. 찢긴 마음을 싸매주고 포로들에게 해방을 알려라. 옥에 갇힌 자들에게 자유를 선포하여라. 야훼께서 우리를 반겨주실 해, 우리 하느님께서 원수 갚으실 날이 이르렀다고 선포하여라. 슬퍼하는 모든 사람을 위로하여라. 시온에서 슬퍼하는 사람에게 희망을 주어라."

복음서에서 예수가 가장 많이 인용한 공동성서는 〈이사〉다. 예수는 희망을 선포한 〈이사〉에서 많은 영향을 받았다. 예수를 잘 이해하려면 〈이사〉를 이해해야 한다. 멸망을 선포한 〈예레〉는 복음서에서 딱 한 번 인용했다. 예수 운동에서 유다인과 이방인이 한데 어울리고 이방인에게 예수를 전할 때도 예수의 생각이 적용됐다(〈로마〉 14,4; 〈사도〉 10,15; 〈1고린〉 7,14). 이방인은 종교적으로 깨끗하지 않은 사람이 아니다.

예수의 등장은 사람들을 분열시켰다. 반대자들이 예루살렘에서 처음 생긴 것은 아니다. 갈릴래아에서, 예수의 고향과 그 주변에서 처음 반대자들이 생겼다. 우선 바리사이파가 있다. 유다교의 가르침을 어떻게 이해하고 종교 규칙을 일상에 적용할까 고뇌하며 애쓰던 사람들이다. 그들은 율법 해석에서 예수와 논쟁했다. 안식일 논쟁에서 바리사이파가 예수를 죽이려 모의했다는 언급(〈마르〉 3,6)은 사실이 아니다. 예수가 처형될 때 율법 해석에 관해서는 질문도 받지 않았다. 유다교에서 다양한 율법 해석은 흔했고, 죽음에 처할 일도 아니었다.[300]

꽉 막힌 율법 추종자 바리사이파와 폭넓은 예수의 대결로 낙인찍으면 안 된다. 그런 생각은 바리사이파를 정확히 이해하는 데 방해될 뿐 아니라, 예수를 이해하는 데도 도움이 되지 않는다. 당시 바리사이파는 정치적 영향력이 약한 평신도 개혁 그룹이었다. 바리사이파는 예수의 재판과 처형에서 예수에게 불리한 역할을 하지 않았다.

율법과 예수의 관계는 성서신학에서 가장 논란이 되는 주제다.[301] 예전 성서 주석학에서 예수를 유다교와 대립시키거나 유다교에서 벗어나게 놓는 흐름이 강했다. 예수는 유다인이고 유다교 영성을 전제했지만, 동시에 자신의 주장으로 그 분야를 깨뜨린 사람이다.[302] 예수의 말과 행동으로 이스라엘과 그 선조의 양보할 수 없고 똘똘 뭉친 특권이 뿌리부터 공격받고 흔들렸다[303]는 의견이 그 예다. 그러나 최근 주석학에서는 예수를 유다교의 다양한 모습 안에 그대로 놓고 보려는 흐름이 강하다. 기적도, 비폭력도, 종말론적 희망도, 소외된 사람에 대한 약속도 예수에 대해 알려진 내용 가운데 어느 것도 예수의 독특한 것이라고 말할 수 없다.[304] 예수의 가르침은 유다교 밖으로 나올 생각에서 비롯한 게 아니라, 유다교 내부의 묵시 사상을 윤리적으로 깊게 완성한 것이다.[305]

예수는 유다교 내부에서 율법을 새롭게 해석하려고 애썼다. 그 노력에서 결과적으로 갈등이 생겼다. 그 갈등이 예수 운동에 영향을 미쳤고, 예수 운동이 유다교와 갈등하고 이탈하는 이유 중 하나로 작용했다. 우리에게 중요한 것은 율법 논쟁에서 예수와 유다교의 차이뿐 아니라 예수와 유다교의 연결을 놓치지 않는 일이다. 그러고 나서 예수와 유다교의 연결과 차이를 보는 일이다. 그 차이가 예수와 유다교에서 나왔든, 예수 운동과 유다교에서 나왔든 말이다.

율법이 유다교에서 엄청난 위치를 차지한다는 사실은 더 말할 필요도 없다.[306] 유다교에서 율법에 대한 다양한 해석이 있었고, 여러 율법 신학도 있었다.[307] 여러 종교와 외국 문화의 영향으로 유다교의 순수성이 훼손되고, 이를 이겨내려는 유다인의 노력(〈1마카〉 2,15-28)에서 바리사이파와 사두가이파, 에세네파가 차차 등장했다.[308] 신약성서 시대에 정결 규정(〈마르〉 7,1-8.14-23; 〈로마〉 14,14), 맹세(〈마르〉 7,9-13), 십일조(〈마태〉 23,23) 주제를 다뤘다.

바리사이파는 예루살렘성전에서 사제에게 요구하던 규정을 신자도 일상생활에서 지키도록 가르쳤다.[309] 비느하스Φινεες 사제(〈민수〉 25,7)와 예언자 엘리야(〈1열왕〉19,19)를 뒤따른다고 다짐한 젤로데파가 바리사이파에서 떨어져 나왔다. 젤로데파는 공통년 6년 갈릴래아 사람 유다 가말라Judas Gamala와 바리사이파 사독Zadduk에 의해 생겼다.[310] 젤로데파는 로마 군대의 식민지 통치를 거부했다.[311] 사두가이파는 바리사이파가 전해준 특별한 전승과 부활 신앙을 거부했다(〈마르〉12,18-27; 〈사도〉23,6-8). 쿰란 문헌(CD Ⅲ 12-16; Ⅳ 3-11)에 따르면, 에세네파도 율법을 엄격하게 지키려고 애썼다.[312]

이스라엘 밖에 살던 유다인 공동체(디아스포라)는 사정이 달랐다. 압도적인 그리스 문화에 살던 그들은 유다인의 정체성을 지키려고 애썼다. 동시에 그들은 율법에서 윤리적·보편적 의미를 찾으려 했다.[313] 율법은 계명 몇 개로 요약되고, 도덕률 성격이 강조됐다. 필론은 시나이산 율법과 창조와 자연법을 일치시키려 애썼다.[314] 유다교 묵시 사상에서 율법은 하느님의 심판 기준으로 여겨졌다. 엄격한 율법 준수는 하느님의 구원에 대한 희망으로 강하게 연결됐다.[315]

갈릴래아 유다인은 율법을 엄격하게 지켰을까. 예수는 갈릴래아 호수[316]를 중심으로 갈릴래아 지방에서 활동했다. 예수가 예루살렘성전 밖과 근처 지역에서 활발히 활동한 기록은 없다. 갈릴래아 지방에 유다인이 많이 살았다.[317] 신약성서에는 언급되지 않았지만, 예수가 그리스 문화가 강한 도시 세포리스와 티베리아스를 몰랐을 리 없다. 예수가 갈릴래아 활동에서 세포리스와 티베리아스를 제외했을 리 없지만,[318] 복음서는 침묵하고 있다. 세포리스는 예수의 고향 나자렛에서 겨우 6킬로미터 거리다. 일상에서 유다인이 아닌 사람과 접촉하는 일은 예수에게 낯설지 않았다. 예수가 유다인이 아닌 사람과 대화할 때 그리스어를 사용했거나 적어도 몇 마디 알아들을 수 있었으리라고 추측된다.[319] 갈릴래아 지방에는 바리사이파 사람이 별로 없었던 듯하다. 갈릴래아 유다인은 예루살렘

유다인과 조금 다르게 정결 규정에 덜 엄격한 태도를 취한 것 같다.[320]

예수는 율법에 어떤 입장이었을까. 이 질문에 대한 중요한 자료를 행복 선언 반명제Antithese 어법에서 볼 수 있다. "말해졌습니다. 그러나 나는 여러분에게 이렇게 말합니다"(⟨마태⟩ 5,27-28). 말해졌습니다Ἐρρέθη는 공동성서의 하느님 말씀을 가리킨다. 예수의 반명제는 성서 말씀을 예수의 말과 대비한다.[321] 예수의 반명제는 고대 유다교에서 볼 수 없는 새로운 어법이다.[322] 예수의 반명제는 원수 사랑을 제외하면 모두 유다교에서 다뤄온 내용을 말한다.[323] 중요한 것은 이 말이다. "그러나 나는 여러분에게 이렇게 말합니다ἐγὼ δὲ λέγω ὑμῖν"(⟨마태⟩ 5,28). 예수는 하느님 나라의 메시지 앞에서 하느님의 뜻을 새롭게 해석한다. 예수는 율법을 인용해 자신이 한 말을 풀이하지 않고 자신의 권능으로 율법을 해설한다. 예수가 율법을 반대하거나 폐기한 것은 아니지만, 사실상 율법을 절대화하지 않고 상대화Relativierung했다.[324]

### 정결 규정

창조 당시부터 깨끗함과 더러움이 구분된 것은 아니다. ⟨창세⟩ 7,2부터 깨끗한 동물과 더러운 동물이 나뉘기 시작했다. 예수는 종교적 소외와 차별을 정당화하는 근거로 작용한 정결·불결 규정을 반대했다. "무엇이든지 밖에서 몸 안으로 들어가는 것은 사람을 더럽히지 않습니다. 더럽히는 것은 도리어 사람에게서 나오는 것입니다"(⟨마르⟩ 7,15)는 완전히 새로운 말로, 유다교 문헌에 이와 비슷한 사례가 없다.[325] ⟨마르⟩ 7,15은 예수가 직접 한 말로 널리 인정된다.[326]

⟨마르⟩ 7,15 해석은 논란이 되고 있다. "더럽히는 것은 도리어 사람에게서 나오는 것입니다"라는 구절이 뒤따라오는 걸 보면, 음식 규정만 가리키는 것은 아닌 듯하다. 생각과 말과 행동을 포함해 사람에게 나오는

모든 것이 하느님 앞에서 인간을 더럽게 만들 수 있다[327]는 말 같다. 유다교 정결 규정(〈레위〉 1-15장)을 절대적으로 여기지 않고 사실상 상대화한 것을 뜻한다. 예수는 정결 규정, 종교의식, 예배에서 유다인의 특징을 확인하고 다른 민족과 차별을 정당화한 관행에 의문을 던진다. 바리사이파,[328] 사두가이파,[329] 에세네파-쿰란 공동체[330]와 예수가 상당히 다른 점이 드러났다. 율법, 특히 안식일 규정과 정결 규정에 대한 이해에서 쿰란 공동체와 예수의 차이가 뚜렷하다.[331]

그렇다고 〈마르〉 7,15에서 예수와 유다교가 기본적으로 갈라섰다[332]는 의견을 이끌어낼 순 없다. 〈마르〉 7,15은 정결 규정보다 사랑의 의무가 중요하다는 말 같다.[333] 〈마르〉 7,15은 예수가 한 말이 아니고, 유다인이 아닌 사람을 대상으로 선교 활동을 하던 해방적 예수 운동 그룹에서 나왔다는 의견이 있다.[334] 음식 규정을 빌미로 사람을 종교적으로 소외·차별하는 행위는 창조주 하느님의 뜻에 어울리지 않는다.

### 안식일

안식일 규정(〈마르〉 2,23-28)도 음식 규정처럼 사람을 하느님과 멀리 떨어뜨리는 장치로 사용해선 안 된다. "안식일이 사람을 위하여 창조된 ἐγένετο 것이지, 사람이 안식일을 위하여 창조된 것은 아닙니다"(〈마르〉 2,27)[335]에서 예수는 사람과 안식일은 하느님에 의해 그렇게 창조됐음ἐγένετο을 강조한다. ἐγένετο는 〈마르〉 2,27과 〈창세〉 1,3 "빛이 생겨났다ἐγένετο"에서 똑같이 사용됐다. "안식일이 사람을 위하여 있는 것이지, 사람이 안식일을 위하여 있는 것은 아닙니다"보다 "안식일이 사람을 위하여 창조된 것이지, 사람이 안식일을 위하여 창조된 것은 아닙니다"가 원문에 가까운 번역이라고 생각한다.

예수는 열여덟 해 동안이나 앓던 여인을 안식일(〈창세〉 2,2)에 고쳐준다(《루가》 13,10-17). "안식일에 착한 일을 하는 것이 옳습니까? 악한 일을 하는 것이 옳습니까? 사람을 살리는 것이 옳습니까? 죽이는 것이 옳습니까?"(《마르》 3,4)는 예수가 한 말로 인정된다.[336] 유다교가 안식일에 악한 일을 하라고 가르치거나 사람을 죽이는 것이 옳다고 말한 적은 없다. 예수가 "착한 일과 사람을 살리는 일을 꼭 안식일이 아닌 날에 해야 합니까? 안식일에도 착한 일과 사람을 살리는 일을 해야 하지 않겠습니까?" 정도로 말했다면 얼마나 좋았을까. 예수가 안식일을 없애자고 주장한 게 아니다. 갈릴래아 지방의 억압된 유다인 농부에게 안식일을 살 가치가 있는 날[337]이라고 설명한 것 같다.

## 십일조

십일조 규정(《레위》 27,30)의 후퇴도 이런 맥락에서 봐야겠다. 십일조는 유다교 랍비 전승에서 핵심 규정 가운데 하나다.[338] 십일조는 갈릴래아 지방 하류층과 중류층 유다인이 감당하기 어려운 경제적 짐이었다.[339] 예수는 십일조에 대해 바리사이파와 다른 입장이었다.

"바리사이파 사람은 보라는 듯이 서서 '오, 하느님! 감사합니다. 저는 다른 사람들과는 달리 욕심이 많거나 부정직하거나 음탕하지 않을뿐더러 세리와 같은 사람이 아닙니다. 저는 일주일에 두 번이나 단식하고 모든 수입의 십 분의 일을 바칩니다' 하고 기도하였습니다. 한편 세리는 멀찍이 서서 감히 하늘을 우러러보지도 못하고 가슴을 치며 '오, 하느님! 죄 많은 저에게 자비를 베풀어주십시오' 하고 기도하였습니다. 잘 들으시오. 하느님께 올바른 사람으로 인정받고 집으로 돌아간 사람은 바리사이파 사람이 아니라 바로 그 세리였습니다."(《루가》 18,11-14)

예수가 십일조를 내지 못한 유다인을 비판한 적은 없다. 예수는 십일조를 내면서도 정의와 자비, 신의 같은 중요한 율법을 대수롭지 않게 여긴 사람을 위선자라고 비판했다. "율법 학자들과 바리사이파 사람들아, 여러분 같은 위선자들은 화를 입을 것입니다. 여러분은 박하와 회향과 근채에 대해서는 십 분의 일을 바치라는 율법을 지키면서 정의와 자비와 신의 같은 아주 중요한 율법은 대수롭지 않게 여깁니다. 십 분의 일 세를 바치는 일도 소홀히 해서는 안 되겠지만 정의와 자비와 신의도 실천해야 하지 않겠습니까?"(〈마태〉 23,23) 하느님께 돈을 바치기보다 정의롭고 자비로우며 신의가 두터운 삶을 바치라는 뜻이다. 하느님이 무슨 돈이 필요하겠는가.

유다인은 예루살렘성전을 방문하거나 세례자 요한에게 세례를 받으려면 제물과 헌금, 여행 경비 등 적잖은 돈이 필요했다. 가난한 사람에게는 신앙생활이 경제적으로 큰 부담이었다. 예수는 가난한 사람에게 폐끼치지 않으려고 가난한 사람을 직접 찾아다녔다. 예수는 종교 명목으로 가난한 사람에게 어떤 사례나 기부, 헌금도 요구하지 않았다.

예수는 안식일, 음식, 정결, 십일조 등 중요한 율법 규정에서 무슨 말을 하고 싶었을까. 예수가 율법에서 윤리 분야는 강화하고 종교의식 분야는 약화했다[340]고 봐야 하는가. 예수가 율법 해석을 자기 사명의 핵심으로 여긴 것 같지도 않다.[341] 예수가 율법을 부정하거나 없애려고 애쓴 흔적은 찾기 어렵다. 예수는 율법의 눈으로 하느님 나라를 보지 않고, 하느님 나라의 눈으로 율법을 봤다. 이것이 예수와 유다교 사이에 갈등과 논쟁이 생긴 근본 원인 같다. 율법에 대한 예수의 태도는 일찍이 예수 운동에 전해지고 연결됐다.

## 계명

우리가 예수의 윤리라는 말을 쓸 수 있는지 논란이 되고 있다.[342] 윤리를 이론 차원의 작업으로 보면 예수의 윤리보다 예수의 윤리적 입장이라고 쓰는 게 좋다[343]는 의견이 있다. 예수는 자신의 윤리적 입장을 이론적으로나 체계적으로 해명한 적이 없기 때문이다.[344] 그러나 예수가 우연한 상황에서 몇 가지 윤리적 입장만 밝힌 건 아니다. 예수의 윤리는 철저하게 하느님의 뜻을 가리킨다. 예수는 다가오는 하느님 나라에서 하느님의 뜻을 어떻게 선포하고 실천하느냐에 집중한다.[345]

하느님은 악한 사람에게나 선한 사람에게나 똑같이 햇빛을 주시고 옳은 사람에게나 옳지 못한 사람에게나 똑같이 비를 내려주시며(〈마태〉 5,45), 우리의 머리카락까지도 낱낱이 세어두시고(〈마태〉 10,30), 공중의 새들과 들꽃을 자라게 하신다(〈마태〉 6,26-28). 우리에게 있어야 할 것을 잘 알고 계시는 하느님(〈마태〉 6,32)께서 인간을 얼마나 더 보살피시겠는가(〈마태〉 6,30). 우리는 먼저 하느님의 나라와 하느님께서 의롭게 여기시는 것을 구해야 한다(〈마태〉 6,33).[346] 피조물과 인간을 함께 통찰하는 지혜 스승 Weisheitslehrer[347]처럼 하느님의 뜻을 실천하려는 가르침이 예수 윤리의 특징이다. 인간은 하느님 앞에서 인간의 형제자매인 피조물과 인류 공동의 집인 지구에 책임을 진다. 인간이 피조물을 책임져야 하는데 피조물이 지금 인간을 원망하고 있지는 않을까. 인간은 혹시 만물의 영장이라기보다 지구에서 가장 어리석은 존재가 아닐까.

사랑의 계명이 예수 윤리에서 중심을 차지한다. 이웃 사랑(〈마태〉 5,43), 원수 사랑(〈마태〉 5,44), 하느님을 사랑하고 이웃을 사랑하라는 계명(〈마르〉 12,28-34)으로 자세히 설명했다. 어느 율법 학자가 예수에게 어느 것이 첫째 계명이냐 질문했다(〈마르〉 12,28). 율법 학자들은 모든 계명을 똑같이 소중하다고 여기기 때문에 그런 질문을 하지 않는다. 〈마태〉 저자가 꾸며낸 질문이다. 〈마르〉 12,28-34이 쓰인 그대로 역사의 예수에서 비롯된 건 아니다. 그리스계 예수 운동의 전승이 담겨 있다. 사랑의 두 계명을 역사의 예수가 〈마르〉 12,28-34에 나타난 것처럼 말했다고 보기 어렵다.[348]

그러나 하느님을 사랑하고 이웃을 사랑하라는 두 계명이 내용상 역사의 예수에게 돌아간다는 사실은 분명하다.[349] 하느님 사랑(〈신명〉6,5)과 이웃 사랑(〈레위〉19,18)은 유다교 전통에 분명히 있었지만,[350] 두 계명에 순서를 말하진 않았다.[351] 하느님 사랑과 이웃 사랑 계명은 유다교 전통에 잘 보존돼 내려왔고, 그것을 예수가 자신의 사명에서 핵심으로 강조했다. 예수는 비유에서도 희생자의 관점에서 이웃 사랑을 강조했다(〈루가〉10,30-37).[352]

# 7. 심판

공동성서에 따르면, 하느님의 정의는 세상 끝 날 인류 구원을 위한 심판에서 드러난다. 불의는 널리 알려져야 하고, 악은 반드시 처벌받아야 한다. 하느님은 심판 안에서 구원하신다.[353] 심판 사상은 유다교 세계관의 기본에 속했다. 세례자 요한뿐만 아니라 예수도 심판에 대해 말했다.[354] 심판과 구원을 대립 관계로 보는 것은 적절하지 않다는 의견이 있다. 심판은 인간의 구원과 멸망을 제시하기 때문에 심판은 언제나 구원 행위[355]라는 것이다. 하느님은 역사와 개인의 삶을 모른 체하시지 않는다. 심판이 없다면 악의 세력이 역사의 승리자라고 자처하며 축배를 들 수 있다. 심판은 창조주 하느님이 인간과 피조물에 대해 최종적으로 책임지시는 행위다.

유다인은 구원받고 유다인이 아닌 사람은 구원받지 못한다는 통념에 세례자 요한과 예수 모두 반대했다. 이스라엘 전체가 구원받지 못할 위험에 처했다는 말이다. 예수를 믿는 사람은 구원받고 믿지 않는 사람은 구원받지 못한다는 통념에 빠진 사람이 있을지 모르겠다. 예수를 믿는 사람도 심판을 기다려야 한다. 예수가 이스라엘 전체에 경고하는 발언이 있다. 회개하지 않으면 모두 망할 것이다(〈루가〉 13,5). 예수가 빌라도에게 학살된 갈릴래아 사람들(〈루가〉 13,1)과 실로암 탑이 무너질 때 깔려 죽은 18명(〈루가〉 13,4)이 자기 죄 탓에 숨졌다고 설명하는 게 아니다. 억울하게 희생된 그들보다 갈릴래아 사람과 예루살렘 사람의 죄가 크다는 뜻이다.

하느님의 심판은 학살처럼, 불행처럼 예상치 못한 때 들이닥칠 거라는 경고다.

"심판 날이 오면 남쪽 나라의 여왕이 이 세대 사람들과 함께 일어나 그들을 단죄할 것입니다"(〈루가〉 11,31).[356] 시돈이나 띠로는 심판받을 땅으로 자주 등장하는 유다인이 아닌 사람들의 도시다(〈이사〉 23,1-4;〈예레〉 25,22;47,4;〈에제〉 27,8;〈요엘〉 4,4). 예수는 심판받을 땅은 이스라엘이라고 바꿔버렸다. 심판 날이 오면 남쪽 나라의 여왕과 니느웨 사람들이 이 세대와 함께 일어나 이 세대를 단죄할 것이다(〈루가〉11,31-32). 유다인이 심판받아 마땅한 사람들이라고 여기던 이방인이 오히려 유다인을 심판하러 온다는 뜻이다. 심판 날에 띠로와 시돈 같은 이방인 땅이 코라진과 베싸이다와 가파르나움 같은 유다인 땅[357]보다 가벼운 벌을 받을 것이다(〈루가〉10,13-15). 남미 원주민에게 복음을 전하고 땅을 빼앗은 유럽 선교사들을 심판하러 남미 원주민이 우뚝 일어날 것이다.

심판에 대한 예수의 경고는 이스라엘뿐만 아니라 유다인 개인을 향한다. "그날 밤에 두 사람이 한 침상에 누워 있다면 하나는 데려가고 하나는 버려둘 것입니다. 또 두 여자가 함께 맷돌질하고 있다면 하나는 데려가고 하나는 버려둘 것입니다"(〈루가〉 17,34-35). 어떤 사람은 구원받고 어떤 사람은 구원받지 못한다는 비유다. 하느님이 누가 구원받고 누가 구원받지 못할지 정해놓으셨다는 말이 아니다. 예수는 구원 예정설을 선포한 적 없다. 예수는 심판을 앞두고 개인의 결단이 중요하다고 말한다. 어리석은 부자의 비유(〈루가〉 12,16-20)는 심판이 얼마나 무서운지 보여준다. 많은 재산을 쌓아두었으니 걱정할 것 없이 실컷 쉬고 먹고 마시며 즐기는 부자에게 하느님은 "어리석은 자야, 바로 오늘 밤 네 영혼이 너에게서 떠나가리라" 하신다(〈루가〉 12,20). 하느님의 심판에는 집행유예도, 사면도 없다. 돈을 믿고 하느님을 잊은 사람은 목숨을 잃는다.

심판은 예수에 대한 개인의 태도에도 달렸다(《루가》7,31-34).[358] 예수를 믿기보다 예수의 말을 실천하라는 경고다. 몸은 교회나 성당에 있지만, 마음은 예수를 멀리 떠난 사람에게 하는 말이다.

"여러분은 나에게 '주님, 주님!' 하면서 어찌하여 내 말을 실행하지 않습니까? 나에게 와서 내 말을 듣고 실행하는 사람이 어떤 사람인지 가르쳐 주겠습니다. 그 사람은 땅을 깊이 파고 반석 위에 기초를 놓고 집을 짓는 사람과 같습니다. 홍수가 나서 큰물이 집으로 들이치더라도 그 집은 튼튼하게 지었기 때문에 조금도 흔들리지 않습니다. 그러나 내 말을 듣고도 실행하지 않는 사람은 기초 없이 맨땅에 집을 지은 사람과 같습니다. 큰물이 들이치면 그 집은 곧 무너져 여지없이 파괴되고 말 것입니다."(《루가》6,46-49)

# 8. 기도
··············

하느님 앞에서 어떻게 살아야 할까. 하느님과 어떻게 대화할 수 있을까. 이 주제는 예수 시대 모든 유다인의 공통된 관심사였다. 예루살렘성전에서 제사드리고 여러 축제를 지내고 율법을 존중하고 지키는 일은 유다인에게 삶의 기초였다(〈이사〉 56,7; 〈마르〉 11,17). 예루살렘성전에서 드리는 제사에는 사제, 레위인, 유다인이 참여했다.[359] 24등급으로 나뉜 사제는 1년에 일주일씩 두 번 예루살렘성전에서 예배드리도록 배정됐다. 예수도 예루살렘성전에 서서 기도하는 유다인처럼 기도한 것 같다. 예수는 체포되기 직전 게쎄마니 언덕에서 엎드려 기도했다(〈마르〉 14,35; 〈마태〉 26,39). 무릎 꿇고 기도하는 장면도 있다(〈루가〉 22,41). 반대자들이 기도와 관련해 예수와 다툰 적이 없다. 예수의 기도 내용과 품질, 방법에 대해 비판한 사람은 없다.

고대 세계에 기도와 관련해 예수처럼 풍부한 자료를 제공한 사람은 없다.[360] 예수가 세상에 드러난 시간이 길지 않았다는 점을 생각하면 놀라운 일이다. 예수의 삶이 기도의 삶이라는 사실은 누구나 인정한다. 특히 〈루가〉는 예수가 중요한 계기마다 기도했다고 기록했다. 〈루가〉에 예수가 세례를 받고 기도했고(3,21), 기도하는 동안 모습이 변하고 옷이 눈부시게 빛난(9,29) 장면이 나온다. 이때 기도 내용은 전해지지 않는다.

예수의 기도는 종교의식과 관계없다. 예수가 유다교에서 처음으로 개인 기도를 한 건 아니다. 아들 하나 주십사 간청한 한나(〈1사무〉 1,10-

13,15-17), 즈가리야의 기도를 들어주신 하느님(⟨루가⟩ 1,13), 성전에서 바리사이파 사람과 세리의 기도(⟨루가⟩ 18,10-14) 등 개인 기도는 예수 이전에도, 예수 시대에도 있었다.

예수는 안식일이 되자 늘 하던 대로 회당에 들어갔다(⟨루가⟩ 4,16). 예수가 회당에서 열리는 예배에서 유다인이 드리는 공통 기도를 했다는 사실을 알려준다. 예수는 식사 기도를 했다(⟨마르⟩ 6,41; 8,6; 14,22). 예수는 유다교의 기도 시간에 대해 질문하지 않고, 하루에 세 번 하는 기도를 동료 유다인처럼 한 것 같다. 예수가 유다인의 기본 기도인 '들어라 이스라엘 Schema Jisrael 기도'를 아침저녁으로 했는지 알 수 없다. '들어라 이스라엘 기도'가 예수 시대에 갈릴래아 지방에서 널리 알려졌는지도 알 수 없다.[361] "이스라엘아, 들어라. 우리 하느님은 유일한 주님이시다"(⟨마르⟩ 12,29)로 보아 예수가 '들어라 이스라엘 기도'를 안 것으로 여겨진다.

예수는 기도하러 조용한 곳으로 가기도 했다(⟨마르⟩ 1,35; 6,46; ⟨루가⟩ 5,16; 6,12; 9,18; 11,1). 그때 제자 몇 명과 동행했고(⟨마르⟩ 14,33; ⟨루가⟩ 9,28), 제자들은 조금 떨어져 있거나 잠들기도 했다(⟨마르⟩ 14,35.37.40). 예수는 기도를 외워서 하거나 규칙적으로 했고, 사람들에게도 그렇게 하라고 권유한 것 같다(⟨마태⟩ 7,7-11). 예수는 찬양 기도(⟨마태⟩ 11,25-27)와 감사 기도(⟨마태⟩ 14,22-23), 축복 기도(⟨마르⟩ 10,16; ⟨루가⟩ 24,50)를 했다. 예수는 다른 사람을 위해 기도했다(⟨루가⟩ 22,32; ⟨마태⟩ 19,13-15). 체포되기 직전에 "이 잔을 제게서 거두어주소서. 그러나 제 뜻대로 마시고 아버지의 뜻대로 하소서"(⟨마르⟩ 14,36) 하고 기도했다. 십자가 위에서 "나의 하느님, 나의 하느님, 어찌하여 나를 버리시나이까?"(⟨시편⟩ 22,1)라고 기도했다(⟨마르⟩ 15,34). 예수가 지상에서 마지막으로 한 기도는 무엇일까. "예수는 큰 소리를 지르고 숨을 거두었다"(⟨마르⟩ 15,37). 우리는 세상을 떠날 때 어떤 기도를 할까.

예수는 무엇을 기도하고(〈루가〉11,2-4; 〈마태〉6,9-13) 어떻게 기도할지(〈마태〉6,6) 조언했다. "추수할 것은 많은데 일꾼이 적으니 그 주인에게 추수할 일꾼들을 보내달라고 청하시오"(〈마태〉9,37-38)라고 제자들에게 말했고, 가장 큰 재난이 겨울에 일어나지 않도록 기도하라(〈마르〉13,18-20)고 부탁했다. 끊임없이 기도하라는 말은 신약성서 편지와 복음서에 공통으로 나온다(〈1데살〉5,17; 〈에페〉6,18; 〈루가〉18,1; 21,36). 기도하는 사람이 하느님을 아버지처럼, 어머니처럼 신뢰하는 것이 중요하다. "여러분의 아버지께서는 구하기도 전에 벌써 여러분에게 필요한 것을 알고 계십니다"(〈마태〉6,8).

예수는 아람어로 쓴 주의 기도를 제자들에게 전했다고 성서학계 의견이 모였다.[362] 우리에게 전해진 주의 기도 이전에 생긴 기도다. 주의 기도 첫 부분과 유다교 기도 카디쉬가 비슷하다.[363] 주의 기도 해석에서 의미 중심이 시대에 따라 바뀌기도 했다.[364] 20세기 중반부터 역사적 해석이 유행했다. 아버지와 자녀의 관계가 abba라는 단어 해설을 통해 주의 기도의 특징으로 강조됐다.[365] 20세기 후반부터 주의 기도에 대한 종말론적 해석이 유행했다. 하느님 나라가 곧 다가온다는 내용이 강조됐다. 빵은 구원 시대의 빵이라고 이해했다.[366] 종교 역사에서 주의 기도의 역할을 주목한 의견[367]도 나왔다. 주의 기도는 예수 운동의 특징identity marker이다.[368]

예수는 힘들 때 어떻게 기도했을까. 그중 하나는 게쎄마니 동산에서 기도한 때(〈마르〉14,32-42)다. 예수는 베드로와 야고보와 요한만 데리고 기도하러 갔다. 세 제자를 따로 데려갔다는 사실은 심각한 결단의 시간임을 가리킨다. 회당장 야이로의 딸을 살릴 때(〈마르〉5,35-43), 예수의 모습이 영광스럽게 변할 때(〈마르〉9,2-8) 예수는 세 사람을 데려갔다. 세 제자는 권력 서열 1-3위를 가리키는 말이 아니다. 예수 곁에서 무슨 권력

서열이 있겠는가. 인간적으로 보면 예수가 게쎄마니 언덕 너머 유다 광야로 도망칠 마지막 기회였다. 그랬다면 목숨을 건질 수 있었다.

〈마르〉 저자가 예수의 기도를 녹음하거나 녹취하거나 현장에서 받아 쓴 건 아니다. 예수가 엎드려 혼자 기도하는 말을 아무도 곁에서 듣지 못했다. 당시 예수의 심정을 신학적으로 소개하는 것이다. 예수는 하느님께 울부짖는 의로운 사람으로 그려진다(〈시편〉 55,4-6). "아버지, 나의 아버지! 아버지께서는 무엇이든 다 하실 수 있으시니 이 잔을 나에게서 거두어주소서. 그러나 제 뜻대로 마시고 아버지의 뜻대로 하소서"(〈마르〉 14,36)라는 기도는 네 부분으로 구성된다. 하느님을 부르고, 하느님의 능력을 찬양하고, 소원을 비는 일반적인 기도 양식에 예수 특유의 "제 뜻대로 마시고 아버지의 뜻대로"가 덧붙었다.[369] 예수는 다급한 순간에도 하느님 뜻에 의지했다.

하느님을 아빠abba라고 친근하게 부르는 모습은 유다인 전통에서 나온 것이다.[370] 예수만 하느님을 아빠라고 부르거나 그렇게 기도한 건 아니다. 하느님을 아빠라고 부르는 모습에서 간접적으로 주의 기도 세 번째 부분(〈마태〉 6,10)이 인용된다.[371] 예수는 세 번째 혼자 기도한 뒤 잠든 제자들을 깨워 꾸짖는다. 세 제자가 잠들지 않고 예수와 함께 간절히 기도했다면 하느님은 어떻게 응답하셨을까. "아직도 자고 있습니까?"(〈마르〉 14,41) 예수가 오늘도 겨울잠을 자는 교회와 성당을 꾸짖는 말씀 같다.

예수의 기도는 개인 기도가 아니라 하느님과 일치하는 기도라는 특징이 있다. 예수는 나의 아버지와 여러분의 아버지를 구분했다(〈마태〉 18,35; 〈요한〉 8,38; 20,17). 예수는 우리와 분명히 다른 점이 있다. 여러분의 아버지라는 표현은 모든 인간이 하느님 앞에서 평등하다는 뜻이다. 하느님 앞에서 사람 위에 사람 없고, 사람 아래 사람 없다. 하느님 앞에서 모든 인간이 평등하다. 하느님 앞에서 무신론자나 그리스도인이 평등하다.

예수의 기도는 우리와 두 가지가 다르다. 첫째, 예수는 자기 죄를 고백하는 기도를 하지 않았다. 예수가 자기 죄를 고백하는 기도를 했다면 예수를 하느님의 아들로 생각한 예수 운동은 크게 당황했을 것이다. 둘째, 예수는 하느님을 아주 가깝게 느꼈다. 하느님과 예수의 일치는 우리가 감히 범접하지 못한다. 우리는 예수처럼 하느님과 일치하는 모습에 가까이 가지 못한다. 예수와 우리의 다른 점이 바로 여기 있다.

예수의 삶은 우리와 두 가지가 다르다. 첫째, 예수는 하느님과 일치한다. 둘째, 예수는 너무나 인간적이다. 하느님과 일치하고 너무나 인간적인 예수와 우리는 다르다. 예수가 인간성을 충분히 발휘했다면, 우리는 일부 인간성을 실천한다. 예수는 너무나 인간적이기에 하느님과 일치한다. 우리는 아직 인간적이지 못하기에 하느님과 일치하지 못한다. 우리는 하느님과 일치하지 못하고, 아직 덜 인간적이다.

인간적이지 않은 사람은 하느님에게서 멀리 있다. 인간적인 사람은 하느님 가까이 있다. 나는 예수처럼 인간적인 사람을 알지 못한다. 인간성을 보면 예수는 신성을 갖춘 분이 틀림없다고 고백하고 싶다.

# 9. 예수는 누구인가

예수는 자신을 어떤 사람이라고 생각했을까. 사람들은 예수를 어떤 사람으로 봤을까. 두 질문에 간격은 없었을까. 사람들이 예수에게 붙여 준 호칭에서만 예수에 대한 여론을 볼 수 있는 것은 물론 아니다. 예수의 비유나 호칭을 분석해 예수를 파악하는 데 한계가 있다. 호칭이나 별명이 한 인간을 온전히 드러낼 순 없다. 그래도 호칭부터 보자. 복음서에 등장하는 많은 호칭을 이 책에서 상세히 다룰 순 없다. 대표적인 호칭 넷을 보자. 예수 생전에 중요한 호칭으로 사람의 아들과 그리스도(=메시아), 예수 부활 이후 중요한 호칭으로 하느님의 아들과 주님이 있다.

## 사람의 아들

성서학자들은 사람의 아들이 예수가 자신을 나타내는 독특한 표현인지 오래 논의해왔다. 예수가 일인칭 주어 '나' 대신 '사람의 아들'을 썼다면 사람의 아들이 자신을 가리키는지, 후대에 올 다른 인물을 가리키는지도 의문이다.[372] 지상에서 활동하고 저항하고 고난받고 처형당하고 부활한 예수를 가리키는 사람의 아들, 미래에 심판하러 다시 올 예수를 가리키는 사람의 아들이라는 두 주제가 논의됐다. 예수가 다른 인물을 가리켰다든지, 예수 운동이 예수에게 선사한 호칭이라는 의견은 설득력이 떨어진다.[373]

사람의 아들이란 호칭은 복음서와 〈사도〉에 나오지만, 바울의 일곱 편지에는 전혀 없다. 사람의 아들은 아람어에서 온 단어로 관사를 두 번 썼다. 정확히 번역하면 사람의 아들이 아니라 그 사람의 그 아들이다. "나는 밤에 또 이상한 광경을 보았는데 사람 모습을 한 이가 하늘에서 구름을 타고 와서 태곳적부터 계신 이 앞으로 인도되어 나아갔다. 주권과 영화와 나라가 그에게 맡겨지고 인종과 말이 다른 뭇 백성들의 섬김을 받게 되었다. 그의 주권은 스러지지 아니하고 영원히 갈 것이며 그의 나라는 멸망하지 아니하리라"(〈다니〉7,13-14)를 가리키는 학자도 많다. 하느님이 인간 중에 어떤 인물을 골라 세상의 통치를 맡긴다는 이야기다.

사람의 아들이란 호칭이 어디서 왔는지 찾는 일도 물론 의미 있다. 예수와 예수 운동에서 이 호칭을 왜, 무엇을 위해 썼는지 알아내는 일 또한 중요하다. 사람의 아들은 예수가 자신을 가리킨 호칭이다. 우리 식으로 호號에 해당한다. 다른 사람이 예수를 사람의 아들이라고 부른 적은 없다. "아, 하늘이 열려 있고 하느님 오른편에 사람의 아들이 서 계신 것이 보입니다"(〈사도〉7,56) 하고 외친 스데파노, "눈멀었던 사람이 유다인들의 회당에서 쫓겨났다는 말을 들으시고 예수께서 그를 만났을 때에 '당신은 사람의 아들을 믿습니까?' 하고 물으셨다"(〈요한〉9,35)는 예외다.

사람의 아들은 예수의 말과 행동을 아주 잘 나타내는 호칭이다. 예수 활동의 특징과 운명을 가리키는 호칭으로 적절하다. 사람의 아들은 땅에서 죄를 용서하는 권한이 있고(〈마르〉2,10), 안식일의 주인이며(〈마르〉2,28), 즐겨 먹고 마시며 세리나 죄인들하고만 어울리고(〈루가〉7,34), 머리 둘 곳조차 없으며(〈루가〉9,58), 섬김을 받으러 온 것이 아니라 섬기러 왔고, 많은 이들의 몸값으로 자기 목숨을 바치러 왔고(〈마르〉10,45), 제자 중 한 사람에게 배반당하며(〈마르〉14,21), 고통받고 죽고 부활할 것이고(〈마르〉8,31; 9,31; 10,33), 전능하신 분의 오른쪽에 앉아 있으며 하늘의 구름을 타고 올 것이다(〈마르〉14,62; 〈루가〉11,30; 12,40).

사람의 아들이란 호칭은 사람들이 하느님 나라보다 예수에게 관심을 두게 했다. 예수는 하느님 나라를 선포했는데, 사람들은 그보다 사람의 아들이 누구인지 말했다는 뜻이다. 그래서 하느님 나라에 대한 태도보다 예수에 대한 태도가 결정적인 문제로 여겨졌다. 드디어 예수에 대한 태도와 심판이 연결된다. "사람의 아들 때문에 사람들에게 미움을 사고 내어쫓기고 욕을 먹고 누명을 쓰면 여러분은 행복합니다. 그럴 때에 여러분은 기뻐하고 즐거워하십시오. 하늘에서 여러분이 받을 상이 클 것입니다. 그들의 조상들도 예언자들을 그렇게 대하였습니다"(〈루가〉 6,22-23). 나는 사람의 아들이란 호칭이 갈릴래아에서 하느님 나라를 선포하고, 예루살렘에서 십자가 운명을 해설하는 역할을 한다고 생각한다.

예수 당시 유다교와 유다 사회를 잘 알기 어려운 21세기 한국인이 사람의 아들이란 호칭을 제대로 이해할 수 있을까. 쉬운 일은 아니다. 교회나 성당에서 유다교와 유다 사회에 대해 공정하게 들을 기회도 드물다. 예수가 스스로 사람의 아들이라 칭한 것을 자신이 하느님은 아니라고 고백한 것으로 알아들을 수도 있다. 예수는 자신을 그저 평범한 인간으로 생각했을 뿐인데, 그리스도교가 예수를 엉뚱하게 하느님의 아들로 모셨다고 생각할 수 있다. 더 나아가 사람의 아들과 하느님의 아들이란 호칭은 대립하는 관계로 여길 수 있다.

당시에도 그런 흐름이 있었다. 유다교 문화 밖에서 사람의 아들이란 호칭이 제대로 이해되긴 어려웠다. 사람의 아들은 여러 선교사들과 바울이 활약한 지중해 지역에 사는 그리스·로마 문화권 사람들에게 큰 매력을 주기 힘든 호칭이었다. 온갖 신이 언급되는 그리스 문화에서 평범한 예수를 선포하고 알리는 것은 별로 효과가 없었다. 사람의 아들보다 하느님의 아들이 그리스·로마 지역 선교에서 받아들여지기 쉬운 호칭이다. 그런 상황 때문일까, 바울은 사람의 아들이란 호칭을 쓰지 않았다.

그런데 바울이 세상을 떠나고 10년도 채 지나지 않았을 때 쓰인 〈마르〉에서 사람의 아들이란 호칭이 회복됐다. 바울과 〈마르〉 저자 사이에 무슨 일이 있었단 말인가. 바울과 〈마르〉 저자는 다른 문화권에서 활동했을까. 바울이 직접 쓴 일곱 편지만 역사에 남아 있고 복음서가 전혀 없었다면, 그리스도교는 과연 어떻게 됐을까. 예수에 대한 일부 해석만 남고, 예수의 역사는 우리가 알지 못했을 것이다. 〈마르〉가 바울의 일곱 편지에 대한 보충이자 훈계이자 극복이라고 나는 해석하고 싶다. 바울의 일곱 편지만으로 예수를 온전히 알고 이해하기에 너무나 부족하다는 뜻이다. 바울의 일곱 편지는 예수의 역사를 거의 다루지 않고 있다.

공통년 2세기에 사람의 아들이란 호칭은 예수의 인간적 면모를 가리키는 뜻으로 축소·오해되고, 하느님의 아들이란 호칭과 대립하는 것처럼 쓰이기도 했다.[374] 예수가 즐겨 쓰던 사람의 아들이란 호칭은 복음서에 흔적이 겨우 남았을 뿐, 그리스도교 성례전(전례)과 기도에서 거의 사라지고 말았다. 예수가 사람의 아들이란 구절을 공동체 신앙고백에서도 찾아보기 어렵다. 교회 역사에서도 사람의 아들이란 호칭은 각종 기도문이나 신앙 신조Credo에 들어오지 못했다. 지금도 마찬가지다. 슬픈 일이다.

예수 당시 많은 유다인은 예수가 죽음 당할 운명이란 말에 상당히 실망했을 것이다. 언행으로 보아 범상치 않은 인물이 곧 죽음 당할 것이라니, 대체 무슨 말인가. 제자들도 크게 실망했을 것이다. 목숨 걸고 따르던 예수가 죽음 당할 운명이라니, 자신들은 잘못된 길을 걸었단 말인가. 로마 군대를 몰아내고 이스라엘을 해방할 인물은 못 되더라도, 겨우 죽음 당할 예고를 예수 본인이 했다니 말이다. 당시 하느님 나라 선포는 환영받았지만, 십자가 처형은 사람들이 받아들이기 어려웠다. 오늘도 마찬가지다. 그 고뇌를 복음서가 끈질기게 해명하고 있다.

사람의 아들은 하느님 나라를 전하다 고통받고 죽음 당하고 부활해, 세상을 심판하러 다시 올 인물이란 뜻이다. 예수의 말씀과 행동은 무의미하지 않고, 예수의 삶과 죽음은 헛되지 않았다는 말이다. 하느님이 예수를 부활시켜서 예수의 삶이 옳다고 선언하시리라는 말이다. 예수는 역사의 패자가 아니라 승리자다. 예수는 하느님과 일치하는 하느님의 아들이며, 하느님 뜻에 따라 말하고 행동했기 때문이다.

### 그리스도

그리스도는 예수의 역할을 나타내는 여러 호칭 가운데 하나다. 요한을 세례자로 부르듯, 예수를 그리스도라 불렀다. 요한을 흔히 세례자 요한이라 부르듯, 예수를 예수그리스도라 불렀다. 호칭, 즉 별명이 이름처럼 이해되고 동일시됐다. 그리스도가 신약성서에 나오는 30여 개 다른 별명을 제치고 예수를 가리키는 유일한 호칭처럼 됐고, 별명이 아니라 이름의 경지에 올랐다. '예수는 그리스도입니다'라는 신앙고백이 예수그리스도라는 이름을 낳았다. 예수를 예수그리스도라 부르지 않고 예수라고 부르면 믿음이 없는 사람처럼 오해받기도 했다.

바울은 예수가 부활하고 30년도 지나지 않았을 때 "그리스도께서 성서에 기록된 대로 우리의 죄 때문에 죽으셨다"(〈1고린〉 15,3)고 썼다. 바울은 여기서 그리스도라는 단어를 관사 없이, 즉 이름으로 썼다. 바울이 그리스도라는 호칭을 처음 사용한 것은 아니다. 사람들이 널리 쓰던 그리스도라는 호칭을 바울이 전해 듣고 받아들여 썼다. 예수에게 그리스도라는 호칭을 붙인 것은 유다 역사가 요세푸스, 로마 역사가 타키투스 Cornelius Tacitus(공통년 56?-120?년), 로마 전기 작가 수에토니우스 Gaius Tranquillus Suetonius(공통년 69?-140?년)도 기록했다.[375] 머지않아 예수 추종자에게 그리스도인(〈사도〉 11,26)이란 호칭이 붙었다. 예수를 따르는 사람이 예수인이 아니라 그리스도인이라고 불린 것이다.

히브리어 Maschach, 아람어 Meschah가 그리스어 Christos(〈요한〉 1,41; 4,25)와 라틴어 Christus로 이어진다. 이스라엘 왕에게 기름 붓는 즉위식과 유다교 대사제 취임식에서 쓰인 단어는 그 의식이 사라진 시대에도 하느님과 가깝고 거룩한 인물을 표현하기 위해 쓰였다. "주 야훼의 영을 내려주시며 야훼께서 나에게 기름을 부어주시고 나를 보내시며 이르셨다. "억눌린 자들에게 복음을 전하여라. 찢긴 마음을 싸매주고, 포로들에게 해방을 알려라. 옥에 갇힌 자들에게 자유를 선포하여라"(〈이사〉61,1)는 예언자 이사야가 자신에게 한 말로, 예수가 첫 설교에서 인용했다(〈루가〉4,18).

유다교는 기름 부음 받은 인물이 마지막 때 하느님의 구원과 연결해 나타나리라는 희망을 품고 있었다.[376] 베들레헴에서 태어날 다윗 가문의 미래 통치자가 예언서에서 자주 언급됐다(〈이사〉7,14-16; 9,1-6; 〈미가〉5,1-3). 이 구절에 기름 부음 받은 인물이 뚜렷이 나오진 않았지만, 이스라엘을 식민지에서 해방하고 정의와 평화를 가져다줄 인물에 대한 기대는 충분히 담겨 있다.

마지막 구원의 날에 하느님이 이스라엘을 어떻게 하실지 유다교에 여러 가지 기대가 있었다. 쿰란 문헌에서 예언자는 기름 부음 받은 사람으로 불렸다(〈이사〉61,1; 〈다니〉9,25; CD 2,12; 1QM 11,7; 11Q13 2,18). 다윗 가문 출신의 기름 부음 받은 인물도 언급됐다(4Q252, 1,5,1-5; 4Q161, 8/9,11-25). 사제로서 기름 부음 받은 인물과 왕으로서 기름 부음 받은 인물이 나란히 언급됐다(1QS 9,11). 쿰란 공동체는 사제 구세주와 왕 구세주를 기다렸다는 말이다. 그들은 대사제로서 기름 부음 받은 인물을 중요하게 여겼다.

〈솔로몬 시편〉은 이스라엘 왕으로 다윗을 뽑으신 하느님을 찬미한다. 그런데 공통년 이전 167년에 죄인들, 즉 로마인들이 안티오쿠스 에

피파네스 4세Antiochus IV. Epiphanes를 앞장세워 예루살렘 도시와 예루살렘성전을 약탈하고 파괴했다. 이스라엘 민족은 하느님께서 다윗 가문의 이스라엘 왕을 보내 이방 민족에게서 해방하시고, 이스라엘을 다시 깨끗하게 만들며, 하느님을 다시 경배하도록 빌고 있다. 〈솔로몬 시편〉 32장에서 기름 부음 받은 인물이 언급된다. 〈솔로몬 시편〉 1-8장과 21-46장[377]이 예수와 연결돼 특히 중요하다.

이런 배경에서 일부 유다인이 예수의 언행을 보고 예수를 기름 부음 받은 사람으로 여겼다. 예수가 자신을 기름 부음 받은 사람으로 부른 적은 없다. "나는 분명히 말합니다. 여러분이 그리스도의 사람이라고 하여 여러분에게 물 한 잔이라도 주는 사람은 반드시 자기의 상을 받을 것입니다"(〈마르〉 9,41)는 예수와 그리스도를 바꿔 불러도 좋은 상황을 전제한다. 예수가 직접 한 말이라고 보긴 어렵다. 부활 이후 예수 운동에서 생긴 말이다.[378] 그렇다고 예수가 자신이 기름 부음 받은 사람, 즉 구세주로 불리는 것을 거절한 적도 없다.

예수는 자신이 기름 부음 받은 사람, 즉 그리스도라 불리는 사실을 어떻게 생각했을까. "베드로가 나서서 '선생님은 그리스도이십니다' 하고 대답하였다"(〈마르〉 8,29)는 부활 이후 생긴 말이 확실하다.[379] 그러나 예수의 활동을 보고 사람들이 예수에게 건 기대와 희망을 짐작할 수 있다. 식민지 백성으로 오래 고통받던 유다인은 민족을 해방할 인물을 기다리고 또 기다렸다. 지푸라기라도 잡고 싶은 유다인의 애타는 심정을 고난의 땅 한반도의 역사를 잘 아는 우리가 어찌 짐작하지 못하랴.

"다윗이 성령의 감화를 받아 스스로, '주 하느님께서 내 주님께 이르신 말씀, 내가 네 원수를 네 발 아래 굴복시킬 때까지 너는 내 오른편에 앉아 있어라' 하지 않았습니까? 이렇게 다윗 자신이 그리스도를 주님이라고 불렀는데 그리스도가 어떻게 다윗의 자손이 되겠습니까?"(〈마르〉

12,36-37)에서 예수는 그리스도가 다윗의 자손이라는 것을 비판한다. 유다인 생각에 〈시편〉 저자는 다윗이다. 다윗이 그리스도를 주님이라 불렀으니 그리스도가 다윗의 자손일 순 없다.

예수 생각에 기름 부음 받은 그리스도는 하느님 오른편에 앉은(즉 하느님과 일치하는) 분이고, 다시 오실 분이다. 여기서도 예수는 그리스도를 사람의 아들과 연결한다. 예수가 그리스도라는 호칭을 새롭게 해석한다는 사실도 알려준다. 예수에게 그리스도는 고난과 죽음, 부활, 심판을 포함한다. 예수는 그리스도를 사람의 아들과 연결해 생각한다.

유다교 대사제가 예수에게 그리스도인가 물었을 때 예수는 "그렇습니다. 여러분은 사람의 아들이 전능하신 분의 오른편에 앉아 있는 것과 하늘의 구름을 타고 오는 것을 볼 것입니다"(〈마르〉 14,62)라고 대답했다. 여기서도 예수는 그리스도인가 하는 질문을 사람의 아들과 연결해 말한다. 예수는 그리스도지만 사람의 아들이란 점에서 그리스도 개념을 확장한 것이다. 예수는 정치적 의미의 그리스도에 그치지 않고, 하느님 오른편에 앉아(즉 하느님과 일치해) 세상에 다시 오실 분이다.

위에서 언급한 〈마르〉 세 곳은 부활 이후 예수 운동의 손길이 닿은 구절이다. 예수의 등장과 언행이 당시 유다인에게 어떤 기대와 희망이 됐는지 알려준다. 다가올 하느님 나라 선포, 치유 기적과 마귀 추방, 하느님께 약속된 땅을 돌아다니며 활동하는 예수, 상징적인 열두제자 구성, 구름처럼 몰려드는 추종자, 예루살렘 진출 등에서 당시 많은 유다인은 예수가 다윗의 후손 가운데 오실 메시아로 여겼다. 유다인 군중은 환호하며 외쳤다. "호산나! 주의 이름으로 오시는 이여, 찬미 받으소서! 우리 조상 다윗의 나라가 온다. 만세! 높은 하늘에서도 호산나!"(〈마르〉 11,10)

그리스도라는 호칭이 예수의 죽음과 연결해 자주 언급된다. 그리스도는 성서에 기록된 대로 우리의 죄 때문에 죽으셨고(〈1고린〉 15,3), 그리스도는 당신의 때가 이르러 우리를 구원하려고 죽으셨다(〈로마〉 5,6.8), 세례를 받고 그리스도 예수와 하나가 된 우리는 예수와 함께 죽었다(〈로마〉 6,3), 십자가에 달린 예수그리스도(〈1고린〉 1,23; 〈갈라〉 3,1). 예수그리스도는 무엇보다 먼저 십자가에 달린 예수 운동에 기억됐다.

사람의 아들과 그리스도라는 호칭은 예수의 역사를 강조한다. 사람의 아들은 예수 자신이 즐겨 쓴 호칭이고, 그리스도는 다른 사람들이 예수에게 선사한 호칭이다. 사람의 아들이란 호칭은 예수를 하느님께 특별한 사명을 부탁받은 인물로 묘사했다. 부활 이후 사람의 아들이란 호칭은 예수의 고난과 죽음, 부활, 다시 오심과 연결됐다. 예수는 역사에서 하느님의 이름으로 행동하는 인물이며, 하느님에 의해 죽음에서 살아나고, 하느님 나라를 완성하기 위해 세상 끝 날에 심판자 역할을 할 인물로 표현됐다.

하느님 나라를 선포한 예수는 그리스도라는 호칭을 사람의 아들과 연결해 자신의 활동과 죽음을 해설하고 이해한 것 같다. 예수는 다윗의 후손에서 오실 메시아를 기다리는 유다인의 열망을 존중하고 받아들임과 동시에, 사람의 아들 개념으로 확장했다. 유다인은 메시아가 허무하게 처형당한다는 생각을 할 수 없었다. 예수 운동 입장에서 예수의 삶과 죽음이 실패했다거나 허무하다고 말할 수도 없었다.

그리스도라는 호칭은 이스라엘의 군사적·정치적 해방이라는 열망을 존중하고 받아들였다. 그러나 이 열망은 예수의 죽음 이후 예수 운동에서 어떤 식으로든 고쳐져야 했다. 예수 운동은 그리스도라는 호칭을 포기하지 않고 사람의 아들이란 호칭과 연결해 새로운 모습으로 확장했다. 유다인이 그리스도라는 호칭을 받아들이도록 사람의 아들이란 호칭과 연결해 예수의 삶과 죽음을 둘 다 의미 있게 해설한 것이다. 당시 유다인에게 예수의 죽음을 합리적으로 해설하려는 고뇌가 낳은 이론 작업이다. 예수 운동은 사람의 아들을 그리스도라는 호칭과 연결함으로써 예수의 삶과 죽음을 실패나 허무로 해석하지 않고 당당히 설명할 수 있었다. 예수 운동이 사람의 아들과 그리스도라는 호칭을 연결한 것은 신의 한 수라고 나는 말하고 싶다.

별명으로 사람을 이해하고 평가하는 데 장점만 있을까. 이름도 사람을 다 가리키지 못하는 것이 사실이라면, 별명이야 더 말할 필요 없겠다. 별명과 이름을 다 합쳐도 예수를 온전히 이해하기 어렵다는 사실을 우리가 정직하게 알면 좋겠다. 2000년 전 유다인과 그리스·로마 사람이 예수를 이해하는 데 도움을 준 호칭이 오늘 한국인에게는 설득력이 떨어질 수 있다. 그때 쓴 호칭이 오늘 적절하지 않을 수 있다. 예전의 단어로 예수를 드러내기는 충분하지 않을 수 있다. 우리 시대에 맞는 호칭을 새로 만들 필요도 있다. 남미 해방신학에서 예수에게 선사한 해방자$_{\text{Liberador}}$[380]라는 호칭이 얼마나 멋지고 적절한가.

예수에게 어떤 호칭을 써왔고, 얼마나 자주 쓰는지 역사적으로 되돌아보는 일은 중요하다. 그러나 예수 호칭의 뜻을 정확히 깨닫고 기억하고 오늘에 알맞게 실천하는 일도 중요하다. 그리스도라고 부를 때마다 자유와 해방에 대한 유다인의 간절한 희망을 느끼는가. 예배와 미사, 기도에서 그리스도를 부를 때마다 오대양 육대주에 사는 식민지 백성의 아픈 역사를 느끼는가. 그리스도라는 호칭에 담긴 정의와 평화에 대한 열망을 한민족의 역사와 현실에 잘 연결하고 있는가.

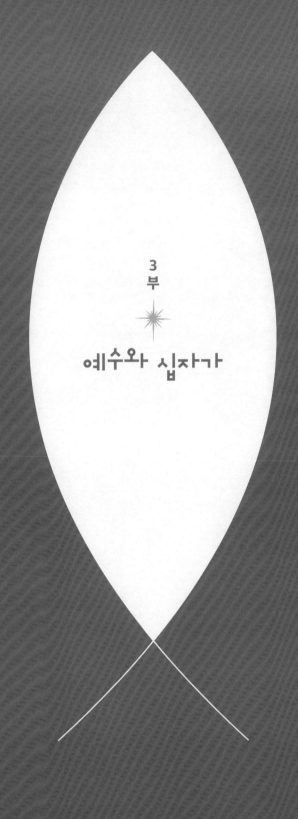

3
부

예수와 십자가

# 1. 예수 저항과 수난

## 예수는 자신의 죽음을 어떻게 생각했을까

예수가 갈릴래아에서 활동한 것이 예루살렘 유다교 지배층과 로마 군대에게 분노와 불안감을 줬다면, 예수 본인이 그 사실을 전혀 몰랐을 리 없다. 그럼에도 예수가 예루살렘으로 간다면, 예루살렘 종교 지배층이나 로마 군대에게 체포되거나 심한 고초를 당하리라고 예상할 수 있었을 것이다. 예수는 예루살렘에 가지 않을 수 있었다. 예수는 죽음을 각오하고 예루살렘에 갔단 말인가. 예수에게서 죽음 준비Todesbereitschaft와 죽음 확신Todesgewissheit을 구분하자는 의견도 나왔다.[1]

예수는 자신의 죽음을 예언자의 죽음으로 생각했을까. 예수가 자신을 이스라엘 예언자의 전통에 속한다고 생각했을 가능성이 있다. 우선 "이 야훼가 나타날 날, 그 무서운 날을 앞두고 내가 틀림없이 예언자 엘리야를 너희에게 보내리니"(〈말라〉 3,23)라는 구절이 있다. 예언자 엘리야는 복음서에도 나온다(〈마르〉 9,11-12; 〈루가〉 1,17; 〈마태〉 11,14; 〈요한〉 1,21). 엘리야와 에녹이 연결됐다. 둘 다 죽지 않은 채 하늘로 올라갔다(〈창세〉 5,24; 〈2열왕〉 2,11-12)고 여겨졌기 때문이다. 모세 같은 예언자(〈신명〉 18,15; 〈마르〉 9,4; 〈사도〉 3,22-23; 7,37)를 이스라엘 예언자의 전통에서 빼놓을 수 없다. 쿰란 공동체도 이 희망을 노래했다(4Q 175). 종말 때 예언자를 노래한 구절도 있다.

주 야훼의 영을 내려주시며 야훼께서 나에게 기름을 부어주시고 나를 보내시며 이르셨다. "억눌린 자들에게 복음을 전하여라. 찢긴 마음을 싸매주고, 포로들에게 해방을 알려라. 옥에 갇힌 자들에게 자유를 선포하여라. 야훼께서 우리를 반겨주실 해, 우리 하느님께서 원수 갚으실 날이 이르렀다고 선포하여라. 슬퍼하는 모든 사람을 위로하여라."(〈이사〉61,1-2)

예수 자신이 이스라엘 예언자의 전통에 속한다고 생각했다면, 자신의 죽음도 예언자의 운명에 비춰 생각할 수 있었을 것이다. 예루살렘에서 죽음 당할 운명을 예언자의 사명으로 여겼을 수 있다.[2] 그런 예언자의 운명을 〈시편〉 저자는 슬프게 노래했다(〈시편〉 22장; 34,19; 69장).[3] 예수는 스승 세례자 요한이 처형된 사실을 알고 있었다. 세례자 요한을 죽인 헤로데 안티파스가 자신을 죽이려 한다는 소식도 들었다(〈루가〉 13,31). 돌에 맞아 죽을 가능성도 있었다(〈마태〉 23,37). 성전 항쟁과 성전 파괴 발언을 하고도 무사할 수 있으리라고 생각하긴 어려웠을 것이다. 예수의 죽음 예언이 예루살렘에서 마지막 시간에 나왔으리라고 추측하는 의견도 있다.[4]

예수는 닥쳐올 위험을 예감했으나 피하지 않았다. 충분히 도망갈 기회와 시간이 있었다. 예수는 마지막 밤에 올리브 산에서 유다 광야로 도망칠 수 있었다. 예수는 자신이 체포될 가능성을 모르지 않은 것 같다. 예수는 식민지 조국의 불안한 정세, 세례자 요한의 처형, 헤로데 안티파스의 경고(〈루가〉 13,31)를 알았다.[5] 예수는 자신의 행동과 말이 로마 군대와 유다 지배층에게 어떤 분노와 파장을 불러일으켰는지 모르지 않았다. 그럼에도 예루살렘에 머물렀고, 자극적인 행동과 말을 삼가지 않았다.

야훼 하느님이 시온으로 복귀하시리라는 확신이 예수가 자신을 이해하는 핵심이었다는 의견이 있다. 그래서 예수는 예루살렘에 가려 했고,

성전 항쟁도 이와 연결된다는 것이다.[6] 이 의견에 찬성하기 어렵다[7]는 의견도 있다. 시온Σιών은 예수 전승에서 딱 두 번 나온 단어다(〈마태〉21,5; 〈요한〉12,15).

예수는 자신에게 죽음이 닥치고 있음을 모르지 않았고, 그 운명을 피해 가려고도 하지 않았다. 예수가 자신의 죽음을 예상하고 말했다고 볼 수 있는 구절이 있다.

"가난한 사람들은 언제나 여러분 곁에 있으니 도우려고만 하면 언제든지 도울 수가 있습니다. 그러나 나는 언제까지나 여러분과 함께 있지는 않을 것입니다."(〈마르〉14,7)

"나는 이 세상에 불을 지르러 왔습니다. 이 불이 이미 타올랐다면 얼마나 좋았겠습니까? 내가 받아야 할 세례가 있습니다. 이 일을 다 겪어낼 때까지는 내 마음이 얼마나 괴로울지 모릅니다."(〈루가〉12,49-50)

바로 그때에 몇몇 바리사이파 사람들이 예수에게 가까이 와서 "어서 이곳을 떠나시오. 헤로데가 당신을 죽이려고 합니다" 하고 말하자 예수는 "그 여우에게 가서 '오늘과 내일은 내가 마귀를 쫓아내며 병을 고쳐주고 사흘째 되는 날이면 내 일을 마칩니다' 하고 전하십시오. 오늘도 내일도 그 다음 날도 계속해서 내 길을 가야 합니다. 예언자가 예루살렘 아닌 다른 곳에서야 죽을 수 있겠습니까?" 하고 말하였다.(〈루가〉13,31-33)

이런 구절이 예수가 실제로 말했는지, 부활 이후 예수 운동에서 덧붙였는지 분명하지 않다. 예수의 죽음과 직접 연결되는 말인지도 뚜렷하지 않다. 최후 만찬 전승에서 예수의 심정이 잘 드러난다.

예수의 죽음이 다른 사람들을 위한 구원의 죽음이라는 뜻은 최후 만찬 보도에서 잘 드러난다. 최후 만찬에서 예수의 말씀은 네 문헌에 전해진다(〈1고린〉 11,23-25; 〈마르〉 14,22-25; 〈마태〉 26,26-28; 〈루가〉 22,19-20). 가장 오래된 전승은 〈1고린〉 11,23-25 같다. 전승은 후대에 갈수록 길어지는 경향이 있다. 〈루가〉 22,19-20은 〈1고린〉 11,23-25과 〈마르〉 14,22-25을 합친 듯하고, 〈마태〉 26,26-28은 〈마르〉 14,22-25을 확장한 것으로 보인다.[8] "이것은 내 피로 맺는 새로운 계약의 잔이니 마실 때마다 나를 기억하여 이 예를 행하시오"(〈1고린〉 11,25)는 부활 이후 덧붙인 구절 같다.[9] 피와 계약(〈1고린〉 11,25)은 "모세는 피를 가져다가 백성에게 뿌려주며 '이것은 야훼께서 너희와 계약을 맺으시는 피다. 그리고 이 모든 말씀은 계약의 조문이다' 하고 선언하였다"(〈출애〉 24,8)라는 구절을 기억하고 있다.

"그들이 음식을 먹고 있을 때에 예수는 빵을 들어 축복하고 제자들에게 떼어 나눠주며 '받아먹으시오. 이것은 내 몸입니다' 하고 말하였다"(〈마르〉 14,22)에서 '이것은 내 몸입니다'(〈마르〉 14,22; 〈마태〉 26,26)는 예수가 실제로 한 말이 아니다.[10] '목숨을 바쳐'(〈마르〉 10,45)는 다른 사람을 위한 예수의 삶과 죽음을 포함한다. "그분은 자기 자신을 모든 사람을 위한 대속물로 바치셨습니다"(〈1디모〉 2,6).

신약성서에 예수가 자신의 죽음을 언급한 곳은 많지 않다. 그나마 대부분 예수가 한 말이 아니라 예수 운동이나 복음서 저자들이 예수의 입을 빌려 하는 말이다.[11] 사람의 아들이 많은 고난을 받고 사흘 만에 다시 살아날 것(〈마르〉 8,31; 9,31; 10,33-34)이라는 예고는 〈마르〉 저자가 창작한 말이다.[12] 〈마태〉 저자와 〈루가〉 저자는 〈마르〉에서 빌려와 조금 다듬었다(〈마태〉 16,21; 17,22-23; 20,18-19; 〈루가〉 9,22.24; 18,32-33). 복음서의 이런 구절을 수난 예고나 죽음 예고라고 하긴 부족하다. 수난과 죽음뿐 아니라 부활까지 포함한 발언이기 때문이다. 예수의 죽음과 부활 예고가 정확한 표현이다.

예수의 죽음은 다른 사람을 위해 대신 짊어지는 구원의 죽음인가. 예수의 죽음과 부활 예고(〈마르〉 8,31; 9,31; 10,33-34)와 〈루가〉 13,31-33에서 예수의 죽음이 다른 사람을 위한 구원의 죽음이라고 해설하진 않았다. 예수의 죽음을 다른 사람을 위한 구원의 죽음으로 해설한 두 곳이 있다. "이것은 나의 피입니다. 많은 사람을 위하여 내가 흘리는 계약의 피입니다"(〈마르〉 14,24; 〈루가〉 22,20).

"사람의 아들도 섬김을 받으러 온 것이 아니라 섬기러 왔고, 또 많은 사람들을 위하여 목숨을 바쳐 몸값을 치르러 온 것입니다."(〈마르〉 10,45)

예수가 자신의 죽음을 해설하는 모습이다. 예수가 왜 이 말을 했는지 이해하려면 바로 앞 구절을 봐야 한다.

"여러분은 그래서는 안 됩니다. 여러분 사이에서 누구든지 높은 사람이 되고자 하는 사람은 남을 섬기는 사람이 되어야 하고 으뜸이 되고자 하는 사람은 모든 사람의 종이 되어야 합니다."(〈마르〉 10,43-44)

예수가 처세술을 강의하는 장면이 아니다. 예수는 누구에게, 왜, 무엇을 말하고 있을까. 배경을 알아야 뜻을 짐작할 수 있다. 바로 앞부분이 알려준다.

제베대오의 두 아들 야고보와 요한이 예수에게 가까이 와서 "선생님, 소원이 있습니다. 꼭 들어주십시오" 하고 말하였다. 예수가 그들에게 "나에게 바라는 것이 무엇입니까?" 하고 물으니 그들은 "선생님께서 영광의 자리에 앉으실 때 저희를 하나는 선생님의 오른편에 하나는 왼편에 앉게 해주십시오" 하고 부탁하였다. 그래서 예수는 "여러분이 청하는 것이 무엇인지나 알고 있습니까? 내가 마시게 될 잔을 마실 수 있으며 내가 받을 고난의 세례를 받을 수 있단 말입니까?" 하고 물었다. 그들이 "예, 할 수 있습니다" 하고 대답하자 예수는 다시 이렇게 말하였다. "여러분도 내가 마실 잔을 마시고 내가 받을 고난의 세례를 받기는 할 것입니다. 그러나 내 오른편이나 왼편 자리에 앉는 특권은 내가 주는 것이 아닙니다. 그 자리에 앉을 사람들은 하느님께서 미리 정해놓으셨습니다." 이 대화를 듣고 있던 다른 열 제자가 야고보와 요한을 보고 화를 냈다. 그래서 예수는 그들을 가까이 불러놓고 "여러분도 알다시피 이방인들의 통치자로 자처하는 사람들은 백성을 강제로 지배하고 또 높은 사람들은 백성을 권력으로 내리누릅니다".(〈마르〉10,35-42)

예수의 죽음이 다른 사람을 위한 구원의 죽음인가 하는 주제와 논의는 엉뚱하게도 제자들의 권력 다툼에서 시작됐다. 예수는 예루살렘에 죽으러 가는데, 제자들은 자신의 미래 권력을 꿈꾸고 있었다. 예수는 현명하게 정치권력을 비판하면서 발언을 시작한다. "이방인들의 통치자로 자처하는 사람들은 백성을 강제로 지배하고 또 높은 사람들은 백성을 권력으로 내리누릅니다"(〈마르〉10,42). 예수와 제자들과 유다인 입장에서 통치자는 당연히 로마제국 황제를 비롯한 침략자다. 예수는 로마제국과 정치권력을 비판하고, 자신의 죽음이 정치적 죽음이 될 거라고 말한다.

예수의 죽음은 종교 사건이 아니라 정치 사건이라는 뜻이다. 종교인의 권력 다툼은 예수의 제자들 사이에도 있었다. 권력 욕심을 버려야 예수처럼 다른 사람을 위해 죽을 수 있다. 권력 욕심에 사로잡힌 종교인이 자신을 위해 살려고 하지, 다른 사람을 위해 죽으려고 하겠는가.

시대와 불화한 예수는 갈등을 겪었고, 또 일부러 갈등을 일으켰다. 예수는 갈등을 실컷 경험했다. 예수 추종자 사이에도, 갈릴래아 시골에서도 예수를 둘러싼 갈등이 있었다. 그러나 예수가 갈릴래아에서 겪은 갈등은 십자가 죽음에 이를 만큼 깊지 않았다. 예루살렘에서 대체 예수에게 무슨 일이 있었기에 십자가 처형을 당하게 됐는가. 갈릴래아에서 어느 정도 환영받던 예수의 하느님 나라 메시지가 왜 예루살렘에서 사형이라는 반전을 맞았을까. 누가 예수를 죽였는가. 예수의 죽음은 원인이 무엇인가.

예수가 언제 자신의 죽음을 가깝게 느꼈는지 우리가 알 순 없다. 예수는 자신이 평화로운 죽음을 맞이할 것으로 생각했을까. 여러 갈등을 겪으면서 불행한 죽음이 닥칠 수도 있다고 예감했을까. 예수는 자신의 불확실한 미래에도 하느님 나라가 지상에 자리 잡으리라고 확신한 것 같다. 복음서 저자들은 예수의 죽음과 부활을 전제하고, 예수의 일생을 신학적으로 해설하며 차분히 돌아본다. 예수와 제자들은 예수의 죽음 이전 역사를 걷고, 복음서 저자들과 우리는 예수의 죽음과 부활 이후 시점에서 예수의 삶을 돌아본다. 복음서는 예수가 쓴 일기가 아니라, 예수 이후 사람들이 쓴 전기 혹은 평전이라고 볼 수 있다.

예수가 처형됐을 때 예수와 반대자들의 갈등이 최고조에 달했음이 분명하다. 그러나 반대자들의 미움이 예수가 예루살렘에 머문 마지막 일주일에 느닷없이 생긴 것은 아니다. 누가, 왜 예수를 반대했을까. 예수는 갈릴래아에서 공식적으로 등장할 때부터 여러 논란에 휘말렸다.[13] 예수는 치유, 마귀 추방, 율법 해석에서 놀라운 인물로 여겨지고 사람들에게 관심을 끈 것 같다.

그러나 예수는 목수라는 직업 때문에 고향 나자렛에서 환영받지 못했다. "저 사람은 그 목수가 아닌가?"(〈마르〉6,3) 목수에게는 성서 연구가 허락되지 않았다. 목수는 유다인 마을 회의에 지도부 구성원이 될 수 없고, 재판관 역할도 허용되지 않았다.[14] 예수가 유다교 모임에서 공동성서를 해석하고 가르친 사실(〈마르〉1,21-28)을 율법 학자들이 크게 비판한 것도 이 때문이다. 율법 학자들은 종교 전승을 보존하고 전달하며, 성서를 해석하고, 재판을 담당했다.[15] 예수는 사제 가문 출신이 아니고, 직업이 목수이기 때문에 성서를 해석하거나 가르칠 권한이 없다는 뜻이다. 예수는 학력과 직업, 신분 차별을 겪은 사람이다.

예수의 재판과 죽음에 대한 가장 중요한 자료는 복음서다. 복음서 모두 예수 최후의 시간을 다룬다. 〈사도〉에도 예수의 죽음을 돌아보는 언급이 여러 곳 있다(〈사도〉2,23; 3,15; 5,30). 바울이 쓴 일곱 편지는 예수 죽음의 의미를 드러내는 데 집중하고, 예루살렘 최후의 시간을 심각하게 다루진 않았다(〈로마〉4,25; 〈갈라〉2,20). 예수 죽음의 의미를 잘 밝히려면 당연히 죽음을 둘러싼 사건을 추적해야 하는데 말이다. 바울이 처음 쓴 편지이자, 신약성서에서 가장 먼저 쓰였고 예수의 죽음을 처음 소개한 〈1데살〉2,14-16에서 바울은 예수의 죽음을 이스라엘 예언자들의 죽음(〈예레〉7,25-26; 〈느헤〉9,25-27)에 비유했다.

1886년 이집트의 어느 수도자 무덤에서 그리스어로 쓰인 글이 발견됐다. '나는 그러나 시몬 베드로'(〈베드로복음〉60장)라고 일인칭으로 쓴 글 60여 줄은 예수의 수난사를 소개한다. 〈베드로복음〉은 오랫동안 그 이름이 알려졌는데, 3세기 시작 무렵 안티오키아에서 사용된 것 같다. 〈베드로복음〉은 〈마태〉를 참고하고 다른 전승을 추가한 후대 작품으로 보인다. 오래된 〈십자가복음〉이 〈베드로복음〉에 가장 잘 보존됐다[16]는 의견이 있다.

유다 역사가 요세푸스는 예수의 형제 야고보가 62년 예루살렘에서 율법을 위반했다는 이유로 돌에 맞아 처형되고,[17] 지혜로운 사람이며 메시아인 예수가 처형되고 부활했다[18]고 예수를 두 번 언급했다. 그런데 요세푸스 글의 위조 여부가 오래 논란이 됐다. 어떤 그리스도인이 글을 고쳤다[19]는 의견이 있다. 그리스도교 밖에서 예수의 죽음을 처음 언급한 문헌이라는 가치는 있다.

로마 역사가 타키투스도 예수의 죽음을 간단히 기록했다. 로마 황제 네로Nero가 64년 로마에서 난 화재를 자신이 저질렀다는 혐의에서 벗어나려고 빌라도 총독에게 처형된 예수를 따르는 무리Chrestos가 화재를 일으켰다고 뒤집어씌웠다[20]는 것이다. 그리스 철자 e는 i로 발음되기에 타키투스는 Christos가 아니라 Chrestos라고 썼다. Chrestos는 흔한 노예 이름이어서 로마 사람들이 금방 알아들을 수 있었다. 500년경 완성된《바빌론 탈무드》에 어떤 예수Jeschu라는 사람이 십자가에 처형됐다는 구절이 있다(Sanhedrin 43a).[21] Jeschu가 나자렛 예수를 가리키는지 분명하지 않다. Jeschu에 여러 뜻이 있다.

예수 최후의 시간을 먼저 복음서에서 보자. 예수의 죽음까지 진행된 순서는 대부분 일치한다. 예수의 저항과 수난사는 반대자들이 예수를 죽일 생각이 있다는 보도로 시작된다. 예루살렘에서 파스카 축제 기간 가까운 시간에 유다교 지배층이 예수를 죽이려 했다는 것이다. 예수 일행이 예루살렘에 진출하고, 최후 만찬 후 유다의 밀고로 예수가 체포되고, 예수가 유다교 지배층에게 심문받고, 베드로는 예수를 모른다고 잡아떼고, 예수는 빌라도에게 넘겨져 심문받고 사형 판결받고, 십자가에 처형되고, 아리마태아 요셉에 의해 장례가 치러졌다.

복음서 보도에 차이도 있다. 예수의 반대자로 바리사이파가 등장하는 장면(〈마태〉 27,62; 〈요한〉 11,47.57)이 〈마르〉와 〈루가〉에 없다. 예수가 체포될 때 제자들이 도망치는 장면(〈마르〉 14,50; 〈마태〉 26,56)이 〈루가〉와 〈요한)에 없다. 대사제 가야파Kaiaphas가 예수를 심문하는 장면(〈마태〉 26,57-66)은 대사제 가야파의 장인이자 전임 대사제 한나스(〈요한〉 18,13), 대사제(〈마르〉 14,53; 〈루가〉 22,54)로 서로 다르게 기록됐다. 크고 작은 차이를 보여주는 다른 구절도 있다. 같은 사건을 두고 복음서가 여러 보도를 한다.

어떤 사건은 한 복음만 다뤘다. 헤로데 안티파스가 예수를 심문하는 장면(〈루가〉 23,8-11), 손을 씻으며 예수의 피에 책임이 없다고 말하는 빌라도(〈마태〉 27,24-26), 빌라도와 예수의 긴 대화(〈요한〉 18,33-38)가 그렇다. 한 복음에만 보이지 않는 장면도 있다. 로마 군인이 예수를 채찍질하는 장면, 마리아가 베다니아에서 예수에게 기름 붓는 장면은 〈루가〉에서 빠졌다.

여기서 여러 가지 의문이 생긴다. 어떤 복음의 어떤 보도를 따라야 할까. 그 이유는 무엇인가. 어떤 복음은 중요하게 보고, 다른 복음은 소홀히 여겨도 되는가. 서로 다른 보도를 꼭 조화롭게 해명해야 하는가. 그런 해명이 가능한가. 장면마다 가장 확실하고 믿을 만한 자료를 선택하고 결정해야 하는가. 성서학자들은 복음서에 나타난 예수 수난사 보도의 공통점과 차이점을 목격하고 복음서의 관계를 연구하지 않을 수 없었다.

복음은 처음에 저자 이름 없이 전해졌다. 여러 복음이 생기면서 누군가 구분하기 위해 제목처럼 명칭을 붙였다. 복음서 명칭은 저자에 대해 아무것도 자세히 알려주지 않는다. 성서학자들이 복음서를 쓴 사람이 누구인지 추측할 뿐이다. 복음서가 쓰인 시기와 장소도 분명하지 않다. 복음서에 띄어쓰기와 문장부호도 없었다. 장과 절로 구분하고, 단락을 나누고, 제목을 붙이는 관행은 근대 이후 성서학자들이 시작해서 점차 자리 잡았다.

성서학계는 그동안 복음서의 관계를 설명하려고 다음 세 가지 가설을 내놓았다.[22]

1. 예수의 언어인 아람어로 쓰인 원복음Urevangelium이 있었을 것이다. 그리스어를 쓰는 복음서 저자들이 원복음을 각자 고유한 방식으로 번역하고 사용했을 것이다.
2. 일찍이 말 혹은 글로 고정된 전승이 있었을 것이다. 복음서 저자들이 그 전승을 각자 고유한 방식으로 사용했을 것이다.
3. 어떤 복음은 다른 복음을 자료로 사용했을 것이다.

성서학계에서 오늘날 가장 널리 인정되고 쓰이는 두 원천 이론Zwei-Quellen-Theorie은 3번 가설을 기초로 한다. 두 원천 이론의 주요 내용은 다음과 같다.[23]

1. 그리스어 〈마르〉가 가장 먼저 쓰인 복음이다. 〈마태〉와 〈루가〉는 각자 독립적으로 〈마르〉를 자료로 사용했다.
2. 〈마태〉와 〈루가〉는 〈마르〉 외에 다른 그리스어 자료도 사용했다. 예수의 말씀을 주로 수록한 그 자료는 역사에서 사라졌다.
3. 〈마태〉와 〈루가〉는 〈마르〉와 〈Q 문헌〉뿐 아니라 고유의 전승을 사용했다. 〈마태〉는 〈마르〉 〈Q 문헌〉 〈마태〉 고유 전승을 자료로 삼았고, 〈루가〉는 〈마르〉 〈Q 문헌〉 〈루가〉 고유 전승을 자료로 삼았다는 뜻이다.
4. 〈마르〉 〈마태〉 〈루가〉 저자는 전승을 받아들인 단순한 편집자가 아니라 독창적 사상을 펼친 신학자로서, 예수의 역사와 해석에 큰 영향을 미쳤다.

성서학계에서 예수 어록을 가리키는 독일어 단어 말씀 원천Logienquelle은 약칭 Q라고 흔히 불린다. 〈Q 문헌〉의 순서는 〈루가〉가, 단어는 〈마태〉

가 잘 보존한 것으로 여겨진다.[24] 〈Q 문헌〉은 행복 선언, 주의 기도, 원수 사랑, 겨자씨와 누룩의 비유 등 많은 자료를 담고 있던 것으로 추측·인정된다. 예수의 죽음과 부활 이후 〈마태〉와 〈루가〉 작성 때까지 공통년 30-80년에 쓰인 것으로 추측된다.[25] 〈Q 문헌〉은 확실히 그리스어로 쓰였다. 〈Q 문헌〉은 책으로 구해볼 수 있다.[26]

두 원천 이론이 복음서의 관계를 모두 깔끔하게 설명하는 것은 아니다. 두 원천 이론이 아직 해명하지 못한 문제도 있다. 그중 하나가 〈마태〉와 〈루가〉에서 발견되는 작은 일치minor agreements다. 한편으로 〈마르〉를 참고한 것은 분명하고, 다른 한편 〈마태〉와 〈루가〉가 일치하는 현상이다. 예를 들어 "그는 땅에 쓰러져 슬피 울었다"(〈마르〉 14,72)를 참고한 것이 분명한데, 어째서 "밖으로 나가 몹시 울었다"(〈마태〉 26,75)와 "밖으로 나가 슬피 울었다"(〈루가〉 22,62)로 글자 하나 다르지 않냐는 의문이 있다. 그래도 여러 가설 중에서 두 원천 이론이 복음서의 관계를 가장 합리적이고 설득력 있게 해명한다. 두 원천 이론을 외면하는 성서학자는 찾아보기 힘들다.

두 원천 이론을 따른다면, 예수의 수난사 보도에서 〈마르〉가 원천이고 〈마태〉와 〈루가〉는 〈마르〉를 참고했다는 말이 된다. 〈마태〉는 〈마르〉를 충실히 참조했고, 〈마태〉 고유 전승을 덧붙였다. 〈루가〉는 조금 더 복잡하다. 〈루가〉의 예수 저항과 수난사 보도는 〈마르〉의 구조와 단어에서 좀 벗어난다. 〈루가〉는 〈마르〉 말고도 다른 문서 전승을 사용한 것이 아닐까. 〈요한〉은 어떤가.

예수의 저항과 수난사 보도에서 〈마르〉 〈마태〉 〈루가〉뿐 아니라 〈요한〉에도 언급된 이야기가 있을까. 예수를 죽일 음모(11,47-12,19), 체포된 예수(18,1-11), 대사제에게 심문받는 예수(18,12-14.19-24), 예수를 부인한 베드로(18,15-18.25-27), 빌라도에게 심문받는 예수(18,28-38), 사형선고 받는 예수(18,31-19,16), 십자가에 처형되는 예수(19,17-24), 숨을 거둔 예수(19,28-37), 예수의 장례(19,38-42), 막달라 마리아에게 나타난 예수(20,11-18), 제자들에게 나타난 예수(20,19-24)가 있다.

예수의 수난사 보도 외에 〈마르〉〈마태〉〈루가〉뿐 아니라 〈요한〉에도 언급된 이야기는 무엇일까. 세례자 요한(1,19-34), 성전 항쟁(2,13-22), 고관 아들 치유(4,46-53), 5000명을 먹인 사건(6,1-13), 호수 위를 걸은 예수(6,16-21), 베드로의 고백(6,68-69)이 있다.

〈마르〉〈마태〉〈루가〉와 〈요한〉의 관계에 대해 크게 다음 두 가설이 있다.[27]

1. 〈요한〉은 예수의 수난사 보도에서 〈마르〉를, 아마도 〈마태〉〈루가〉까지 참조했을 것이다.
2. 〈요한〉은 〈마르〉〈마태〉〈루가〉와 비슷한 다른 자료를 참고했을 것이다.

복음서는 70-100년에 쓰인 것 같다. 〈마르〉가 70년경, 〈마태〉와 〈루가〉가 80-90년대, 〈요한〉이 100년경 작성된 것으로 보는 성서학자들이 대부분이다. 복음서 네 저자 모두 예수를 직접 만난 적은 없다. 복음서는 예수의 활동과 말을 직접 보고 듣고 그 자리에서 기록한 책이 아니다. 예수의 죽음과 부활 이후 적어도 40년 이상 지난 때 쓰였다. 예수의 등장부터 예수 운동 처음 40년 동안 예수 운동이 맞닥뜨린 문제가 복음서 기록과 편집에 많은 영향을 미쳤다. 예수의 말과 활동뿐 아니라 예수 운동의 경험과 고뇌가 어우러져 쓰인 책이 복음서다.

바울의 일곱 편지만 전해지고 복음서가 없었다면 어떻게 됐을까. 누가, 왜 예수를 죽였는지 알기 어려웠을 것이다. 예수의 하느님 나라 메시지를 알기 어려웠을 것이다. 예수가 가난한 사람에게 어떤 말과 행동을 했는지 알기 어려웠을 것이다. 바울의 일곱 편지만 있고 복음서가 없었다면 예수의 역사를 거의 알 수 없었을 것이다. 〈요한〉만 전해지고 〈마르〉 〈마태〉 〈루가〉가 없었다면 어떻게 됐을까. 예수 탄생의 역사, 비유, 행복 선언, 주의 기도, 기적 사건, 논쟁, 제자의 역사, 가난한 사람과 어울린 예수를 알기 어려웠을 것이다.

예수의 역사를 알기 위해 복음서 중에 가장 먼저 쓰인 〈마르〉를 보는 것이 순서에 맞겠다. 〈마르〉 1-13장은 예수의 말, 치유, 마귀 추방, 기적, 논쟁, 일상적인 이야기 등이 느슨한 형태로 이어진다. 예수의 수난사 보도가 시작되는 14장부터 짧은 일화 모음집이 아니고, 하나의 역사가 소개된다. 때와 장소가 자세히, 심지어 시간까지 정확히 보도된다.[28] 같은 〈마르〉에서 나타나는 이런 차이를 어떻게 설명해야 할까. 성서학자들은 1-13장은 〈마르〉 저자가 하나씩 전해진 구전 전승을 모으고 골라 순서를 만들어 썼고, 14장부터는 〈마르〉 이전에 글로 쓰인 전승을 참고했으리라고 추측한다.

루돌프 불트만Rudolf Bultmann은 〈마르〉가 전해 받은 전승을 처음으로 종합한 것이 아니라, 〈마르〉 이전에 종합된 수난사 전승이 있었다고 생각했다.[29] 체포, 유다 의회와 빌라도의 재판, 사형장으로 끌려감, 십자가 처형과 죽음을 짧게 설명한 오래된 소식이 있었다[30]는 것이다.

〈마르〉 이전 예수의 수난사 전승을 복구하려는 연구가 이어졌지만, 아직 만족할 만한 성과에 이르지 못했다. 〈마르〉와 〈요한〉의 공통부분을 찾는 방법은 어떨까.[31]

1. 〈마르〉와 〈요한〉의 공통부분을 오래된 전승으로 여긴다.
2. 〈마르〉와 〈요한〉의 공통이 아닌 부분에는 후대 전승이 끼어든 것으

로 본다. 전승 과정에서 더 많은 개별 전승도 추가됐다.


〈마르〉와 〈요한〉의 공통부분은 다음과 같다.[32]


1. 대사제와 율법 학자들의 음모(〈마르〉14,1; 〈요한〉11,55.47.53.57)

2. 예수의 예루살렘 진출(〈마르〉11,1.7-10; 〈요한〉12,12-14)

3. 성전 항쟁(〈마르〉11,15-17; 〈요한〉2,13-16)

4. 베다니아에서 기름 부음(〈마르〉14,3-8; 〈요한〉12,1-5.7-8)

5. 예수가 넘겨지고 베드로가 예수를 부인하리라는 예고(〈마르〉14,18-
   20.29-30.42; 〈요한〉13,2.21-22.26.37-38; 14,31)

6. 예수 체포(〈마르〉14,26.32.43-44.46-47.50; 〈요한〉18,1-3.12.10.8)

7. 대사제 앞에 선 예수(〈마르〉14,53-54.60-62.65-72; 〈요한〉18,12-13.15.18-
   20.22.25.17.26-27)

8. 빌라도 앞에 선 예수(〈마르〉15,1-2.4-6.9.11.13-19; 〈요한〉18,28.33.37.38-
   40; 19,1.6.8-9.15)

9. 십자가 처형(〈마르〉15,20-22.24.26-27.34.36-37.40; 〈요한〉19,16-19.24.28-
   30)

10. 예수의 장례(〈마르〉15,42-46; 〈요한〉19,31.38.40-42)

11. 빈 무덤(〈마르〉16,1-2.4-5; 〈요한〉20,1.11-12)


〈마르〉와 〈요한〉의 공통부분은 무엇일까.


1. 유다교 지배층이 예수를 죽이려고 모의했다.

2. 예수는 제자들과 예루살렘에 진출했다.

3. 예수는 자신이 체포되고 베드로가 예수를 부인할 것이라 예고했다.

4. 예수는 유다의 협조로 체포될 것이다.

5. 예수는 유다교 대사제에게 심문받을 것이다.

6. 예수는 빌라도에게 심문받고 로마 군인에게 모욕당할 것이다.

7. 예수는 유다인의 왕으로서 십자가에 처형될 것이다.

8. 아리마태아 사람 요셉이 예수의 장례를 치렀다.


이 내용이 예수의 수난사 보도에서 중요하다. 그 외에 〈마르〉와 〈요한〉에 나오는 전승은 후대에 끼어든 것으로 보인다.

# 2. 예루살렘 진출

## 예수는 예루살렘에 왜 갔을까

〈루가〉는 하느님이 계획βουλή(〈루가〉 7,30; 〈사도〉 2,23; 13,36; 20,27)하시고 예정ὥρισο(〈루가〉 22,22; 〈사도〉 10,42; 17,31)하셨음을 강조한다. 예수와 제자들은 유다교 축제에 참여하러 예루살렘에 갔는가.[33] 예수 자신이 어떤 운명을 직감했을 가능성을 제외할 수 없다.[34] 예루살렘에 간 이유에 대해 여러 의견이 있다.[35]

예수는 하느님 나라 메시지를 예루살렘 지배자들에게 전하러 갔는가. 예수는 예루살렘 지배자들이 하느님 나라 메시지에 긍정적인 반응을 보이리라고 기대했을까.[36] 예수는 예루살렘 지배자들에게 도전하고 저항해 참된 종교적 권위와 체제를 세우려 했을까.[37] 예루살렘을 하느님이 다시 오실 곳으로 표현한 문헌이 적지 않다(〈이사〉 7,1-17; 30,1-5; 31,1-3). 유다인의 희망은 하느님이 예루살렘에 다시 오시는 것이다.[38] 예수에게도 그 희망이 있었다(〈마태〉 5,34-35; 〈루가〉 13,32-33). 예수는 자신의 행동과 말씀으로 하느님 나라가 예루살렘에 어서 오도록 재촉하려 했을까.[39]

예수는 예루살렘 지배자들에게 저항하는 의미에서, 더 나아가 예수 최후 만찬이 예루살렘 제사를 대체한다는 의견도 나왔다.[40] 많은 사람을 위한 예수의 죽음이 예루살렘성전의 희생 제사를 영원히 대체한다는 해석이다.[41] 예수 운동이 예수 부활 이후 계속 예루살렘성전 예배에 참여한 사실(〈사도〉 3,1)을 보면 그 의견에 동의하기 어렵다. 예수가 예루살렘성전 파괴 혹은 예루살렘에 대한 하느님의 심판을 예언했다면, 예수 운동은 갈릴래아에 근거지를 마련했을 것[42]이라는 의견이 있다. 예수가 자신의 죽음을 어떻게 생각했는지 우리가 이해하지 못하면 예수가 예루살렘에 왜 갔는지 정확한 답변을 얻을 가능성은 없다.[43]

예수의 사명이 이스라엘 전체를 향했음을 잘 나타내는 상징이 열두 제자다. "머리를 들고 사방을 둘러보아라. 모두 너에게 모여오고 있지 않느냐? 너의 아들들이 먼 데서 오고, 너의 딸들도 품에 안겨온다"(〈이사〉 60,4). 열두제자는 세상 끝 날에 다시 모일 이스라엘 열두 부족을 미리 보여준다. 예수의 사명이 이스라엘 전체를 향했음은 "이스라엘 백성 중의 길 잃은 양들을 찾아가시오"(〈마태〉 10,6)에 잘 나타난다. 열두제자가 세상 끝 날 이스라엘 전체를 미리 보여준다면, 길 잃은 양들은 지금 여기서 이스라엘 전체를 보여준다. 나는 열두제자와 가난한 사람은 예수 사명의 현재와 미래를 드러내는 두 주체요 사건이라고 이해하고 싶다.

예수가 자신의 사명을 갈릴래아 지방에서 전파하고 예루살렘 지방을 제외했다면 이스라엘 전체에 퍼지기 어려웠을 것이다. 예수의 사명은 당연히 예루살렘 지방을 포함했고, 언젠가 예루살렘에 다가올 예정이었다. 예수는 많은 순례자가 예루살렘에 모이는 유다교 축제를 하느님 나라 메시지를 전하는 기회로 삼았다.[44]

예수가 예루살렘을 여러 번 방문했다 해도 마지막 방문은 특별한 의미가 있다. 죽음의 길이기 때문이다. 예수의 죽음과 부활을 알고 예수 사건을 돌아보는 복음서 저자들과 달리, 예수는 자신의 마지막 예루살렘 방문이 정말 마지막인지 알 수 없었다. 제자들도 마찬가지다. 예수는 예루살렘에 죽으러 간 게 아니라, 하느님 나라 메시지를 좀 더 널리 전파하기 위해 갔다.[45] 그러다가 죽음 당한 것이다.

예수의 예루살렘 진출이 복음서 보도와 달리 아주 소박했다 해도, 예수는 자신의 행동이 불러일으킬 파장을 모르지 않았을 것이다. 예수가 행동하고 말한 의도가 어디서 비롯됐든, 정치적 영향을 미치고 정치적 해석을 낳을 수밖에 없었다. 예수가 폭력을 동원하지 않았어도 하느님 나라 메시지가 불의한 정치·종교 권력에 위협이 됐다. 하느님 나라 메시지와 그에 따른 행동이나 말은 우선 종교적 차원에서 읽히지만, 결국 정치적 메시지로 번역될 수밖에 없었다. 예수의 활동은 정치를 향한 메시지präpolitisch[46] 성격을 띨 수밖에 없었다.

예수는 활동을 시작한 뒤 예루살렘을 한 번 방문한 것 같다. 여러 차례 방문하기에는 활동 기간이 너무 짧다[47]는 의견이 있다. 공식 활동 이전에 예루살렘에 전혀 가지 않았다는 말은 아니다. 예수는 살면서 예루살렘을 몇 번이나 방문했을까. 추측만 가능하다. 우리의 관심은 예수가 죽음을 맞이한 마지막 예루살렘 방문에 집중된다. 예루살렘을 방문한 이유가 뭘까. 예수는 하느님 나라가 자신이 행동하는 곳에서 지금 존재함을 경험할 수 있다고 생각했다. 예수는 하느님께서 하늘에 있는 하느님 나라를 지상에 가져오실 거라고 기대했다. 예수는 하느님이 예루살렘성전에 오시리라(〈이사〉 33,17-24; 〈에제〉 43,2-7; 〈즈가〉 14,16-19)는 유다인의 희망에 동의했다.

유다인의 그 희망이 예수를 예루살렘으로 이끌지 않았을까. 그렇게 본다면 예수가 적대자들과 마지막 승부를 가르기 위해 예루살렘으로 갔다[48]는 추측은 찬성하기 어렵다. 예수가 예루살렘에서 죽음을 맞으려고 갔을 거라는 의견[49]도 아닐 듯싶다.[50] 하느님 나라가 다가오는 때 예수가 영향을 끼칠 수 있다거나 영향력을 행사하려고 애썼다는 구절은 성서 어디에도 없다.

예수 일행이 예루살렘에 진출한 장면을 보도할 때 〈마르〉와 〈요한〉은 어디서 가장 큰 차이를 보일까. 〈요한〉은 예루살렘에 와 있던 순례자들이 진출하는 예수 일행을 개선장군처럼 환영했다고 말한다. "명절을 지내러 와 있던 큰 군중은 그 이튿날 예수가 예루살렘에 들어온다는 말을 듣고 종려나무 가지를 들고 예수를 맞으러 나가, '호산나! 주의 이름으로 오시는 이여, 이스라엘의 왕 찬미 받으소서!' 하고 외쳤다"(〈요한〉 12,12-13). 〈마르〉는 순례자들이 진출하는 예수 일행과 함께 예루살렘에 들어온다고 기록했다. 〈마르〉 보도는 〈요한〉 보도와 일부만 일치한다. "앞서가는 사람들과 뒤따라오는 사람들이 모두 환성을 올렸다. '호산나! 주의 이름으로 오시는 이여, 찬미 받으소서! 우리 조상 다윗의 나라가 온다. 만세! 높은 하늘에서도 호산나!'"(〈마르〉 11,9-10)

〈마르〉에 따르면, 예수 일행이 예루살렘에 진출했을 때 예루살렘에 온 순례자들이나 예루살렘 시민에게 주목받지 못했다. 〈마르〉 보도가 〈요한〉 보도보다 사실에 가까운 것 같다.[51] 예수가 자신의 예루살렘 진출을 로마 군대에서 해방하는 투쟁과 연결한 것 같지 않다. 예수가 새끼 나귀를 타고 오는 들어오는 모습(〈마르〉 11,7)은 〈즈가〉 9,9을 본떠 나중에 덧붙인 듯하다.

예수가 예루살렘에 진출한 장면은 〈마르〉 11,1.7-10과 〈요한〉 12,12-14이 소개한다. 단순한 순례 여정이 아니다. 왕처럼 예루살렘에 진출한 장면이 예수의 죽음과 연관 있지 않냐는 의문이 계속 있었다. 성전 항쟁과 성전 파괴 발언과 예루살렘 진출 장면이 예수 죽음의 원인을 살펴보는 중요한 계기가 됐다.

예수의 예루살렘 진출은 왕을 기다리는 유다인의 희망을 듬뿍 담은 장면으로 꾸며졌다.[52] 새끼 나귀를 타고 들어오는 예수를 수많은 사람이 겉옷을 벗어 길 위에 펴놓고 환영했다(〈마르〉 11,8). "'나 야훼가 선언한다. 내가 너에게 기름을 부어 이스라엘을 다스릴 왕으로 세운다.' 이 말을 듣고 그들은 재빨리 겉옷을 벗어 돌층계에 깔고는 예후를 그 위에 모시고 나팔을 불며, '예후가 왕이 되셨다!' 하고 외쳤다"(〈2열왕〉 9,12-13)라는 구절이 배경이다. 예후가 왕이 되셨다고 외쳤듯이, 예수가 왕이라고 외친다는 말이다. 〈마르〉 저자는 "주소서, 야훼여, 구원을 주소서. 주소서, 야훼여, 승리를 주소서. 야훼의 이름으로 오시는 이여, 찬미 받으소서. 우리가 야훼의 집에서 그대들을 축하하리라"(〈시편〉 118,25-26)를 "호산나! 주의 이름으로 오시는 이여, 찬미 받으소서! 우리 조상 다윗의 나라가 온다. 만세! 높은 하늘에서도 호산나!"(〈마르〉 11,10)로 바꿨다. 호산나$\dot{\omega}\sigma\alpha\nu\nu\grave{\alpha}$ (〈2사무〉 14,4; 〈2열왕〉 6,26)는 왕에게 도움을 청하며 외치는 소리다.

사람들이 예수를 환영하는 장면도 심상치 않지만, 예수 자신이 예루살렘 진출을 적극적으로 준비하는 모습이 눈에 띈다. 예수는 두 제자에게 "맞은편 마을로 가보시오. 거기 들어가면 아직 아무도 타보지 않은 새끼 나귀 한 마리가 매여 있을 것입니다. 그것을 풀어서 끌고 오십시오. 만일 누가 왜 그러느냐고 묻거든 주님이 쓰신다 하고 곧 돌려보내실 것이라고 말하십시오"(〈마르〉 11,2-3)라고 한다. 예언자 사무엘이 어린 사울에게 기름을 붓고 왕으로 세우는 장면(〈1사무〉 10,1-8)이 떠오를 수 있다.[53] 예언자 엘리야가 사렙다 과부에게 한 이야기와 이어진다고 보는 의견도 있다.[54] 야곱이 아들 유다에게 유언으로 축복한 구절도 떠오른다.

"유다는 사자 새끼, 아들아, 너야말로 짐승을 덮쳐 뜯어먹고는 배를 깔고 엎드린 숫사자라 할까? 왕의 지팡이가 유다를 떠나지 아니하리라. 지휘봉이 다리 사이에서 떠나지 아니하리라. 참으로 그 자리를 차지할 분이 와서 만백성이 그에게 순종하게 되리라. 포도나무에 나귀를 예사로 매어놓고 고급 포도나무에 새끼 나귀를 예사로 매어두리라. 포도주로 옷을 빨고 포도의 붉은 즙으로 겉옷까지 빨리라."(〈창세〉 49,9-11)

〈마르〉저자는 예수가 예루살렘에 진출한 장면에서 평화의 왕 예수를 온 세상에 소개하고 싶었다. 그러나 〈마르〉저자는 아쉽게도 〈즈가〉9,9을 생각지 못한 것 같다.

"수도 시온아, 한껏 기뻐하여라. 수도 예루살렘아, 환성을 올려라. 보아라, 네 임금이 너를 찾아오신다. 정의를 세워 너를 찾아오신다. 그는 겸비하여 나귀, 어린 새끼 나귀를 타고 오시어 에브라임의 병거를 없애고 예루살렘의 군마를 없애시리라. 군인들이 메고 있는 활을 꺾어버리시고 뭇 민족에게 평화를 선포하시리라."(〈즈가〉9,9-10)

〈마태〉저자는 그 장면에 정확히 〈즈가〉9,9을 인용했다. "'시온의 딸에게 알려라. 네 임금이 너에게 오신다. 그는 겸손하시어 암나귀를 타시고 멍에 메는 짐승의 새끼, 어린 나귀를 타고 오신다' 하신 말씀이 이루어졌다"(〈마태〉21,5). 예수는 〈마르〉11,2에서 제자들에게 새끼 나귀 한 마리를 끌고 오라고 하는데, 〈마태〉21,2에선 두 마리를 데려오라고 한다. 나귀 한 마리에 옷을 깔고 그 위에 타고 오는 예수보다 두 마리 사이에 넓게 깔린 옷 위에 앉아서 오는 예수가 좀 더 왕처럼 보이기 때문에 〈마태〉저자가 한 마리를 추가하지 않았을까.[55]

1세기 후반 예수 추종자들은 〈마르〉에서 예수가 예루살렘에 진출한 장면을 읽거나 들었을 때, 문득 어떤 장면이 떠올랐을까. 21세기 한국 독자들은 상상하기 어려울 수 있다. 로마 장군 베스파시우스가 유다 독립 전쟁을 진압하고 두 아들과 함께 포로를 끌고 전리품을 싣고 로마 시내를 행진하는 장면이다. 예수가 예루살렘에 들어오는 광경과 베스파시우스가 로마에 들어오는 장면을 동시에 상상했을 것이다.

군대가 점령 지역에서 행진하거나 본국 수도로 돌아와 행진하는 일은 고대에 흔한 일상이었다. 여러 나라 군대가 예루살렘 시내에서 무력 시위를 했다.[56] 시리아의 지배에서 이스라엘을 해방한 마카베오 군대,[57] 체사레아 바닷가에서 오는 점령군 로마 군대, 메시아를 참칭하며 들어오는 유다인 독립 투쟁 그룹 등 여러 가지 행군이 있었다. 살려고 로마 군대를 소리 높여 환영하고 고개 숙여 절할 수밖에 없었던 예루살렘 유다인[58]을 상상해보자. 동학혁명군을 진압하고 광화문 광장에서 행군하는 일본 군대에게 머리 숙이던 우리 선조들을 상상해보자.

메나헴Menachem은 유다 독립 전쟁 때 마사다부터 무장한 부하들을 이끌고 예루살렘에 진입해 유다 독립군 최고 지도자가 됐다.[59] 3년 뒤 시몬 바르 기오라Simon bar Giora가 분열된 유다 독립군 일부를 이끌고 예루살렘에 들어왔다.[60] 유다 마카베오와 동생 시몬 마카베오는 예루살렘 시내와 성전(〈1마카〉 4,36-51; 〈2마카〉 10,1-9), 성전 옆 요새(〈1마카〉 13,43-52)를 시리아 셀레우키드 군대에게서 탈환했다.

로마 군대는 예루살렘 서쪽에서 시내로 들어왔다. 유다 독립군 대부분 동쪽에서 시내로 들어왔다. 별다른 의미가 없는 행동일까.[61] 그 차이를 강조하는 의견이 있다.[62] 갈릴래아에서 출발한 예수 일행은 동쪽에서 시내로 들어오고, 체사레아 바닷가에서 출발한 빌라도는 예수와 같은 날 서쪽으로 올 수 있다는 의견도 있다.[63] 새끼 나귀를 타고 오는 예수의 모습에서 로마 군대를 비웃는 뜻을 말한 의견도 있다.[64]

유다 독립군이나 외국 점령군 행진과 예수가 예루살렘에 진출한 장면은 너무나 다르다. 예수 행렬에는 무기나 군대가 없다. 그저 평범한 순례 행진이다. 이상적인 평화의 왕을 상징하는 모습이다. 복음서에 소개된 모습과 실제 행렬이 규모에서 차이가 난다 해도 마찬가지다. 〈시편〉 118장을 비롯해 평화의 왕을 가리키는 공동성서 구절이 예수가 예루살렘에 진출한 장면에 인용됐다. 호산나 외침과 〈즈가〉 9,9도 마찬가지다.

그런데 여기서 지나칠 수 없는 문제가 있다. 예수가 예루살렘에 진출한 장면을 복음서 저자들이 유다 사회가 염원하는 메시아(왕) 기대에 맞춰 세련되게 연출했는가, 아니면 예수의 죽음 이후 새로운 왕 모습을 그려 냈는가?[65]

예수의 비극적 죽음이 많은 것을 바꿨다. 예수의 죽음 이후 예수 운동은 새로운 상황에 맞닥뜨렸다. 로마 군대는 십자가 처형으로 예수 사건은 끝났다고 봤다. 대다수 유다인은 십자가 죽음을 하느님께서 예수의 삶이 실패했다고 알려준 심판으로 여겼다. 예수는 하느님과 관계없는 인물이라고 이해했다는 뜻이다. 왕이라는 칭호는 예수를 이래저래 꼼짝 못하게 만들고 말았다. 로마 군대에게 예수는 교묘한 방법으로 유다인을 선동해 로마제국에 대항하려고 엿보다가 어설프게 끝장난 사람에 불과했다. 대다수 유다인에게 예수는 이스라엘의 독립과 해방의 희망을 걸기에 한참 모자란 사람에 불과했다.

예수는 훌쩍 떠났다. 예수를 어떻게 소개하느냐는 이제 예수 운동에 달렸다. 제자들은 예수를 실패한 사람으로 인정하고 고향과 원래 직업으로 돌아가느냐, 예수는 훌륭한 분이라고 전하고 다니느냐 둘 중 하나를 선택해야 했다. 복음서는 예수가 활동한 당시에 쓰인 글이 아니다. 바울이 활동한 시대에 쓰인 글도 아니다. 복음서는 예수를 따르기로 작정한 사람들이 예수의 죽음과 부활 이후 40년쯤 지나서 쓰기 시작한 글이다. 자기 시대에 예수를 따르기로 작정한 사람과 공동체가 겪는 문제를 가지고 적어도 40여 년 전 예수 시대를 돌아보며 쓴 글이다. 예수 운동 사람들은 예수의 죽음을 의미 있게 해설하기 유리한 구절을 공동성서에서 찾기 시작했다. 예수의 죽음뿐 아니라 갈릴래아에서 예수가 한 행동과 말을 평화의 왕이라는 새로운 눈으로 보기 시작했다.

## 예수의 마지막 일주일

〈마르〉 저자는 예수의 역사를 5곳과 50일이라는 신학적 시간표로 만들어 기록했다.[66] 49일째 예수의 무덤에서 정적이 감돌고, 50일째 여인들이 빈 무덤을 발견한다. 갈릴래아 호수에서 가난한 사람, 제자들과 함께 있던 예수는 예루살렘성전에서 적대자들과 만난다. 예루살렘 진출까지 6주, 예루살렘에서 일주일간 시간표다. 광야에서 악마에게 유혹받은 예수와 빈 무덤의 예수가 대응한다. 광야와 갈릴래아 호수가 있고 예루살렘성전과 빈 무덤이 있다면, 그 가운데 예루살렘 가는 길이 있다. 5곳(광야, 갈릴래아 호수, 예루살렘 가는 길, 예루살렘성전, 빈 무덤)이 있다. 〈마르〉 한복판에 예수 따라 예루살렘으로 가는 십자가의 길이 있다. 〈마르〉는 예수 따라 십자가의 길을 함께 가자고 독자를 설득한다.

〈마르〉는 예수의 예루살렘 최후 시간을 3일씩 두 일정으로 나눠 소개한다.[67] 첫 번째 3일은 예루살렘성전과 연결된다. 예수는 니산 달 10일 첫날(〈마르〉 11,11), 니산 달 11일 둘째 날(〈마르〉 11,12.19), 니산 달 12일 셋째 날(〈마르〉 11,20; 13,1) 예루살렘성전을 마지막으로 방문하고 떠날 때 성전 파괴를 예언한다(〈마르〉 13,2). 두 번째 3일은 파스카 축제와 연결된다. 니산 달 13일 예수를 죽일 음모와 유다의 배신(〈마르〉 14,1-11), 니산 달 14일 최후 만찬과 예수 체포, 유다 의회 심문, 베드로의 배신(〈마르〉 14,12-72), 니산 달 15일 로마 군대 재판, 십자가 처형, 예수의 장례(〈마르〉 15장)가 소개된다. 첫 번째 3일에는 성전 항쟁과 성전 파괴 발언이 있고, 두 번째 3일에는 최후 만찬이 있다.

파스카는 니산 달 14일에서 15일로 넘어가는 날 시작된다. 이틀 후$_{\mu\epsilon\tau}$ à δύο ἡμέρας(〈마르〉 14,1)는 오늘부터 세어 둘째 날, 즉 다음 날이다.[68] 〈마르〉에 따르면 예수가 니산 달 15일에 처형됐으니, 파스카는 수요일에 시작됐다.

수요일: 반대자들이 예수를 죽이려 함(〈마르〉14,1-2)

여인이 예수에게 기름 부음(〈마르〉14,3-9)

유다가 반대자들과 모의(〈마르〉14,10-11)

목요일: 예수 두 제자가 파스카 축제 준비(〈마르〉14,12-16)

금요일: 최후 만찬(〈마르〉14,17-25)

배신자 예고(〈마르〉14,18-21)

예수와 제자들, 올리브 산으로 올라감(〈마르〉14,26-31)

예수, 게쎄마니 언덕에서 기도(〈마르〉14,32-42)

예수 체포됨(〈마르〉14,43-52)

유다 의회에서 예수 심문, 베드로가 예수 부인(〈마르〉14,53-72)

빌라도에게 재판 받음(〈마르〉15,1-15)

예수, 로마 군대에게 모욕당함(〈마르〉15,16-20a)

예수, 십자가에 처형되고 죽음 당함(〈마르〉15,20b-41)

예수의 장례(〈마르〉15,42-47)

예수의 예루살렘 최후 시간은 예수가 처형된 금요일을 중심으로 구성된다. 이틀 전 기름 부은 여인(〈마르〉14,3-9)과 이틀 후 예수의 무덤을 방문한 여인들(〈마르〉16,1-8) 이야기가 금요일 앞뒤로 감싼다.[69] 예수의 머리에 기름 부은 여인은 예언자처럼 행동해 예수를 고난받는 메시아로 즉위시켰다.[70] 무서운 남자 권력자가 아니라 이름 없는 여인이 예수를 왕으로 등극시킨 셈이다. 〈마르〉는 예수가 유다인의 왕이라고 여섯 번이나 강조한다(〈마르〉15,2.9.12.18.26.32).[71]

# 3. 성전 항쟁

유다교 내부에서 예루살렘성전을 둘러싼 비판의 목소리는 예수 이전에도 적잖이 나왔다. 그러나 성전 예배 자체를 완전히 문제 삼는 경우는 없었다.[72] 지상의 예루살렘성전은 세상 끝 날에 하느님이 만든 새로운 성전으로 대체될 거라는 생각이 있었다. 예루살렘성전이 더러워졌다고 여긴 쿰란 공동체에 그 생각이 강했다(4Q174,3,7).[73] 그럼에도 쿰란 공동체는 예루살렘성전에 예배 물품을 꾸준히 선물했다.[74] 예루살렘성전의 부족함을 비판하지만, 성전 예배의 유효함을 인정하는 태도는 예언자(〈이사〉 1,10-17; 〈예레〉 7,3-7)나 세례자 요한, 예수가 같았다. 사제의 아들 세례자 요한은 예루살렘성전이 죄를 용서하는 것에 대한 독점 권리를 비판하고 자신의 세례를 내세우긴 했다.

복음서 저자들은 예수의 예루살렘 진출을 하느님 나라가 곧 다가옴을 알리는 상징 행위로 이해했다. 예수의 성전 항쟁과 성전 파괴 발언도 하느님 나라가 다가옴을 알리는 상징 행위로 보는 것이 좋다. 상징 행위에 행동과 발언이 포함된다(〈예레〉 27,2-22; 〈에제〉 4,12-17; 〈호세〉 1,1-9). 예수의 성전 항쟁과 성전 파괴 발언도 함께 봐야겠다.[75] 예수는 성전 항쟁과 성전 파괴 발언을 왜 했을까. 하느님 나라 메시지를 거절당한 경험이 많아서일까. 예수는 예언자 예레미야의 애타는 심정을 느꼈는가.

"이것은 야훼의 성전이다, 야훼의 성전이다, 야훼의 성전이다, 한다마는 그런 빈말을 믿어 안심하지 말고 너희의 생활 태도를 깨끗이 고쳐라. 너희 사이에 억울한 일이 없도록 하여라. 유랑인과 고아와 과부를 억누르지 마라. 이곳에서 죄 없는 사람을 죽여 피를 흘리지 마라. 다른 신을 따라가 재앙을 불러들이지 마라. 그래야 한 옛날에 너희 조상에게 길이 살라고 준 이 땅에서 너희를 살게 하리라."(〈예레〉7,4-7)

예루살렘성전을 둘러싼 성벽은 동쪽 470미터, 서쪽 488미터, 남쪽 280미터, 북쪽 315미터에 달한다. 예루살렘성전은 건물과 뜰을 포함해 약 14만 제곱미터(약 4200평)로, 축구장 20개 정도 규모에 가깝다.[76] "예수는 성전 뜰 안으로 들어가 거기에서 사고파는 사람들을 쫓아내며 환전상들의 탁자와 비둘기 장수들의 의자를 둘러엎었다. 또 물건을 나르느라고 성전 뜰을 질러 다니는 것도 금하였다"(〈마르〉11,15-16)는 구절은 세 부분으로 나뉜다.

물건을 가지고 성전 뜰을 오가는 것을 금지했다는 부분은 〈요한〉 2,14-16에 없다. 바로 뒤 "성서에 '내 집은 만민이 기도하는 집이라 하리라'고 기록되어 있지 않습니까? 그런데 여러분은 이 집을 '강도의 소굴'로 만들어버렸습니다!"(〈마르〉11,17)는 〈이사〉56,7과 〈예레〉7,11을 묶어 새로 만들었다. 예수 부활 이후 유다인이 아닌 사람도 참여하는 제물 없는 예배를 정당화하기 위해 예수 입을 빌려 말한 구절[77]로 추측된다. 〈요한〉2,16에는 그 부분이 없고 "다시는 내 아버지의 집을 장사하는 집으로 만들지 마시오"라고 나온다.

예수의 성전 파괴 발언은 "우리는 이 사람이 '나는 사람의 손으로 지은 이 성전을 헐어버리고 사람의 손으로 짓지 않은 새 성전을 사흘 안에 세우겠다' 하고 큰소리치는 것을 들은 일이 있습니다"(〈마르〉14,58)와 "이 성전을 허무시오. 내가 사흘 안에 다시 세우겠습니다"(〈요한〉2,19) 두 가지로 전해졌다. "지금은 저 웅장한 건물들이 보이겠지만 저 돌들이 어느 하나도 제자리에 그대로 얹혀 있지 못하고 다 무너지고 말 것입니다"(〈마르〉13,2)는 예수가 제자 한 사람에게 하는 말이다. 공통년 70년 예루살렘성전 파괴를 가리키는 말이고, 예수가 진짜 한 말은 아니다.[78]

예수의 성전 파괴 발언이 진짜 예루살렘성전 파괴를 뜻할까. 그렇지 않을 가능성이 훨씬 크다.[79] 예수는 예루살렘성전 건물이 아니라 성전 뜰에서 펼쳐지는 제사 행위를 가리킨 듯하다.[80] 〈마르〉 저자는 "그날이 오면, 말방울까지도 야훼의 것으로 성별 되고, 야훼의 전 안에서는 냄비도 제단에 피 뿌리는 기구처럼 거룩하게 쓰이리라. 그리고 예루살렘과 유다에 있는 모든 솥도 만군의 야훼께 바치려 거룩하게 쓰이리라. 그리하여, 짐승을 잡아 제사드릴 때, 제물 고기는 어느 솥에서나 끓일 수 있을 것이다. 그날이 오면, 다시는 만군의 야훼의 전에 장사꾼이 있지 못하리라"(〈즈가〉14,20-21)는 구절을 생각한 것 같다.

예수가 하느님 나라를 선포하고 병을 고치고 마귀를 쫓은 일이 로마 군대에 예수를 정치적 반란자로 고발하고 넘길 충분한 이유는 되지 못한다. 혹시 예수가 체포될 만한 구체적인 사건이 있었던 것은 아닐까. 예수 성전 항쟁의 역사성과 의미에 관한 토론이 계속됐다. 성전 항쟁은 실제로 일어났으며, 예수가 체포될 이유로 충분한가. 성전 항쟁은 예언자적 상징 행동이라는 데 성서학자들 의견이 모인다.[81] '바울에 대한 새 관점 New Perspective on Paul' 학파의 주요 인물 가운데 샌더스Ed Parish Sanders는 성전 항쟁을 예수의 삶에서 가장 확실한 역사적 사실이며, 예언자적 상징 행동이라고 본다.[82]

성전 항쟁의 역사성을 의심하는 의견도 있다. 성전 항쟁이 일어났다면 안토니아Antonia 성에서 예루살렘성전을 내려다보던 로마 군대가 왜 예수를 제지하거나 체포하지 않았고, 재판에서 왜 전혀 언급되지 않았단 말인가.[83] 공통년 6년 유다 지역이 로마의 속주가 된 후, 로마 총독은 군대와 함께 체사리아에 주둔했다. 총독이 유다교 축제에 모여드는 유다인을 감시하기 위해 예루살렘으로 내려올 때면 예루살렘 성벽 왼쪽에 있는 하스모네아 궁전에 머물렀다.[84] 성전 항쟁이 실제로 일어났지만, 복음서에 나타난 정도로 대단한 사건은 아니었다는 의견도 있다.[85] 성전에 비판적이던 예수 운동이 후대 전승 과정에서 예수의 성전 발언과 연결해 사실보다 크게 강조했으리라는 추측이다.[86]

성전 항쟁이 실제로 일어났다 해도 성전 파괴 발언이 없었다면, 예수의 예언자적 행동이 나타내는 상징을 이해하기 어려웠을 것이다. 성전 파괴 발언을 제쳐두고 성전 항쟁에 집중하면 해석이 여러 갈래로 나뉠 수 있다. 회개와 믿음을 촉구하고,[87] 유다교 종교의식의 쓸모 없음을 밝히며,[88] 거룩함의 범위를 성전 유다인 구역에서 이방인 구역까지 넓힌다[89]는 해석이 있다. 성전 항쟁이 무엇을 나타내려는지 뚜렷하지 않다는 의견도 있다.[90]

성전 항쟁과 성전 파괴 발언은 역사적 사실이 아니며, 예수 죽음의 원인은 예수의 활동과 말에서 찾아야 한다는 주장도 있다.[91] 환전상은 성전 안 남쪽 홀에 있고, 제물로 바칠 동물을 파는 사람들은 성전 북쪽 뜰에 있었으니[92] 성전 항쟁이 사람들 눈에 완전히 보이지 않았을 리 없다. 성전 안에 환전상과 비둘기 판매상이 있었지만,[93] 소와 양을 팔진 않았을 것이라는 의견[94]도 있다.

예수는 성전 뜰 안으로 들어가 거기에서 사고파는 사람들을 쫓아내며 환전상들의 탁자와 비둘기 장수들의 의자를 둘러엎었다. 또 물건을 나르느라고 성전 뜰을 질러 다니는 것도 금하였다. 그리고 그들을 가르치며 "성서에 '내 집은 만민이 기도하는 집이라 하리라'고 기록되어 있지 않습니까? 그런데 여러분은 이 집을 '강도의 소굴'로 만들어버렸습니다!" 하고 나무랐다.(《마르》 11,15-17)

성전 뜰에서 소와 양과 비둘기를 파는 장사꾼들과 환전상들이 앉아 있는 것을 보고 밧줄로 채찍을 만들어 양과 소를 모두 쫓아내고 환전상들의 돈을 쏟아버리며 그 상을 둘러엎었다. 그리고 비둘기 장수들에게 "이것들을 거두어 가시오. 다시는 내 아버지의 집을 장사하는 집으로 만들지 마시오" 하고 꾸짖었다.(《요한》 2,14-16)

"저 돌들이 어느 하나도 제자리에 그대로 얹혀 있지 못하고 다 무너지고 말 것입니다."(《마르》 13,2b)

"우리는 이 사람이 '나는 사람의 손으로 지은 이 성전을 헐어버리고 사람의 손으로 짓지 않은 새 성전을 사흘 안에 세우겠다' 하고 큰소리치는 것을 들은 일이 있습니다."(《마르》 14,58)

"이 사람이 하느님의 성전을 헐었다가 사흘 만에 다시 세울 수 있다고 말하였습니다."(《마태》 26,61)

"이 성전을 허무시오. 내가 사흘 안에 다시 세우겠습니다" 하고 대답하였다. 그들이 예수에게 "이 성전을 짓는 데 사십육 년이나 걸렸는데, 그래 당신은 그것을 사흘이면 다시 세우겠단 말이오?" 하고 또 대들었다. 그런데 예수가 성전이라 한 것은 자신의 몸을 두고 한 말이었다.(《요한》 2,19-21)

성전 항쟁은 성전 파괴 발언과 연결해서 보는 것이 좋겠다. 예루살렘

성전을 헐고 사람의 손으로 짓지 않은 새 성전을 사흘 안에 세우겠다(〈마르〉14,58)는 구절을 주목한 학자들은 예수가 다가올 성전 파괴를 예언하는 것으로 이해했다.[95] "성서에 '내 집은 만민이 기도하는 집이라 하리라'고 기록되어 있지 않습니까? 그런데 여러분은 이 집을 '강도의 소굴'로 만들어버렸습니다!"(〈마르〉11,17)를 예수가 진짜 한 말로 여기는 학자들은 예수가 인용한 예언서 구절을 찾아냈다.

"그들이 나의 제단에 바치는 번제물과 희생 제물을 내가 즐겨 받으리라. 나의 집은 뭇 백성이 모여 기도하는 집이라 불리리라."(〈이사〉56,7)

"나의 이름으로 불리는 이 집이 너희 눈에는 도둑의 소굴로 보이느냐? 너희가 하는 짓을 나는 이 눈으로 똑똑히 보았다."(〈예레〉7,11)

〈마르〉11,17은 〈이사〉56,7과 〈예레〉7,11을 함께 인용한 말이다. 그런데 〈마르〉11,17 내용은 〈이사〉56,7과 잘 어울리지는 않는다. 〈이사〉56,7은 하느님이 번제물과 희생 제물을 즐겨 받으시기 때문에 성전은 기도하는 집이라 불린다는 말인데, 〈마르〉11,17은 기도하는 집에는 번제물과 희생 제물이 필요 없다는 말처럼 들릴 수 있다. 〈마르〉11,15에 예수가 성전 뜰 안에서 사고파는 사람들을 쫓아내며 환전상의 탁자와 비둘기 장수의 의자를 둘러엎었기 때문이다. 환전상과 비둘기 장수는 성전에서 번제물과 희생 제물을 바치도록 순례자를 돕는 일을 했다. 순례자가 먼 곳에서 예루살렘까지 제물로 바칠 짐승을 끌고 올 수도 없었다. 환전상과 비둘기 장수가 무슨 잘못을 했단 말인가.

〈이사〉56,7과 〈예레〉7,11은 서로 다른 내용이다.[96] 〈이사〉56,7은 기도하는 집에는 당연히 제물이 포함된다[97]는 말이다. 〈예레〉7,11 앞에 "너희의 생활 태도를 깨끗이 고쳐라. 너희 사이에 억울한 일이 없도록 하여라. 유랑인과 고아와 과부를 억누르지 마라. 이곳에서 죄 없는 사람을 죽여 피를 흘리지 마라. 다른 신을 따라가 재앙을 불러들이지 마라"(〈예레〉 7,5-6)는 구절이 나온다. 예언자 예레미야는 유다교 가르침에 따라 정의롭게 살지도 않으면서 성전에 제물을 바치러 오는 유다인에게 "성전이 너희 눈에는 도둑의 소굴로 보이느냐?"고 경고했다. 삶을 고치지 않으면서 종교에 도피하려는 사람을 비판한 것이다. 예수가 〈마르〉 11,17에서 이 말을 떠올렸다면, 순례객과 유다교 사제를 비판한 것이다.[98]

정말로 심각한 성전 파괴 발언은 예수가 무화과나무를 저주한 이야기에 나온다(〈마르〉 11,12-14.20-25). 열매 맺지 못하는 무화과나무처럼 열매 맺지 못하는 성전은 저주받을 것이다. 믿음과 용서로 하느님이 존중받는 곳이 성전이다. 하느님에 대한 믿음과 용서를 실천하지 않는 성전은 저주받을 거라는 말이다. "이 산더러 '번쩍 들려서 저 바다에 빠져라' 하더라도 그대로 될 것입니다"(〈마르〉 11,23)는 산처럼 무너지는 성전을 빗댄 말이다.[99]

예수가 예루살렘에 진출하고, 다음 날 성전 항쟁을 한 것은 마카베오 이야기와 연결된다. 승리한 군사 지도자가 예루살렘에 도착해 성전을 정화한다(〈1마카〉 4,36; 13,47.49-51; 〈2마카〉 2,19-22). 개선장군이 입장한다.[100] 고대 지중해 지역에서 왕의 즉위와 종교의식 회복은 새 시대를 시작하는 신호였다.[101] 고대 그리스 · 로마 문화에서 지배자의 시가지 행렬과 신전 제사는 연결됐다.[102] 예수 운동 입장에서 새로운 왕 예수가 예루살렘에 진출해 성전 개혁을 시작한다는 뜻으로 설명할 수 있다.

예수가 예루살렘에 진출한 장면은 통치자 예전禮典을 따른 모습이기 때문에 정치적으로 해석될 수 있었다.[103] 예수의 예루살렘 진출과 성전 항쟁은 시간상 가깝고 내용도 깊이 연결된다.[104] 성전 항쟁이 우연한 사건이 아니라는 말이다.

예수 성전 항쟁(〈마르〉11,15-19)은 예루살렘성전의 이방인 뜰에서, 아마도 솔로몬 홀 앞에서 벌어졌을 것이다.[105] 성전 항쟁과 성전 파괴 발언이 같은 본문에 언급된 것은 〈요한〉2,13-22뿐이다. 〈루가〉 저자는 예수의 성전 파괴 발언(〈마르〉14,58;〈요한〉2,19)을 스데파노가 하는 것으로 옮겼다(〈사도〉6,14). 예수 운동은 예수의 성전 파괴 발언이 상당히 당황스러웠다. 그들은 예루살렘성전 예배에 계속 참여했기 때문이다. "우리는 이 사람이 '나는 사람의 손으로 지은 이 성전을 헐어버리고 사람의 손으로 짓지 않은 새 성전을 사흘 안에 세우겠다' 하고 큰소리치는 것을 들은 일이 있습니다"(〈마르〉14,58)는 거짓 증언자의 입에서 나온 말이지만, 예수가 진짜 한 말로 여겨진다(〈마르〉13,2;〈요한〉2,19;〈마태〉26,61).[106]

성전 항쟁은 있지 않았다는 주장[107]은 받아들이기 어렵다. 예수 운동을 당황스럽게 한 사건을 그들이 지어냈을 리 없다.[108] 예수의 성전 항쟁이 눈에 띄지 않는 사건일 뿐이라는 의견도 있다.[109]

예수는 하느님 나라 메시지와 예루살렘성전을 어떻게 생각했을까. 성전 항쟁과 성전 파괴 발언을 제대로 이해하는 데 중요한 사항이다. 쿰란 공동체는 안식일 예배와 하느님 나라를 깊이 연결했다. 안식일 예배에 참여하면 하늘에서 실현된 하느님 나라를 지상에서 미리 맛본다는 것이다.[110] 예수도 하느님 나라는 하늘에서 실현됐다고 봤다(〈마태〉6,10). 하늘에서 실현된 하느님 나라는 지상에서 안식일 예배가 아니라 치유 기적과 죄 용서에서 실현됐다고 생각한 듯하다.[111] 예수는 세상 완성 날 성전은 필요 없다는 뜻에서 "영적으로 참되게 하느님께 예배드려야 합니다"(〈요한〉4,24;〈요엘〉3,1-5;〈사도〉2,17-21;〈묵시〉21,22)라고 말한 것 같다.

순례자들이 예루살렘성전에 가져온 동물이 제사용으로 바치기에 합당한지 사제들이 다 검사할 순 없었다. 20세 이상 이스라엘 남자는 해마다 2드라크마를 성전세로 바쳐야 했다(〈출애〉 30,11-16). 환전상은 각 지역에서 통용되는 돈을 성전 화폐로 바꿔줬다. 예루살렘성전 사제들에게 큰 독점 사업이었다.

〈요한〉은 〈마르〉보다 공격적으로 예수가 채찍으로 소동을 부렸다고 소개한다. 예수의 성전 항쟁과 성전 파괴 발언이 죽음을 불러왔는가? 로마 군대는 유다교 축제를 감시하려고 예루살렘성전과 붙은 안토니아 언덕으로 이동해 비상근무를 했다.[112] 안토니아 언덕은 성전 건물과 계단으로 연결돼, 만일의 경우 로마 군대는 빠르게 성전으로 들어올 수 있었다. 그런데 유다교의 성전을 경비하는 사람이나 로마 군대가 예수를 체포했다는 기록이 없다. 예수의 성전 항쟁과 성전 파괴 발언은 재판에서 언급되지도 않았다.

예수는 폭력을 써서[113] 판매상과 환전상 일부를 쫓아낸 것 같다. "우리는 이 사람이 '나는 사람의 손으로 지은 이 성전을 헐어버리고 사람의 손으로 짓지 않은 새 성전을 사흘 안에 세우겠다' 하고 큰소리치는 것을 들은 일이 있습니다"(〈마르〉 14,58)는 "저 돌들이 어느 하나도 제자리에 그대로 얹혀 있지 못하고 다 무너지고 말 것입니다"(〈마르〉 13,2)[114]라는 예수의 말을 부활 이후에 조금 바꾼 것 같다.[115] 성전 항쟁과 예수의 말이 하느님 뜻에 맞는 성전 예배를 회복하려는 의도에서 나온 것 같진 않다.[116] 예수는 하느님 나라가 다가오면서 예루살렘성전이 독점하던 죄를 사하는 기능이 없어졌다고 생각했다.[117]

예수의 성전 파괴 발언을 어떻게 해석하든, 성전 항쟁과 성전 파괴 발언을 동떨어진 사건으로 보든, 성전 파괴 발언과 성전 항쟁에 가장 타격을 받고 당황한 사람은 누구일까. 유다교 대사제를 비롯한 성전 사제 계급과 상류층인 사두가이파다.

로마 군대는 70년에 유다 독립 전쟁을 진압하고, 예루살렘성전을 완전히 파괴했다. 그때 예수 운동은 예수의 성전 파괴 발언으로 난처한 입장에 빠졌다. 예수가 자기 종교의 거룩한 성전이 무너지기를 바란 사람으로 오해됐고, 예수 운동에 가담한 유다인은 조국 이스라엘이 식민지로마 군대에 처참하게 짓밟히기를 바란 민족 반역자로 몰린 것이다. 더구나 예수 운동은 유다 독립 전쟁에 참여하지 않은 상태였다. 그렇지 않아도 유다교와 갈등을 빚고 이탈 과정에 있던 예수 운동은 예수의 성전파괴 발언을 어떻게든 무마하고 수습해야 했다.

〈마르〉는 예수의 성전 파괴 발언이 증인들의 거짓 증언(〈마르〉 14,57-59)이라고 했다. 〈마태〉는 예수가 성전을 파괴할 수 있다(〈마태〉 26,61)는 두 사람의 증언을 인용해 성전 파괴는 필수가 아니라 가능하다는 뜻으로 예수 발언의 의미를 약화했다. 〈루가〉는 예수의 성전 파괴 발언을 빼고, 〈사도〉 6,14에서 스데파노가 예수의 성전 파괴 발언을 했다는 거짓 증인들을 내세웠다. 〈요한〉은 예수의 성전 파괴 발언이 예수의 죽음과 부활에 대한 발언(〈요한〉 2,19-21)이라고 방향을 확 바꿨다. 실제로 지어질 새 성전(〈에제〉 40-48장)을 가리킨 것은 더욱 아닌 것 같다.

〈마태〉와 〈루가〉의 성전 파괴 발언은 〈마르〉의 성전 파괴 발언을 받아들여 편집한 것이다. 예수의 성전 파괴 발언은 〈마르〉 기록과 〈요한〉 기록으로 나뉘는 셈이다. 〈마르〉가 예수가 성전을 파괴하겠다는 식의 보도였다면, 〈요한〉은 예수가 듣는 사람들에게 성전을 파괴해보라고 요구하는 투였다. 〈마르〉〈마태〉〈루가〉는 결국 성전 파괴 발언을 거짓 증인 탓으로 돌려서 예수의 책임이 없는 것으로 마무리했다. 〈요한〉은 예루살렘성전이 아니라 예수의 몸을 가리킨다고 말해 성전 파괴 발언에 예수의 책임이 없는 것으로 만들었다.

그렇다면 예수의 성전 파괴 발언은 없었던 일이고, 무의미한 발언이란 말인가. 예수가 성전 파괴 발언을 했지만, 우리가 그 발언을 정확히 복원할 수 없단 말인가. 성서신학의 연구에 더 기대하는 수밖에 없다. 성전 항쟁은 어떻게 해석해야 할까. 예수는 성전을 인간이 만든 일시적인 제도로 봤을까. 성전 항쟁은 성전 정화라기보다 성전 제도를 의문시한[118] 걸까. 예수는 예루살렘성전 대신 새로운 성전을 기대했을까. 예수의 하느님 나라 메시지에 새로운 성전 이야기는 없었다. 다가오는 하느님 나라 메시지 앞에 성전의 효력은 끝나고 있었다.

예루살렘성전에 대한 예수의 발언과 행동은 예수가 체포되는 구체적 빌미로 작용한 것 같다. 성전 항쟁은 이스라엘의 정치·종교 중심지인 성전에 대한 비판과 저항으로 해석될 수밖에 없었다. 유다교 지배층이 인내의 한계를 넘어선 것이다. 유다교 지배층에 의해 체포된 예수는 로마 군대에게 종교개혁가보다 정치적 선동가에 가까웠다. 예수 이전과 이후에 흔히 나타난 유다 독립 운동 세력일 뿐이다. 로마 군대는 예수를 정치범으로 처형하는 데 주저하지 않았고, 주저할 이유가 없었다. 처형한 이유도 십자가 팻말에 있다. "예수의 죄목을 적은 명패에는 '유다인의 왕'ὁ βασιλεὺς τῶν Ἰουδαίων이라고 씌어 있었다"(〈마르〉15,26).

유다교 지배층과 로마 군대가 예수를 제거하려는 의도를 구분해야 한다. 복음서는 예수의 죽음에 유다인의 책임을 늘리고 로마 군대의 책임을 줄이는 경향이 있다. 〈요한〉과 〈베드로복음〉은 더하다. 복음서가 쓰일 당시 예수를 받아들이는 유다인이 적었고, 예수 운동이 유다교에서 분열하는 과정을 복음서가 반영하기 때문이다. "군중은 '그 사람의 피에 대한 책임은 우리와 우리 자손들이 지겠습니다' 하고 소리쳤다"(〈마태〉 27,25)처럼 유다교 지배층과 유다인 군중에게 예수 죽음의 책임을 추궁하는 듯한 보도는 역사적 사실을 뛰어넘었다.[119]

# 4. 최후 만찬

최후 만찬 전승은 예수 수난사에서 독특한 자리를 차지한다.[120] 성체성사와 성찬례가 최후 만찬 전승에 기초한다. 〈마르〉〈마태〉〈루가〉는 예수가 파스카 축제 당일 처형됐다고 본다. 최후 만찬을 파스카 만찬(〈마르〉14,22-25)으로 보고, 그 관점에서 예수의 죽음을 해석한다.

〈요한〉은 파스카 축제 전날, 즉 파스카 준비 날 예수가 처형됐다고 본다. 최후 만찬 이전에 처형됐으니 〈요한〉에 최후 만찬 기사가 있을 수 없다. 대신 제자들의 발을 씻어준 예수(13,1-7), 하늘에서 내려온 살아 있는 빵과 해설(6,51-58), 예수 최후의 증언(13,31-16,33)이 등장했다. 〈요한〉은 예수를 흠 없이 희생된 파스카 어린 양(〈요한〉19,36; 〈출애〉12,46)으로 보고, 그 관점에서 예수의 죽음을 해석한다. 바울도 최후 만찬 전승을 모르지 않은 것 같다.

주 예수가 잡히던 날 밤에 빵을 손에 들고 감사의 기도를 드린 다음, 빵을 떼고 "이것은 여러분을 위하여 주는 내 몸이니 나를 기억하여 이 예를 행하시오" 하고 말하였습니다. 또 식후에 잔을 들고 감사의 기도를 드린 다음, "이것은 내 피로 맺는 새로운 계약의 잔이니 마실 때마다 나를 기억하여 이 예를 행하시오" 하고 말하였습니다. 그러므로 여러분은 이 빵을 먹고 이 잔을 마실 때마다 주님의 죽음을 선포하고, 이것을 주님께서 다시 오실 때까지 하십시오.(〈1고린〉11,23-26)

유다교 전승이나 이스라엘 역사에 밝지 않은 한국인 독자가 있을 수 있다. 복음서의 예수 죽음 보도에 각각 어떤 특징이 있고, 어떤 차이가 있는지 이해하기 어려울 수 있다. 예수의 죽음을 〈마르〉〈마태〉〈루가〉처럼 최후 만찬 중심으로 해석하든, 〈요한〉처럼 예수 최후의 증언을 중심으로 해석하든 무슨 차이가 있는지 분명하지 않을 수 있다.

파스카는 유다인이 이집트의 억압에서 하느님 은혜로 탈출한 사건을 기념하는 축제다. 유다인에게 파스카 축제는 민족으로 시작되고 민족 정체성을 확립한 역사적 사건으로 여겨졌다. 이집트 탈출에서 이스라엘 민족이 탄생했다고 보듯이, 최후 만찬에서 예수 운동이 탄생했다고 보기 시작한 것이다. 유다인은 1년에 한 번 파스카 축제를 기념했지만, 예수 운동은 처음부터 매주 한 번 모여 빵과 포도주를 나누면서 예수 운동의 근원을 기억하고 정체성을 재확인했다.

최후 만찬은 예수의 활동과 운명을 해석하는 기회가 되기도 했다. 예수의 빵 발언은 실제 예수가 한 말을 그대로 전한 것이 아니라 여러 가지로 전승되고 해석됐다. "이것은 내 몸입니다"(〈마르〉 14,22; 〈마태〉 26,26) 옆에 "나를 기억하여 이 예를 행하십시오"(〈1고린〉 11,24)는 없다. "여러분을 위하여"(〈루가〉 22,19; 〈1고린〉 11,24)가 "이것은 내 몸입니다"(〈마르〉 14,22; 〈마태〉 26,26) 옆에 없다. 그렇지만 빵을 쪼개고 나누는 동작을 통해 '여러분을 위하여'가 뚜렷해졌다. "많은 사람을 위하여 내가 흘리는 계약의 피"(〈마르〉 14,24; 〈마태〉 26,28) 옆에 "내 피로 맺는 새로운 계약의 잔"(〈1고린〉 11,25; 〈루가〉 22,20)은 없다. 최후 만찬 발언을 죄 사함과 연결한 곳은 〈마태〉 26,28이 유일하다.

최후 만찬 발언에서 쪼개지고 나눠진 빵과 돌려 마시는 포도주 잔은 예수의 몸과 피로 해석된다. 빵 발언은 다른 사람을 위해 존재한 예수의 활동을 가리킨다. 예수의 삶은 빵처럼 다른 사람을 위해 쪼개지고 나뉘었다. 포도주 잔 발언은 예수의 죽음을 가리킨다. 포도주를 돌려 마시는 사람은 다른 사람을 위해 목숨을 바친 예수의 운명에 참여한다. 빵과 포도주를 나눠 먹고 마시면서 예수의 삶과 죽음을 기억하고 동참한다.

최후 만찬은 하느님 나라의 완성을 내다보는 계기가 되기도 한다. "하느님 나라에서 새 포도주를 마실 그날까지 나는 결코 포도로 빚은 것을 마시지 않겠습니다"(〈마르〉 14,25), "이제부터 하느님 나라가 올 때까지는 포도로 빚은 것을 나는 결코 마시지 않겠습니다"(〈루가〉 22,18). 예수는 제자들과 함께한 최후 만찬을 하느님 나라에서 마지막 시대의 파스카 축제와 구분했다(〈루가〉 22,16). 바울은 공동체 식사를 예수가 다시 올 때까지(〈1고린〉 11,26) 예수의 죽음을 전하는 계기로 삼는다. 이 발언은 예수의 죽음과 부활 이후에도 하느님 나라 선포는 계속되리라는 희망을 표현한다.

예수는 그 희망으로 제자들과 최후 만찬을 맞이하고 기념한 것 같다. 예수는 닥쳐오는 죽음 앞에서 자신이 선포한 하느님 나라 메시지가 어떻게 될지 고뇌하지 않았을까. 자신이 죽어도 하느님 나라는 이어지고 퍼질 거라고 기대하지 않았을까. 죽음은 자신의 사명이 실패했거나 오류가 아니라는 확신이 있지 않았을까. 오히려 자신의 죽음이 하느님 나라를 완성하는 데 이바지하기를 바라지 않았을까. 예수 운동은 이런 희망에 찬 예수의 존재와 위로를 빵 나눔에서 성령을 통해 함께 느끼며 오늘까지 왔다.

최후 만찬을 다룰 때 주의할 점이 있다. 최후 만찬은 예수의 하느님 나라 메시지와 연결해 생각해야 한다. 최후 만찬은 예수의 이전 모든 식사와 연결해 생각해야 한다. 하느님 나라 메시지와 연결되지 않거나 가난한 사람과 함께 식사한 추억을 잊는다면, 최후 만찬의 깊은 의미를 느끼기 어렵다. 가난한 사람과 예수의 식사에서 다가오는 하느님 나라의 특징이 구체적으로 나타났다. "사람의 아들은 잃은 사람들을 찾아 구원하러 온 것입니다"(《루가》19,10).

최후 만찬은 가난한 제자들과 예수의 식사다. 제자들도 가난한 사람에 속한다. 자신이 가난한 사람 중 하나라는 사실을 잊고 산 예수의 제자가 있었을까. 최후 만찬은 예수의 말에서 그 특징이 드러난다. "잘 들어두시오. 하느님 나라에서 새 포도주를 마실 그날까지 나는 결코 포도로 빚은 것을 마시지 않겠습니다"(《마르》14,25)는 예수가 직접 한 말 같다.[121] 예수는 체포되기 직전, 죽음을 어느 정도 예감하고 제자들과 작별 인사를 한 듯하다. 그러나 자신이 죽을 운명 때문에 하느님 나라에 대한 희망을 포기하지 않았다. 예수는 하느님 나라가 어서 와서 자신이 죽을 운명을 방해하기 바랐을까.[122]

최후 만찬이 파스카 만찬이었을까. 최후 만찬을 파스카 만찬으로 해석하는 의견[123]과 그렇지 않다는 의견[124]이 맞선다. 최후 만찬은 파스카 만찬이 아니라는 근거는 무엇일까.[125]

최후 만찬에 대한 가장 오래된 문헌을 수록한 바울이나 바울 전통에서 최후 만찬은 파스카 만찬이라는 언급을 찾을 수 없다(《1고린》5,7). "무교절 첫날에는 과월절 양을 잡는 관습이 있었는데 그날 제자들이 예수에게 '선생님께서 드실 과월절 음식을 저희가 어디 가서 차렸으면 좋겠습니까?' 하고 물었다"(《마르》14,12), "내가 고난을 당하기 전에 여러분과 이 과월절 음식을 함께 나누려고 얼마나 별러왔는지 모릅니다"(《루가》22,15)는 부활 이후 덧붙인 구절이다. 예수가 진짜 한 말이 아니라는 뜻이다. 예수는 유다교 달력으로 니산 달 14일에 처형됐는데(《요한》18,28; 19,14; 《1고린》5,7), 파스카 축제는 니산 달 15일에 시작된다.

최후 만찬이 예수의 죽음과 가까이 있었기 때문에 특별히 우리 관심을 끈다. 예수는 지나온 삶을 돌아보았을 것이다. 자신이 갈릴래아에서 활동할 때부터 모든 시간과 사람을 떠올렸을 것이다. 다가올 죽음과 하느님 나라를 생각했을 것이다. 예수만 줄 수 있는 자기 삶의 해석이 있었을 것이다.[126] 예수는 〈이사〉 53장에 비춰 자신의 목숨을 바친다고 생각하지 않았을까. "많은 사람들을 위하여 목숨을 바쳐 몸값을 치르러 온 것입니다"(〈마르〉 10,45b)[127]에서 많은 사람πολλῶν은 모든 사람을 뜻한다. 모든 사람을 위한다는 점에서 예수의 삶과 죽음이 연결된다.

예수가 최후 만찬에서 실제로 어떤 말과 행동을 했는지 우리가 정확히 알 순 없다. 성서학자들의 여러 시도가 있었지만, 아직 설득력 있는 의견은 나오지 않았다.[128] 최후 만찬에서 예수가 한 말은 제자들과 한 잔에 담긴 포도주를 나눠 마신 동작과 연결해야 비로소 최후 만찬의 뜻을 알 수 있겠다. 예수와 제자들의 공동체는 예수의 죽음 이후에도 계속될 것이다. 예수의 죽음은 모든 사람을 위한 죽음이다. 부활 이후 최후 만찬은 예수 운동 공동체가 예수의 역사를 기억하고 예수의 존재를 체험하는 의미로 자리 잡았다.

# 5. 예수 재판
·······················

예수의 성전 항쟁은 정치·경제 질서에 대한 저항과 도전으로 해석됐을 것이다.[129] 특히 유다교 지배층인 사두가이파가 예수를 처리할 빌미로 이용한 것 같다.[130] 성전 항쟁과 성전 파괴 발언은 유다교 지배층이 예수에 반대하는 행동을 하도록 자극했다.[131] 사두가이파 사람들과 율법 학자들이 예수를 체포하는 데 앞장선 것 같다(〈마르〉 14,1.43.53.60; 15,1.11.31).[132] 유다인 전체가 예수를 체포하라고 요구하거나 협조한 게 아니다.

복음서는 예수의 사형 판결에 대해 역사적 사실과 아주 다르게 표현한다.[133] 로마 군인 빌라도 총독은 예수에게서 사형 판결받아 마땅할 이유를 찾아내지 못했다(〈마르〉 15,10; 〈마태〉 27,18; 〈루가〉 23,4; 〈요한〉 18,38). 빌라도 총독은 유다인의 압력을 받아 자기 뜻과 달리 예수를 처형하게 했다는 것이다(〈마르〉 15,6-15; 〈마태〉 27,15-26; 〈루가〉 23,13-25; 〈요한〉 18,28-19,16). 사형 판결이 유다인에 의해 결정된 것처럼 보이기도 한다(〈루가〉 23,25b-34; 〈요한〉 19,16-18). 그러나 예수를 사형 판결하고 집행한 것이 로마 군대의 소행임을 가리키는 근거는 충분하다.

예수가 십자가에 처형됐다는 사실에서 시작해야 한다. 십자가 처형은 로마제국의 사형 집행 방식에 속한다. 로마제국이 유다 지방을 점령한 때(공통년 이전 63년)부터 유다 독립 전쟁이 시작된 때(공통년 66년)까지 약 100년 동안 모든 십자가형은 독립 운동을 진압하는 과정에서 집행됐다.[134] 채찍질(〈마르〉 15,15; 〈마태〉 27,26)은 십자가 처형에 포함된다. 예수가 유다 법에 따라 처형됐다면 십자가형이 아니라 돌에 맞아 죽었을 것이다 (bSanh 43a). 유다인의 왕ὁ βασιλεὺς τῶν Ἰουδαίων(〈마르〉 15,26; 〈요한〉 19,19)이라고 쓰인 십자가 명패titulus crucis도 로마 군대가 예수를 처형했다는 근거다. '유다인의 왕'은 당시 유다교에서 쓴 호칭도, 나중에 예수 운동에서 사용한 호칭도 아니다. 유다인의 왕은 예수를 정치범으로 확정한 것이다.[135] 로마 군대가 유다인에게 "너희들은 겨우 저따위 인간을 왕으로 모셨구나?" 하고 조롱하는 격이다. 로마제국이 십자가형을 집행할 때 죄목을 명패에 적어 공개하는 경우는 드물었다.[136]

### 예수 체포

로마제국이 군사적으로 점령한 지역에서 사형 판결권은 로마제국 황제를 대리하는 총독에게 있었다(〈요한〉 18,31). 공통년 6년 유다 지역이 로마제국의 직접 통치에 들어간 뒤, 유다 지역에서 사형 판결권은 로마제국 황제가 로마 총독에게 개인적으로ad personam 하사했다. 이 권한은 총독이 바뀔 때마다 새 총독에게 주어졌다. 스데파노가 돌에 맞아 처형된 사건(〈사도〉 7,54-60)은 로마제국과 관계없는 일이다. 유다인이 아닌 사람이 예루살렘성전 구역을 침범하면 사형에 처한다는 팻말은 로마제국이 유다교에 허용한 권리다.[137]

예수는 로마 군대에게 유다 독립 투쟁 선동가로 여겨진 것 같다. 예수는 '로마제국 시민의 존엄을 파괴하고 모욕한crimen laesae maiestatis populi Romani 반란seditio 혹은 국가 전복perduellio'에 해당하는 정치범으로 로마법에 따라 사형 판결을 받았다. 빌라도 총독은 식민지의 안녕과 질서를 위협하는 인물을 처리하는 역할coercitio에 충실했다. 빌라도 총독이 예수 사건을 철저히 사전 조사해 사법 처리했다고 추론할 수 있다.[138]

빌라도 총독은 예수를 묶어놓은(〈마르〉 15,1; 〈마태〉 27,2) 상태에서 재판했다. 고발, 심문, 판결 과정으로 진행됐다. 예수 재판은 로마 군대 점령지에서 로마 시민권이 없는 점령지 주민에 대한 재판에 해당한다. 이 경우 문서화된 법이나 자세히 정해진 사법 절차는 존재하지 않았다.[139]

빌라도 총독은 예수에게 유다인의 왕이냐고 물었다(〈마르〉15,2;〈마태〉27,11;〈루가〉23,3;〈요한〉18,33). 〈요한〉18,34에서 예수가 빌라도 총독에게 "그것은 당신 말입니까? 아니면 나에 관해서 다른 사람이 들려준 말을 듣고 하는 말입니까?" 하고 되묻는 장면이 유일하게 끼어들었다. 예수의 답변은 복음서에서 똑같다. "그것은 당신의 말입니다σὺ λέγεις"(〈마르〉15,2;〈마태〉27,11;〈루가〉23,3;〈요한〉18,37). 답변의 뜻이 분명하지 않다. 빌라도가 라틴어로 예수에게 물었을 때 그리스어로 답변했다고 생각하기도 어렵다. 빌라도와 예수 곁에 통역사나 속기사가 있었는지, 재판 기록이 있었는지 알 수 없다. 제자 누구 하나 곁에 있지도 않았다. 우리는 예수가 빌라도에게 무슨 답을 했는지 모른다.[140]

예수가 로마 군대에 저항하는 독립투사로 고발당한 구절이 있었다. "이 사람이 백성들에게 소란을 일으키도록 선동하며 카이사르에게 세금을 못 바치게 하고 자칭 그리스도요 왕이라고 하기에 붙잡아 왔습니다"(〈루가〉23,2;〈요한〉19,12). 반란에 해당하는 죄목이다. 예수에 대한 다른 고발(〈마르〉15,3;〈마태〉27,12)은 내용이 자세히 나오지 않는다. 중요한 것은 예수의 답변이다. 빌라도 총독은 예수가 적극적으로 방어하거나 해명하지 않고 침묵하는 모습을 보고 의아했을 것이다(〈마르〉15,3-5;〈마태〉27,12-14;〈루가〉23,9;〈요한〉19,9). 당시 로마법에 침묵은 자백으로 여겨졌다. 침묵은 자백과 같다Silentium videtur confessio.[141] 고발당한 사람이 침묵으로 대응하면 자기 죄를 시인하는 것으로 해석됐다(〈마태〉22,12;〈로마〉3,19).[142] 예수가 로마법을 잘 몰랐을 수도 있다. 예수가 빌라도에게 하느님 나라 메시지나 자신에 대해 적극적으로 설명하지도 않았다.

로마 군대가 예수를 기소해 시작된 재판이 아니라, 제삼자가 예수를 고발해 로마 군대가 진행하는 재판이다.[143] 예수를 고발하는 데 참여한 사람은 대사제들(〈마르〉 15,3), 대사제들과 원로들(〈마태〉 27,12), 유다 의회(〈루가〉 23,1-2), 동족과 대사제들(〈요한〉 18,35)이다.

### 예수 재판

예수 재판을 다룬 가장 오래된 문헌은 〈마르〉다. 예수 죽음 약 40년 뒤 작성된 듯하다. 〈마르〉 저자는 예수의 수난사를 기록한 〈마르〉 이전 문헌을 참고한 듯하다.[144] 〈마르〉 이전 문헌의 구성과 작성 시기는 논란이 되고 있다.[145] 〈마르〉 저자는 역사학자가 아니라, 독자와 예수 운동에 예수를 소개하려는 선교사요 신학자다. 그런 입장과 의도에서 예수의 저항과 수난사를 구성했다. 예수는 고통받는 의로운 사람(〈마르〉 15,24.34), 이스라엘의 왕과 구원자(〈마르〉 14,61; 15,2.26), 하느님의 아들(〈마르〉 14,61; 15,39)로 고백했다. 예수는 정치적 반란자가 아니라는 의견[146]과 로마제국에 저항한 인물[147]이라는 평가가 성서학계에서 맞선다.

### 유다교 재판

유다 의회가 예수를 재판했다는 기록(〈마르〉 14,53-65)에 대해 성서학계에서 많은 의문[148]이 있었다. 유다 의회의 법적 권한은 그동안 자세히 연구돼왔고, 유다 의회는 사형 판결권이 없음이 밝혀졌다.[149] 〈마르〉 14,53-65 기록대로 혹은 그와 비슷하게 유다 의회가 예수를 재판했음이 사실이라고 주장하는 학자들이 아직 있기는 하다.[150]

유다교에서 그리스도를 자칭하는 행위는 신성모독으로 여겨지지 않았다.[151] "여러분은 사람의 아들이 전능하신 분의 오른편에 앉아 있는 것과 하늘의 구름을 타고 오는 것을 볼 것입니다"(〈마르〉 14,62)라는 발언이

예수가 유다교 대사제를 심판한다는 뜻으로 여겨졌을 수 있다.[152]

예수를 고발하는 데 참여한 이들이 사람을 동원해 게쎄마니Γεθσημανί (〈마르〉14,32) 언덕에서 예수를 체포했다(〈마르〉14,43; 〈마태〉26,47; 〈루가〉 22,52). 〈요한〉은 한 떼의 군인들이 체포에 가담했다고 보도했다(〈요한〉 18,3.12). 로마 군대 사령관χιλίαρχος(〈요한〉18,12)은 군인 약 500명을 이끄는 장교를 가리킨다.[153] 그러나 이 보도는 사실과 다른 듯하다. 예수가 로마 군인들에게 체포됐다면 곧장 빌라도 총독에게 끌려갔을 것이고, 유다교 일부 사람들이 예수를 빌라도 총독에게 넘겨줄 일은 없었을 것이다.

체포된 예수는 곧 유다 의회에서 공식 재판을 받았다고 기록됐다(〈마르〉14,53-64; 〈마태〉26,57-66). 예수를 고발한 증인들의 증언이 있었고, 유다 의회가 예수에게 사형 판결을 내렸다는 것이다. 〈루가〉보도는 조금 다르다. 체포된 예수는 다음 날에야 유다 의회에 넘겨졌고, 재판이 아니라 심문이 있었다(〈루가〉22,66-71). 예수를 고발한 증인도 없고, 유다 의회가 예수에게 사형 판결을 내리지도 않았다는 것이다. 〈요한〉에서 체포된 예수는 〈마르〉와 〈마태〉보도처럼 곧 유다 의회에 넘겨졌다(〈요한〉18,12-14.19-24). 그러나 〈루가〉보도처럼 예수에게 단순한 심문이 있었을 뿐, 증인이나 사형 판결은 없었다. 〈마르〉〈마태〉〈루가〉보도와 〈요한〉에 다른 점이 있다. 체포된 예수는 유다 의회가 아니라 전임 대사제 안나스에게 넘겨졌다(〈요한〉18,24). 현직 대사제 가야파는 안나스의 사위다.

역사적 사실과 가까운 보도는 어느 것일까. 지난 수십 년간 성서학계 연구는 이 주제에서 상당히 일치된 의견을 낳았다. 〈마르〉와 〈마태〉보도 내용이 역사적 사실에서 가장 거리가 먼 것 같다. 유다 의회는 예수를 재판하거나 사형 판결을 내리지 않았다.[154] 체포된 예수는 유다교 일부 지배층에게 신분과 활동에 대해 질문 받은 듯하다. 그들은 유다 의회 소속 권력층에 속한다. 예수가 체포된 직후 유다 의회가 공식적으로 열리진 않았다. 그들은 예수의 소문을 진작 들었지만, 예수에게 직접 질문한 것은 처음이다. 그 심문이 어떻게 진행됐는지 우리는 알 수 없다. 그들은 예수를 심문한 뒤 빌라도 총독에게 넘기기로 한 것 같다.

### 로마 군대 재판

로마 군대가 예수를 재판한 사실을 담은 가장 오래된 기록은 〈마르〉 15,1-15이다. 〈마르〉 저자는 〈마르〉 이전 예수의 수난사 기록에 조금 덧붙인 것 같다.[155]

〈마르〉 저자가 설명하지 않고 남겨둔 부분이 있다. 빌라도는 통역을 썼는가. 빌라도 곁에 상의할 사람이 있었는가. 빌라도는 예수의 죄목을 무엇이라고 정의했는가. 왜 판결문이 없는가. 예수를 유다인의 왕으로 소개하는 목적에 충실했고, 당시 독자들이 자세한 내막을 안다는 가정 아래 간단히 설명했을까.[156]

"네가 유다인의 왕인가?"라는 빌라도의 질문에 예수는 "그것은 당신의 말입니다" 하고 대답했다(〈마르〉 15,2). 고대 문헌에서 예수의 답변과 똑같은 경우는 아직 찾지 못했다.[157] 빌라도가 이해하는 뜻의 왕은 아니라는 조건부 긍정으로 해석해야 할까.[158]

바라빠 장면은 독립 전승에 있지 않았고, 로마 군대가 예수를 재판한 기록에 끼어들었다.[159] 바라빠 장면이 역사적으로 사실인지 판단하긴 쉽지 않다. 로마 군대가 파스카 축제에 죄수를 풀어줬다는 기록을 〈마르〉 밖에서는 찾아볼 수 없다.[160]

사형 판결권은 오직 로마제국에 있었다.[161] 로마에게 지배당한 유다 의회는 사형 판결권을 로마 황제에게 허락받지 못했다. 유다교 지배층은 예수를 사형 판결할 권한이 없었다. 로마 총독 빌라도에게 사형 판결받은 것은 예수의 역사에서 확실한 사실 중 하나다. 그리스도교의 사도신

경뿐 아니라 유다 역사가 요세푸스, 로마 역사가 타키투스도 그렇게 기록했다.

로마 군대는 예수가 유다교 축제를 이용한 정치적·종교적 폭도 Aufrührer라고 여긴 것 같다.[162] 예루살렘 진출(〈마르〉11,1-10), 성전 항쟁(〈마르〉11,15-17), 예수가 유다인의 왕이라고 빌라도에게 답변한 사실(〈마르〉15,2), 유다인의 왕이라고 적힌 십자가 명패(〈마르〉15,26)를 보면 그렇다. 십자가형은 노예나 반란자에게 집행한 사형 방법이다.[163] 우리 독립투사들을 무자비하게 처형한 일제의 만행을 떠올려보자.

유다교 지배층이 예수를 제거하려는 움직임을 복음서와 요세푸스도 증언한다. 유다교 지배층은 자기 사람들과 폭력을 동원해 예수를 체포하고(〈마르〉14,43-52; 〈요한〉18,1-11) 심문했다. 유다교 지배층의 예수 심문은 정식 재판 절차에 따른 것(〈마르〉14,53-65; 〈마태〉26,57-68)이 아니고, 체포 후 간단한 심문(〈루가〉22,54-55; 〈요한〉18,12-14)으로 보인다. 그들은 사형 판결할 권한이 없어(〈요한〉18,31) 예수를 빌라도에게 넘겼다. 유다교 지배층과 로마 군대가 예수를 제거하는 데 협조한 것은 역사적 사실로 보인다.

"온 민족이 멸망하는 것보다 한 사람이 백성을 대신해서 죽는 편이 더 낫다는 것도 모릅니까?"(〈요한〉11,50)에 유다교 지배층이 예수를 제거하려는 의도가 잘 나타난다. 18년간(18-36년) 대사제를 맡은 가야파가 한 말이다. 로마 군대는 왕을 자칭하며 유다인을 결집해 독립 투쟁하는 이들을 무자비하게 처형해왔다. 예수가 로마 군대에 무력 투쟁하지 않았지만, 수많은 유다인을 몰고 다니는 사실로도 불순분자요 위험인물이다.

로마 군대가 유다교 지배층에 부여한 권한을 예수 사건을 빌미로 빼앗을 위험이 있었다. 일제에 협력한 친일파 조선인이 독립 투쟁에 참여한 동포를 밀고하고 체포하는 상황과 비슷하다. 유다교 지배층은 자기들이 살기 위한 정치적 판단에서 예수를 독단적으로 체포해 로마 군대에 넘긴 것 같다. 〈요한〉이 이런 배경을 〈마르〉보다 자세히 전한다. 〈요한〉 저자가 예수 체포에 대한 전승을 따로 가지고 있었다는 말일까. 〈요한〉 저자는 〈마르〉〈마태〉〈루가〉의 예수 수난사 기록을 알았을까. 여전히 의견이 분분하다.

누가 예수를 죽였는가. 복음서나 타키투스[164]의 증언에 따르면, 로마 총독 빌라도가 예수에게 사형 판결을 내렸다. 빌라도는 로마제국을 대표해 유다를 통치했다. 로마제국이 예수에게 사형 판결을 내리고, 십자가형을 집행했다. 로마제국이 예수를 죽였다. 유다인은 예수 몸에 못 하나 박지 않았다.

유다인의 왕 ὁ βασιλεὺς τῶν Ἰουδαίων(〈마르〉 15,26; 〈요한〉 19,19)이라고 적힌 십자가 명패에 처형 이유가 있었다. 십자가 명패는 사형수가 목에 걸거나 손에 들고 간다.[165] 유다인의 왕이란 표현은 로마 군대가 썼다는 사실을 드러낸다. 유다인 대사제들과 율법 학자들은 "이스라엘의 왕 ὁ βασιλεὺς Ἰσραὴλ 그리스도가 지금 십자가에서 내려오나 보자"(〈마르〉 15,32)고 말했다. 로마 입장에서 유다인의 왕이라는 정치적 의미가 결정적인 판단 기준이었다. 로마제국이 이스라엘에 만들어둔 로마의 정치 질서를 어지럽히는 모든 인간을 왕 βασιλεὺς이라는 단어로 낙인찍었다. 로마 군대는 내란죄, 탈영, 강도, 납치뿐 아니라 반란을 선동한 유다인을 십자가형에 처했다.[166] 요세푸스는 유다가 강도로 가득했고, 강도들은 왕 βασιλεὺς을 내세워 국가 질서를 추락시키려 했다고 기록했다.[167]

예수가 어떻게 해서 로마제국에 저항하는 정치범으로 몰렸을까. "누가 억지로 오 리를 가자고 하거든 십 리를 같이 가주시오"(〈마태〉 5,41)는 유다인에게 예수가 로마 군대에 협조하는 민족 배신자로 오해받을 수 있는 말이다. "카이사르에게 세금을 바치는 것이 옳습니까? 옳지 않습니까?"(〈마르〉 12,14)라는 질문에 예수의 답변 "로마 황제의 것은 로마 황제에게 돌리고 하느님의 것은 하느님께 돌리시오"(〈마르〉12,17)도 예수를 정치범이라 하기에는 거리가 멀다.[168]

"어떤 사람이 땅에 씨앗을 뿌려놓았습니다. 하루하루 자고 일어나고 하는 사이에 씨앗은 싹이 트고 자라나지만, 그 사람은 그것이 어떻게 자라는지 모릅니다. 땅이 저절로 열매를 맺게 하는 것인데 처음에는 싹이 돋고 그다음에는 이삭이 패고 마침내 이삭에 알찬 낟알이 맺힙니다. 곡식이 익으면 그 사람은 추수 때가 된 줄 알고 곧 낫을 댑니다"(〈마르〉4,26-29). 예수가 독립 투쟁을 반대한다고 오해받을 수 있는 비유다. 예수가 로마제국에게 세금 내지 말자고 선동한 적 없고, 로마 군대와 결탁한 유다인 그룹을 편들지도 않았으며,[169] 무력 투쟁을 주장한 일도 없다.[170]

예수의 하느님 나라 메시지는 현실 정치 차원에서 유다 사회를 개혁하기보다 신화 차원에서 현실 정치를 개혁하는 상징이었다.[171] 예수는 로마 군대를 무력 투쟁으로 몰아내려고 하지 않았다. 악마를 쫓아내고 사회에서 소외된 사람을 가까이해 세상 질서를 상징적으로 뒤엎으려고 했다. 예수는 로마 군대가 아니라 악마에게 저항했다. 예수의 죽음과 부활 이후에 끼어든 이야기지만,[172] 악마들이 돼지 떼 속으로 들어가 바다에 빠져 죽은 이야기(〈마르〉5,1-20)는 정치적 의미를 띤다. 유다 독립 전쟁 때 예루살렘을 점령한 로마 군대 깃발에 돼지가 그려졌다.[173]

성전 항쟁 다음 날, 예수가 예루살렘성전 뜰을 걷고 있을 때 대사제들과 율법 학자들과 원로들이 찾아와 묻는다. "당신은 무슨 권한으로 이런 일들을 합니까? 누가 권한을 주어서 이런 일들을 합니까?"(〈마르〉11,27-28) 성전 항쟁에 관해 묻지 않았다. 로마 군대도, 전날 예수에게 봉변당한 장사꾼과 환전상도 아무 말이나 행동을 하지 않았다. 아무 일도 없었던 것처럼 조용히 하루가 지나간다. 그러나 그날 밤 예수는 유다교 지배층의 작전에 따라 전격 체포됐다(〈마르〉14,43-52). 로마 군대가 예수 체포에 개입했다는 보도는 〈요한〉 18,3이 유일하다.[174] 성전 항쟁부터 예수 체포까지 하루 사이에 일어난 일이다.

예수 운동 공동체가 로마 사회에 동화되면서 예수의 죽음에 대한 보도에 두 가지 현상이 짙어졌다. 로마제국의 책임을 약화하고 유다교 책임을 강화하는 흐름이다. 복음서가 이 일에 큰 역할을 했다는 사실을 부인할 수 없다. 복음서 모두 예수의 체포에 유다교 지배층이 개입했다고 증언한다. 예수의 죽음과 부활 이후 약 60년이 지나고 쓰인 〈루가〉와 〈요한〉은 빌라도에게 죄가 없다고 세 번이나 기록하며 유다교를 압박했다 (〈루가〉 23,23; 〈요한〉 19,7.15). 예수 체포에서 유다교 지배층이 아무 역할도 하지 않았다는 의견[175]은 근거가 약하다. 물론 예수의 체포와 죽음의 책임은 같지 않다.

〈마르〉는 예수의 체포와 죽음에 대한 가장 오래된 전승을 담고 있다. 유다교 대사제는 예수에게 그리스도인가 물었고 예수는 그렇다고 답했으며, 예수는 유다 의회에서 사형 판결을 받았다고 기록했다(〈마르〉 14,55-65). 이 판결은 사실이라고 볼 수 없다.[176] 유다교 역사에서 메시아(=그리스도)로 자칭한 사람이 사형 판결을 받은 적은 한 번도 없다. 예수의 죽음과 부활 100년 후 로마제국에 저항한 독립 전쟁(132-135년)에서 '별의 아들'로 불리며 메시아라고 자칭한 바르 코흐바Kochba는 재판받지도, 처형되지도 않았다.[177]

예수와 하느님 나라의 관계를 주목한 〈마르〉 〈마태〉 〈루가〉에서 예수는 공식 활동 중 예루살렘을 한 번 방문했다. 예수와 하느님의 관계에 집중한 〈요한〉에서 예수는 공식 활동 중 유다교 축제에 참여하러 예루살렘을 여러 번 방문했다. 〈마르〉 〈마태〉 〈루가〉에서 예수의 갈릴래아 시절과 예루살렘에서 보낸 시간은 확실히 달라야 한다. 〈요한〉에서 예수와 유다인의 갈등은 처음부터 끝까지 심해져야 한다. 〈마르〉 〈마태〉 〈루가〉에서 예수는 갈릴래아에서 하느님 나라를 선포하고, 예루살렘에서 십자가를 맞이한다. 〈요한〉에서 예수와 하느님의 관계는 처음부터 끝까지 해설된다. 〈마르〉 〈마태〉 〈루가〉가 1부에서 하느님 나라를 선포하고 2부에서 십자가를 다룬다면, 〈요한〉은 처음부터 끝까지 예수의 재판 기록이다.

복음서의 공통점은 예수가 활동 마지막에 예루살렘에서 체포되고 재판받고 정치범으로 처형된 사실이다. 예수 추종자들과 제자들, 즉 예수 운동에 예수의 죽음은 엄청난 충격이었고, 이를 사람들에게 잘 설명해야 했다. 예수 운동은 예수가 처형된 사실을 부인하지 않았다. 열두제자 중 한 사람이 예수를 배신한 사실도 숨기지 않았다. 남자 제자들이 예수를 버리고 도망친 사실도 감추지 않았다. 예수 운동은 가장 큰 위기에서 자기 역사를 정직하게 마주하고, 예수 죽음의 긍정적 의미를 찾으려 애썼다. 복음서의 예수 고난 기록이 인류에게 선사한 위대한 가르침은 자기 역사를 정직하게 보는 것이 아닐까.

예수 운동은 예수의 삶과 죽음은 실패가 아니라는 확신을 말하고 싶었다. 예수가 예루살렘에서 보낸 시간에 대한 복음서의 보도는 객관적인 사실이라기보다 신학적 관점에서 해석한 기록에 가깝다. 역사 다큐보다 신학 다큐라고 표현하고 싶다. 복음서는 사실을 바탕으로 하지만, 신학적 해석에서 출발하고 주도한 문헌이라고 본다. 해석되지 않고 기록된 역사 자료가 어디 있을까.

예수는 왜 세상에 나타났을까. 자료가 빈곤해 다루기 어려운 주제다. 시골에서 조용히 살 수도 있었다. 예수는 세상일에 아주 무관심한 사람은 아닌 것 같다. 독립 운동에 가담하는 사람, 로마 군대에 붙어먹는 사람, 분노를 삭이며 하루하루 연명하는 사람을 보고, 여러 소식을 들었을 것이다. 착하고 순박한 청년으로서 하느님에게 관심이 있었을 것이다. 식민지 백성으로서 나는 어떻게 살아야 하나, 나는 무엇을 해야 하나. 예수는 평생 질문하고 고뇌했을 것이다.

예수는 이스라엘을 하느님 말씀이 제대로 실천되는 땅으로 바꾸고 싶었다. 무장 독립 운동에 참여해 로마 군대와 투쟁, 로마 군대와 결탁한 유다교 지배층과 싸우기, 가난한 백성 계몽운동, 은둔 생활, 평범하게 살기, 세례자 요한 그룹에 가담하기 등 예수 앞에 놓인 선택이 몇 가지 있었다. 예수는 결국 세례자 요한 그룹에 들어갔고, 얼마 후 독자 활동을 시작했다.

예수는 하느님 나라 선포를 깃발로 내세웠다. 갈릴래아에서 시작해 이스라엘 열두 부족이 사는 땅을 다니려 했다. 이스라엘의 정치·종교 중심지 예루살렘도 예수가 하느님 나라를 선포할 곳이다. 예언서와〈시편〉만 예루살렘을 말한 게 아니다. 성전, 대사제, 유다 의회가 예루살렘에 있다. 신심 깊은 유다교 신자 예수는 유다교 축제에 참여하기 위해 공식 활동 중에 예루살렘을 여러 번 방문했을 가능성이 있다.[178] 그러다가 유다교 지배층과 갈등이 커지고, 로마 군대가 예수를 제거할 필요가 확실해지면서 처형당한 것 같다. 유다교 지배층과 예수 중 하나를 선택하라는 장면을 극적으로 연출하기 위해 예수가 예루살렘에 갔으리라는 시나리오는 설득력이 떨어진다.[179]

예수가 예루살렘에서 반대자들과 벌인 논쟁을 보자. 우선 대사제들과 율법 학자들과 원로들과 예수의 권한에 대해 논쟁(〈마르〉 11,27-33), 바리사이파와 헤로데 당원들과 로마 황제에게 세금 납부 논쟁(〈마르〉 12,13-17), 사두가이파 사람들과 부활 논쟁(〈마르〉 12,18-27), 율법 학자와 첫째가는 계명 논쟁(〈마르〉 12,28-34), 율법 학자들과 그리스도는 다윗의 자손인가 논쟁(〈마르〉 12,35-37)이 있다. 율법의 주요 내용과 로마 정치권력에 대해 유다 사회 유력 그룹과 벌어진 논쟁이다. 주제가 가볍지 않고, 논쟁 상대가 유다 사회에서 권력과 영향력이 큰 집단이다. 예수와 그들의 갈등은 당연히 커졌다.

〈마르〉에서 예수가 예루살렘에 진출한 뒤 비유가 한 번 나온다. 대사제들과 율법 학자들과 원로들이 예수의 권한에 대해 예수와 벌인 논쟁(〈마르〉 11,27-33) 바로 뒤에 있는 포도원 소작인 비유(〈마르〉 12,1-12)다. 예수는 이 비유에서 유다교 지배층을 심하게 비판했다. 유다교 지배층이 하느님의 뜻을 제대로 알아듣지도, 잘 실천하지도 못했다는 것이다. 포도원 주인이 돌아와서 소작인들을 죽이고 다른 사람들에게 맡길 것(〈마르〉 12,9)이라는 경고다. 유다교 지배층에게 타격을 준 건 예수의 성전 항쟁뿐만 아니다. 포도원 소작인 비유가 그들에게 미친 영향을 주목할 필요가 있다. "그것이 자기들을 두고 하신 말씀인 것을 알고 예수를 잡으려 하였으나 군중이 무서워서 예수를 그대로 두고 떠나갔다"(〈마르〉 12,12).

〈마르〉는 여러 계기에 벌어진 논쟁을 예루살렘 논쟁이라는 범위에 모은 듯하다. 유다교 지배층과 로마 군대가 예수의 소식을 예루살렘 논쟁을 통해 처음 접했다고 보기는 어렵다. 유다교 지배층과 로마 군대에 예수는 위험인물로 떠올랐다. 예수 본인도 예루살렘에서 벌어지는 논쟁이 정치적·종교적 파장을 불러일으킬 것을 몰랐을 리 없다. 예수는 갈등을 일부러 일으키지 않았지만, 피하지도 않았다. 갈릴래아에서나 예루살렘에서나 마찬가지다. 하느님 나라 선포는 악의 세력과 갈등을 포함한다. 하느님 나라 선포는 하느님 나라를 억압하고 방해하는 세력과 투쟁을 포함한다.

〈루가〉는 예수의 죽음을 이스라엘에 보낸 예언자들의 죽음과 연결했다. 예수의 죽음을 죄 사함과 연결한 해석과 다른 초기 해석을 보여준다.[180] "예언자가 예루살렘 아닌 다른 곳에서야 죽을 수 있겠습니까? 예루살렘아! 예루살렘아! 너는 예언자들을 죽이고 하느님께서 보내신 사람들을 돌로 치는구나!"(〈루가〉 13,33-34) 자신의 활동과 죽음에 대한 예수의 해석이 담긴 유일한 구절[181]로 꼽히기도 한다. 예수는 유다인이 아니라 로마 군대에 처형됐고, 돌에 맞아 죽지 않고 십자가에 못 박혔으며, 예루살렘 밖에서 죽음 당했다.[182]

예수 일행이 예루살렘에 진출한 사건은 유다 군중에게 하느님이 당신의 나라를 다시 이스라엘에 세우시리라는 기대를 드높였다. 예수의 예루살렘 진출을 평범한 일로 볼 수도 있다. 그러나 예수 사건 전체 맥락에서 예루살렘 진출을 살펴볼 필요가 있다. 어떤 이유에서든 수많은 유다인을 몰고 다니던 예수를 로마 군대가 대수롭지 않게 봤을 리 없다. 식민지 지배 질서에 정치적으로 위험한 인물을 철저히 응징해온 로마 군대 아닌가. 유다교 축제 때 로마 군대는 예루살렘성전 근처로 이동해 유다인의 동향을 감시했다.

예수는 유다교 지배층과 로마 군대에 위험인물로 떠올랐다. 로마 군대가 유다교 지배층보다 예루살렘에 진출한 예수를 심각하게 봤을 가능성이 있다. 예수의 성전 항쟁이 유다교 지배층에 저항한 종교적 사건이라면, 예루살렘 진출은 로마 군대에 공포감을 준 정치적 사건이다. 유다교 지배층은 예수 때문에 로마 군대가 유다인에게 저지를지 모를 가혹한 폭력을 염려하지 않을 수 없었다. 로마 군대가 예수의 깊은 생각을 전혀 읽지 못했을 리 없다. 로마 군대가 하느님 나라라는 상징적 권력 교체 메시지를 남의 일처럼 맘 편히 들었을 리 없다.

# 6. 예수 죽음

"누가 뺨을 치거든 다른 뺨마저 돌려 대주고 누가 겉옷을 빼앗거든 속 옷마저 내어주십시오. 달라는 사람에게는 주고 빼앗는 사람에게는 되받 으려고 하지 마십시오. 여러분은 남에게서 바라는 대로 남에게 해주십시 오"(〈루가〉 6,29-31). 일제강점기에 조선인 청년이 서울 한복판에서 이런 말을 했다면, 어떻게 됐을까. 동포들에게 맞아 죽지 않았으면 다행일 것 이다. 일본은 그 조선인 청년을 이용하려고 온갖 공작을 시도했을 것이 다. 로마 군대가 앞잡이로 써먹기 딱 좋았을 예수는 왜 처형됐을까.

예루살렘을 포함한 유다 지역은 공통년 6년 이후 로마제국의 직접 통치 지역이 됐다. 초대 총독praefectus iudaeae은 코포니우스Coponius(6-9년 재 임)다. 로마 군대에 저항해 왕 혹은 유다인의 왕으로 자처하는 사람은 누 구나 로마제국에 반란을 일으키고 황제의 존엄을 위배하는 범죄를 저 지른 것으로 여겨졌다. 로마 황제 아우구스투스가 제정한 존엄법lex Iulia de maiestate에 따르면, 그런 사람은 사형에 처한다.[183]

〈요한〉은 예수가 유다교 지배층에게 심문받는 장면을 〈마르〉〈마태〉 〈루가〉보다 축소하고, 빌라도에게 심문받는 장면을 확대했다.[184] 예수가 빌라도 앞에서 재판받는 장면에 집중하기 위해서다. 빌라도는 예수를 만나기 전, 가야파와 예수 사건에 대한 정보를 알았다.[185] 예수의 성전 항 쟁에 대한 소식을 밀정에게 들었을 가능성도 있다. 〈요한〉 18,28-19,16 빌라도에게 재판받는 장면은 〈요한〉 예수 수난사에서 내용이나 구성이 가장 중요하다.

이방인 빌라도는 예수에게 유다인의 왕(〈요한〉 18,33.39)이라는 호칭을 쓰지만, 유다인은 이스라엘의 왕(〈요한〉 1,49; 12,13)이라는 호칭을 쓴다. 빌라도가 예수를 유다인의 왕으로 소개하는 장면이 〈요한〉에 나타난 예수 수난사 기록의 특징이다. "네가 유다인의 왕인가?"(〈요한〉 18,33)는 빌라도와 〈요한〉 저자에게 핵심 질문이다. 빌라도에게는 정치권력 문제고, 〈요한〉 저자에게는 진리 문제다.[186] 유다인의 왕이란 호칭은 예수의 재판에서 역할을 할 수 있었다.

권력에 취한 사람[187] 빌라도는 예수에게 유다인의 왕이냐 물었다. 예수는 "그것은 당신의 말입니다σὺ λέγεις"(〈마르〉 15,2; 〈요한〉 18,33.37) 하고 답했다. '내 말이 아니라 빌라도 당신의 말'이라는 부정의 뜻인가. 문맥상 그럴 가능성은 적다. 분명히 긍정의 답변이다. 예수는 왜 분명히 아니라고 대답하지 않았을까. 유다 민족의 메시아 희망을 잘 모르거나 관심 없는 로마 사람 빌라도의 질문에 유다인 예수가 마지못해서 한 답변인가. '그렇게 표현하기 싫지만, 당신이 굳이 그 표현을 써서 묻겠다면 내가 바로 그 사람입니다'라고 풀어도 좋을 것 같다.

유다인의 왕과 메시아는 이스라엘의 왕 그리스도(〈마르〉 15,32)처럼 예수 수난사에서 같은 뜻으로 쓰였다(〈마르〉 15,9.12; 〈마태〉 2,2.4). 예수 시대 유다인의 기대에 따르면, 왕이라는 메시아는 이스라엘의 적수와 무력으로 맞서 싸우는 인물이다. 그런 기대는 〈솔로몬 시편〉에 가장 잘 나타난다. 공통년 이전 60-40년에 팔레스타인에서 쓰인 것으로 보이는 〈솔로몬 시편〉은 17장에서 이스라엘의 왕은 그리스도(〈솔로몬 시편〉 17,21-32)라고 노래했다.[188] 사해 근처 쿰란에서 발견된 문헌[189]에 따르면, 에세네파 사람들도 아론의 사제 메시아와 이스라엘의 왕 메시아, 두 메시아를 기다렸다(1QS IX, II).[190]

예수 시대에 유다인의 왕을 자처한 인물들이 벌인 사건이 있었다. 헤로데 왕의 종 출신 시몬Simon 사건,[191] 목동 아트론게스Athronges 사건[192] 등이다. 그런 인물과 예수의 삶은 너무나 다르다. 유다 역사가 요세푸스는 유다 지역을 강도의 소굴이라고 표현했다.[193] 공통년 1-2세기에 활동한 랍비 아키바Akiba는 로마 군대에 맞서 독립 전쟁을 지휘한 '별의 아들' 바르 코흐바(〈민수〉 24,17)를 메시아 왕이라 불렀다.[194]

"그대가 과연 찬양을 받으실 하느님의 아들 그리스도인가?"(〈마르〉 14,61)라는 대사제의 질문에 예수가 "그렇습니다"(〈마르〉 14,62)라고 확실히 답한 적도 있다. 그러나 예수 이전과 이후에 메시아로 불리던 인물들과 예수의 언행은 상당히 다르다. 예수는 왜 그리스도냐는 질문에 그렇다고 답했을까. 대사제나 예수가 같은 그리스도 단어를 쓰지만, 이해하는 뜻이 다르기에 큰 문제는 아니란 말일까. 빌라도나 예수가 같은 그리스도 단어를 쓰지만, 이해하는 뜻이 다르기에 큰 문제는 아닌가. 예수는 빌라도 앞에서 자신이 이해하는 메시아 개념을 설명할 기회가 있었는데, 빌라도가 유다인의 왕이냐 물었을 때 왜 그렇다고 답했을까.

예수는 빌라도 앞에서 자신이 메시아라고 분명히 인정했다. 빌라도는 당장 사형선고를 내려야 했지만, 예수에게서 아무 죄도 찾지 못했다고 한다. "도대체 이 사람의 잘못이 무엇이냐?"(〈마르〉 15,14; 〈요한〉 19,6) 어찌 된 일인가. 빌라도의 아내가 남편에게 꿈 이야기까지 전한다. "당신은 그 무죄한 사람의 일에 관여하지 마십시오. 간밤에 저는 그 사람의 일로 꿈자리가 몹시 사나웠습니다"(〈마태〉 27,19). 로마 황제에게 반항하는 식민지 청년을 로마 총독이 죄 없다고 선언할 권한도 없었다. 그러면 빌라도가 크게 문책을 당할 수 있다.

빌라도는 예수에게 죄가 있지만, 사형을 선고할 죄는 아니라고 생각했을까. 빌라도가 경멸한 유다고 지배층의 뜻대로 하기 싫어서 일부러 무시하는 과정일까. 빌라도는 예수 사건을 단순히 유다교 내부 문제로 여겼을까. 이런 추측은 설득력이 떨어진다. 빌라도가 예수에게 왕이냐 물었을 때 예수가 그렇다고 답한 이유가 잘 이해되지 않듯이, 예수에게 서 아무 죄도 찾지 못했다던 빌라도가 갑자기 예수를 처형하라고 한 이유 도 모르겠다. 예수가 미쳤다는 소문(⟨마르⟩ 3,21)을 듣고 정말로 그렇게 생 각[195]해서 사형 판결을 내렸을까.

유다인의 왕(⟨마르⟩ 15,26; ⟨요한⟩ 19,19)이라고 쓰인 예수의 십자가 명패 는 역사적 사실처럼 대부분 인정됐다. 라틴어(⟨요한⟩ 19,20) 호칭의 약자 INRI Iesus Nazarenus Rex Iudaeorum는 많은 이콘(미술 작품)에서 애용됐다. 에게리 아Egeria는 380년 무렵 예루살렘 순례 중 무덤 성당ecclesia Sancti Sepulchri에서 십자가 명패 원본을 봤다[196]고 증언했다. 예수의 십자가 명패를 둘러싼 논란은 간단하지 않다. 사형수의 죄목이 쓰인 십자가 명패는 로마제국 재판의 관행이었을까.

예수의 죄목을 적은 명패(⟨마르⟩ 15,26)와 비교할 만한 고대 문헌이 있 다. 로마 역사가 카시우스 디오Cocceianus Dio Cassius(150?~235?년)는 로마 황제 아우구스투스에 모반을 꾀하다가 도망친 카에피오Caepio 가문의 노예 이 야기를 전했다.[197] 수에토니우스는 로마 황제 칼리굴라와 도미티아누스 Titus Flavius Domitianus 시대 일화를 하나씩 전했다.[198] 개인적 처벌과 명패를 목에 건 경우는 있지만, 십자가에 달린 명패 기록은 없다.

십자가 처형 장면을 자세히 기록한 고대 문헌은 찾기 힘들다. 참혹한 장면에 관심 있는 역사가는 많지 않았을 수 있다. 역사가는 범죄자의 삶 보다 승자의 삶에 관심 있었을 수 있다. 관련 문헌이 아직 발견되지 않았 을 수 있다. 십자가 처형과 명패를 반드시 연결할 필요는 없다. 십자가 처 형 이유를 꼭 명패에서 찾아야 하는 것도 아니다. 십자가 명패는 빌라도 가 즉흥적으로 명령했을 수 있다. 십자가 명패 사례를 복음서 외에는 아직 찾을 수 없다.[199] 그렇기에 복음서의 십자가 명패를 믿을 수 없다는 말은 아니다. 예수의 십자가 명패(〈마르〉15,26)는 역사적 사실이 아니라 예수 운동이 꾸며낸 것[200]일까.

요세푸스는 십자가 처형 사건을 여럿 적었다. 유다 총독 티베리우스 Tiberius(46-48년 재임)는 갈릴래아에서 저항하던 유다의 아들들을 십자가에 처형했다.[201] 유다 총독 쿠마누스Cumanus(48-52년 재임) 시대에 쿠마누스의 상관인 시리아 총독 콰드라투스Quadratus는 사마리아와 유다 독립투사들을 십자가에 처형했다.[202] 유다 총독 펠릭스Felix(52-60년 재임)는 독립투사 엘레아자르와 그 추종자들을 로마로 압송해 십자가에 처형했다.[203] 유다 독립 전쟁 직전 유다 총독 플로루스Florus(64-66년 재임)는 로마 군인을 풀어 유다인 남자를 아무나 십자가에 처형했다.[204]

십자가에 처형한 이유는 모두 같다. 로마 군대에 저항했거나, 독립 투쟁에 가담한 유다인은 십자가에 처형됐다. 공통년 이전 63년 로마제국이 이스라엘을 점령한 뒤 공통년 66년 유다 독립 전쟁 시작까지 독립 투쟁에 참여하거나 동조한 유다인만 십자가에 처형됐다.[205] 로마제국은 예수를 정치적 저항 인물로 판결하고 십자가에 처형했다. 당시 팔레스타인의 관행만 봐도 예수가 처형된 이유는 확실하다[206]고 말할 수 있다.

예수가 처형된 날은 복음서 모두 금요일로 기록했다(〈마르〉15,42; 〈마태〉27,62; 〈루가〉23,54; 〈요한〉19,14.31.42). 파스카 축제 첫날인 니산 달 15일(〈마르〉14,12; 〈마태〉26,17; 〈루가〉22,7)이다. 〈요한〉에만 과월절 준비일인 니산 달 14일 금요일이다(〈요한〉18,28; 19,14.31). 〈요한〉은 예수가 참된 양이라는 사실을 강조하기 위해 예수가 처형된 날과 시간을 성전 마당에서 양이 도살되는 오후 4시에 맞췄다.[207] 〈요한〉에 따르면 예수가 처형된 날은 공통년 30년 4월 7일 금요일이다.

## 예수 죽음의 책임

예수를 체포해서 로마 군대에 넘겨준 유다교 지배층은 무슨 근거로 죽이려 했을까. 예수의 어떤 행동과 말이 유다교 지배층을 불편하게 만들었을까. 두 질문을 다룰 차례다. 그래야 로마 군대가 왜 예수를 처형했는지 분명히 알 수 있겠다.

우선 유다교 내부의 종교 문제에서 예수 문제를 처리하려 했다고 추측할 수 있다. 유다교 지배층 생각에, 예수는 율법을 어겼으니 처벌받아야 한다. 이 이유에 동의하긴 어렵다. 이 문제로 유다 의회가 열린 적이 없다. 유다교 내부 문제를 처리하는 데 로마 군대를 끌어들이거나 이용하면, 유다교 지배층의 권한과 활동 영역을 축소하는 자해 행위다. 그래서일까, 유다교 지배층이 예수를 빌라도에게 넘길 때 이 주제는 물러났다. 로마 총독이 유다교 내부 문제로 유다인을 사형 판결할 리 없기 때문이다. 유다교 내부의 종교 문제는 유다 의회가 알아서 할 일이다.

유다교 지배층이 정치 문제로 예수를 처리하려 했다고 추측할 수도 있다.[208] 유다교 지배층은 로마 군대에 협조해 자신의 이익을 보장받고 지킨, 말하자면 통치 세력이었다. 유다교 지배층은 로마 군대의 충실한 협조자이자 하수인으로, 사회 안녕과 질서 유지에 방해되는 개인과 세력을 처리하려는 것이다. 이 해설 역시 유다인 문제를 로마 군대에게 처리해달라고 호소하는 모양이 돼서, 유다교 지배층에게 불리한 결과를 가져오기 쉽다.

예수의 죽음을 순전히 종교 문제나 정치 문제로 해설하긴 어렵다. 예수는 유다교 지배층의 종교적 이해와 로마 군대의 정치적 이해가 얽혀 처형됐다. 유다교 지배층은 로마 군대에게 그나마 제한적으로 보장받던 종교의 자유를 지키기 위해 예수라는 화근을 없애려 했다. 빌라도 총독은 점령지 유다 지역에서 로마제국의 평화를 지키려 했다. 로마 군대나 유다교 지배층은 모두 자기 세력의 이익을 지키기 위해 결단하고 행동했다. 유다교 지배층은 예수 문제를 종교 문제와 정치 문제가 연결된 사건으로 보고, 로마 군대는 예수 문제를 정치 사건으로 봤다고 생각한다.

그리스도교는 오랫동안 예수 죽음의 책임을 유다인에게 돌렸다. "예수 죽음의 주요 책임은 유다인에게 있다. 책임 있는 유다인에 유다 의회 구성원과 예수를 반대한 유다 백성 두 그룹이 있다."[209] 20세기 중반까지 진리처럼 받아들여지던 말이다. 복음서 몇몇 구절이 그런 확신을 더하게 만들었다.

> 빌라도는 그 이상 더 말해보아야 아무런 소용도 없다는 것을 알았을 뿐만 아니라 오히려 폭동이 일어나려는 기세가 보였으므로 물을 가져다가 군중 앞에서 손을 씻으며 "너희가 맡아서 처리하여라. 나는 이 사람의 피에 대해서는 책임이 없다" 하고 말하였다. 군중은 "그 사람의 피에 대한 책임은 우리와 우리 자손들이 지겠습니다" 하고 소리쳤다.(〈마태〉 27,24-25)

예수 시대 상황을 조금이라도 아는 사람은 예수 죽음의 책임이 유다인에게 있다는 주장을 의심한다. 로마제국이 유다 지역을 지배한 뒤 유다인에 의해 십자가에 처형된 유다인은 없다. 그런데 유다인에게 예수 죽음의 책임을 묻는 곳이 신약성서에 한두 군데가 아니다. 복음서 모두 그렇지만, 특히 〈요한〉이 그렇다. "유다인들은 예수를 죽이려는 마음을 더욱 굳혔다. 예수가 안식일 법을 어겼을 뿐 아니라 하느님을 자기 아버지라고 하며 자기를 하느님과 같다고 했기 때문이다"(〈요한〉 5,18). 어찌된 일인가.

흔히 예수를 가장 반대한 세력처럼 오해되는 바리사이파 사람들은 어떤가. 예수의 체포, 재판, 십자가 처형 과정에서 바리사이파는 거의 보이지 않는다. 〈마르〉와 〈루가〉의 예수 수난사에서 바리사이파는 전혀 등장하지 않는다. 〈마태〉의 예수 수난사에서 바리사이파는 예수의 무덤을 지키는 장면에 한 번 나온다(〈마태〉 27,62). 바리사이파는 〈요한〉에서만 두드러진 역할을 맡는 것으로 나온다. 예수를 죽이려 음모를 꾸미는 그룹에 포함되고(〈요한〉 11,47-53), 예수를 체포하러 사람을 보내기도 한다(〈요한〉 18,3). 이 두 구절은 원래 전승에 속하지 않고 나중에 끼어든 전승[210]이다.

"율법 학자들과 바리사이파 사람들은 모세의 자리를 이어 율법을 가르치고 있습니다. 그러니 그들이 말하는 것은 다 실행하고 지키십시오. 그러나 그들의 행실은 본받지 마십시오. 그들은 말만 하고 실행하지는 않습니다"(〈마태〉 23,2-3). 예수가 제자들에게 바리사이파 사람들이 스승이나 마찬가지라고 하는 말 같다.[211] "율법 학자들과 바리사이파 사람들아, 당신 같은 위선자들은 화를 입을 것입니다. 당신들은 박하와 회향과 근채에 대해서는 십 분의 일을 바치라는 율법을 지키면서 정의와 자비와 신의 같은 아주 중요한 율법은 대수롭지 않게 여깁니다. 십 분의 일 세를 바치는 일도 소홀히 해서는 안 되겠지만 정의와 자비와 신의도 실천해야 하지 않겠습니까?"(〈마태〉 23,23) 바리사이파가 바치던 십일조를 제자들도 실천하라는 뜻인가? 이 두 구절이 예수가 실제로 한 말이라고 보긴 어렵다.[212]

예수와 바리사이파는 유다인이 전통적으로 모세가 전부 썼다고 믿은 다섯 권(〈창세〉 〈출애〉 〈레위〉 〈민수〉 〈신명〉)을 가리키는 토라(모세오경)와 율법을 존중했다. 예수는 안식일에 병자를 치유하면서(〈마르〉 3,1-6) 안식일 계명이 무의미하다거나 그것을 없애야 한다고 말하지 않았다. 예수는 안식일 계명을 올바로 이해하고 실천하려 애썼다. "안식일에 착한 일을 하는 것이 옳습니까? 악한 일을 하는 것이 옳습니까? 사람을 살리는 것이 옳습니까? 죽이는 것이 옳습니까?"는 예수가 처음 했거나 혼자 한 질문이 아니다. 예수 시대 많은 유다인이 같은 고뇌를 했다. 안식일에 악한 일을 하라거나, 안식일에 사람을 죽이는 것이 옳다고 가르친 유다인이나 바리사이파는 없다.

예수 시대 훨씬 전부터 이스라엘에서 안식일에 공격받으면 방어 폭력이 허용됐다(〈1마카〉 2,41).[213] 많은 랍비는 안식일에 특정한 상황에서 환자를 치료하는 행위가 허용된다고 생각했다. 랍비 마트야 벤 체레쉬 Mattja ben Cheresch는 "안식일에 목이 아프면 약을 흘려 넣어야 한다. 생명에 위험이 있는지 의심되기 때문이다. 생명이 위험하면 안식일에 우선한다"(Mischna Joma 8,6)[214]고 말했다.

예수와 바리사이파의 관계를 복음서 저자들도 잘 안다. 예수를 식사에 초대한 바리사이파 소식도 있다. "예수가 어떤 바리사이파 사람의 초대를 받고 그의 집에 들어가 음식을 먹게 되었다"(〈루가〉 7,36). 복음서는 바리사이파 사람들이 예수를 식사에 가장 많이 초대했다고 기록한다. 예수와 바리사이파 사람들은 밥 친구, 술친구, 이야기 친구였다. 갈릴래아 통치자 헤로데 안티파스가 예수를 죽이려 한다고 귀띔해준 사람도 바리사이파다. "몇몇 바리사이파 사람들이 예수에게 가까이 와서 '어서 이곳을 떠나시오. 헤로데가 당신을 죽이려고 합니다'라고 말했다"(〈루가〉 13,31).

복음서에 나오는 예수와 바리사이파의 적대 관계는 당시 역사적 사실과 다르다.[215] 유다 독립 전쟁 이후 유다교에서 유일하게 생존한 바리사이파, 유다교와 점점 갈등이 커지고 분열하는 예수 운동의 대결 상황이 복음서에 반영된다. 70-100년 사이 쓰인 복음서가 30년 무렵 예수와 바리사이파의 관계를 있는 그대로 전달하지 않는다. 복음서 저자들이 자기 시대의 문제를 예수 시대에 있던 문제처럼 설정하고 보는 것이다. 복음서 저자들이 자기 시대 눈으로 예수 시대를 보는 본보기를 21세기 한반도에 사는 우리에게 알려준다.

예수 죽음의 책임이 누구에게 있는지 알려면, 체포에서 십자가 처형까지 과정을 살펴야 한다. 대사제와 율법 학자, 요즘 말로 고위 성직자와 신학자가 예수 수난사 보도에서 중요한 역할을 한다. 대사제와 율법 학자들은 어떻게 하면 몰래 예수를 죽일까 궁리하고(〈마르〉14,1-2), 칼과 몽둥이를 든 사람들을 보내 예수를 체포하게 하고(〈마르〉14,43), 체포된 예수를 심문하고 지켜보고(〈마르〉14,63-64), 예수를 끌고 가 빌라도에게 넘겼다(〈마르〉15,1).

예수 체포에서 십자가 처형까지 〈마르〉가 설명하는 순서는 다음과 같다. 대사제가 다른 대사제들과 원로들과 율법 학자들과 온 의회가 모인다(〈마르〉14,53.55). 증인들이 거짓 증언을 하고, 예수를 심문하고, 예수가 답변하고, 대사제가 사형 판결을 내린다(〈마르〉14,56-64). 〈마태〉와 〈루가〉는 〈마르〉의 순서를 따른다.

〈요한〉은 〈마르〉의 보도와 상당히 다르다. 군인들과 유다인의 경비병들이 예수를 붙잡아 대사제 가야파의 장인 안나스에게 끌고 갔다(〈요한〉18,12-13). 안나스는 예수를 심문하며 그의 제자들과 가르침에 관하여 물었고(〈요한〉18,19), 사위인 대사제 가야파에게 예수를 보냈다(〈요한〉18,24). 〈요한〉은 대사제 가야파가 예수를 어떻게 했는지 말이 없다. 유다 의회가 모이지 않았고, 재판이나 증인, 판결도 없었다. 〈요한〉에 따르면 예수에 대한 유다교 재판은 없었다. 〈마르〉와 〈요한〉 중 어느 보도가 오래된 전승을 담고 있을까. 확실하지 않다.

〈마르〉 보도와 유다교 율법을 비교하자. 예수는 무교절 첫날 체포됐다(〈마르〉14,12). 유다교 율법 연구집 《미쉬나》에 따르면, 안식일이나 축제 기간에는 체포하지 않는다(Mischna Besta 5,2). 예수 재판은 밤에 시작됐다

(〈마르〉 14,53-64). 재판은 낮에 시작해야 한다(Mischna Sanhedrin 4,1). 예수 답변 이후 즉석에서 사형 판결이 내려졌다(〈마르〉 14,63-64). 사형 판결은 빨라야 재판 다음 날에 할 수 있다(Mischna Sanhedrin 4,1). 유다 의회는 대사제 집에서 열렸고 거기서 예수를 심문했다(〈마르〉 14,54). 유다 의회와 재판은 예루살렘성전 내부의 육각 모양 홀Quaderhalle에서 열린다(Mischna Middot 5,4). 예수 재판은 고발로 시작됐다(〈마르〉 14,56-58). 재판은 피고 발언과 함께 시작된다(Mischna Sanhedrin 4,1).

《미쉬나》는 일러야 200년경 완성됐다. 《미쉬나》에 수록된 규정이 30년 예수 시대에도 적용됐는지 알기 어렵다. 축제 기간에 재판 금지 규정은 확실한 것 같다. 예수와 같은 시대에 산 유다교 신학자 필론은 안식일에 재판은 금지된다고 기록했다.[216] 로마 황제 아우구스투스는 아시아와 리비아에 사는 유다인 피고는 안식일과 금요일 오후 3시 이후 재판에 나와야 할 의무에서 면제했다.[217] 안식일과 축제 전날 재판이 열리지 못한다는 규정(Mischna Sanhedrin 4,1)은 예수 시대에도 적용된 것 같다.[218]

예수에 대한 유다교 재판은 없었다는 의견을 무시한다고 치자. 유다교 재판이 있었고 예수는 사형 판결을 받았다고 가정하자. 문제가 또 있다. "이 말을 듣고 대사제는 자기 옷을 찢으며 '이 이상 무슨 증거가 더 필요하겠소? 여러분은 방금 이 모독하는 말을 듣지 않았습니까? 자, 어떻게 했으면 좋겠소?' 하고 묻자 사람들은 일제히 예수는 사형감이라고 단정하였다"(〈마르〉 14,63-64). 예수는 정말로 모욕죄를 범했을까.

"야훼의 이름을 모욕한 자는 반드시 사형시켜야 한다. 온 회중이 그를 돌로 쳐 죽여야 한다. 내 이름을 모욕한 자는 외국인이든지 본국인이든지 사형에 처해야 한다"(〈레위〉 24,16). 야훼의 이름을 모욕한다는 말은 무엇을 가리킬까. "하느님 이름을 발음하는 경우 야훼의 이름을 모욕하는 경우에 해당한다"(Mischna Sanhedrin 7,5). 히브리어 jhwh를 소리 내어 발음하는 사람은 하느님 모욕죄를 범하는 것이다. 예수는 〈마르〉 14,62-64에서 하느님 이름을 발음한 적 없으니, 하느님 모욕죄를 범하지 않았다.

유다교의 예수 재판에서 큰 역할을 해온 구절 가운데 하나가 대사제와 예수의 질의응답이다. "대사제는 다시 '그대가 과연 찬양을 받으실 하느님의 아들 그리스도입니까?' 하고 물었다. 예수는 '그렇습니다. 여러분은 사람의 아들이 전능하신 분의 오른편에 앉아 있는 것과 하늘의 구름을 타고 오는 것을 볼 것입니다' 하고 대답하였다"(〈마르〉 14,61-62). 이는 실제로 역사에서 일어난 장면이라고 보기 어렵다.[219] 예수 운동 관점에서 교회와 유다교 회당의 결정적 차이를 의식해 대사제와 예수의 대화로 구성한 것 같다.

대사제와 율법 학자들이 예수 재판에서 상당한 영향력을 행사한 것으로 여겨온 부분이 바라빠 장면(〈마르〉 15,6-15)이다. 바라빠 장면은 예수 재판에서 결정적 계기가 된다. 그때까지 대사제와 율법 학자들은 예수를 제거하는 데 별다른 성과를 얻지 못했다. 빌라도나 군중이 대사제와 율법 학자들의 의도와 반대로 생각하고 결정한다면 예수는 석방될 수도 있다. 예수의 운명은 바라빠 장면에서 결정될 수도 있다. 이 장면은 실제로 일어난 일일까. 아주 의심스럽다.

로마제국이 점령한 식민지를 다스리기 위해 로마에서 파견된 총독은 사형수를 풀어줄 권한이 없었다. 그 특권은 오직 로마 황제에게 있었다.[220] 고대 그리스·로마 문헌과 유다 문헌 어디에도 로마 총독이 사형수를 풀어준 기록이 없다. 빌라도가 예수를 풀어줬다고 가정하면, 일단 예수에게 사형 판결을 내렸어야 한다. 그런데 복음서는 빌라도의 사형 판결에 침묵한다.

빌라도가 군중에게 누구를 풀어줄까 제안하기 전에 예수가 사형 판결을 받은 상태인지 분명하지 않다. 사형 판결을 내린 상태라면, 빌라도는 로마 황제의 권한을 무시하고 군중에게 풀어줄 제안을 한 셈이다. 사형 판결을 내리지 않았다면, 빌라도는 조용히 석방하면 된다. 어느 경우라도 빌라도가 군중에게 누구를 풀어줄까 제안했다는 복음서 기록은 사실에 근거했다고 보기 어렵다.[221]

유다 의회가 예수를 재판하고 사형선고를 내렸다는 보도는 사실과 다르다. 빌라도가 군중에게 예수와 바라빠 중 누구를 풀어줄까 제안한 장면은 실제 일이 아니라고 말할 수 있다. 예수 죽음에 유다인의 책임이 있다는 오래된 주장은 현대 성서신학의 지지를 받지 못한다. 예수의 죽음은 전부 빌라도가 저지른 일이고, 빌라도 총독의 이름으로 행한 로마 제국의 책임이다. 그렇다면 예수의 죽음에 유다인은 전혀 책임이 없단 말인가. 예수의 죽음에 유다인이 참여한 사실도 없단 말인가.

열두제자 중 하나인 유다는 예수를 정말 배신했을까. 역사적으로 사실인가. 그럴 가능성이 크다. 유다가 실존 인물임은 분명하다. 예수 운동이 유다라는 인물을 창작했을 가능성은 없다. 예수 운동이 유다가 배신한 이야기를 일부러 꾸며낼 이유도 없다. 그 이름은 열두제자 목록에 있다(〈마르〉 3,16-19; 〈마태〉 10,2-4; 〈루가〉 6,14-16). 유다 이름에 이스가리옷ʾΙσκαριωθ이라는 단어가 붙었다. 무슨 뜻인지 여러 제안이 나왔다. 거짓말쟁이, 칼잡이보다 케리옷Kerioth(〈여호〉 15,25) 마을을 가리킨다는 의견이 가장 널리 퍼지고 받아들여졌다.

예수가 체포되도록 유다가 협조했다는 사실은 의심할 수 없다. 예수는 왜 밤에 게쎄마니(〈마르〉 14,32)에서 체포됐을까. 유다교 축제 때 사람이 가득한 예루살렘 시내를 피해 시외에서 조용한 시간에 체포하려 했을까. 유다는 왜 예수를 반대자들에게 밀고했을까. 자발적으로 했을까, 협박받았을까. 유다가 배신한 이유를 우리는 알 수 없다.

"예수의 말씀이 채 끝나기도 전에 열두제자의 하나인 유다가 나타났다. 그와 함께 대사제들과 율법 학자들과 원로들이 보낸 무리가 칼과 몽둥이를 들고 떼 지어 왔다. 그런데 배반자는 그들과 미리 암호를 짜고 '내가 입 맞추는 사람이 바로 그 사람이니 붙잡아서 놓치지 말고 끌고 가라' 하고 일러두었던 것이다"(〈마르〉14,43-44), "무리가 달려들어 예수를 붙잡았다. 그때 예수와 함께 서 있던 사람 하나가 칼을 빼어 대사제의 종의 귀를 쳐서 잘라버렸다"(〈마르〉14,46-47), "그때에 제자들은 예수를 버리고 모두 달아났다"(〈마르〉14,50)라는 부분이 원래 전해진 전승 같다.[222]

"그가 예수께 다가와서 '선생님!' 하고 인사하면서 입을 맞추자"(〈마르〉14,45), "그것을 보시고 예수께서는 무리들에게 이렇게 말씀하셨다. '칼과 몽둥이를 들고 잡으러 왔으니 내가 강도란 말이냐? 너희는 내가 전에 날마다 성전에서 같이 있으면서 가르칠 때에는 나를 잡지 않았다. 그러나 오늘 이렇게 된 것은 성서의 말씀이 이루어지기 위한 것이다"(〈마르〉14,48-49)라는 부분은 후대에 첨가된 전설로 보인다.[223]

예수는 로마 군대에 체포됐는가(〈요한〉18,3-6). 온 세상Kosmos이 예수를 반대했다는 〈요한〉의 흐름을 뒷받침하려고 〈요한〉 저자가 넣은 구절일까. 〈마르〉는 로마 군인들이 예수 체포에 가담한 사실을 일부러 삭제했을까. 알 수 없다. 로마 군인들은 예수를 체포하는 장면에 끼어들었다가 모욕하는 장면에 다시 나타난다(〈요한〉19,2). 예수가 유다 지배층에 의해 체포된 건 사실 같다.

바울이 예수 죽음의 책임 문제를 복음서보다 먼저 다뤘다. 신약성서에서 예수 죽음의 책임에 대한 가장 오래된 기록이다. "유다인들은 주님이신 예수와 예언자들을 죽이고 우리를 몰아냈습니다. 그래서 그들은 하느님의 마음을 상하게 해드리고 모든 사람의 원수가 되었습니다. 또 그들은 우리가 이방인들에게 복음을 전해서 구원을 얻게 해주는 일까지 방해했습니다. 이렇게 그들의 죄는 극도에 달해서 마침내 하느님의 진노가 그들에게 내리게 되었습니다"(⟨1데살⟩ 2,15-16). 바울이 쓴 것은 아니고 후대 어느 필사자가 넣었다는 의견이 있다.

신약성서에서 빼고 싶은 구절이다. 나만 그렇게 느낀 건 아니다.[224] 유다인이 예수를 죽였다는 말도 사실이 아니지만, 유다인이 모든 사람의 원수가 됐다는 말은 지나치다. 분별력을 잠시 잃은 듯한 바울의 모습이 애처롭다. 사랑 계명이 예수의 계명일 뿐 아니라 바울 자신의 계명(⟨갈라⟩ 5,13-14; ⟨로마⟩ 13,8-10)임을 잊은 것일까. "사랑은 오래 참습니다"(⟨1고린⟩ 13,4)라고 자기가 한 말도 잊었나. 다행히 바울은 몇 년 뒤 다시 정신 차리고 ⟨1데살⟩ 2,14-16과 다른 관점에서 유다인 문제를 다룬다(⟨로마⟩ 9-11장).

바울이 예수의 죽음에 대한 유다인의 책임을 모르지 않았기에 분노했을까. 유다교 지배층이 예수의 죽음에 아무 역할도 하지 않았다고 보긴 어렵다. 복음서의 예수 수난사 보도를 전부 사실로 믿을 수도 없다. 예수 수난사 보도에서 중요한 두 장면은 여러 의문을 준다. 그렇다 해도 예수는 무엇 때문에 체포됐을까. 예수의 어떤 점이 반대자를 만들고, 예수를 죽이려는 마음이 들게 했을까.

예수가 갈릴래아에서 활동하고 예루살렘에 오지 않았다면 체포되거나 죽음 당하지 않았을까. 예루살렘 진출이 혹시 예수가 체포된 이유일까. "제자들은 새끼 나귀를 끌고 예수에게 와서 자기들의 겉옷을 그 위에 얹어놓았다. 예수가 거기에 올라앉자 수많은 사람이 겉옷을 벗어 길 위에 펴놓았다. 또 어떤 사람들은 들에서 나뭇가지를 꺾어다가 길에 깔았다. 그리고 앞서가는 사람들과 뒤따라오는 사람들이 모두 환성을 올렸다. '호산나! 주의 이름으로 오시는 이여, 찬미 받으소서! 우리 조상 다윗의 나라가 온다. 만세! 높은 하늘에서도 호산나!'"(⟨마르⟩ 11,7-10; ⟨요한⟩ 12,12-14)

예수는 〈마르〉 보도처럼 예루살렘에 진출했을까. "수도 시온아, 한껏 기뻐하여라. 수도 예루살렘아, 환성을 올려라. 보아라, 네 임금이 너를 찾아오신다. 정의를 세워 너를 찾아오신다. 그는 겸비하여 나귀, 어린 새끼 나귀를 타고 오시어 에브라임의 병거를 없애고 예루살렘의 군마를 없애시리라. 군인들이 메고 있는 활을 꺾어버리시고 뭇 민족에게 평화를 선포하시리라"(〈즈가〉 9,9-10). 새끼 나귀는 마지막 시대에 왕이 예루살렘에 타고 올 동물이다. 예수가 정말 새끼 나귀를 타고 예루살렘에 진출했다면 심각한 문제다.

로마 총독은 예루살렘이 아니라 체사레아에 주둔했다. 로마 총독은 유다교 축제에 군인들을 이끌고 예루살렘으로 이동한다. 축제 때 사람이 붐비는 예루살렘에 질서유지가 심각한 상태에 접어들기 때문이다.[225] 비좁은 예루살렘에 유다인 수만 명이 모인다. 로마 군대를 몰아내고 독립을 꿈꾸는 유다인이 이집트의 억압에서 해방한 것(파스카)을 기념하는 축제에 예수가 왕처럼 행진했다고? 수많은 유다인이 환호했다고? 로마 군대가 예수 일행을 당장 진압하고 체포했을 것이다.

〈마르〉 11,1.7-10 보도처럼 예수가 예루살렘에 실제로 진출했다고 보긴 어렵다. 예수를 마지막 시대 왕(〈마태〉21,4-5)으로 예수 운동에 소개하려는 복음서 저자의 의도가 담긴 것 같다. 예수의 예루살렘 진출이 예수 체포에 아무 관계도, 영향도 없었다는 말은 아니다. 예수의 활동이 비밀 운동도 아니었기 때문에 유다교 지배층이나 로마 군대가 예수의 소문을 전혀 듣지 못한 상태는 아니었을 것이다. 로마 군대에 협조하는 유다인 밀정이 왜 없었겠는가. 예수 일행의 예루살렘 진출이 로마 군대의 무력 개입을 자극할 정도로 엄청난 장면은 아니었을 거라는 말이다.

로마 군대나 유다교 지배층이 예수를 주시할 수밖에 없는 사건으로 성전 항쟁이 있다. 항쟁도 문제지만 성전이라는 장소가 더 큰 문제다. 헤로데 대왕은 공통년 이전 20년부터 예루살렘성전을 확장·보수하는 공사를 시작했다. 약 80년 걸린 공사는 로마 총독 알비누스Albinus(62~64년 재임) 시절에 완성됐다. 베드로와 바울, 야고보가 처형된 시기와 비슷하다. 건축 노동자 1만 8000명이 일했다는 기록이 있다.[226] 예수의 아버지 요셉이나 예수도 이 공사에서 일했을 가능성이 있다.

예루살렘성전은 종교의 중심지일 뿐만 아니라, 이스라엘의 정치·경제 중심지다. 대사제는 이스라엘 최고의 고용주이기도 했다. 동물 판매인, 가죽 제품 상인, 환전상, 요식업자, 건축 노동자 등 성전에 직간접으로 생계를 의존한 사람이 한둘이 아니다. 순례자가 축제에 필요한 동물을 집에서 예루살렘까지 몰고 올 수도 없었다. 성전 안 상점이나 성전 밖에서 사야 했다. 해외에서 오는 순례자는 성전 안에서 통용되는 동전으로 환전해 성전세(〈출애〉 30,11~13; Mischna Schequlim 4,1)를 내야 했다.

예루살렘성전은 유다교 지배층에게 독점 이익을 보장하는 사업체 역할도 했다. 예수의 성전 항쟁은 정치범이나 종교범 정도에 그치지 않고 민사소송과 손해배상까지 감당해야 할 엄청난 사건이다. 성전에서 난동을 부리면 사제나 경비병, 성전 상인이 보고 있을 리 없다. 성전 3곳을 사제들이 지키고, 무려 21곳을 레위인이 지켰다(〈1역대〉 26,12~18; Mischna Middot 1,1). "성전 뜰에서 소와 양과 비둘기를 파는 장사꾼들과 환금상들이 앉아 있는 것을 보고 밧줄로 채찍을 만들어 양과 소를 모두 쫓아내고 환금상들의 돈을 쏟아버리며 그 상을 둘러엎었다"(〈요한〉 2,14~15)는 말이 사실에 가까울까. 예수 혼자? 넓은 성전의 한구석에서 일어난 작은 소동 아니었을까. 성전 경비병이나 상인들이 예수를 곧바로 제지하고 체포하지 않았다는 사실에서 추측할 수 있다.

예수의 성전 항쟁은 어떤 의미가 있을까. "성서에 '내 집은 만민이 기도하는 집이라 하리라'고 기록되어 있지 않습니까? 그런데 여러분은 이

집을 '강도의 소굴'로 만들어버렸습니다!"(〈마르〉 11,17)는 〈이사〉 56,7을 인용한 말이다. "이것들을 거두어 가시오. 다시는 내 아버지의 집을 장사 하는 집으로 만들지 마시오"(〈요한〉 2,16), "이 성전을 허무시오. 내가 사흘 안에 다시 세우겠습니다"(〈요한〉 2,19), "물건들을 나르느라고 성전 뜰을 질러 다니는 것도 금하였다"(〈마르〉 11,16). 예수의 말이 여러 가지로 전해 져서 정확한 의미를 알아내기 쉽지 않다. 해석도 엇갈린다. 사제들이 장 사에 열중하는 모습을 비판했을까. 유다인이 아닌 사람도 참여할 수 있는 새로운 예배를 알리는 것인가. 예루살렘성전은 그 효력이 끝장났다는 말 인가.

예수의 체포와 죽음 과정에서 유다인의 역할을 어떻게 평가하고 표 현하든 같다. 예수 죽음의 책임을 유다인에게 물을 수 없다. 유다인은 예 수의 죽음에 책임질 일을 하지 않았다. 좀 더 정확히 말하면, 유다교 지배 층 일부가 예수의 체포에 협조했을 뿐이다. 그 이상도, 이하도 아니다. 예 수의 죽음은 전적으로 빌라도 소행이다. 좀 더 정확히 말하면, 빌라도 총 독으로 대표되는 로마제국 소행이다. 로마제국이 예수를 죽였고, 로마제 국이 책임질 일이다. 사법 살인이든 정치적 살인이든, 예수의 죽음은 로 마제국이 저질렀다.

복음서는 예수의 체포에서 십자가 처형까지 수난사를 공정하게 보도 했을까. 복음서 저자들은 당연히 예수를 편들었다. 죄 없는 예수가 억울 하게 처형당했다는 것이다. 복음서 저자들은 또 빌라도를 편들었다. 빌 라도는 예수가 죄 없음을 알았고, 예수를 죽일 생각이 없었으며, 대사제 와 율법 학자들과 유다인 군중의 요구와 협박에 맞서 예수를 보호하려고 애썼다는 것이다. 복음서 저자들은 자기 시대(70-100년대) 문제를 가지고 예수 시대(30년대)에 벌어진 일을 보도한다. 복음서가 쓰인 70-100년대 에 그들은 어떤 문제가 있었을까.

예수 죽음의 책임은 빌라도와 로마제국에 있다. 죄 없는 예수에게 사형을 판결한 빌라도의 잘못이 죄 없는 예수를 죄 있다고 허위 고발한 유다교 지배층의 잘못보다 작다고 볼 수 없다.[227]

예수를 십자가에 못 박으라고 외친 사람들은 누구일까. 대사제들이 선동한 군중ὄχλος(〈마르〉 15,11), 모두πάντες(〈마태〉 27,22), 온 무리παμπληθεί(〈루가〉 23,18), 대사제들과 경비병들οἱ ἀρχιερεῖς καὶ οἱ ὑπηρέται(〈요한〉 19,6)이다. 〈요한〉은 예수를 십자가에 처형하라고 요구한 사람은 군중이 아니라 대사제들과 경비병들이라고 정확히 기록했다.[228] 당시 유다인 전체가 예수를 십자가에 못 박으라고 요구하지도 않았다.

"여기 너희의 왕이 있다"(〈요한〉 19,14)는 빌라도의 말에 여러 뜻이 포함된다.

1. 예수는 로마제국이 임명한 왕이 아니다.
2. 예수는 로마제국에 위험한 인물이다.
3. 로마제국은 예수를 정치범으로 처형하겠다.

이 결정을 유다교 지배층이 받아들이겠느냐는 협박이다. 유다교 지배층이 왜 "우리의 왕은 카이사르밖에 없습니다"(〈요한〉 19,15)라고 대답했는지 알 수 있다. 유다교 지배층은 로마제국에 충성 서약을 재확인했다.

나는 예수의 죽음에 대한 책임을 오직 유다교 지배층에게 묻는[229] 일에 찬성할 수 없다. 유다교 지배층에게는 예수를 고발하고 죽이라고 요구한 죄까지 물어야 한다. 최근 성서신학의 연구 성과를 참조하면, 유다인에게 물을 책임은 거의 없다. 좁히고 좁히면 예수를 살해한 주범은 빌라도로 대표되는 로마제국이고, 종범은 예수를 고발한 유다교 지배층이다. 예수에게 사형 판결을 내리고 집행한 사람은 빌라도 총독으로 대표되는 로마제국이다. 예수를 고발한 유다교 지배층 때문에 당시 유다인이나 그 후손에게 어떤 책임도 물을 수 없다.

예수를 십자가에 못 박으라고 소리 질렀다는 군중(〈마르〉 15,13)을 예수의 예루살렘 진출을 환영한 갈릴래아 순례자(〈마르〉 11,9)로 보는 건 적절하지 않다.[230] 예수의 죽음에 유다인 전체가 책임이 있다는 주장은 〈마르〉에서 근거를 찾아볼 수 없다. 1965년 2차 바티칸공의회에서 발표된 최종 문헌 중 〈비그리스도교와 교회의 관계에 대한 선언Nostra aetate〉을 보자. 가톨릭교회 역사상 가톨릭교회와 유다교의 관계를 처음으로 공식 언급한 문헌이다.

"유다인 지도자들과 추종자들이 그리스도의 죽음을 요구했지만, 당시 살던 모든 유다인에게 그리스도 수난 사건의 책임을 차별 없이 지우거나 오늘날의 유다인에게 부담되게 할 수 없다."[231] 2001년 교황청 성서위원회가 발표한 문헌에서도 마찬가지다. "유다 백성에게 예수 죽음의 책임이 있다는 주장은 〈마르〉를 올바로 이해한 것이 아니다."[232]

"십자가에 못 박아 죽이시오! (…) 우리의 왕은 카이사르밖에 없습니다"(〈요한〉 19,15)를 잘못 해석하는 경우가 많다. "유다인은 메시아 백성의 권리를 스스로 포기했다",[233] "유다인은 이방인 황제의 권력에 완전히 굴복함으로써 이스라엘의 메시아 희망을 포기했다",[234] "유다인은 진짜 왕을 포기한 동시에 유다인의 메시아 희망을 포기했다"[235]는 해설에 찬성할 수 없다. 유다교는 예수를 메시아로 인정하지 않았을 뿐, 메시아 희망을 포기한 게 아니다. 유다인은 매일 바치는 18기도 중 11번과 15번에서 하느님이 유다인의 왕임을 고백하고, 메시아가 오시기를 기다린다.

〈루가〉와 〈요한〉은 왜 세 번씩이나 빌라도의 무죄 선언을 기록했을까. 빌라도는 세 번이나 무죄 선언을 하고도 예수를 석방하지 않았다. 〈요한〉은 빌라도의 거짓된 행동과 사악함을 고발한다.

## 예수 죽음의 의미

예수는 갈릴래아에서 가난한 사람에게 하느님 나라 메시지를 선포했다. 예수의 주요 상대는 가난한 사람이다. 예수와 가난한 사람이 주인공이다. 예수의 반대자는 조연에 불과하다. 예수는 예루살렘에서 반대자에게 십자가 메시지를 선포했다. 예수의 주요 상대는 반대자다. 예수와 반대자가 주인공이다. 가난한 사람은 조연에 불과하다. 하느님 나라 메시지는 가난한 사람에게 환영받았지만, 십자가 메시지는 가난한 사람에게 환영받지 못했다.

이런 현실 앞에서 예수는 자신의 죽음을 어떻게 봤을까. 예수 전승에서 뚜렷한 현상이 하나 있다. 비극적인 죽음은 예수가 걷는 길이며, 하느님의 구원 계획에 포함된다는 것이다. 예수의 고난과 죽음은 필연이다. "그때에 비로소 예수는 사람의 아들이 반드시 많은 고난을 받고 원로들과 대사제들과 율법 학자들에게 버림을 받아 그들의 손에 죽었다가 사흘 만에 다시 살아날 것임을 제자들에게 가르쳐주었다"(〈마르〉 8,31). "그리스도는 영광을 차지하기 전에 그런 고난을 겪어야 하는 것이 아닙니까?"(〈루가〉 24,26)

누가 감히 예수의 비극적인 죽음을 갈릴래아 활동부터 하느님 나라 선포에 포함했다고 말할 수 있을까. 예수나 제자 아무도 그런 어두운 전망 속에 하느님 나라 선포를 시작하지 않았다. 그러나 예수의 죽음 이후 예수 운동은 예수의 사명이 실패하지 않았고, 하느님은 역사를 올바로 진행할 힘이 있음을 어서 해명해야 했다. 하느님이 보내신 예수를 사람들이 방해하고 박해했다 해도 하느님의 권능은 의심받아선 안 된다. 예수의 죽음을 바라는 잔인한 하느님의 이미지가 인류에게 어떤 위로와 희망을 줄 수 있을까.

예수가 자신의 죽음을 어떻게 생각했는지 짐작할 수 있는 구절은 많지 않다. "사람의 아들도 섬김을 받으러 온 것이 아니라 섬기러 왔고, 또 많은 사람을 위하여 목숨을 바쳐 몸값을 치르러 온 것입니다"(〈마르〉 10,45)에서 '많은 사람'은 모든 사람을 뜻한다.[236] '목숨을 바쳐'라는 표현이 꼭 죽음을 뜻한다고 볼 순 없다. 삶을 포함한 죽음까지 예수의 생애가 몸값을 치른다는 말이다. 예수의 생애가 사람들이 하느님 나라와 하느님을 만나게 도왔고, 하느님의 뜻을 알아차려서 자기 삶을 정직하게 보도록 만들었다. 예수 운동은 '몸값'이라는 당시 표현을 이용해 예수의 삶과 죽음의 의미를 밝혔다.

"많은 사람을 위하여 내가 흘리는 계약의 피"(〈마르〉 14,24)도 〈마르〉 10,45처럼 부활 이후 예수 운동이 예수의 삶과 죽음의 의미를 전한 내용이다. 여기서 '피'는 죽음 직전 십자가의 피만 가리키지 않는다. 죽음을 포함한 예수 생애의 모든 시간을 가리킨다. 가난한 사람을 먼저 선택하는 예수의 말과 행동을 모두 포함한다. 예수 죽음의 의미를 지나치게 강조해온 서양신학[237] 앞에서 몸값과 피 모두 예수의 삶을 아우르는 표현임을 기억해야겠다.

포도원 소작인 비유(〈마르〉 12,1-11)에서 예수는 이스라엘에 보낸 예언자로서 비극적인 운명을 맞이한다고 표현된다. 예수 죽음의 의미를 몸값과 피, 예언자의 운명뿐 아니라 다른 소재를 동원한 예수 전승도 있다. 우리의 죄 때문에 죽으셨다(〈1고린〉 15,3;〈갈라〉 1,4), 죄를 용서해주시려고 하느님께서 그리스도를 제물로 내어주셔서 피 흘리게 하셨다(〈로마〉 3,25), 당신의 피로써 우리에게 영원히 속죄받을 길을 마련해주셨다(〈히브〉 9,12), 장차 닥쳐올 하느님의 진노에서 우리를 건져내실 분(〈1데살〉 1,10; 5,9). 예수의 하느님 나라 선포 활동에 기초하고 십자가에서 돋보이는 예수 죽음의 의미를 밝히려는 노력이다.

## 빈 무덤

복음서는 예수의 처형 장면을 짧게 보도한다(〈마르〉 15,24; 〈마태〉 27,35; 〈루가〉 23,33; 〈요한〉 19,18). 아리마태아 요셉이 빌라도에게 청하여 예수의 시신을 장례 치른다(〈마르〉 15,42-46). 빌라도가 예수의 시신을 내준 사실은 평범한 일이 아니다. 로마의 권력자는 정치범으로 처형된 사형수의 장례를 원칙적으로 허용하지 않았다.[238] 유가족과 사람들을 충격과 절망에 빠뜨리기 위해 시신을 십자가에 오래 방치해 짐승들이 훼손하거나 부패하게 두기도 했다. 그러나 팔레스타인에서는 조금 달랐던 것 같다.

"이렇게 나무에 달린 시체는 하느님께 저주를 받은 것이니, 그 시체를 나무에 단 채 밤을 보내지 말고 그날로 묻어라. 그렇게 두어서 너희 하느님 야훼께 유산으로 받은 너희 땅을 더럽히면 안 된다"(〈신명〉 21,23). 로마 군대는 유다인의 정서를 존중해 십자가에 처형된 유다인의 장례를 허용한 것 같다.[239] 눈앞에 다가온 파스카 축제에 예루살렘에 모일 수많은 유다인이 예수가 처형된 소식에 술렁거릴 수도 있다. 빌라도는 정치적 판단에서 예수의 시신을 내준 것 같다.

빌라도는 예수 사건의 정치적 파장과 영향력을 어느 정도 생각했을까. 빌라도는 예수를 처형했지만, 제자들과 일행은 손대지 않았다(〈사도〉 5,36-37). 예수는 꼭 제거해야 할 위험인물이고, 제자들은 걱정할 필요 없는 사람들로 보였을까. 빌라도는 예수의 제자들이 로마제국의 안녕에 위협이 되지 않고, 곧 흩어질 거라고 판단했을까.

# 7. 예수 부활

부활 이전 예수와 부활 이후 예수의 해석에 기본적인 차이와 단절이 있다고 서둘러 확신하고 미리 가정할 필요는 없다. 예수와 함께한 제자들은 부활 체험에서 부활 이전 예수를 떠올리고 기억했다. 부활 이전 예수는 부활 신앙을 바탕으로 해석하고 기억되는 예수다.[240] 부활 이전과 이후의 예수를 날카롭게 나누고, 그리스도교는 예수의 부활에서 시작됐다는 의견은 찬성하기 어렵다.[241] 부활 신앙은 부활 이전과 이후의 예수를 오히려 연결한다.

물론 부활 이전과 이후의 예수가 같지 않다. 부활 이후 예수는 부활 이전 예수와 연결되지만, 새로운 무엇이 덧붙었다. 예수의 부활과 승천, 하느님 오른편에 앉음, 창조 이전 하느님과 함께 존재함이 그 새로움에 속한다. 역사적으로 모두 검증 가능하다고 주장할 수 없는 내용이다. 해석이 필요하다. 바울, 예수 동생 야고보 등 제자에 속하지 않은 사람이 부활한 예수의 나타남을 체험했다는 증언도 했다. 나자렛 예수에 부활한 예수를 덧붙여 그리스도교 신앙의 내용이 구성된 것이다.

복음서는 예수의 장례 소식을 비슷하게 보도한다. 아리마태아 사람 요셉이 예수 처형장이 있던 골고타 언덕에서 멀지 않은 어느 바위 무덤에 예수의 시신을 모시고 큰 돌로 입구를 막아놓았다(〈마르〉 15,42-46). 아리마태아 요셉은 하느님 나라를 열심히 대망하는 사람(〈마르〉 15,43), 올바르고 덕망이 높은 사람(〈루가〉 23,50), 예수의 제자(〈마태〉 27,57; 〈요한〉 19,38)로

복음서 모두 긍정적으로 묘사한다. 복음서 저자들이 덧붙인 대목이라 해도 전승에 근거한 게 분명하다.

예수의 장례를 복음서보다 먼저 보도한 곳이 있다. "그리스도는 성서에 기록된 대로 우리의 죄 때문에 죽었다는 것과 무덤에 묻혔다는 것"(〈1고린〉 15,3-4)이다. 바울이 예수의 장례를 〈마르〉 저자보다 20년 일찍 전한 셈이다. 십자가 처형된 사형수는 원칙적으로 장례를 허용하지 않았지만, 매장된 경우도 있다. 1968년 예루살렘 북동쪽 지역 지바 하미트와르 Giv'at ha-Mitvar 유다인 묘지에서 발꿈치에 못이 박혀 십자가에 처형된 사람의 뼈가 발견됐다.[242]

바울은 예수의 빈 무덤을 언급하지 않고 부활과 드높아짐에 대해 전했다(〈1고린〉 15,3-5; 〈로마〉 1,3-4; 10,9). 〈마르〉 〈마태〉 〈루가〉는 예수의 부활을 빈 무덤과 연결해 보도한다. 어찌 된 일일까. 예수의 부활과 빈 무덤은 반드시 연결해 생각할 필요가 없다는 뜻일까. 예수의 부활은 빈 무덤을 언급해도, 언급하지 않아도 이해할 수 있다는 말일까. 중요한 뜻은 따로 있다. 하느님은 예수의 죽음 이후에도 변함없이 예수에게 사랑을 베풀고 활동하신다는 말이다. 예수의 빈 무덤을 언급하지 않아도 충분히 부활 고백을 할 수 있다.

부활 신앙에서 유다교와 예수 운동은 연결된다. 바울의 부활 고백은 유다인의 부활 신앙에 기초한다. 유다인은 하느님의 권능이 죽음 앞에서 끝나지 않으며, 하느님이 이스라엘을 구원하시리라는 믿음이 있었다(〈에제〉 37,1-14). 유다교 문헌에서 개인의 부활은 하느님께서 의로운 사람과 순교자를 원수에게 넘겨주시지 않고 죽음에서 건져내시리라는 희망을 노래한다(〈다니〉 12,1-4). 부활 신앙은 이처럼 역사에 정의가 있다는 확신을 표현한다. 부활 신앙은 역사에 온갖 불의와 고통, 죽음이 있는 것처럼 보여도 정의가 있다는 확신을 표현한다.

그래서 부활 신앙은 하느님의 창조 권능과 가깝게 이어진다. 죽음을 이기는 하느님은 생명이다. 예수 운동은 하느님의 생명이 맨 처음 예수에게 나타난다고 생각했다. 예수를 죽음에서 부활시키는 하느님이다. "그리스도께서는 죽은 자들 가운데서 다시 살아나셔서 죽었다가 부활한 첫 사람"(〈1고린〉 15,20)이 됐고, "죽은 이들은 불멸의 몸으로 살아나고 우리는 모두 변화할 것"(〈1고린〉 15,52)이다. 예수 운동은 "예수를 죽은 자들 가운데서 다시 살리신 분"(〈로마〉 4,24; 〈갈라〉 1,1; 〈에페〉 1,20)이라고 하느님의 특징을 새롭게 덧붙였다.

'예수를 죽은 자들 가운데서 다시 살리신 하느님'이란 말은 중요한 내용을 포함한다. 하느님 이름으로 활동한 예수의 삶이 죽음으로 헛되지 않았다는 뜻이다. 당시 많은 사람이 예수의 십자가 죽음을 하느님이 예수와 관계없는 분으로, 예수가 하느님께 버림받은 증거로, 예수의 삶은 실패한 것으로 해석했기 때문이다. 예수가 자신의 죽음에도 하느님 나라 메시지를 확신했다면, 예수 운동은 부활 덕분에 예수의 삶이 옳았다고 확신했다.

예수의 죽음 이후 생긴 전승은 크게 세 종류로 볼 수 있다. 아리마태아 요셉의 예수 장례 전승, 바울의 편지에 나타난 예수 부활 고백 전승, 빈 무덤 전승이다. 〈마르〉 〈마태〉와 달리 〈루가〉에는 여인들이 빈 무덤을 발견한 이야기를 존중하지 않는 말이 나온다. "사도들은 여자들의 이야기가 부질없는 헛소리려니 하고 믿지 않았다"(〈루가〉 24,11).

빈 무덤 전승은 역사적으로 확실한가, 아니면 부활 고백을 좀 더 설득력 있게 하려고 꾸민 이야기인가? 예수 운동 초기에 빈 무덤이 숭배되지 않았다는 사실에서 빈 무덤의 존재가 입증됐다는 결론을 내면 안 된다. 무덤이 비었기 때문에 빈 무덤 숭배가 없었다는 다른 결론도 낼 수 있다. 빈 무덤이 숭배되지 않았기 때문에 빈 무덤이 존재했고, 빈 무덤이 존재했기 때문에 빈 무덤 숭배가 없었다는 무의미한 순환 논리에 빠지고 만다.

빈 무덤이 숭배될 수도 있었다. 빈 무덤 숭배가 예수 운동의 부활 신앙을 뒷받침하는 데 더 좋을 수도 있었다. 예수 운동은 3세기까지 로마제국에서 법적으로 불안한 상태였고, 박해받기도 했다. 교회 건물이나 기념하는 공간과 장소를 공개적으로 만들거나 알릴 수 없었다. 4세기 들어 로마제국이 예수 운동을 인정하고 후원하기 시작하면서 상황이 크게 달라졌다. 베들레헴의 예수 탄생지, 예루살렘성전 밖 십자가 사형장, 그 근처라고 여겨진 예수 무덤 장소, 예수가 하늘로 올라갔다고 여겨진 올리브 산에 성당을 세웠다. 콘스탄티누스Konstantinus 황제와 그 어머니 헬레나Helena의 후원이 큰 역할을 했다.

예수의 장례와 부활 사이를 빈 무덤이 연결하는가? 빈 무덤 전승의 핵심에 부활 고백이 있다. "예수는 다시 살아나셨고 여기에는 계시지 않습니다"(〈마르〉 16,6). 그러나 빈 무덤 전승이 예수 부활 고백의 시작이나 전제는 아니다. 예수 운동이 빈 무덤 전승을 듣고 처음으로 예수의 부활 고백을 생각한 게 아니고, 빈 무덤 전승이 없었다면 부활 고백이 헛된 것도 아니다. 바울의 편지에 있듯이, 예수의 부활 고백이 빈 무덤을 언급하지 않은 부활 전승도 생겼다. 빈 무덤 전승은 예수의 부활 고백을 강조하는 보조 수단으로 예수 운동이 덧붙인 전설로 보는 게 좋다.[243]

### 부활한 예수 나타남

예수 나타남 전승은 예수의 부활 고백 전승과 가까이 연결됐다. 가장 오래된 기록은 바울의 편지에 있다. 예수 나타남 전승을 바울이 가장 먼저 전했다는 뜻은 아니다. 바울 이전에 이름 없는 많은 사람이 예수가 부활한 이야기를 전하고 다녔을 것이다. 글로 남긴 사람은 바울이 처음이란 뜻이다. 〈마르〉 저자는 바울보다 적어도 10여 년 뒤에 예수 나타남 전승을 기록했다. 바울은 부활한 예수가 베드로, 열두 사도, 500명이 넘는 교우, 야고보, 모든 사도, 바울(〈1고린〉 15,5-8) 순서대로 나타났다고 자세히 적었다.

예수의 빈 무덤을 발견한 여인들의 이름은 〈1고린〉 15,5-8에 없다. 〈마르〉는 부활한 예수의 나타남 전승을 기록하지 않았다. 〈루가〉에는 두 제자가 엠마오로 가는 길에 부활한 예수가 처음 나타났다(〈루가〉 24,15-27). 예수 나타남 전승과 부활 고백 전승은 예수 운동에서 여러 갈래로 전해졌고, 바울과 복음서 저자들이 그중 일부를 전한다.

부활한 예수의 나타남은 부활을 믿으라는 뜻을 포함한다. 부활한 예수는 제자들에게 손과 발을 보여주고 생선 한 토막을 먹고(〈루가〉 24,39-43), 제자 토마에게 손과 옆구리를 만지게 한다(〈요한〉 20,24-29). 예수 운동에서 제자들이 앞으로 할 일과 권위를 밝혀주기도 한다. 예수의 계명을 가르치고 세례를 베풀라(〈마태〉 28,19-20), 성령이 오신다(〈루가〉 24,49), 성령을 받아라(〈요한〉 20,22) 등 부활한 예수의 나타남은 예수의 가르침을 뒷받침한다. 부활한 예수의 나타남은 부활 이전과 이후 예수 시대를 연결하는 의미도 있다. "복음이 모든 민족에게 전파되어야 합니다"(〈마르〉 13,10)라는 부활 이전 예수의 말은 "온 세상을 두루 다니며 모든 사람에게 이 복음을 선포하십시오"(〈마르〉 16,15)라는 부활 이후 예수의 말로 재확인된다.

부활한 예수는 제자들에게 이방인의 땅 갈릴래아(〈마태〉 4,15; 〈이사〉 9,1)에서 이방인 선교(〈마태〉 28,19)를 명한다. 이방인은 유다인 입장에서 유다인이 아닌 민족을 가리키는 단어다. 우리는 이방인이 아니라 모든 민족이라고 바꿔 쓰는 것이 옳다. 〈루가〉는 예수 운동이 예루살렘에서 시작된다는 소신이 있었다. 그래서 제자들은 예루살렘에서 부활한 예수를 만났다(〈루가〉 24,33-36). 〈요한〉에서 부활한 예수는 갈릴래아(〈요한〉 21,1-

13)와 예루살렘(〈요한〉 20,14-17) 양쪽 다 나타난다.

부활한 예수의 나타남이 두 가지 모두 예수 운동에 전해지고 혼합된 것 같다. "예수가 함께 식탁에 앉아 빵을 들어 감사의 기도를 드린 다음 그것을 떼어 나누어주었다. 그제야 그들은 눈이 열려 예수를 알아보았는데 예수의 모습은 이미 사라져 보이지 않았다"(〈루가〉 24,30-31)에서 예수는 부활한 뒤 최후 만찬 때 한 말을 재확인하면서 공동체 빵 나눔의 근거로 삼는다.

예수 운동은 부활과 빈 무덤, 부활한 예수의 나타남 전승으로 적어도 세 가지를 말한다.

1. 예수의 죽음은 부활 이전 예수 삶의 끝에 불과하다.
2. 예수 안에서 예수를 통해 이뤄진 하느님의 활동이 예수의 죽음으로 의문시될 수 없다.
3. 부활한 예수를 믿음으로써 부활 이전 예수의 사명을 온 세상에 전하고 이어가야 한다. 부활한 예수는 새로운 모습으로, 즉 주님으로 성령 안에서 예수 운동에 계속 존재한다.

### 드높아짐

더 나아가 예수는 드높아졌으며, 하느님 오른편에 앉아 있다는 전승이 생겼다. 예수는 부활했고 제자들에게 나타났으며, 제자들 눈앞에서 하늘로 올라갔고, 하늘에서 성령을 보내준다(〈루가〉 24장; 〈사도〉 1-2장). 하늘로 올라간 모세와 엘리야 이야기는 이미 있었다(〈마르〉 9,2-8). 그리스·로마 문화에도 지상에서 신의 영역으로 올라가는 인물(로물루스Romulus, 플라톤, 아우구스투스) 이야기가 있었다. 예수 전승은 그런 전승과 사뭇 다르다. 드높아진 예수는 하느님의 오른편에, 즉 하느님 권위에 참여하며 심판(〈루가〉 11,29-32)을 위해 다시 오실 것이다.

부활한 예수는 드높아져 하느님 오른편에 앉아 있다는 확신에 큰 영향을 준 공동성서 구절이 있다. "야훼께서 내 주께 선언하셨다. '내 오른편에 앉아 있어라. 내가 네 원수들을 네 발판으로 삼을 때 야훼가 시온에서 너에게 권능의 왕장을 내려주리니, 네 원수들 가운데서 왕권을 행사하여라'"(〈시편〉 110,1-2). 신약성서에서 즐겨 인용되는 구절 중 하나다. 예수와 하느님의 관계, 예수의 역할을 설명하기 딱 좋은 구절이기 때문이다. 드높아진 예수(〈1고린〉 15,25; 〈히브〉 1,13; 〈마르〉 12,36), 드높아진 예수를 간접적으로 언급한 구절(〈로마〉 8,34; 〈골로〉 3,1; 〈1베드〉 3,22)을 대표적으로 꼽을 수 있다. 〈시편〉 110,1-2은 예수 운동이 예수의 인성人性과 신성神性 문제를 다루는 데 도움이 됐다.

부활이 예수의 삶이 옳았다는 하느님의 확인을 전했다면, 부활한 예수의 나타남은 부활 이전과 이후 예수의 역사가 연결되고 계속됨을 전했다. 예수는 드높아졌고 하느님 오른편에 앉아 있다는 전승은 예수가 하느님의 권위에 참여하며, 심판을 위해 다시 오실 것을 말한다. 그리스도교의 부활절, 승천절, 오순절(성령강림절)은 그 뜻을 기념하고 전한다.

드높아진 예수에 대한 호칭 '주님'과 '하느님의 아들'이 예수 전승에 포함된다. 주님이라는 호칭은 예수 운동 초기 문헌부터 보인다(〈로마〉 10,9; 〈1고린〉 8,6; 12,3). 바울이 인용한 전승은 예수가 드높아진 후 주님이라는 호칭이 붙었다고 봤다. "십자가에 달려서 죽기까지 순종하셨습니다. 그러므로 하느님께서도 그분을 높이 올리시고 모든 이름 위에 뛰어난 이름을 주셨습니다. 그래서 하늘과 땅 위와 땅 아래에 있는 모든 것이 예수의 이름을 받들어 무릎을 꿇고 모두가 입을 모아 예수그리스도가 주님이시라 찬미하며 하느님 아버지를 찬양하게 되었습니다"(〈필립〉 2,8-11).

주님(주인님)이라는 호칭은 고대사회에 신이나 통치자를 숭배하던 문화에서 쓰였다. 신, 여신, 통치자는 주님이나 여주인님으로 불렸다. 예수 운동은 드높아지고 하느님 오른편에 있는 예수를 표현하는 데 그 호칭을 썼다. 그리스어를 쓰는 유다교에서 하느님을 주님이라 불렀다. 예수 운동은 이 배경에서 주님이란 호칭이 있는 공동성서 구절을 예수에게 연결하기 편하고 좋았다. "야훼의 이름을 부르는 사람마다 구원을 받으리라"(〈요엘〉 3,5)는 말씀을 인용한 바울이 대표적이다. 부활 이전 예수를 주님이라고 부르는 모습은 신약성서에 퍼져 있다(〈사도〉 2,21; 〈1고린〉 1,3; 〈로마〉 14,11).[244] 다른 신이나 통치자에게 쓰던 주님이란 호칭을 예수에게 쓴 것은 그리스도 숭배를 근거로 한 말[245]이라고 볼 수 있다.

드높아진 예수를 표현하는 데 하느님의 아들이란 호칭도 큰 역할을 했다.[246] 부활 이전 예수(즉 역사의 예수)를 가리키는 데 '사람의 아들'과 '그리스도'라는 호칭이 주로 쓰였다면, 부활 이후 예수를 가리키는 데 '주님'과 '하느님의 아들'이라는 호칭이 주로 쓰였다. 주님이 드높아지고 하느님의 권위에 참여하며 심판하러 오실 예수를 주로 가리키는 호칭이라면, 하느님의 아들은 무엇보다 예수와 하느님의 독특한 가까움을 나타내는 데 쓰인 호칭이다. 죽은 자들 가운데서 부활함으로써 하느님의 권능을 나타내어 하느님의 아들로 확인된 분(〈로마〉 1,4), 하늘에서 다시 오실 날을 고대하고 하느님의 진노에서 우리를 건져내실 분(〈1데살〉 1,10), 때가 찼을 때 하느님께서 보내신 당신의 아들(〈갈라〉 4,4) 등 예수 운동 초기 문헌에 보이는 표현이 있다.

복음서에서 하느님의 아들이란 호칭은 예수의 길을 가리키기도 한다. 예수의 길이 시작되는 세례 받는 장면에서 "내 사랑하는 아들, 내 마음에 드는 아들"(〈마르〉 1,11)이라는 하늘의 소리를 듣는다. 첫 수난 예고 직전에 예수의 모습이 영광스럽게 변할 때, 예수는 "내 사랑하는 아들이니 너희는 그의 말을 잘 들어라"(〈마르〉 9,7) 하는 소리를 듣는다. 로마 황제를 하느님의 아들로 부를 의무가 있는 로마 장교는 예수를 "정말 하느님의 아들이었구나!"라고 말했다(〈마르〉 15,39). 하느님 나라 선포, 고통, 죽음 등 역사의 예수가 걷는 모든 길에서 예수는 하느님과 가까이 있다는 뜻이다. 복음서는 예수를 죽음에서 부활하고 하느님의 힘에 참여한 하느님의 아들로 인정하고 나서 예수의 삶을 표현한다.

예수는 천지창조 때부터 하느님과 함께 있었다는 생각이 부활 이후 드높아진 예수를 표현하는 과정에서 등장했다. 예수의 죽음 이후로 연결되는 표현이니 미래이기도 하고, 예수의 탄생 이전으로 연결되는 표현이니 과거이기도 하다. 예수를 시간 속에 넣고 보는 차원을 넘어 시간을 창조하는 차원으로 확장한 것이다. 예수는 시간 속에 들어온 인물이기 전에 시간을 창조한 분이라는 뜻이다. 예수는 죽음 이후뿐만 아니라 천지창조 이전부터 하느님의 권위에 참여한다(〈요한〉 1,1-4; 〈히브〉 1,3; 〈골로〉 1,15-17). 바울도 같은 생각을 한다(〈갈라〉 4,4; 〈로마〉 1,3; 8,3).

예수가 천지창조 때부터 하느님과 함께 있었다면 창조에 동참한 셈이다. 하느님은 그리스도를 통하여 세상을 창조하셨다(〈요한〉 1,3; 〈1고린〉 8,6; 〈골로〉 1,16; 〈히브〉 1,2). 예수 운동은 역사의 예수를 그렇게 이해했다.

예수의 십자가 죽음은 예수 삶의 실패나 끝이 아니다. 부활 이전 예수의 삶이 십자가 죽음으로 끝나지 않고 부활 이후 예수의 존재로 연결되듯, 부활 이후 예수의 존재는 부활 이전 예수의 삶과 연결된다. 부활 이후 예수만 관심을 두는 것은 잘못이듯, 부활 이전 예수만 관심을 두는 것도 잘못이다. 그리스도만 관심을 두고 예수에 관심 없는 것은 잘못이다. 예수만 관심을 두고 그리스도에 관심 없는 것은 잘못이다. 부활 이전 예수는 부활 이후 예수다. 예수는 그리스도다. 부활 이후 예수는 부활 이전 예수다. 그리스도는 예수다. 예수는 그리스도다. 예수그리스도다.

# 8. 예수 운동 처음 70년

일반적으로 예수에 대한 평전은 다른 인물의 평전과 다를 수 있다. 부활을 전제하고 그 삶과 영향이 평가되는 인물은 인류사에서 예수가 유일할 것이다. 예수 운동이 전해준 자료는 모두 예수의 부활을 전제한다. 그뿐 아니다. 예수의 역사를 쓴 복음서는 예수가 활동한 당시에 기록된 자료가 아니다. 예수의 역사를 기록한 신약성서는 예수가 등장한 공통년 30년부터 〈요한〉이 탄생한 100년경까지 예수 운동 70년 역사의 경험과 문제를 가지고 예수를 돌아봤다. 그동안 주요한 계기가 적어도 세 번 있었다. 그 계기를 역사적으로 이해하지 않으면 예수를 올바로 이해하는 데 어려움을 겪는다.

여기서 이런 질문이 생길 수 있다. 예수 평전이면 30년대 무렵 예수 이야기로 충분하지 않은가. 왜 70-100년대에 쓰인 복음서 이야기를 꺼낼까. 우리가 30년대 예수 이야기를 70-100년대 쓰인 복음서로 보기 때문이다. 1980년 3월 엘살바도르 군사정부의 총에 맞아 숨진 로메로Óscar Arnulfo Romero 대주교를 40년이 지난 오늘 한국 독자들이 본다고 가정하자. 1967년 살해된 체 게바라Ché Guevara를 오늘 우리가 돌아본다고 상상하자. 로메로 대주교와 체 게바라 시대를 21세기 한반도에 사는 우리 눈으로 보는 것에 비유해보자.

예수가 활동하던 30년 무렵과 복음서가 쓰인 70-100년대는 예수 운동에 아주 다른 상황이다. 유다 독립 전쟁은 유다교와 예수 운동에 엄청난 충격과 변화를 줬다. 예수의 개혁 운동이 유다교 내부 일이라면, 예수 운동은 30-70년대 유다교와 갈등하는 과정을 거쳐 70-100년대 유다교를 이탈하고 분열하는 독립 과정에 접어들었다. 유다 독립 전쟁에서 패배한 뒤 유다인은 거의 이스라엘에서 쫓겨났다. 사두가이파, 열혈당, 에세네파가 역사에서 사라지고 사실상 바리사이파만 생존했다. 예수 운동의 주요 인물인 베드로와 바울, 야고보는 세상을 떠났다. 소멸하느냐 살아남느냐, 예수 운동에 절박한 위기였다.

예수는 십자가에 처형됐다. 유다교 지배층은 예수 사건이 예수의 죽음으로 끝장났다고 생각했다. 빌라도를 비롯한 로마제국도 마찬가지다. 제자들은 홀로 남았다. 앞으로 어떻게 할까. 고향으로 돌아가 이전 생업에 다시 종사할까. 예수의 하느님 나라 운동은 실패로 끝난 것인가. 생전 예수의 말과 행동은 제자들에게 강렬히 남았다. 예수의 삶이 제자들이 기억하고 전파하고 싶은 감동을 줬다. 부활 이전 예수의 놀라운 삶이 부활 이후 예수 운동의 기초가 됐다.

예수의 삶이 부활 이후 예수 운동과 연결되는 끈이 분명히 있었다.[247] 예수는 하느님 사랑과 이웃 사랑이라는 윤리를 남겼다. 예수 운동은 이 생각을 전하고 이어갈 수 있었다. 예수의 말과 행동에 드러난 하느님의 사랑은 유다인이 아닌 민족에게도 전파할 여지가 있었다. 예수 운동은 예수의 말과 행동을 전할 때 예루살렘성전과 연결을 강조할 필요가 없었다.

## 부활한 예수 나타남

예수에 대한 추억, 부활한 예수가 나타났다는 소식과 확신은 제자들을 다시 일으켜 세우는 불꽃이 됐다. 제자들은 예수가 부활해서 하느님 편에 함께 있다고 확신했다. 그렇다면 예수는 실패자가 아니고, 예수의 하느님 나라 운동도 중단된 게 아니다. 하느님 나라 운동은 계속돼야 한다. 부활한 예수는 세 가지 내용으로 전해졌다.

1. 무덤 이야기: 예수는 무덤에 묻혔다(〈1고린〉15,4).
2. 부활한 예수가 개인에게 나타난 이야기: 그리스도는 먼저 베드로에게 나타났다(〈1고린〉15,5a).
3. 부활한 예수가 제자들에게 나타난 이야기: "다시 열두 사도에게 나타나셨습니다. 또 한번에 오백 명이 넘는 교우들에게도 나타나셨는데 그중에는 이미 세상을 떠난 사람도 있지만 대다수는 아직도 살아 있습니다. 그 뒤에 야고보에게 나타나시고 또 모든 사도들에게도 나타나셨습니다."(〈1고린〉15,5b-7)

바울도 복음서 보도처럼 예수의 빈 무덤(〈마르〉16,1-8;〈요한〉20,1-15)을 전제했다. 불트만은 바울이 예수의 빈 무덤을 몰랐다고 말한다.[248] 유다인의 부활 신앙처럼 바울도 몸의 부활을 전제한다.[249] 예수의 시신을 집단 매장지나 폐쇄된 개인 무덤에 모셨다면 예루살렘에서 부활 소식이 빠르게 전파되기 어려웠을 것이다.[250] 가족이나 제자들은 예수의 시신에 관심 없었기 때문에 무덤 위치를 알 수 없었을 것이라는 주장[251]은 받아들이기 어렵다. 빈 무덤의 가치는 부활한 예수가 나타난 뒤에 뚜렷해진다. 부활한 예수가 나타나지 않았다면 빈 무덤은 여러 가지로 엇갈리게 해석될 수 있었다.

부활한 예수가 나타났다는 소식[252]은 처음에 베드로와 연결된다(〈1고린〉15,5a;〈루가〉24,34). 예수 운동에서 베드로의 특별한 위치는 부활한 예수가 베드로에게 나타났다는 전승 덕분이다. 〈마르〉는 부활한 예수가 갈릴래아에서 나타날 거라고 예고했지만(〈마르〉16,7), 정작 갈릴래아에서 나타난 부활한 예수를 설명하거나 전승하지 않았다. 〈마태〉에서 부활한 예수는 막달라 마리아와 다른 마리아에게 나타났다(〈마태〉 28,9-10). 〈루가〉에는 엠마오로 가는 제자들에게 나타났다(〈루가〉 24,13). 〈요한〉에는 처음에 막달라 마리아에게(〈요한〉 20,11-18), 그다음에 제자들에게 나타났다(〈요한〉 20,19-23).

부활한 예수 전승에서 역사적으로 추측 가능한 내용은 무엇일까. 제자들은 예수가 체포됐을 때 갈릴래아로 도망친 것 같다.[253] 여성 제자 몇이 멀리서 예수가 처형되는 장면을 지켜봤고, 그 후 무덤을 찾으려 한 것 같다. 장례는 아리마태아 사람 요셉이 치른 것으로 보인다(〈마르〉 15,43; 〈요한〉 19,38). 부활한 예수는 처음에 갈릴래아에 나타났고(〈마르〉 16,7), 그 후 예루살렘에도 나타난 듯하다(〈루가〉 24,33-34; 〈요한〉 20,14-20). 베드로는 부활한 예수를 만난 제자들을 불러 모은 것 같다. 부활한 예수 전승과 빈 무덤 전승이 곧 연결된 것으로 보인다.

부활한 예수의 나타남 전승이 부활 전승의 일부가 된 것이 신학적으로 의미 있다. 하느님은 마지막 날에 선택된 소수를 보호하신다는 생각이 부활한 예수의 나타남 전승을 뒷받침한 것 같다.[254] 부활한 예수의 나타남 전승은 예수의 부활을 뜻하는 것으로 작용했을 수 있다.[255] 부활 자체처럼 부활한 예수의 나타남도 하느님에게서 온 사건으로 받아들여질 필요가 있었다. 예수의 역사와 부활이 예수 운동의 새로운 기본 역사가 됐다.

### 성령 체험

부활한 예수의 나타남에 이어 성령의 작용은 예수 운동에서 두 번째 놀라운 사건이다. 생전 예수의 말과 행동이 남긴 감동에 이어 예수의 부활과 성령의 작용은 예수 운동에 새로운 활력이 됐다. 부활한 예수는 일부 제자들에게 나타났다고 전해졌지만, 성령의 활동은 그런 제한이 없었다. 고대 유다교에서 마지막 날에 하느님의 영이 주어지리라는 기대가 있었다(〈이사〉 32,15-18; 〈에제〉 36,25-27; 〈요엘〉 3,1-5). 메시아는 영으로 가득한 인물로 소개됐고, 영이 성전에 계시리라는 비유도 있었다.[256]

예수 운동도 성령 체험을 기록했다. 우리에게 성령을 주시는 분은 하느님(〈1데살〉 4,8; 〈2고린〉 1,22; 〈로마〉 5,5; 11,8)이시다. 성령은 예수를 죽은 자들 가운데서 다시 살리신 분의 영이다(〈로마〉 6,4; 8,11; 〈1베드〉 3,18). 성령 체험에 대한 가장 오래된 전승을 남긴 바울은 자신의 성령 체험을 기록했다(〈1고린〉 14,18; 〈2고린〉 12,12). 예수 운동은 유다인이 마지막 날에 받을 것으로 기대한 하느님의 영을 지금 체험했다고 여겼다. 예수 운동은 하느님 영의 활동에서 예수는 죽은 사람들 가운데 다시 살아났다고 확신했다. 제자들은 성령 체험 덕분에 절망에 빠지지 않고 다시 일어섰다.

### 예수 운동과 유다교 성서

예수 운동은 예수의 삶을 유다교 성서(공동성서)로 이해하고 해설했다. 그리스도교에서 흔히 쓰는 구약성서라는 단어를 나는 공동성서라고 부른다. 유다교와 그리스도교의 연결을 강조하려는 뜻이다. 예수 운동은 유다교 성서 안에서, 유다교 성서의 눈으로 살았다. '성서에 기록된 대로 κατὰ τὰς γραφὰς'(〈1고린〉 15,3)는 예수 운동의 중요한 표현이다. 예수 운동에 성서는 오늘 우리가 보는 공동성서를 가리킨다.

그러나 유다인 출신 예수 운동 사람들은 공동성서를, 즉 공동성서 그리스어 번역본을 예수 사건에 비춰 새롭게 봤다.[257] 공동성서는 예수를 보는 근거로 사용됐고, 예수를 보는 눈은 공동성서에 새로운 가치를 줬다.[258] 공동성서가 예수를 증언했다기보다 예수 운동이 공동성서를 예수와 연결해 새롭게 해석했다는 뜻이다.

예수 운동은 이스라엘 민족에 대한 하느님의 구원 역사와 예수의 십자가 죽음과 부활 사건이 연속돼야 옳다고 생각했다.[259] 〈Q 문헌〉에서 공동성서가 다섯 군데 인용됐다. 예수가 유혹받은 이야기에 주로 있다(〈루가〉 4,4.8.10.12; 7,27)[260] 〈마르〉는 중요한 대목에서 공동성서를 인용했다(〈마르〉 1,2; 12,10.36; 14,27).[261] "오늘 이렇게 된 것은 성서의 말씀이 이루어지기 위한 것입니다"(〈마르〉 14,49). 〈마태〉는 하느님의 계획이 완성된다는 부분에 주로 인용했다(〈마태〉 1,23; 2,6; 4,15-16; 8,17; 12,18-21; 13,35; 21,5; 26,54; 27,9-10). 이스라엘에 대한 하느님의 약속과 완성이라는 구도에 걸맞은 인용이다.[262] 〈마태〉에서 예수의 역사는 곧 하느님의 역사다.

〈루가〉는 예수의 등장이 공동성서에서 예언자 약속이 이뤄지는 모습이라고 강조한다(〈루가〉 1,70; 18,31; 24,44; 〈사도〉 3,21).[263] 율법과 예언자의 시대에 이어 예수 시대는 하느님 나라를 선포하는 때다(〈루가〉 16,16). 예수의 구원 선포는 교회가 온 세상에 복음을 전파해 계속된다(〈사도〉 10,36). 〈요한〉은 〈루가〉의 역사 설계에서 더 나아가 예수를 공동성서의 주체로 내세운다.[264] "만일 여러분이 모세를 믿는다면 나를 믿을 것입니다. 모세가 기록한 것은 바로 나에 관한 것이기 때문입니다"(〈요한〉 5,46). 공동성서가 예수를 말한다고 설득하기 위해 〈요한〉이 인용한 구절이 많다(〈요한〉 1,23.; 2,17; 6,31.45; 10,34; 12,14-15). 〈요한〉은 예수를 해명하기 위해 공동성서를 끌어들인 정도를 넘어, 공동성서에 새로운 내용을 제시했다.

바울이 썼다고 성서학계에서 인정하는 편지에 공동성서 89곳이 인용됐다.[265] 〈1데살〉 〈필립〉 〈필레〉에는 공동성서 인용이 없다. 〈1고린〉 〈2고린〉 〈갈라〉, 특히 〈로마〉에 공동성서 인용이 많다. 바울에게 공동성서는 복음의 증거였다(〈2고린〉 1,20; 〈로마〉 15,8). 바울이 공동성서에서 가장 즐겨 인용한 그리스어 번역본 구절은 〈창세〉 15,6과 〈하바〉 2,4b이다.

아브라함이 야훼를 믿으니, 야훼께서 이를 갸륵하게 여기시어καὶ ἐπίστ

ευσεν Αβραμ τῷ θεῷ, καὶ ἐλογίσθη αὐτῷ εἰς δικαιοσύνην.(〈창세〉 15,6)

"의로운 사람은 그의 신실함으로써 살리라ὁ δὲ δίκαιος ἐκ πίστεώς μου ζήσεται."(〈하바〉 2,4b)

바울은 〈창세〉 15,6과 〈하바〉 2,4b로 사실상 다른 모든 공동성서의 효력을 없앴다[266]고 말할 수 있을 정도다. "의로운 사람은 그의 신실함으로써 살리라"에서 바울은 하느님에 대한 충실함을 모세오경을 따르는 삶이 아니라 예수그리스도에 대한 태도로 바꿨다(〈갈라〉 3,11; 〈로마〉 1,17). 예수 운동이 예수의 위치를 정하는 데 결정적으로 인용한 구절은 그리스어 번역본 〈시편〉 110,1이다.[267] "야훼께서 내 주께 선언하셨다. '내 오른편에 앉아 있어라. 내가 네 원수들을 네 발판으로 삼을 때'"(〈시편〉 110,1). 예수가 하느님 오른편에 올랐고, 하느님의 권능과 거룩함에 참여한다는 예수 운동의 확신은 성서 근거를 〈시편〉 110,1에서 찾았다(〈1고린〉 15,25; 〈로마〉 8,34; 〈마르〉 12,36; 〈마태〉 22,44).

이런 배경에서 예수 운동은 오직 하느님에게 부르던 주님이란 호칭을 일찍이 예수에게 적용하기 시작했다(〈1고린〉 1,31; 2,16; 10,26; 〈2고린〉 10,17). 과감한 시도다. 예수 운동은 예수를 하느님의 아들이라고 부르는 데 주저하지 않았다(〈로마〉 1,3b-4a; 〈마르〉 1,11; 9,7). "나를 왕으로 세우시며 선포하신 야훼의 칙령을 들어라. '너는 내 아들, 나 오늘 너를 낳았노라'"(〈시편〉 2,7)를 결정적으로 인용했다(〈2사무〉 7,11.14). 예수 운동이 예수를 해석하는 데 공동성서를 다시 읽었다Relecture는 말이 무슨 뜻일까. 예수 해석에 공동성서를 이용했고, 신약성서 저자들의 입장을 신학적으로 정당화했다[268]는 말이다. 공동성서 해석에서 유다교와 예수 운동이 드디어 다른 입장이 됐다는 말이다. 예수 운동이 공동성서를 해석하는 데 유다교와 다른 새로운 입장을 냈다면, 예수 운동은 유다교가 유지해온 공동성서 해석 입장도 존중해야 한다.

예수 운동과 유다교는 공동성서 해석에서 공통점이 있다. 예수 운동이 유다교에서 배우고 이어온 내용이다. 하느님은 한 분이시고, 창조주시며, 세상의 주님이시다.[269] 예수 운동의 다음 단계는 유다교 전통에서 자리 잡은 호칭을 예수에게 선사하는 일이었다. 유다교 문헌에는 하느님과 인간을 연결하는 전달자가 여럿 있었다. 지혜(〈잠언〉 2,1-6),[270] 에녹(〈창세〉 5,18-24) 같은 이스라엘 선조, 모세, 미가엘 대천사(〈다니〉 10,13-21)[271]는 하느님을 둘러싸고 하느님의 명령을 수행한다. 그러나 예수 운동과 유다교의 공동성서 해석에서 분명한 차이도 드러난다.[272] 유다교 전승에서 하느님의 전달자들은 하느님과 동등하거나, 자기 영역이 따로 있지 않았다. 그들이 종교적으로 숭배되지도 않았다. 예수처럼 십자가에서 비참하게 죽은 사람이 하느님과 동등한 방법으로 존경받는다는 것은 유다교 전승에서 생각할 수 없었다.

죽은 사람의 부활이라는 유다교 희망에서 예수의 부활 신앙은 큰 도움을 받았다. 공통년 이전 3-2세기에 계시 사상은 부활 신앙의 주요한 배경이었다.[273] 공동성서에서 부활에 대해 논란 없는 유일한 언급은 〈다니〉 12,2-3에 있다. "티끌로 돌아갔던 대중이 잠에서 깨어나 영원히 사는 이가 있는가 하면 영원한 모욕과 수치를 받을 사람도 있으리라. 슬기로운 지도자들은 밝은 하늘처럼 빛날 것이다. 대중을 바로 이끈 지도자들은 별처럼 길이길이 빛날 것이다." 공동성서에서 부활에 대해 두 번째 중요한 곳은 〈이사〉 26,19이다. "이미 죽은 당신의 백성이 다시 살 것입니다. 그 시체들이 다시 일어나고 땅속에 누워 있는 자들이 깨어나 기뻐 뛸 것입니다. 땅은 반짝이는 이슬에 흠뻑 젖어 죽은 넋들을 다시 솟아나게 할 것입니다." 공통년 이전 2-1세기에 여러 유다교 문헌이 부활의 희망을 노래했다(〈2마카〉 7,9; 〈솔로몬 시편〉 3,10-12). 예수 시대 직전 유다인은 부활의 희망이 넘치는 시대에 살았다. 예수 시대 에세네파 사람들도 부활의 희망이 있었다(4Q521 2 Ⅱ.12).

예수 운동은 그리스·로마 문화에서도 예수를 이해하는 데 도움을 받았다. 사람의 모습을 한 신은 소아시아와 그리스 지역에 사는 사람들에게 익숙했다. 신과 사람이 같은 모습을 한 다신론이 그리스 종교의 특징이었다.[274] 하느님이 사람이 되신다거나 사람이 하느님이 되는 설명은 그리스 문화에서 비롯됐다. 이 주제에 대한 논쟁이 여전히 뜨겁다.[275] 하느님이 사람이 되신다거나 사람이 하느님이 된다는 설명이 예수 운동에 큰 활력을 준 것 같다.[276]

예수 운동은 로마제국의 황제숭배 문화에서도 예수 이해에 도움이 되는 틀을 빌렸다.[277] 로마제국 황제는 온 세상을 통치하는 신적 존재로 숭배됐다. 로마 황제는 평화와 정의를 가져오고 보장하는 인물로 여겨졌다(〈1데살〉 5,3). 국가 공식 행사나 개인의 삶에서 로마 황제는 여러 형식으로 숭배됐다. 예수 운동이 로마제국의 황제숭배 관습에서 빌린 것과 황제숭배를 비판하는 내용이 복음, 주님, 하느님의 아들 같은 개념이나 글(〈필립〉 2,6-11; 〈마르〉 15,39; 〈마태〉 2,13-18; 〈루가〉 1-2장; 24,50-52; 〈사도〉 1,1-3)에 담겼다. 예수 운동이 그리스·로마 문화에서 예수 이해의 중요한 틀을 찾아 과감히 받아들이고 사용한 사실은 한국인 독자가 토착화 주제에서 주목할 만한 교훈이다.

예수는 놀라운 행동과 말로 직접 만난 사람들과 제자들에게 깊은 인상을 남겼다. 예수 운동은 여기에 죽음에서 부활한 예수를 체험했다고 덧붙였다. 성령 체험은 제자들을 외롭거나 두렵지 않게 용기를 주고, 예수의 역사를 전체적으로 이해하는 데 도움을 줬다. 그런데 예수 운동이 예수에 대해 선포한 내용을 제외하고 예수가 말하고 행동한 내용만 볼 순 없을까. 당연히 여기서 이 질문이 나올 수 있다. 역사의 예수와 믿음의 그리스도를 따로 보자는 생각이 들 수 있다. 역사의 예수와 믿음의 그리스도 관계 혹은 부활 이전 예수와 부활 이후 예수의 관계다. 불행히 예수는 책을 쓰거나 글을 남기지 않았다.

예수가 부활한 뒤 바울이 나타나기까지 예수 운동이 경험한 새로운 현실을 살펴봤다. 바울과 그 그룹이 공통년 30-100년 예수를 전하는 세 차례 계기 중 두 번째 계기를 맞았다. 유다인이 아닌 사람에게 할례 의무 없이 예수를 전하는 단계의 이야기다.[278] 〈루가〉 저자는 예수 운동 초기를 "사도들의 가르침을 듣고 서로 도와주며 빵을 나누어 먹고 기도하는 일에 전념하였"(〈사도〉2,42)고, "믿는 사람은 모두 함께 지내며 그들의 모든 것을 공동 소유로 내어놓고 재산과 물건을 팔아서 모든 사람에게 필요한 만큼 나누어주었다. 그리고 한마음이 되어 날마다 열심히 성전에 모였으며 집집마다 돌아가며 같이 빵을 나누고 순수한 마음으로 기쁘게 음식을 함께 먹으며 하느님을 찬양하였다"(〈사도〉2,44-47)고 기록했다.[279]

그런데 열두 사도뿐 아니라 일곱 보조자 이야기가 나온다(〈사도〉6,1-6). 예수 운동 초기에 예루살렘 공동체에서 내부 분열이 생겼을까.[280] "너희는 너희 하느님 야훼께서 너희 각 지파에게 주시는 성읍마다 재판관과 관리를 세워 백성을 공평무사하게 다스리도록 해야 한다"(〈신명〉16,18)[281]에서 일곱 보조자 제도를 연결할 수 있다.[282] 열두 사도는 유다인에게 예수를 전하고, 일곱 보조자는 유다인이 아닌 민족에게 예수를 전하려 했다는 뜻일까. "그리스 말을 쓰는 유다인들이Ἑλληνισταί 본토 유다인들에게Ἑβραίους 불평을 터뜨리게 되었다"(〈사도〉6,1). 본토 유다인들은Ἑβραῖοι 아람어를 쓰는 유다인을 가리키고, 그리스 말을 쓰는 유다인들은Ἑλληνισταί 이스라엘에 돌아온Diaspora 해외 출신 유다인을 가리킨다.[283]

언어와 문화 차이가 예수 운동 예루살렘 공동체 두 그룹에 갈등의 원인이었음을 짐작할 수 있다. 두 그룹은 언어 차이 때문에 따로 모여 예배를 드리고, 가난한 사람을 돕는 데서도 갈등이 생긴 듯하다. 두 그룹에 신학적인 차이도 있었던 것 같다. 그리스 말을 쓰는 유다인은 예루살렘성전과 율법에 대한 애착과 의무에서 본토 유다인보다 비교적 느슨한 태도를 취한 것으로 보인다. 당시는 예수 운동이 유다교와 분열하지 않았다. 예루살렘성전 예배에 대한 스데파노의 발언이 유다인 사이에서 충격을 일으킨 것 같다(〈사도〉6,13). 스데파노는 돌에 맞아 죽었다(〈사도〉7,54-60).[284] 스데파노가 처형된 후 그리스 말을 쓰는 유다계 그리스도인은 박해받았지만, 아람어를 쓰는 열두 사도는 예수를 따르지 않는 유다인에게 박해받지 않았다(〈사도〉8,1-3).

예수 운동 예루살렘 공동체에 있던 '그리스 말을 쓰는 유다인'은 사마리아, 갈릴래아 지방의 그리스어를 쓰는 도시, 시리아와 팔레스타인 국경이 만나는 지역, 지중해 해안 지역에서 예수를 전하고 다닌 것 같다(〈사도〉8,4-40). 바울이 받아들여진 다마스쿠스에도 나타났다(〈사도〉9,10). 이집트 알렉산드리아에서도 활동한 듯하다(〈사도〉18,24-28). 로마 공동체도 그들이 만든 것 같다.[285] 유다인이 아닌 민족에 대한 성령의 은사와 움직임을 신학적으로 처음 고뇌한 그룹이 그들로 보인다(〈사도〉2,9-11;8,17.39;10장). 그들이 본격적으로 계획을 세워 유다인이 아닌 민족에게 예수를 전하러 다닌 기록은 없다.

'그리스 말을 쓰는 유다인' 예수 추종자는 박해를 피해 안티오키아[286]까지 갔다. 40년대 초 안티오키아에서 예수 추종자가 처음으로 그리스도인이라 불리게 됐다(〈사도〉11,26). 예수 추종자는 새로운 이름으로 불리기 시작했다. 유다인이 아닌 사람 눈에 예수 추종자는 유다교와 뭔가 다른 그룹으로 보였다. 안티오키아는 아람어를 쓰는 예루살렘 공동체 예수 추종자, 특히 열두제자와 바울을 연결하는 고리 역할을 했다. 예수는 안티오키아에서 주님으로 모셔졌다.[287] 안티오키아는 사실상 바울 신학이 시작된 모태다. 안티오키아에서 유다인이 아닌 민족에게 할례를 요구하지 않는 선교가 본격적으로 시작됐다.[288] 예수 운동은 갈릴래아에서, 그리스도교는 안티오키아에서 시작됐다고 조심스레 말해도 좋을까.

안티오키아가 저수지처럼 예수 운동의 모든 전승과 사상을 모으고 분배하는 기능을 했다[289]고 과장할 필요는 없다. 예수의 죽음과 부활 이후 비교적 짧은 시간에 예수에 대한 여러 신학적 생각과 표현이 여기저기서 나타났다. 역사의 예수와 부활한 예수가 같은 분이라는 생각이 퍼졌고, 공동성서를 인용하며 예수의 호칭이 생겼다. 예수를 숭배하는 현상이 일어났다. 부활한 예수의 나타남, 성령 활동의 체험, 빵 나눔 의식이 예수 숭배를 뒷받침했다.[290] 세례와 빵 나눔, 예수 이름[291]을 부르는 모습이 공동체에 있었다. 하늘로 드높아진 그리스도의 유일하고 독특한 지위와 의미를 강조하는 모습이 공동체 예배를 지배하는 분위기였다(〈1고린〉 12,3;〈2고린〉12,8). 예수 운동이 신화, 호칭, 고백 양식, 전승 등을 빌려 예수에 대한 생각을 표현하기 시작했다. 예수에 대한 생각과 예수를 숭배하는 모임과 의식이 서로 격려했다.

바울은 회심한 지 3년쯤 된 공통년 35년 무렵 예루살렘 공동체를 방문했다(〈갈라〉1,18-20). 36-37년 시리아와 길리기아 지방으로 갔다(〈갈라〉 1,21). 시리아는 안티오키아를, 길리기아는 타르소를 가리킨 듯하다. 이 시기 바울의 활동은 〈사도〉나 바울이 쓴 편지에서 언급되지 않았다. 이때 바울의 선교가 눈부신 성과를 거두진 않은 것 같다.[292] 바울은 42년에 바르나바Barnabas의 보조 협력자로 안티오키아 공동체에 고용됐기 때문이다. 바르나바의 협력자로 출발한 바울은 나중에 안티오키아 충돌 때 바르나바와 입장이 맞섰으나(〈갈라〉2,11-14) 그를 흔쾌히 받아들였다(〈1고린〉9,6). 바르나바는 유다인이 아닌 민족에게 할례 없는 선교 활동에서 바

올과 함께 큰 역할을 했다.[293]

42년 헤로데 아그리파 1세의 박해로 제베대오의 아들 야고보가 처형되고(〈사도〉 12,2) 예루살렘 공동체를 이끌던 베드로는 예루살렘을 떠났다(〈사도〉 12,17). 베드로가 떠난 자리를 예수의 동생 야고보(〈마르〉 6,3)가 맡았다(〈사도〉 12,17b; 15,13; 〈갈라〉 2,9). 베드로는 할례받지 않은 사람을 예수 운동에 받아들이는 데 찬성하는 입장이었고(〈사도〉 10,34-48; 〈갈라〉 2,11-12), 유다인이 아닌 사람들에게 예수를 선교한 것 같다(〈1고린〉 1,12; 9,5).

야고보와 그 그룹은 자신들을 유다교 내부의 개혁 그룹으로 이해했다. 그들은 예수 운동에 참여하는 유다인이 아닌 사람들에게 율법 존중을 요구했다.[294] 야고보는 유다인 예수 추종자와 유다인이 아닌 사람들이 함께 식사하는 것을 거부했다(〈갈라〉 2,12-13). 야고보는 유다인이 아닌 사람들이 예수 운동에 참여하는 조건으로 예수 이름으로 받는 세례와 할례를 요구했다. 할례 없이 유다교로 개종하는 사례는 없었다.[295] 야고보는 바리사이파에게 존중받은 것 같다. 62년 야고보가 처형된 뒤, 바리사이파 사람들은 로마 총독 알비누스에게 야고보 처형에 책임이 있는 사두가이파 대사제 아나누스Ananus를 쫓아내라고 요구했다.[296]

당시 예수 운동이 부닥친 문제는 무엇일까. 예수의 독창성을 강조하면서 이스라엘 백성에 대한 하느님의 약속을 연결하는 일이었다. 예수 운동에 가담한 유다인들은 자신들이 유다교에서 이탈했다고 생각하지 않았다. 유다인이 아닌 사람이 예수 운동에 참여하려면 유다교 신자가 돼야 하는가. 하느님 약속의 징표인 할례(〈창세〉 17,11)[297]를 유다인이 아닌 사람에게도 요구해야 하는가. 예수를 따르려면 유다인이 돼야 하는가. 로마 가톨릭 신자가 되려면 로마 사람의 풍습을 따라야 하는가.

48년 예루살렘 사도 회의는 예수 운동뿐 아니라 바울에게도 큰 의미와 변화가 생긴 사건이다. 예루살렘 공의회라는 명칭은 적절하다고 보기 어렵다. 당시 주교 제도는 없었고, 모든 공동체의 대표가 예루살렘에 모인 것도 아니다. 예루살렘과 안티오키아 공동체 대표가 모여 유다인이 아닌 민족에 대한 할례 없는 선교 문제를 토의했다(〈갈라〉 2,1-14). 예수 운동이 자신의 정체성identity marker과 사는 방식life-style을 확실히 정하기 전에 생긴 회의였다.[298] 예루살렘 공동체는 할례받은 유다인에게, 안티오키아 공동체는 할례받지 않은 사람에게 복음을 전하기로 결정했다(〈갈라〉 2,7). 예루살렘 사도 회의가 이 문제에 대해 받아들이고 실천할 수 있는 일반적인 답변을 준 것은 아니다.[299]

바울은 예루살렘 사도 회의 이후 약 15년간 빛나는 선교 활동을 했다. 바울이 맞닥뜨린 문제는 크게 두 가지다. 예수의 죽음을 어떻게 해명하느냐, 유다인이 아닌 사람에게 유다인 예수를 어떻게 전하느냐. 이 책에서 바울을 깊이 다룰 순 없다. 바울에 관한 좋은 책을 소개하고 싶다.[300]

바울은 선교사이자 신학자였다. 선교사였기 때문에 신학을 했고, 신학자였기 때문에 선교했다. 가장 선교적인 사람이 가장 신학적이고, 가장 신학적인 사람이 가장 선교적이다. 선교를 멀리하는 사람은 신학을 하기 어렵고, 신학을 멀리하는 사람은 선교하기 어렵다. 선교와 신학이, 신학자와 선교사가 분리되는 일은 슬프다. 선교사는 신학을 가까이하고, 신학자는 선교를 가까이해야 한다.

60-70년은 예수 운동 초기 역사에서 큰 위기가 닥친 시대다.[301] 외부의 영향과 내부의 문제가 겹친 시기다. 첫째, 예수 운동을 이끌던 위대한 인물들이 세상을 떠났다. 기다리던 세상 마지막 날은 오지 않았다. 유다인이 로마제국에 저항한 독립 전쟁에서 패하고, 예루살렘성전은 파괴됐다. 예수 운동 예루살렘 공동체가 역사에서 사라지고 있었다. 유다 독립 전쟁의 장군이던 유다인 요세푸스는 로마 군대에 투항하고 변절하여 로

마 황제 베스파시아누스Vespasianus(69-79년 재임) 아래서 어용 역사가로 날뛰었다. 예수 운동에 닥친 이 위기를 이겨내려는 노력으로 예수의 역사를 기록한 복음서가 탄생했다.[302]

## 예수 운동의 위기

예수 운동 초기의 위대한 세 인물이 비슷한 시기에 세상을 떠났다. 예수의 동생 야고보는 62년 예루살렘에서 처형됐고, 베드로와 바울은 64년 로마에서 처형된 것 같다. 예수 운동은 예수를 직접 보고 대화한 야고보와 베드로, 부활한 예수를 만난 바울(〈1고린〉 15,8)을 잃었다. 예수의 증인이 사라졌다. 제자들과 사도들의 시대는 가고 책의 시대가 왔다. 예수의 역사를 증언하는 문헌이 여기저기서 전해지고 나타났다. 예수의 역사를 기록한 복음서와 예수를 전한 사람의 역사를 쓴 편지가 탄생했다. 예수의 역사는 증인과 책으로 이뤄진다.

베드로(시몬)는 형제 안드레아와 함께 예수의 첫 제자에 속한다(〈마르〉 1,16-20; 〈요한〉 1,41). 열두제자와 예루살렘 공동체에서 지도적인 역할을 맡았다.[303] 메시아 고백(〈마르〉 8,27-30), 베드로라는 이름(〈마르〉 3,13-16), 베드로에 대한 예수의 약속(〈마태〉 16,18-19), 예수를 세 번 부인(〈마르〉 14,54.66-72), 부활한 예수의 증인(〈1고린〉 15,5; 〈마르〉 16,7; 〈루가〉 24,34)으로서 베드로는 예수 운동 초기에 공동체 지도자 역할을 맡았다(〈갈라〉 1,18; 〈사도〉 1,15; 2,14). 그러나 42년 헤로데 아그리파 1세의 박해 때 예루살렘을 떠나 피신했고(〈사도〉 12,7), 유다인이 아닌 사람에 대한 할례 없는 선교 활동에 참여하고(〈갈라〉 2,11; 〈사도〉 10,1-11,18) 바울의 공동체에서 선교하는(〈1고린〉 1,12; 9,5)[304] 과정에서 로마에 간 것 같다(〈클레멘스1서〉 5,2-4). 베드로는 1세기 그리스도교의 다양성을 유지하기 위해 누구보다 애쓰고 다리를 놓은 사람이다.[305] 바울에게 사도로 인정받고 야고보에게 소외당하지 않으면서, 그리스도교의 중심을 유지한 베드로의 능력이 그가 생전에 교회에서 중요한 이유였을 것이다.[306]

바울은 고린토 공동체에서 모은 헌금을 예루살렘 공동체에 전달한 다음 로마로 가서 스페인 선교에 필요한 도움을 받으려 한 것 같다.[307] 〈루가〉 저자는 바울의 예루살렘 방문, 체포, 로마로 압송된 사실을 자세히 적었다(〈사도〉 21,15-28,31). 바울은 〈사도〉 15장부터 끝까지 사실상 주인공이지만, 바울의 죽음이 〈사도〉에서 자세히 언급되지 않았다.[308] 〈루가〉 저자는 로마 군대가 예수를 죽인 책임을 〈루가〉와 〈사도〉에서 전혀 언급하지 않았고, 로마제국이 예수 운동의 선교 활동을 방해했다는 말도 삼간다.[309] 예수 처형의 책임을 유다인에게 돌리는 듯한 〈루가〉 저자의 언급(〈사도〉 2,23; 3,13-15; 4,10; 5,30; 10,39; 13,27-29)은 예수 운동의 생존을 염려하는 전략적·신학적 의도일 뿐, 역사적 사실에 근거한 것은 아니다.

그래서 〈루가〉 저자는 바울이 로마에서 사형 판결을 받은 사실을 침묵한 것 같다. 〈루가〉 저자는 바울의 죽음을 알았다(〈사도〉 19,21; 20,23-25; 21,11). 바울은 로마로 끌려갔고 감옥에 갇혔지만, 로마에서 선교할 여유는 있었다. 바울은 유다인 몇 사람에게 선교한 것 같다. 바울은 로마 공동체에서 아무런 도움을 받지 못했고, 동료들에게 버림받은 바울 곁에 〈루가〉 저자만 남은 것 같다(〈사도〉 28,16-31; 〈2디모〉 4,10-16; 〈클레멘스1서〉 5,5-7). 바울을 둘러싸고 유다계 그리스도인과 유다인이 아닌 그리스도인 사이에 내부 다툼이 있었고, 그리스도인과 유다인 사이에 외부 다툼이 있었던 모양이다.[310] 바울은 네로 황제의 박해 때 쓸쓸히 처형된 것 같다.[311]

야고보는 예수의 친동생이어서가 아니라 부활한 예수가 그에게 나타난 사실 때문에 주목받아야 한다. 바울은 부활한 예수가 사도들이나 바울보다 먼저 야고보에게 나타났다고 말한다(〈1고린〉 15,7-8). 바울이 예루살렘을 처음 방문한 35년, 베드로가 예루살렘 공동체를 이끌고 있었다

《갈라〉 1,18). 베드로는 42년 헤로데 아그리파 1세의 박해 때 예루살렘을 탈출했다(《사도〉 12,7). 48년 예루살렘 사도 회의 때 상황은 바울이 예루살렘을 처음 방문한 35년과 달랐다. 예루살렘 공동체의 기둥으로 야고보, 게파, 요한 순서로 언급됐다(《갈라〉 2,9). 예루살렘 공동체는 30년부터 42년까지 베드로가, 42년부터 62년까지 야고보가 이끈 것 같다.

베드로와 야고보[312] 사이에 신학적 차이가 있었던 것으로 보인다. 베드로는 일찍이 유다인이 아닌 사람에게 예수를 전하는 데 앞장섰다. 야고보는 예루살렘 사도 회의 이후 유다인이 아닌 사람에게 예수를 전하는 바울의 선교 방식을 더 강하게 반대한 것 같다. 야고보가 율법에 충실한 태도는 복음서 이후 문헌(《도마복음〉 12장)과 요세푸스의 글에도 보인다.[313] 야고보가 율법에 충실했기 때문에 바리사이파 사람들의 호감을 잃지 않았다. 그러나 로마 군대에 대한 유다인의 독립 투쟁 열기가 증가하던 60년대 이스라엘 상황에서 예루살렘 공동체를 유다교의 압박에서 구출하진 못했다.[314]

### 늦어지는 예수 재림

예수 운동 초기에 여러 공동체에서 공감한 생각이 있다. 예수그리스도가 죽은 자 가운데 부활했다는 확신과 성령 체험에서 예수가 아들이요 주님이며 사람의 아들이라는 고백이 생겼다. 주님(《필립〉 4,5; 〈묵시〉 22,20), 하느님의 아들(〈1데살〉 1,10), 사람의 아들(〈마르〉 8,38; 13,24-27; 〈마태〉 10,23; 〈루가〉 18,8)인 예수그리스도가 세상을 심판하러 곧 오리라는 생각이 있었다. "주여, 어서 오소서!μαράνα θά"(〈1고린〉 16,22) 그러나 예수는 돌아오지 않았다. 예수가 곧 오리라 믿으며 살던 예수 운동은 재림이 자꾸 늦어지는 현상을 어떻게든 해명해야 했다.[315]

바울도 생애 말까지 부활한 예수가 곧 올 것으로 믿고 살았다. "주님께서δ κύριος 오실 날이 얼마 남지 않았습니다"(〈필립〉 4,5). 자신이 살아 있는 동안 예수가 다시 오심을 볼 것으로 기대했지만(〈1데살〉 4,17) 그날을 못 보고 죽을 수도 있다고 생각하게 됐다(〈필립〉 1,21-23; 〈2고린〉 5,1-10). 〈Q 문헌〉도 "만일 그 종이 속으로 주인이 더디 오려니 하고 제가 맡은 남녀 종들을 때려가며 먹고 마시고 술에 취하여 세월을 보낸다면……"(Q 12,42)에서 예수가 다시 오심이 늦어지는 문제를 고뇌했다. 금화의 비유(Q 19,12-27)에서도 예수가 언제 다시 올지 모르니 깨어 있으라고 말한다. "마치 번개가 번쩍하여 하늘 이 끝에서 저 끝까지 환하게 하는 것같이 사람의 아들도 그날에 그렇게 올 것입니다"(Q 17,24). 〈마르〉도 부활한 예수는 분명히 오지만 언제 올지 모른다는 입장이다(〈마르〉 13,24-27). "우선 복음이 모든 민족에게 전파되어야 합니다"(〈마르〉 13,10).

### 예루살렘성전 파괴

70년 로마 군대가 예루살렘성전을 완전히 파괴해서 유다교에 큰 위기가 왔다.[316] 예루살렘성전 파괴는 예수 운동에도 많은 어려움을 줬다. 예루살렘성전은 예수 운동의 중심지뿐 아니라 예루살렘 공동체가 여전히 유다교에 속했음을 보여주는 연결 고리였다.

예루살렘성전 파괴에서 예수 운동은 새로운 성전인 예수를 생각했지만, 예루살렘 공동체가 역사에서 사라지는 계기가 되고 말았다. 유다 독립 전쟁 와중에 유다 민족주의는 자연스럽게 더 강해졌다. 유다 독립 전쟁이 진행되고, 로마 군대가 결국 예루살렘을 정복했다. 예수 운동 예루살렘 공동체는 자취가 없어지고 말았다. 예루살렘 공동체가 사라졌음을 입증하는 역사 자료는 없지만, 교회 역사가 에우세비오스Eusebios(263?-339?년)의 책에 언급됐다.[317] 유다 독립 전쟁 직전에 예루살렘 공동체는 페레아 지역 펠라Pella로 이주했다.[318]

예루살렘 공동체가 펠라로 이주했다는 기록에 몇 가지 의문이 생긴다.[319] 예루살렘 공동체의 운명은 예수 운동 공동체의 엄청난 관심사였다. 그런데 어째서 역사가 한 사람만 그렇게 언급했을까. 율법에 충실한 예루살렘 공동체가 과연 이방인 지역에 속하는 펠라로 이주하고, 거기에 자리 잡으려 했을까. 70년 이후 예루살렘 공동체가 보이지 않는다는 사실에서 예루살렘 공동체가 유다 독립 전쟁 와중에 생존하지 못했다고 추측할 수 있다. 유다인 출신 예수 추종자는 그리스, 소아시아, 이탈리아 지역에서 계속 활동했지만,[320] 예루살렘 공동체와 연결은 끊어졌다. 예수 운동의 첫 터전인 예루살렘 공동체는 역사에서 쓸쓸히 퇴장하고 말았다.

## 로마제국 정치 상황

68년에 로마 황제 네로가 자살했다. 황제의 후손이 없어 벌어진 후계자 다툼에서 예루살렘성전을 포위하던 베스파시아누스 장군이 69년 6월 황제가 됐다. 이집트와 시리아에 주둔하던 로마 장군들이 그를 지지했다. 귀족 출신이 아닌[321] 베스파시아누스는 권력을 정당화하기 위한 작업이 필요했다. 동방에서 온 지배자 신화가 여기에 동원됐다. 베스파시아누스는 세계 평화를 가져오는 인물로 표현됐다.[322] 로마 역사가 타키투스[323]와 수에토니우스,[324] 유다 역사가 요세푸스가 통치자 신화를 종교적으로 치장하는 결정적 역할을 했다.

요세푸스는 베스파시아누스가 세계 통치자가 될 것을 예언했다.[325] 베스파시아누스가 로마 황제가 되는 일은 기쁜 소식, 복음 $\varepsilon\dot\upsilon\alpha\gamma\gamma\varepsilon\lambda\dot\iota\alpha$[326]이라고 표현했다.[327] 그는 로마 장군 베스파시아누스가 예루살렘성전을 파괴하고 로마제국 황제가 된 것이 복음이라고 했다.[328] 베스파시아누스는 이집트 알렉산드리아에서 앞 못 보는 사람을 눈 뜨게 하고, 굽은 손을 치유한 기적을 행한[329] 인물로 꾸며지고 신격화됐다.[330] 베스파시아누스는 살아 있는 사라피스Sarapis로 행세했고, 이집트 제우스인 암몬Ammon의 아들로 여겨지고 숭배됐다.[331]

베스파시아누스는 두 아들 티투스, 도미티아누스와 함께 예루살렘을 정복하고 유다인 포로와 전리품을 앞세우고 로마 시내에 들어와 개선 장군으로 행진했다. 티투스(79-81년 재임)와 도미티아누스(81-96년 재임)도 차례로 로마 황제가 된다. 로마 콜로세움 곁에 세워진 티투스 개선문에 아버지 베스파시아누스의 뒤를 이어 황제가 된 티투스가 예루살렘을 파괴하며 성전 귀중품을 약탈하는 장면이 새겨졌다. 로마에 살던 유다인 출신 예수 추종자, 로마로 끌려간 유다인, 로마에 살던 유다인은 로마 시내를 행군하는 베스파시아누스와 군인들을 봤을 것이다.

## 복음서 탄생

베스파시아누스가 로마 황제가 된 사건을 복음이라 부른 시기에 〈마르〉가 쓰인 것 같다. 당시 로마에서 〈마르〉를 듣거나 읽는 사람은 베스파시아누스가 가져온 복음과 〈마르〉가 말하는 복음을 비교하지 않을 수 없었을 것이다. 〈마르〉 저자의 의도는 분명하다. 로마 황제가 아니라 예수가 복음이다. 로마 황제가 아니라 예수가 평화를 가져온다. 로마 황제가 아니라 예수가 구원자다. 로마 황제는 가짜 복음이고, 예수가 진짜 복음이다. 〈마르〉는 베스파시아누스 가문 로마 황제의 복음에 반대하는 반대복음Anti-εὐαγγελίου이라고 말할 수 있다.[332] 복음서가 베스파시아누스 가문의 로마 황제만 겨냥해 쓰인 것은 아니지만, 로마 황제 우상화 풍조가 복음서 작성에 자극이 된 건 분명하다.[333]

예수의 역사를 최초로 기록한 〈마르〉 첫 문장은 "(하느님의 아들) 예수그리스도에 관한 복음의 시작Ἀρχὴ τοῦ εὐαγγελίου Ἰησοῦ Χριστοῦ(υἱοῦ θεοῦ)" (〈마르〉 1,1)이다. 그리스어 전치사 τοῦ는 소유격과 목적격을 둘 다 포함한다. 예수그리스도가 전하는 메시지가 복음이기도 하고, 예수그리스도를 전하는 것이 복음이기도 하다. 예수그리스도는 복음의 주체이자 대상이다. 예수그리스도가 전하는 메시지가 복음이고, 예수그리스도를 전하는 것이 복음이다. 로마 황제 베스파시아누스가 복음이 아니요, 베스파시아누스를 전하는 것도 복음이 아니다.

베스파시아누스가 마비된 손을 고쳐주거나 앞 못 보는 사람을 눈 뜨게 해주는 인물이 아니다. 예수는 마비된 손을 고쳐주고(〈마르〉3,1-5), 갈릴래아 활동을 마감하는 대목에 베싸이다에서 앞 못 보는 사람을 눈 뜨게 했으며(〈마르〉8,22-26), 갈릴래아에서 예루살렘으로 가는 길에 앞 못 보는 사람을 눈 뜨게 했다(〈마르〉10,46-52). 예수가 도와주지 않으면 우리는 예수의 갈릴래아 활동도, 예루살렘으로 가는 여정도 제대로 볼 수 없다. 예수의 예루살렘 진출은 베스파시아누스의 로마 입성과 대조된다.

〈마르〉 저자는 예수와 로마 황제를 계속 대조한다(〈마르〉1,1.11; 9,7; 10,42-45; 15,39). 〈마르〉가 베스파시아누스와 예수를 결정적으로 대조하는 마지막 장면이 있다. "예수와 함께 강도ληστάς 두 사람도 십자가형을 받았는데 하나는 그의 오른편에, 다른 하나는 왼편에 달렸다"(〈마르〉15,27). ληστάς는 강도가 아니라 독립투사로 번역해야 옳다. 로마 군대에 저항한 유다인 독립투사를 강도라고 번역하면 되겠는가. 로마인 입장에서 강도로 보이겠지만, 유다인 입장에서 독립투사다. 안중근 의사를 한국인이 강도 안중근이라고 하면 되겠는가.

예수를 가운데 두고 양쪽에 유다인 독립투사가 십자가에 못 박혔다. 로마 황제 베스파시아누스를 가운데 두고 양쪽에 두 아들 티투스와 도미티아누스가 칼을 들고 섰다. 독립투사 세 사람과 침략군 세 사람이 대조적으로 섰다. 〈마르〉가 우리에게 묻는다. 누가 진짜 세상을 구원하는 사람인가. 정복자 군인인가, 식민지 독립투사인가. 당신은 누구 편인가. 나는 〈마르〉가 저항 복음이자 해방 복음이라고 단언한다. 군사력과 돈, 권력이 복음인가, 아니면 예수가 복음인가?

〈마르〉 이전에 글이나 말로 전해진 여러 자료가 있었다. 〈마르〉 이전 자료(〈마르〉 2,1-3,6; 4·10·13장), 예수의 재판과 죽음을 기록한 수난사, 〈루가〉 1,1과 〈Q 문헌〉 등이다. 50-60년에 작성된 것으로 추측되는 〈Q 문헌〉은 예수의 삶과 복음 선포 역사를 최초로 기록한 문헌이다.[334] 예수의 말씀을 모은 〈Q 문헌〉은 〈마르〉 〈마태〉 〈루가〉처럼 우리에게 문서로 전해지지 않았다. 〈루가〉와 〈마태〉는 〈마르〉뿐 아니라 〈Q 문헌〉을 참조한 것 같다.

복음서 탄생은 이런 문헌이 자연스럽게 편집되고 작성되는 과정[335]에 속한다고 볼 수 있다. 예수 운동이 외부에 자신의 특징identity marker을 드러내고 내부에 공동체 삶life-style의 일치를 촉진하는 과정에서 나온 작품이다. 공동체에 윤리, 빵 나눔, 신자 교육의 토대로 활용됐다.[336] 예수 운동은 예수의 역사에 대한 추억을 남기고, 공동체가 맞닥뜨린 문제를 예수의 말과 행동을 기초로 해결하려고 노력했다. 예수 운동은 유다교 내부 개혁 운동으로 시작했지만, 역사의 소용돌이에서 유다교와 결별하는 아픔을 겪었다. 헤어진 이유를 해명하고 유다교와 다른 예수 운동의 모습을 주장해야 했다.[337] 복음서가 이 작업을 담당했다. 이 책에서 복음서를 각각 자세히 다룰 순 없다. 좋은 문헌을 소개하는 것으로 우선 만족해야겠다.[338]

### 〈도마복음〉

1960년대 이후 미국 성서학계 일부에서 예수 해석과 예수 운동에 대한 새로운 주장[339]이 나오기 시작했다. 전통적으로 성서학계가 유다교를 바울이 상대해야 했던 유다교로 오해했다면, 예수와 유다교의 관계를 다시 평가하는 것이 얼마나 더 필요하겠는가. 그렇다면 제3질문third quest[340]

의 진정한 시작은 샌더스가 쓴《예수와 유다이즘Jesus and Judaism》(1985)으로 여겨진다.[341] 샌더스는 대다수 예수 연구가 예수를 스승이나 설교자(즉 전달자)로 여기고, 예수의 말씀을 중심 메시지로 만들려고 한다고 날카롭게 지적했다.[342] 그는 예수에 대한 사실facts에 집중한 다음 예수의 말씀sayings을 살펴보려 했다.[343]

성서 정경과 위경, 정통과 이단의 경계는 의미를 잃었으며, 영지주의-지혜 사상이 예수 운동 처음에 있었다는 의견도 있었다.[344] 복음서뿐만 아니라 그 밖의 자료를 복음서 수준으로 놓고 살펴보자는 제안이다.[345] 예수 당시 유다 사회를 알려주는 고고학, 사회사, 문화사 자료에 관한 연구가 환영받는다.[346]

쿰란 동굴에서 발견된 문헌과 특히 〈도마복음〉이 논의 중심에 있었다.[347] 예수 운동이 예수의 모습을 억압하거나 왜곡하기도 했다는 주장까지 나왔다. 〈비밀 마르복음〉〈유다복음〉[348] 등 새로운 자료를 발견했다는 주장도 있었다. 1958년 종교사학자 스미스Morton Smith가 발견했다고 주장한 〈비밀 마르복음〉은 사진 몇 장이 있을 뿐, 아직 근거를 입증하지 못하고 있다.[349] 〈요한〉에서 표징 원천Semeia-Quelle 존재도 발견되지 않았다.[350] 표징 문헌 가설은 성서학계에서 거부하는 상황이다.[351] 〈Q 문헌〉〈도마복음〉〈요한〉 이전 표징 원천이 예수에 대한 가장 오래된 전승에 속한다는 주장이 나왔다.[352] 〈도마복음〉뿐 아니라 〈히브리복음〉〈십자가복음〉도 오랜 전승에 속한다는 주장까지 제안됐다.[353]

〈도마복음〉은 각자 자신 안에서 하느님의 모습을 깨달으려 애쓰라고 격려한다.[354] 〈도마복음〉이 복음서를 알았는지, 복음서보다 먼저 있었는지 논란이 됐다.[355] 〈도마복음〉은 공통년 2세기가 아니라 50년경에 쓰였다는 의견이 있다.[356] 2세기 전에 쓰이진 않았다,[357] 2세기 중반에 쓰였다[358] 등 여러 의견이 있다.

〈도마복음〉은 오래된 전승을 담은 곳도 있지만(98장), 〈마르〉 〈마태〉 〈루가〉를 뚜렷이 전제한다.[359] 〈도마복음〉에서 유다인을 반대하는 경향 (14·39·53·85·102·104장)은 예수 운동 초기에 상상할 수 없는 일이다. 〈도마복음〉에는 그리스도라는 단어가 없고, 예수에 대한 호칭이 거의 다 빠졌다. 하느님이라는 단어도 30장에 딱 한 번 나온다. 예수 수난사도, 부활한 예수 이야기도 없다. 구원은 십자가가 아니라 말씀에 있다는 〈도마복음〉의 특징은 2세기 신학의 흐름을 일부 반영하는 듯하다. 〈도마복음〉은 2세기에 쓰인 것 같다. 바울의 편지와 복음서 이후 그리스도교 내부에서 유다교 지혜 사상의 영향을 받은 그룹의 작품인 듯하다.[360]

바울의 편지를 읽다가 복음서를 처음 읽는 독자들은 깜짝 놀랄 수 있다. 바울의 편지에서 거의 알 수 없던 예수의 역사와 하느님 나라를 처음 만나기 때문이다. 바울은 예수의 죽음과 부활의 의미를 설명하고, 유다인이 아닌 사람들에게 예수를 소개하느라 바빴다. 〈요한〉을 처음 읽는 독자들은 깜짝 놀랄 수 있다. 예수와 하느님 나라의 관계를 설명한 〈마르〉 〈마태〉 〈루가〉와 달리, 〈요한〉은 예수와 하느님의 관계를 주로 설명하기 때문이다. 〈요한〉을 읽다가 〈도마복음〉을 처음 읽는 독자들은 깜짝 놀랄 수 있다. 〈도마복음〉은 구원이 예수의 말씀에 달렸다는 인상을 주기 때문이다. 〈도마복음〉에 십자가 이야기는 없다.

〈도마복음〉은 문학 양식이나 표현에서 복음이라 불릴 수도 있다. 그러나 구조와 내용으로 보아 바울이나 복음서 저자들이 말한 복음 개념과 아주 다르다. 〈도마복음〉이 신약성서 정경에서 제외된 사실은 이해할 수 있고 적절하다[361]는 말에 동의한다. 〈도마복음〉을 〈마르〉나 〈Q 문헌〉과 동급으로 놓거나 그 정도로 중요한 문헌으로 인정할 순 없다.

# 예수 십자가와 한반도 십자가

## 예수그리스도와 하느님 나라

예수는 그리스도다. 부활 이전 예수는 부활 이후 그리스도가 됐다. 역사의 예수는 믿음의 그리스도가 됐다. 역사의 예수만 알고 믿음의 그리스도를 모르면 예수를 반쪽만 아는 셈이다. 그리스도는 예수다. 믿음의 그리스도는 역사의 예수다. 믿음의 그리스도만 알고 역사의 예수를 모르면 예수를 반쪽만 아는 셈이다. 부활 이후 그리스도는 부활 이전 예수에 기초한다.

믿음의 그리스도를 알면 충분한데 왜 역사의 예수를 알아야 하느냐 질문할 수 있다. 역사의 예수를 알면 충분한데 왜 믿음의 그리스도까지 알아야 하느냐 질문할 수 있다. 예수는 그리스도라는 사실에만 집중하고 그리스도는 예수라는 사실을 망각하면 안 된다. 그리스도는 예수라는 사실에만 집중하고 예수는 그리스도라는 사실을 망각하면 안 된다.

역사의 예수를 알수록 믿음의 그리스도를 더 알게 된다. 믿음의 그리스도를 알수록 역사의 예수를 더 알게 된다. 역사의 예수를 알아간다고 믿음의 그리스도를 소홀히 하는 것은 아니다. 믿음의 그리스도를 알아간다고 역사의 예수를 소홀히 하는 것은 아니다. 믿음의 그리스도가 멀리 느껴진다면 역사의 예수를 가까이하지 않은 탓이다. 역사의 예수가 멀리 느껴진다면 믿음의 그리스도를 멀리한 탓이다. 역사의 예수와 믿음의 그리스도는 함께 이해된다.

역사의 예수는 하느님 나라와 십자가로 이뤄진다. 예수는 갈릴래아에서 하느님 나라를 선포했고, 예루살렘에서 십자가를 맞이했다. 하느님 나라는 환영하지만, 십자가를 받아들이지 못하면 예수를 이해하지 못한 것이다. 십자가는 받아들이지만, 하느님 나라를 받아들이지 못하면 예수를 이해하지 못한 것이다. 하느님 나라와 십자가는 정비례 관계다.

하느님 나라를 알수록 십자가를 더 알게 된다. 십자가를 알수록 하느님 나라를 더 알게 된다. 하느님 나라를 알아간다고 십자가를 소홀히 아는 것은 아니다. 십자가를 알아간다고 하느님 나라를 소홀히 아는 것은 아니다. 하느님 나라가 멀리 느껴진다면 십자가를 가까이하지 않은 탓이다. 십자가가 멀리 느껴진다면 하느님 나라를 멀리한 탓이다. 하느님 나라와 십자가는 함께 이해된다.

나는 이 책에서 초대교회 대신 '예수 운동'이라는 용어를 썼다. 초대교회라는 단어는 예수가 생전에 교회를 세울 뜻이 있었다는 인상을 줄 수 있다. 예수가 부활한 뒤 제자들이 유다교와 다른 공동체와 조직을 만들기 시작했다는 느낌을 줄 수도 있다. 교회라는 조직이 베드로의 지도 아래 예루살렘부터 온 세상에 체계적으로 퍼진 듯한 느낌을 줄 수도 있다. 예수 운동은 예수와 연결된다는 사실, 다양성과 역동성을 강조한다. 예수 운동 내부의 사회적 태도와 행동을 추적하고, 유다 사회와 관계를 알아보려 애썼다.[1] 예수 등장부터 적어도 〈요한〉 작성까지 초대교회보다 예수 운동이란 단어가 학문적으로 적절하지 않을까. 예수의 삶과 가르침은 교회 역사의 전제[2]라는 말처럼, 예수 운동은 예수의 삶과 가르침부터 시작한다.

## 예수와 예언자 이사야

예수가 특히 연구한 예언자는 이사야다. 복음서에 가장 자주 인용된 책은 〈이사〉다. 이사야는 공통년 이전 740~690년에 예루살렘에서 활동했다. 부친과 두 아들 이름이 〈이사〉에 나온다. 아내도 예언자인데 이름은 알려지지 않았다. 그가 살던 시기에 중·하류층 사람들은 더 빈곤해졌다. 이사야는 공정과 정의를 외치는 사회적·정치적 발언을 했고, 국제정치에 눈을 떴다. 아시리아 제국이 패권 정책으로 유다를 괴롭히던 시절이다. 미국이 동아시아에 패권 정책을 펴는 오늘과 비슷하다.

당시 이스라엘은 오늘 남북한처럼 남유다와 북이스라엘로 분단됐다. 북이스라엘은 시리아와 동맹을 맺어 아시리아에 대항하다가 공통년 이전 722년, 수도 사마리아가 파괴됐다. 남유다 히즈키야 왕은 아시리아에 바치던 조공을 중단했다. 아시리아 산헤립 왕은 남유다의 주요 도시를 점령하고 예루살렘을 포위했다. 평화는 정의의 결과다(〈이사〉 32,17). 분단과 침략의 시대에 살며 하느님에 대한 믿음이 정의를 실현할 능력을 준다고 강조한 이사야의 메시지는 당시 큰 호응을 얻지 못한 것 같다.

예수도 이사야처럼 국제정치에 눈떴다. 로마제국의 패권 정치, 로마와 연합한 유다 지배층 앞에서 고뇌했다. 예수가 이웃 사랑이나 외치고, 기도나 하고, 은둔하며 깨달음을 얻으려 했거나 사회복지 활동을 했다면, 정치범으로 십자가에 처형되지 않았을 것이다. 예수는 로마제국과 유다 지배층의 연결 고리인 예루살렘성전에서 정치·종교 동맹 체제에 균열을 일으키기 위해 난동을 부렸다. 로마 군대에 저항하고, 부패한 종교 지배층에 저항한 사건이다. 평화를 위한 외침이요 몸부림이다. 이사야 시대와 예수 시대, 오늘 한반도의 상황이 비슷하다.

예수는 유다교를 개혁하고, 유다인을 하나로 모으고 싶었다. 그래서 예수는 유다교의 일부 개념인 하느님 나라를 예수 운동의 중심 개념으로 내세웠다. 하느님 나라 메시지를 전하고 실천하기 위해 제자들과 가난한 사람을 중심에 배치했다. 율법 해석 논쟁으로 유다교 내부 토론에 참여했다. 성전 항쟁과 성전 파괴 발언으로 로마 군대는 물론, 유다교 지배층과 충돌했다. 하느님 나라 메시지는 로마의 위성국가인 갈릴래아 통치 세력뿐 아니라 식민지 로마제국의 정치 질서와 갈등할 수밖에 없었다.

예수는 유다교의 가르침에 반대한 것이 아니라, 로마 군대와 결탁한 유다교 지배층에 저항했다. 예수는 유다교를 버리고 그리스도교를 창시한 것이 아니라, 유다교 개혁 운동을 시작했다. 예수 운동 추종자들이 역사의 흐름 속에 유다교와 결별하고 그리스도교를 만들었다. 예수 때문에 유다교에서 그리스도교가 갈라진 것이 아니라, 예수 덕분에 유다교와 그리스도교가 화해해야 한다. 예수는 그리스도교와 유다교를 이어주는 끈이다.

그리스도교는 유다교 덕분에 예수라는 선물을 받았다. 예수 덕분에 유다인이 아닌 사람들도 하느님께 다가서게 됐다. 예수 덕분에 유다교도 자신을 돌아보게 됐다. 유다교와 그리스도교는 하느님이 주시는 구원의 은총 안에 형제자매로 함께 있다. 유다교와 그리스도교는 인류의 구원을 위해 협조해야겠다.

유다교를 악, 그리스도교를 선으로 규정하는 것은 큰 잘못이다. 그런 태도는 그리스도교를 위해 도움이 되지 않을뿐더러, 그리스도교 자신을 속이는 일이기도 하다. 그리스도교 성서 연구는 오랫동안 예수가 유다교와 멀리 있고, 그리스도교와 가까이 있다고 생각했다. 20세기 후반부터 다른 모습이 나타나고 있다. 예수는 유다교 안에 있고, 그리스도교와 멀리 있다는 그림이다. 예수에 대한 소유권 논쟁을 말하는 것이 아니다.

예수는 유다인이다. 예수는 유럽인이나 미국인이 아니라 아시아 사람이다. 예수는 서양 백인이 아니라 동양 황인이다. 당연한 듯 보이는 이 말이 낯설게 들리는 독자도 있을 것이다. 유럽인이나 미국인이나 백인의 눈으로 보는 예수를 교과서처럼, 진리처럼 교육받은 한국인이 적지 않기 때문이다.

"수도 없이 많은 외국 군이 내 나라에 쳐들어왔다"(〈요엘〉1,6). 당신이 뽑은 백성 이스라엘을 보는 하느님의 탄식이다. 자기 백성을 보는 예수의 아픈 마음이다. 이런 배경을 모르고 공동성서와 신약성서를 읽거나 연구하는 것은 말이 되지 않는다.

유다교의 하느님은 해방자요 창조주시다. 하느님은 정치적·경제적 억압에 시달리던 이스라엘 백성을 해방하셨다. 해방자 하느님은 먼저 세상 만물과 인간을 창조하신 분이다. 창조주요 해방자 하느님은 죽음에서 인간을 부활시키는 분이다. 예수는 창조주요 해방자 하느님에 부활의 하느님을 덧붙였다.

부활의 하느님은 공동성서에 언급된다. 하느님 나라도, 가난한 사람 선택도 공동성서에 있다. 하느님, 하느님 나라, 가난한 사람 선택을 유다인이 듣지도 보지도 못한 내용이 아니다. 문헌과 예언자의 삶과 죽음으로 이어온 유다인의 사상에 하느님, 하느님 나라, 가난한 사람 선택은 잘 담겨서 전해왔다. 예수는 그 사상을 말과 행동으로, 삶과 죽음으로 실천했다.

하느님은 이스라엘 백성을 택하셨고, 예수는 가난한 사람을 택했다. 이스라엘 백성이나 가난한 사람이 하느님을 찾아가는 길이요, 진짜 상징이요, 성사라고 할까. 복음서에서, 예수의 삶과 죽음에서 가장 심오한 신비는 무엇일까. 예수가 가난한 사람을 선택한 사실 아닐까. 인류를 생각하되, 인간 하나하나를 존중한다. 그것이 하느님의 꿈이요, 예수의 꿈 아닐까.

예수의 삶에서 하느님 나라와 십자가는 떼어놓을 수 없다. 예수는 갈릴래아에서 하느님 나라를 선포하고 실천하다가 예루살렘에서 십자가 죽음을 맞았다. 먼저 하느님 나라가 있고 나중에 십자가가 있다. 예수가 하느님 나라를 말하지 않았다면 십자가를 맞이하지 않았을 것이다. 예수가 하느님 나라를 말하지 않았다면, 십자가를 맞이했다 해도 그 의미가 줄었을 것이다. 하느님 나라와 십자가는 서로를 규정하고 해석한다.

십자가는 한마디로 하느님 나라를 반대하는 세력이다. 예수를 십자가에 처형한 로마제국은 하느님 나라를 반대하는 세력으로 등장했다. 하느님 나라를 반대하는 세력은 시대에 따라 모습을 바꾸기도 한다.

### 인물 십자가와 사건 십자가

예수 십자가와 한반도 십자가는 잘 어울리는 제목일까. 예수는 인물이고 한반도는 땅이다. 나는 십자가를 인물 십자가와 사건 십자가로 나눠 생각하고 싶다. 십자가는 개인을 상징하기도 하고, 사건을 상징하기도 한다. 예수 십자가와 한반도 십자가 관계를 생각하고 나서 한반도 십자가에 속한 인물 십자가와 사건 십자가를 생각해보자.

예수처럼 십자가를 진 인물 십자가를 보자. 한국 현대사에서 전봉준, 안중근, 전태일, 이한열을 인물 십자가의 사례로 보자. 동학혁명, 독립투쟁, 제주 4·3 사건과 국민보도연맹 사건의 민간인 학살, 4·19혁명, 민청학련 사건, 6월항쟁, 5·18민주화운동, 세월호 참사, 촛불집회를 사건 십자가의 사례로 보자. 인물 십자가와 사건 십자가를 기억하고 존중하면 좋겠다. 나는 사건 십자가를 인물 십자가보다 중요하게 생각한다. 인물 십자가에서도 이름난 인물 십자가보다 이름 없이 스러진 인물 십자가를 주목하고 싶다.

십자가는 예수 이전에도, 이후에도 있었다. 십자가는 이스라엘 땅에만 있지 않았다. 세상 모든 땅이 십자가 처형장이요 공동묘지다. 가장 좋은 것은 십자가를 없애는 일이다. 십자가를 숭배하지 말고 없애야 한다. 아무도 십자가에 올라가지 못하게 해야 한다. 사람을 십자가에 못 박으려는 악의 세력에 맞서 싸워야 한다. 악의 세력과 싸우다가 희생돼 올라가는 십자가 외에 그 어떤 십자가도 무의미하다. 세상의 고통과 악을 없애는 십자가 말고 나머지 십자가는 저리 가라.

동학혁명에서도 민족 민주주의와 민중 민주주의 논쟁이 있었던 것 같다. 현대적 용어로 말하면, 예수 역시 민족 문제와 민중 문제에 관심이 많았다. 하느님 나라 메시지는 민중 문제에 대한 예수의 태도를 주로 드러내고, 십자가 죽음은 민족 문제에 대한 예수의 운명을 여실히 보여준다. 성전 항쟁과 성전 파괴 발언은 외부 지배 세력인 로마제국과 내부 지배 세력인 유다교 사제 계급에게 동시에 큰 타격이었다. 예수는 민족 문제와 민중 문제에서 가장 큰 적폐 세력을 정확히 알았고, 타협하지 않고 저항했다. 예수는 민족 문제와 민중 문제에 참여했고, 목숨을 바쳤다.

예수 운동은 유다교와 어떻게 다를까. 이는 예수의 십자가 죽음과 부활 이후 예수 운동의 주제로, 지난 2000년간 역사의 흐름과 굴곡 속에서 논의되고 정리됐다. 21세기 한국 그리스도교의 주제는 무엇일까. 예수 운동이 30-100년 예수 운동 공동체의 문제를 가지고 역사의 예수를 봤다면, 오늘 한국 그리스도교는 21세기 한반도의 문제를 가지고 역사의 예수를 봐야겠다.

21세기 한반도의 문제는 무엇인가. 21세기 한국 그리스도교가 예수를 이해하기 위해 가장 먼저 고뇌할 문제다. 민족 분단과 빈부 격차로 생긴 불평등 아닌가. 줄이면 분단과 불평등이다. 분단이라는 민족 문제, 불평등이라는 계급 문제다. 가난한 사람 선택은 예수와 해방신학이 보여줬다. 분단 문제는 지구에서 한민족의 유일한 화두다. 이스라엘 역사에도 그 옛날 2000년 넘는 남북 분단 시대가 있었지만, 남유다와 북이스라엘 동족이 내전을 겪진 않았다.

21세기 한국 그리스도교가 할 일은 무엇인가. 답은 하나다. 예수 가까이 가는 일이다. 예수를 더 정확히 알고, 더 잘 따르는 일이다. 말로 예수를 전하는 데 그치지 말고 행동으로 따르는 일이다. 십자가를 전하는 데 그치지 말고 십자가를 지는 일이다. 남에게 십자가를 지라고 하지 말고 우리 스스로 십자가를 지는 일이다. 그리스도교는 십자가를 전하는 종교가 아니라, 십자가를 지는 종교다. 그리스도교 먼저 자기 십자가를 져라. 그밖에 그리스도교가 할 일이 대체 무엇인가. 남에게 어떤 십자가를 전해줄까 고민하지 말고 내 십자가를 지는 일이다.

누구든 하느님 나라를 전하는 자, 먼저 자기 십자가를 져라. 예수처럼 자기 십자가를 지고, 악의 세력에 용기 있게 저항하고 싸워라.

# 주

## 1부 예수 시대 역사와 사회

1　Meier, John P., *A Marginal Jew: Rethinking the Historical Jesus*, Vol. I : *The Roots of the Problem and the Person*, ABRL, New York u.a., 1991, pp.208-252.

2　Josephus, *Antiquities of the Jews* 17, 355.

3　Schröter, Jens, *Jesus von Nazaret: Jude aus Galiläa—Retter der Welt*, Leipzig, 2017(6판), p.81, 주 76.

4　Josephus, *Antiquities of the Jews* 2, 205-209.

5　Küchler, Max, "Wir haben seinen Stern gesehen…" (Mt 2,2), BiKi 44, 1989, pp.179-186.

6　Klauck, Hans-Josef, "Das göttliche Kind. Variationen eines Themas", in: Ders., *Religion und Gesellschaft im frühen Christentum*: Neutestamentliche Studien, WUNT 152, Tübingen, 2003, pp.290-313.; Wolter, Michael, "Die Hirten in der Weihnachtsgeschichte", in: Ders., *Theologie und Ethos im frühen Christentum*, WUNT 236, Tübingen, 2009, pp.355-372.

7　Schröter, Jens, *Jesus von Nazaret: Jude aus Galiläa—Retter der Welt*, Leipzig, 2017(6판), p.88.

8　Wolter, Michael, *Der Brief an die Römer*, EKK NF VI/1, Neukirchen-Vluyn, 2014, pp.85-91.

9　Origenes, *Gegen Celsus*, 1, p.32.

10　Schröter, Jens, *Jesus von Nazaret: Jude aus Galiläa—Retter der Welt*, Leipzig, 2017(6판), p.88, 주 88.

11　Strange, J. F., "Nazareth", in: Fiensy, David A., Strange, James R. (Hg.), *Galilee in the Late Second Temple and Mishnaic Periods*, Vol.2, *The Archaeological Record from Cities, Towns, and Villages*, Minneapolis, 2015, pp.167-181.

12　Ben-David, Arye, *Talmudische Ökonomie*, Hildesheim, 1974, p.48.; Crossan, J.

D., Reed, J. L, *Excavating Jesus. Beneath the Stones, Behind the Texts*, San Francisco, 2001, p.104.

13  Ebner, Martin, *Jesus von Nazaret: Was wir von ihm wissen können*, Stuttgart, 2016, pp.64-78.

14  Josephus, *Antiquities of the Jews* 13, 171-173; 18,11-25; *The Wars of the Jews* 2, 118-166.

15  Josephus, *Antiquities of the Jews* 18, 9, 23-25; *The Wars of the Jews* 2,118.

16  Josephus, *The Life of Flavius Josephus*, 12.

17  Schröter, *Jens, Jesus von Nazaret: Jude aus Galiläa—Retter der Welt*, Leipzig, 2017(6판), p.130.

18  Schröter, Jens, *Jesus von Nazaret: Jude aus Galiläa—Retter der Welt*, Leipzig, 2017(6판), p.132.

19  Philon, Euseb, Praep.Ev.8,11,1-8.

20  Schröter, Jens, *Jesus von Nazaret: Jude aus Galiläa—Retter der Welt*, Leipzig, 2017(6판), p.132.

21  VanderKam, James, Flint, Peter, *The Meaning of the Dead Sea Scrolls*, San Francisco, 2002.

22  Ebner, Martin, *Jesus von Nazaret: Was wir von ihm wissen können*, Stuttgart, 2016, pp.67, 주 68.; Schröter, Jens, *Jesus von Nazaret: Jude aus Galiläa—Retter der Welt*, Leipzig, 2017(6판), p.125, 주 165.

23  Josephus, *The Wars of the Jews* 2,160.

24  Stemberger, Günter, *Pharisäer, Sadduzäer, Essener: Fragen—Fakten—Hintergründe*, SBB 144, Stuttgart, 1991, pp.115, 119.

25  Schröter, Jens, *Jesus von Nazaret: Jude aus Galiläa—Retter der Welt*, Leipzig, 2017(6판), p.139.

26  Schröter, Jens, *Jesus von Nazaret: Jude aus Galiläa—Retter der Welt*, Leipzig, 2017(6판), p.141.

27  Josephus, *Antiquities of the Jews* 17, 271-285.

28  Josephus, *Antiquities of the Jews* 18, 85-87.

29  Josephus, *Antiquities of the Jews* 18, 116-119; Backhaus, K., *Die "Jüngerkreise" des Täufers Johannes*, PaThSt 19, Paderborn, 1991, pp.266-274.; Mason, St., *Flavius Josephus und das Neue Testament*, Tübingen, 2000, pp.230-245.

30  Stegemann, H., *Die Essener, Qumran, Johannes der Täufer und Jesus*, Freiburg, 1998(8판), p.304.

31  Müller, U. B., *Johannes der Täufer*, Leipzig, 2002, p.17.

32  Stegemann, H., *Die Essener, Qumran, Johannes der Täufer und Jesus*, Freiburg,

1998(8판), p.296.

33  Josephus, *Antiquities of the Jews* 18, 118; Müller, U. B., *Johannes der Täufer*, Leipzig, 2002, pp.76-93.

34  Becker, E-M., "Kamelhaare… und wilder Honig", in: Gebauer, R., Meiser, M. (Hg.), *Die bleibende Gegenwart des Evangeliums*(FS Merk, O), MThSt 76, Marburg, 2003, pp.13-28.

35  Stegemann, H., *Die Essener, Qumran, Johannes der Täufer und Jesus*, Freiburg, 1998(8판), p.298.

36  Schnelle, Udo, *Theologie des Neuen Testaments*, Göttingen, 2016(3판), p.66.

37  Tilly, M., *Johanndes der Täufer und die Biographie der Propheten*, BWANT 17, Stuttgart, 1994.

38  Lang, F., Erwägungen zur eschatologischen Verkündigung Johanndes der Täufers, in: Strecker, G. (Hg.), *Jesus Christus in Historie und Theologie* (FS Conzellmann, H.), Tübingen, 1975, pp.459-473.

39  Wolter, M., "'Gericht' und 'Heil' bei Jesus von Nazareth und Johannes dem Täufer", in: Schröter, J., Brucker, R.(Hg.), *Der historische Jesus. Tendenzen und Perspecktiven der gegenwärtigen Forschung*, BNZW 114, Berlin/New York, 2002, pp.355-392, 367.

40  Schnelle, Udo, *Theologie des Neuen Testaments*, Göttingen, 2016(3판), p.67.

41  Merklein, Helmut, "Die Umkehrpredigt bei Johannes dem Täufer und Jesus von Nazareth", in: Ders., *Studien zu Jesus und Paulus*, WUNT 43, Tübingen, 1987, pp.109-126.

42  Müller, U. B., *Johannes der Täufer*, Leipzig, 2002, p.34.

43  Becker, Jürgen, *Jesus von Nazaret*, Berlin/New York, 1996, pp.54-56.

44  Theissen, Gerd, Merz, Annette, *Der historische Jesus*, Göttingen, 2011(4판), p.196.

45  Ernst, J., *Johannes der Täufer*, BZNW 53, Berlin, 1989, p.305.; Stegemann, H., *Die Essener, Qumran, Johannes der Täufer und Jesus*, Freiburg, 1998(8판), p.299.; Müller, U. B., *Johannes der Täufer*, Leipzig, 2002, p.34.

46  Stegemann, H., *Die Essener, Qumran, Johannes der Täufer und Jesus*, Freiburg, 1998(8판), p.302.

47  Thomason, Dana A., "John the Baptist", ABD 3, 1992, pp.887-899.

48  Josephus, *Antiquities of the Jews* 18, 116-117.

49  Josephus, *Antiquities of the Jews* 18, 118.

50  Schröter, Jens, *Jesus von Nazaret: Jude aus Galiläa—Retter der Welt*, Leipzig, 2017(6판), p.148, 주 187.

51  Freyne, Sean, *Galilee, Jesus and the Gospels. Literary Approaches and Historical*

*Investigations*, Philadelphia, 1988, p.35.

52  Kee, Howard C., "Transformation of the Synagogue after 70 CE", NTS 36, 1990, pp.1-24.

53  Crossan, J. D., Reed, J. L., *Excavating Jesus: Beneath the Stones, Behind the Texts*, San Francisco, 2001, pp.40, 114-116.

54  Josephus, *The Wars of the Jews* 4,1-81.

55  De Luca, Stefano, Lena, A., "Magdala, Tarichea", in: Fiensy, David A., Strange, James R. (Hg.), *Galilee in the Late Second Temple and Mishnaic Periods*, Vol.2. *The Archaeological Record from Cities, Towns, and Villages*, Minneapolis, 2015, pp.280-342.; Bauckham, Richard, De Luca, Stefano, "Magdala, As We Know It", EC 6, 2015, pp.91-118.

56  Loffreda, Stanislao, "Capernaum", OEANE 1, 1997, pp.416-419.

57  Schröter, Jens, *Jesus von Nazaret: Jude aus Galiläa—Retter der Welt*, Leipzig, 2017(6판), p.98.

58  Reed, Jonathan L., *Archaeology and the Galilean Jesus. A Re-examination of the Evidence*, Harrisburg, 2000, pp.148-169.

59  Schröter, Jens, *Jesus von Nazaret: Jude aus Galiläa—Retter der Welt*, Leipzig, 2017(6판), pp.100-101, 주 116.

60  Josephus, *Antiquities of the Jews* 18, 36, 102.

61  Vogel, Manuel, *Herodes: König der Juden, Freund der Römer*, BG 5, Leipzig, 2002, pp.180-209.

62  Jensen, Morten H., *Herod Antipas in Galilee: The Literary and Archaeological Sources on the Reign of Herod Antipas and its Socio-Economic Impact on Galilee*, WUNT 2,215, Tübingen, 2006, pp.126-162.

63  Chancey, Mark A., *The Myth of a Gentile Galilee*, SNTStMSB 118, Cambridge, 2002, pp.69-83.; Reed, Jonathan L., *Archaeology and the Galilean Jesus. A Re-examination of the Evidence*, Harrisburg, 2000, pp.103-138.

64  Josephus, *Antiquities of the Jews* 17, 271.; Meyers, Eric M., "Sepphoris at the Eve of the great Revolt (67-68 C. E.): Archaeology and Josephus", in: Ders., *Galilee through the Centuries: Confluence of Cultures*, Winona Lake, 1999, pp.109-122.

65  Batey, Richard A., "Jesus and the Theatre", NTS 30, 1984, pp.563-574.

66  Ebner, Martin, *Jesus von Nazaret: Was wir von ihm wissen können*, Stuttgart, 2016, p.20.

67  Ebner, Martin, *Jesus von Nazaret: Was wir von ihm wissen können*, Stuttgart, 2016, p.20.

68  Josephus, *The Wars of the Jews* 3, 35, 41-43.

69  Josephus, *The Wars of the Jews* 3, 516–520.

70  Josephus, *The Wars of the Jews* 3,35.; Meyers, Eric M., "Jesus und seine galiläische Lebenswelt", ZNT 1, 1998, pp.27–39.

71  Reed, Jonathan L., *Archaeology and the Galilean Jesus. A Re-examination of the Evidence*, Harrisburg, 2000, p.94.

72  Freyne, Sean, *Galilee, Jesus and the Gospels. Literary Approaches and Historical Investigations*, Philadelphia, 1988, pp.45–58.

73  Freyne, Sean, *Galilee, Jesus and the Gospels. Literary Approaches and Historical Investigations*, Philadelphia, 1988, pp.190–196.; Reed, Jonathan L., *Archaeology and the Galilean Jesus. A Re-examination of the Evidence*, Harrisburg, 2000, pp.77–89.

74  Ebner, Martin, *Jesus von Nazaret: Was wir von ihm wissen können*, Stuttgart, 2016, p.37.

75  Reed, Jonathan L., *Archaeology and the Galilean Jesus. A Re-examination of the Evidence*, Harrisburg, 2000, pp.28–43.

76  Chancey, Mark A., *The Myth of a Gentile Galilee*, SNTStMSB 118, Cambridge, 2002.

77  Josephus, *Antiquities of the Jews* 17, 271.; *The Wars of the Jews* 2, 56.

78  Josephus, *Antiquities of the Jews* 17, 285.

79  Venetz, H. J., *"Er lehrt wie einer, der Vollmacht hat" (Mk 1,22). Anstössiges aus Galiläa*, Stuttgart, 1997, pp.2–4.; Chancey, Mark A., *The Myth of a Gentile Galilee*, SNTStMSB 118, Cambridge, 2002, pp.11–27.

80  Schröter, Jens, *Jesus von Nazaret: Jude aus Galiläa—Retter der Welt*, Leipzig, 2017(6판), p.118.

81  Theissen, Gerd, Merz, Annette, *Der historische Jesus*, Göttingen, 2011(4판), p.167.

82  Edwards, D., "The Socio-Economic and Cultural Ethos of the Lower Galilee in the First Century: Impilcations for the Nascent Jesus Movement", in: Levine, Lee I, (Hg.), *The Galilee in Late Antiquity*, Cambridge, MA/London, 1992, pp.53–73, 70.

83  Schröter, Jens, *Jesus von Nazaret: Jude aus Galiläa—Retter der Welt*, Leipzig, 2017(6판), p.109.

84  Schröter, Jens, *Jesus von Nazaret: Jude aus Galiläa—Retter der Welt*, Leipzig, 2017(6판), p.112.

85  Horsley Richard A., *Galilee: History, Politics, People*, Valley Forge, 1995.

86  Bauer, Walter, "Jesus der Galiläer", in: Ders., *Aufsätze und kleine Schriften*, Strecker, Georg (Hg.), Tübingen, 1967(1927), pp.91–108, 102.

87    Foerster, W., ThWNT Ⅲ, pp.284-287.

88    Wolter, Michael, *Jesus von Nazaret, Göttingen*, 2019, p.54.

89    Wolter, Michael, *Jesus von Nazaret, Göttingen*, 2019, p.58.

90    Josephus, *Antiquities of the Jews* 17, 355.; *The Wars of the Jews* 2, 117.

91    Luz, Ulrich, *Das Evangelium nach Matthäus*: EKK Ⅰ/1, Mt 1-7, Zürich/
      Neukirchen-Vluyn, 2002, p.162.

92    Wolter, Michael, *Jesus von Nazaret*, Göttingen, 2019, p.62.

93    Schröter, Jens, *Jesus von Nazaret: Jude aus Galiläa—Retter der Welt*, Leipzig,
      2017(6판), p.120.

94    Bornkamm, Günter, *Jesus von Nazareth*, Stuttgart u.a., 1956(15판), p.32.

95    Sanders, Ed P., *Jesus and Judaism*, London/Philadelphia, 1991(3판), pp.45-303.;
      Sanders, Ed P., *Sohn Gottes: Eine historische Biographie Jesu*, Stuttgart, 1996,
      pp.62-70.; Theissen, Gerd, Merz, Annette, *Der historische Jesus*, Göttingen,
      2011(4판), pp.126-128.

96    Vogel, Manuel, *Herodes: König der Juden, Freund der Römer*, BG 5, Leipzig,
      2002.

97    Schröter, Jens, *Jesus von Nazaret: Jude aus Galiläa—Retter der Welt*, Leipzig,
      2017(6판), p.152.; Schenke, Ludger, "Jesus und Johannes der Täufer", in: Ders.,
      u.a., *Jesus von Nazaret—Spuren und Konturen*, Stuttgart, 2004, pp.84-105.

98    Ebner, Martin, *Jesus von Nazaret: Was wir von ihm wissen können*, Stuttgart,
      2016, pp.95, 107.; Murphy-O'Connor, J., "John the Baptist and Jesus: History
      and Hypotheses", in: NTS 36, 1990, pp.359-374, 361.

99    Löning, K., *Das Geschichtswerk des Lukas, Bd.1. Israels Hoffnung und Gottes
      Geheimnisse*, UB 455, Stuttgart, 1997, p.216.

100   Schröter, Jens, *Jesus von Nazaret: Jude aus Galiläa—Retter der Welt*, Leipzig,
      2017(6판), p.153, 주 200.

101   Ebner, Martin, *Jesus von Nazaret: Was wir von ihm wissen können*, Stuttgart,
      2016, p.83.

102   Theissen, Gerd, *Lokalkolorit und Zeitgeschichte in den Evangelien. Ein Beitrag
      zur Geschichte der synoptischen Tradition*, NTOA 8, Göttingen, 1989, pp.26-41.

103   Cullmann, Oscar, *Die Christologie des Neuen Testaments*, Tübingen, 1963(3판),
      pp.23, 31.; Schnackenburg, Rudolf, *Das Johannesevangelium* 1, HTh Ⅳ/1,
      Freiburg, 1965, p.445.

104   Schröter, Jens, *Jesus von Nazaret: Jude aus Galiläa—Retter der Welt*, Leipzig,
      2017(6판), p.144.

105   Cic., Phil 13,3.; Hurschmann, R., Art. "Calceus", in: DNP 2, 1997, p.934.

106 Dunn, James D. G., *Jesus Remembered: Christianity in the Making*, Vol.1, Grands Rapids, 2003, p.351.; Ebner, Martin, *Jesus von Nazaret: Was wir von ihm wissen können*, Stuttgart, 2016, p.98.

107 Meier, John P., *A Marginal Jew: Rethinking the Historical Jesus*, Vol. Ⅱ: *Mentor, Message, and Miracles*, New York u.a., 2007, pp.126-129, 166.

108 Schröter, Jens, *Jesus von Nazaret: Jude aus Galiläa—Retter der Welt*, Leipzig, 2017(6판), p.154, 주 201.

109 Müller, U. B., "Vision und Botschaft. Erwägungen zur prophetischen Struktur der Verkündigung Jesu", in: ZThK 74, 1977, pp.416-448.; Vollenweider, Samuel, "'Ich sah den Satan wie eine Blitz vom Himmel fallen' (Lk 10,18)", in: ZNW 79, 1988, pp.187-203.

110 Gnilka, Joachim, *Das Evangelium nach Markus*, EKK Ⅱ, Zürich/Neukirchen-Vluyn, 2015(1978), pp.56-58.; Mell, U., "Jesu Taufe durch Johannes (Markus 1,9-15)—zur narrativen Christologie vom neuen Adam", in: BZ NF 40, 1996, pp.161-178, 173-177.

111 Ebner, Martin, *Jesus von Nazaret: Was wir von ihm wissen können*, Stuttgart, 2016, p.87.

112 Ebner, Martin, *Jesus von Nazaret: Was wir von ihm wissen können*, Stuttgart, 2016, pp.90-92.

113 Dunn, James D. G., "John the Baptist's Use of Scripture", in: Evans, C. A., Stegner, W. R., (Hg.), *The Gospels and the Scriptures of Israel*, JSNT.S 104, Sheffield, 1994, pp.42-54.

114 Ebner, Martin, *Jesus von Nazaret: Was wir von ihm wissen können*, Stuttgart, 2016, p.91.

115 Backhaus, Knut, "Jesus und Johannes der Täufer", in: Schröter, Jens, Jacobi, Christine (Hg.), *Jesus Handbuch*, Tübingen, 2017, pp.245-252, 246.

116 Josephus, *Antiquities of the Jews* 18, 116, 119.

## 2부 예수와 하느님 나라

1 Freyne, S., *Jesus, a Jewish Galilean: A New Reading of the Jesus Story*, London/New York, 2004, p.41.

2 Wolter, M., "'Gericht' und 'Heil' bei Jesus von Nazareth und Johannes dem Täufer", in: Schröter, J., Brucker, R. (Hg.), *Der historische Jesus. Tendenzen und Perspecktiven der gegenwärtigen Forschung*, BNZW 114, Berlin/New York, 2002, pp.355-392.

3   Theobald, M., "'Ich sah den Satan aus dem Himmel stürzen…' Überlieferung-skritische Beobachtungen zu Lk 10,18-20", BZ NF 49, 2005, pp.174-190.

4   Rusam, Dietrich, "Sah Jesus wirklich den Satan vom Himmel fallen (Lk 10,18)? Auf der Suche nach einem neuen Differenzkriterium", NTS 50, 2004, pp.87-105.

5   Dunn, James D. G., *Jesus Remembered: Christianity in the Making*, Vol.1, Grands Rapids, 2003, pp.455-461.; Becker, Jürgen, *Jesus von Nazaret*, Berlin/New York, 1996, p.132.

6   Ebner, Martin, *Jesus von Nazaret: Was wir von ihm wissen können*, Stuttgart, 2016, pp.100-104.

7   Müller, U. B., "Vision und Botschaft. Erwägungen zur prophetischen Struktur der Verkündigung Jesu", in: ZThK 74, 1977, pp.416-448. 427-429.; Hollenbach, P. W. "The Conversion of Jesus: From Jesus the Baptizer to Jesus the Healer", ANRW II.25.1, 1982, pp.197-219, 207-217.

8   Theissen, Gerd, Merz, Annette, *Der historische Jesus*, Göttingen, 2011(4판), p.236.

9   Schröter, Jens, *Jesus von Nazaret: Jude aus Galiläa—Retter der Welt*, Leipzig, 2017(6판), p.160.

10  Sanders, Ed P., *Jesus and Judaism*, London/Philadelphia, 1991(3판), p.5.

11  Dio Chrisostomos, *Reden* 30,6.

12  Epikter, *Lehrgespräch* 3 3,16,11.; Schröter, Jens, *Jesus von Nazaret: Jude aus Galiläa—Retter der Welt*, Leipzig, 2017(6판), p.179, 주 234.

13  Fitzmyer, Joseph, A., *The Gospel According to Luke* I, AB 28A, New York. 1982, p.634.; Davies, W. D., Allison, D. C., *Matthew 1-7*, Vol.1, ICC, Edinburgh, 1988, pp.436-439.

14  Dunn, James D. G., *Jesus Remembered: Christianity in the Making*, Vol.1, Grands Rapids, 2003, p.517.

15  Bammel, E., "πτωχος", TNDT 6, 1968, pp.888-889.

16  Dunn, James D. G., *Jesus Remembered: Christianity in the Making*, Vol.1, Grands Rapids, 2003, p.517.

17  Keck, L. E., "'The Poor among the Saints' in Jewish Christianity and Qumran", ZNW 57, 1966, pp.54-78, 66-77.

18  Stegemann, Wolfgang, Stegemann, Ekkehard, *Urchristliche Sozialgeschichte: Die Anfänge im Judentum und die Christusgemeinden in der mediterranen Welt*, Stuttgart, 1997(2판), p.203.

19  Crossan, J. D., *The Birth of Christianity*, San Francisco, 1999, p.325.

20  Schottroff, Luise, Stegemann, Wolfgang, *Jesus von Nazaret, Hoffnung der Armen*, Stuttgart, 1977, pp.16-17, 39-40.; Downing, F. G., *Christ and the Cynics*, Sheffield, 1988, pp.19-20.

21  4Q171, 2.4-11.

22  Becker, Jürgen, *Jesus von Nazaret*, Berlin/New York, 1996, pp.159, 161.

23  Jeremias, Joachim, *The Prayers of Jesus*, London, 1967, p.92; Casey, M., *Aramaic Sources of Mark's Gospel*, SNTSMS 102, Cambridge, 1998, pp.59-60.

24  Jeremias, Joachim, *The Prayers of Jesus*, London, 1967, p.92.; Dunn, James D. G., *Jesus Remembered: Christianity in the Making*, Vol.1, Grands Rapids, 2003, p.520, 주 151.

25  Horsley, Richard A., *Jesus and the Spiral of Violence: Popular Jewish Resistance in Roman Palestine*, San Francisco, 1987, pp.253-254,; Chilton, B., *Rabbi Jesus: An Intimate Biography*, New York, 2000, pp.79-80.

26  Oakman, D. E., "The Lord's Prayer in Social Perspective", in: Chilton, B., Evans, C. A. (Hg.), *Authenticating the Words of Jesus*, Leiden, 1998, pp.137-186, 155-182.

27  Lüdemann, G., *Jesus after two Thousand Years: What He Really Said and did*, London, 2001, pp.69-70.

28  Davies, W. D., Allison, D. C., *Matthew 1-7*, Vol.1, ICC, Edinburgh, 1988, p.643.; Meier, John P., *A Marginal Jew: Rethinking the Historical Jesus*, Vol.Ⅲ: *Companions and Competitors*, New York u.a., 2007, p.589, 주 92-93.

29  Funk, Robert W., *The Five Gospels: What Did Jesus Really Say? The Search for the Authentic Words of Jesus*, San Francisco, 1996, pp.150-151.

30  Betz, H. D., *The Sermon on the Mount*, Minneapolis, 1995, p.435.

31  Dunn, James D. G., *Jesus Remembered: Christianity in the Making*, Vol.1, Grands Rapids, 2003, p.521, 주 158.

32  Funk, Robert W., *The Five Gospels: What Did Jesus Really Say? The Search for the Authentic Words of Jesus*, San Francisco, 1996, p.151.; Lüdemann, G., *Jesus after two Thousand Years: What He Really Said and did*, London, 2001, p.148.

33  Dunn, James D. G., *Jesus Remembered: Christianity in the Making*, Vol.1, Grands Rapids, 2003, p.522, 주 161.; Funk, Robert W., *The Five Gospels: What Did Jesus Really Say? The Search for the Authentic Words of Jesus*, San Francisco, 1996, pp.91-92.; Hengel, Martin, *Property and Riches in the Early Church*, London, 1974, pp.23-30.

34  Bailey, K. E., *Through Peasant Eyes*, Grand Rapids, 1980, pp.165-166.; Meier, John P., *A Marginal Jew: Rethinking the Historical Jesus*, Vol.Ⅲ: *Companions and*

*Competitors*, New York u.a., 2007, p.586, 주 80.

35 Dunn, James D. G., *Jesus Remembered: Christianity in the Making*, Vol.1, Grands Rapids, 2003, p.522.

36 Dschulnigg, Peter, *Das Markusevangelium*, ThKNT 2, Stuttgart, 2007, p.351.

37 Dschulnigg, Peter, *Das Markusevangelium*, ThKNT 2, Stuttgart, 2007, p.357.

38 Cousland, J. R. C., *The Crowds in the Gospel of Matthew*, NT.S 102, Leiden/ Boston/Köln, 2002, p.21.

39 Meiser, Martin, *Die Reaktion des Volkes auf Jesus: Eine redaktionskritische Untersuchung zu den synoptischen Evangelien*, BNZW 96, Berlin/New York, 1998, pp.247–257.

40 Konradt, Matthias, *Israel, Kirche und die Völker im Matthäusevangelium*, WUNT 215, Tübingen, 2007, pp.286–288.

41 Poplutz, Uta, *Erzählte Welt: Narratologische Studien zum Matthäusevangelium*, BThS 100, Neukirchen–Vluyn, 2008, p.105.

42 Konradt, Matthias, *Israel, Kirche und die Völker im Matthäusevangelium*, WUNT 215, Tübingen, 2007, p.169.

43 Konradt, Matthias, *Israel, Kirche und die Völker im Matthäusevangelium*, WUNT 215, Tübingen, 2007, pp.96–108.

44 Zimmermann, Christiane, "Jesus und das Volk", in: Schröter, Jens, Jacobi, Christine (Hg.), *Jesus Handbuch*, Tübingen, 2017, pp.333–338, 334.

45 Meiser, Martin, *Die Reaktion des Volkes auf Jesus: Eine redaktionskritische Untersuchung zu den synoptischen Evangelien*, BNZW 96, Berlin/New York, 1998, pp.270–278.

46 Zimmermann, Christiane, "Jesus und das Volk", in: Schröter, Jens, Jacobi, Christine (Hg.), *Jesus Handbuch*, Tübingen, 2017, pp.333–338, 336.

47 Meiser, Martin, *Die Reaktion des Volkes auf Jesus: Eine redaktionskritische Untersuchung zu den synoptischen Evangelien*, BNZW 96, Berlin/New York, 1998, p.316.

48 Schröter, Jens, "Heil für die Heiden und Israel. Zum Zusammenhang von Christologie und Volk Gottes bei Lukas", in: Ders., *Von Jesus zum Neuen Testament. Studien zur urchristlichen Theologiegeschichte und zur Entstehung des neutestamentlichen Kanons*, WUNT 204, Tübingen, 2007, pp.247–267, 261, 263.

49 Kierspel, Lars, *The Jews and the World in the Fourth Gospel: Parallelism, Function, and Context*, WUNT II 220, Tübingen, 2006, p.264.

50 Hoffmann, P., Heil, Chr. (Hg.), *Die Spruchquelle Q: Studienausgabe. Griechisch*

*und Deutsch*, Darmstadt/Leuven, 2002, p.50.

51  Crüsemann, F., *Die Tora: Theologie und Sozialgeschichte des alttestamentlichen Gesetzes*, Gütersloh, 1997(2판), p.295.

52  Ebner, Martin, *Jesus—ein Weisheitslehrer? Synoptische Weisheitslogien im Traditionsprozess*, HBS 15, Freiburg, 1998, pp.182-203.

53  Dunn, James D. G, "Pharisees, Sinners, and Jesus", in: Ders., *Jesus, Paul and the Law. Studies in Mark and Galatians*, London, 1990, pp.61-88.

54  Heininger, B., *Metaphorik, Erzählstruktur und szenisch-dramatische Gestaltung in den Sondergutgleichnissen bei Lukas*, NTA NF 24, Münster, 1991, pp.146-166.

55  Gnilka, Joachim, *Das Evangelium nach Markus*, Zürich/Neukirchen-Vluyn, 2015(1978), EKK Ⅰ, pp.202, 208. EKK Ⅱ, p.109.; Ebner, Martin, "Im Schatten der Grossen. Kleine Erzählfiguren im Markusevangelium", in: BZ NF 44, 2000, pp.56-76, 71.

56  Meier, John P., *A Marginal Jew: Rethinking the Historical Jesus*, Vol.Ⅲ: *Companions and Competitors*, New York u.a., 2007, p.79.

57  Tiwald, M., *Wanderradikalimus. Jesu erster Junger—ein Anfang und was davon bleibt*, ÖBS 20, Frankfurt, 2002, pp.211-220.

58  Ebner, Martin, *Jesus von Nazaret: Was wir von ihm wissen können*, Stuttgart, 2016, p.131.

59  Rahner, Karl, *Schriften zur Theologie* Ⅳ, Einsiedeln, 1964(4판), p.297.; Wolter, Michael, *Jesus von Nazaret*, Göttingen, 2019, p.158.

60  Strotmann, Angelika, *Der historische Jesus*, Paderborn, 2012(3판), p.129.

61  Herrenbrück, F., *Jesus und die Zöllner. Historische und neutestamentlich-exegetische Untersuchungen*, Tübingen, 1990, p.287.

62  Michel, O., ThWNT Ⅷ, p.99.

63  Ebner, Martin, "Die Mähler Jesu im Kontext der Gleichnisse von Säen und Ernten, Brotbacken und Brotschenken, Einladen und Feiern", in: BiKi 57, 2002, pp.9-14, 11-13.

64  Zimmermann, Christiane, "Frauen im Umfeld Jesu", in: Schröter, Jens, Jacobi, Christine (Hg.), *Jesus Handbuch*, Tübingen, 2017, pp.327-333, 327.

65  Schüssler Fiorenza, Elisabeth, *Zu ihrem Gedächtnis...: Eine theologische Rekonstruktion der christlichen Ursprünge*, München, 1988, pp.63, 76-77.; Philipps, Victoria, "Full Disclosure: Towards a Complete Characterization of the Women who followed Jesus in the Gospel according to Mark", in: Kitzberger, Ingrid Rosa (Hg.), *Transformative Encounters. Jesus and Women Re-viewed*,

Bibl.-Interpr.S 43, Leiden, 2000, pp.13-32, 24-26.

66 Bieberstein, Sabine, *Verschwiegene Jüngerinnen, vergessene Zeuginnen: Gebrochene Konzepte im Lukasevangelium*, Freiburg(CH)/Göttingen, 1998, p.6.

67 Petersen, Silke, *"Zerstört die Werke der Weiblichkeit!" Maria Magdalena, Salome und andere Jüngerinnen Jesu in christlich-gnostischen Schriften*, NHMS 48, Leiden u.a., 1999, pp.6-9.

68 Levine, Amy-Jill, "Second-Temple Judaism, Jesus and Women: Yeast of Eden", Bibl.-Interpr.2, 1994, pp.8-33.

69 Bauckham, Richard J., *Gospel Women: Studies of the Named Women in the Gospels*, Grand Rapids, 2002, pp.xvi-xvii.

70 Zimmermann, Christiane, "Frauen im Umfeld Jesu", in: Schröter, Jens, Jacobi, Christine (Hg.), *Jesus Handbuch*, Tübingen, 2017, pp.327-333, 328.

71 Reiprich, Torsten, *Das Mariageheimnis. Maria von Nazareth und die Bedeutung familiärer Beziehungen im Markusevangelium*, FRLANT 223, Göttingen, 2008, pp.162-164.

72 Bauckham, Richard J., *Gospel Women: Studies of the Named Women in the Gospels*, Grand Rapids, 2002, pp.225-256.

73 Melzer-Keller, H., *Jesus und die Frauen. Eine Verhältnisbestimmung nach den synoptischen Evangelien*, HBS 14, Freiburg i. Br., 1997, p.97.

74 Melzer-Keller, H., *Jesus und die Frauen. Eine Verhältnisbestimmung nach den synoptischen Evangelien*, HBS 14, Freiburg i. Br., 1997, p.64.

75 Konradt, Matthias, *Das Evangelium nach Matthäus*, Göttingen, 2015, pp.30-31.

76 Melzer-Keller, H., *Jesus und die Frauen. Eine Verhältnisbestimmung nach den synoptischen Evangelien*, HBS 14, Freiburg i. Br., 1997, pp.182-185.; Zimmermann, Christiane, "Frauen im Umfeld Jesu", in: Schröter, Jens, Jacobi, Christine (Hg.), *Jesus Handbuch*, Tübingen, 2017, pp.327-333, 329.

77 Bauckham, Richard J., *Gospel Women: Studies of the Named Women in the Gospels*, Grand Rapids, 2002, pp.109-161.

78 Bieberstein, Sabine, *Verschwiegene Jüngerinnen, vergessene Zeuginnen: Gebrochene Konzepte im Lukasevangelium*, Freiburg(CH)/Göttingen, 1998, p.281.

79 Taschl-Erber, Andrea, *Maria von Magdala—Erste Apostolin? Joh 20,1-18; Tradition und Relecture*, Freiburg, 2007, p.477.

80 Petersen, Silke, *"Zerstört die Werke der Weiblichkeit!" Maria Magdalena, Salome und andere Jüngerinnen Jesu in christlich-gnostischen Schriften*, NHMS 48, Leiden u.a., 1999, p.208.

81 Kügler, Joachim, "Das Johannesevangelium", in; Ebner, Martin, Schreiber, Stefan (Hg.), *Einleitung in das Neue Testament*, Stuttgart, 2008(2판), pp.210-231, 211.

82 Hartenstein, Judith, "Männliche und weibliche Erzählfiguren im Johannesevangelium", in: Navarro Puerto, Mercedes, Fischer, Irmtraud (Hg.), *Die Bibel und die Frauen. Eine exegetisch-kulturgeschichtliche Enzyklopädie. Bd. 2.1: Neues Testament: Evangelien, Erzählungen und Geschichte*, Stuttgart, 2012, pp.421-433, 432-433.

83 Bauckham, Richard J., *Gospel Women: Studies of the Named Women in the Gospels*, Grand Rapids, 2002, pp.xv-xvi.

84 Pellegrini, Silvia, "Frauen ohne Namen in den kanonischen Evangelien", in: Navarro Puerto, Mercedes, Fischer, Irmtraud (Hg.), *Die Bibel und die Frauen. Eine exegetisch-kulturgeschichtliche Enzyklopädie. Bd. 2.1: Neues Testament: Evangelien, Erzählungen und Geschichte*, Stuttgart, 2012, pp.383-421, 410-412.

85 Ilan, Tan, "In the Footsteps of Jesus", in: Kitzberger, Ingrid Rosa (Hg.), *Transformative Encounters. Jesus and Women Re-viewed*, Bibl.-Interpret. S. 43, Leiden, 2000, pp.115-136, 125-128.

86 Schnelle, Udo, *Theologie des Neuen Testaments*, Göttingen, 2016(3판), pp.131-132.

87 Theissen, Gerd, *Lokalkolorit und Zeitgeschichte in den Evangelien. Ein Beitrag zur Geschichte der synoptischen Tradition*, NTOA 8, Göttingen, 1989, pp.63-84.

88 Luz, Ulrich, *Das Evangelium nach Matthäus*: EKK I/2, Mt 8-17, Zürich/Neukirchen-Vluyn, 2008, p.90.

89 Dunn, James D. G., *Jesus Remembered: Christianity in the Making*, Vol.1, Grands Rapids, 2003, p.317.; Theissen, Gerd, Merz, Annette, *Der historische Jesus*, Göttingen, 2011(4판), p.159.

90 Becker, Jürgen, *Jesus von Nazaret*, Berlin/New York, 1996, p.33.; Dunn, James D. G., *Jesus Remembered: Christianity in the Making*, Vol.1, Grands Rapids, 2003, pp.207-511.; Theissen, Gerd, Merz, Annette, *Der historische Jesus*, Göttingen, 2011(4판), p.200.

91 Sanders, Ed P., *Jesus and Judaism*, London/Philadelphia, 1991(3판), p.98.

92 Dautzenberg, G., "Elija im Markusevangelium", in: *The Four Gospels* (FS F. Neirynck), BEThL 100, Bd. 2, Leuven 1992, pp.1077-1094.

93 Ebner, Martin, *Jesus von Nazaret: Was wir von ihm wissen können*, Stuttgart, 2016, p.121.

94 Ebner, Martin, *Jesus von Nazaret: Was wir von ihm wissen können*, Stuttgart,

2016, p.123.

95   Böttrich, Christfried, *Petrus: Fischer, Fels und Funktionär*, BG 2, Leipzig, 2001.

96   Schröter, Jens, *Jesus von Nazaret: Jude aus Galiläa—Retter der Welt*, Leipzig, 2017(6판), p.187.

97   Ebner, Martin, *Jesus—ein Weisheitslehrer? Synoptische Weisheitslogien im Traditionsprozess*, HBS 15, Freiburg, 1998, p.101.

98   Theissen, Gerd, "Wanderradikalismus. Literatursoziologische Aspekte der Überlieferung von Worten Jesu im Urchristentum", in: Ders., *Studien zur Soziologie des Urchristentums*, WUNT 19, Tübingen, 1989(3판), pp.79-105.; Schmeller, T., *Brechungen: Urchristliche Wandercharismatiker im Prisma soziologisch orientierter Exegese*, SBS 136, Stuttgart, 1989.; Tiwald, M., *Wanderradikalimus. Jesu erster Junger—ein Anfang und was davon bleibt*, ÖBS 20, Frankfurt, 2002.

99   Jungbauer, H., *"Ehre Vater und Mutter": Der Weg des Elterngebots in der biblischen Tradition*, WUNT II/146, Tübingen, 2002.; Ebner, Martin, *Jesus von Nazaret: Was wir von ihm wissen können*, Stuttgart, 2016, p.118.

100  Yarbrough, O. L., "Parents and Children in the Jewish Family of Antiquity", in: Cohen, S. J. D., (Hg.), *The Jewish Family in Antiquity*, BJSt 289, Atlanta, 1993, pp.39-59.

101  Theissen, Gerd, "'Wir haben alles verlassen' (Mk 10,28). Nachfolge und sozilae Entwurzelung in der jüdisch-palästinischen Gesellschaft des 1. Jahunderts n. Chr.", in: Ders., *Studien zur Soziologie des Urchristentums*, WUNT 19, Tübingen, 1989(3판), pp.106-141.

102  Josephus, *The Wars of the Jews* 2,138.

103  Heininger, B., *Metaphorik, Erzählstruktur und szenisch-dramatische Gestaltung in den Sondergutgleichnissen bei Lukas*, NTA NF 24, Münster, 1991, pp.132-139.

104  Luz, Ulrich, *Das Evangelium nach Matthäus*: EKK I/2, Mt 8-17, Zürich/ Neukirchen-Vluyn, 2008, pp.348-354.

105  Fleddermann, H. T., *Mark and Q.: A Study of the Overlap Texts*, BEThL 122, Leuven, 1995, pp.75-80.

106  Ebner, Martin, *Jesus—ein Weisheitslehrer? Synoptische Weisheitslogien im Traditionsprozess*, HBS 15, Freiburg, 1998, pp.73-76.

107  Hoffmann, P., *Studien zur Theologie der Logienquelle*, NTA NF 8, Münster, 1982(3판), pp.288, 296-302.

108  Meier, John P., *A Marginal Jew: Rethinking the Historical Jesus*, Vol. III: *Companions and Competitors*, New York u.a., 2007, pp.154-163.; Tiwald, M.,

*Wanderradikalimus. Jesu erster Junger—ein Anfang und was davon bleibt*, ÖBS 20, Frankfurt, 2002, pp.203-211.

109 Wolter, M., "'Gericht' und 'Heil' bei Jesus von Nazareth und Johannes dem Täufer", in: Schröter, J., Brucker, R.(Hg.), *Der historische Jesus. Tendenzen und Perspecktiven der gegenwärtigen Forschung*, BNZW 114, Berlin/New York, 2002, pp.355-392.

110 Tiwald, M., *Wanderradikalimus. Jesu erster Junger—ein Anfang und was davon bleibt*, ÖBS 20, Frankfurt, 2002, pp.175-185.

111 Schüling, J., *Studien zum Verhätnis von Logienquelle und Markusevangelium*, fzb 65, Würzburg, 1991, p.50.

112 Kloppenborg, Verbin, J. S., *Excavating Q: The History and Setting of the Sayings Gospel*, Edinburgh, 2000, pp.420-432.

113 Ebner, Martin, *Jesus—ein Weisheitslehrer? Synoptische Weisheitslogien im Traditionsprozess*, HBS 15, Freiburg, 1998, pp.249-276.; Robinson, J. M., Heil, C., "The Lilies of the Field. Saying 36 of the Gospel of Thomas and Secondary Accretions in Q 12,12b-31", in: NTS 47, 2000, pp.1-25, 22.; Schmeller, T., "Die Radikalität der Logienquelle. Raben, Lilien und die Freiheit vom Sorgen (Q 12,22-32)", in: BiKi 54, 1999, pp.85-88.

114 Robinson, J. M., Heil, C., "Noch einmal: Der Schreibfehler in Q 12,27", in: ZNW 92, 2001, pp.113-122.; Schröter, Jens, "Rezeptionsprozesse in der Jesusüberlieferung: Überlegungen zum historischen Charakter der neutestamentlichen Wissenschaft am Beispiel der Sorgensprüche", in: NTS 47, 2001, pp.442-468.

115 Melzer-Keller, H., *Jesus und die Frauen. Eine Verhältnisbestimmung nach den synoptischen Evangelien*, HBS 14, Freiburg i. Br., 1997, pp.344-346.; Heininger, B., "Das Reich Gottes. Neues Testament", in: Vanoni. G., Heininger, B., *Das Reich Gottes. Perspektiven des Alten und Neuen Testaments*, NEB. Themen 4, Würzburg, 2002, pp.61-117, 86.

116 Ebner, Martin, *Jesus—ein Weisheitslehrer? Synoptische Weisheitslogien im Traditionsprozess*, HBS 15, Freiburg, 1998, p.305.

117 Theissen, Gerd, "Gewaltverzicht und Feindesliebe (Mt 5,38-48/ Lk 6,27-38) und deren sozialgeschichtlicher Hintergrund", in: Ders., *Studien zur Soziologie des Urchristentums*, WUNT 19, Tübingen, 1989(3판), pp.160-197.; Ebner, Martin, "Feindesliebe - ein Ratschlag zum Überleben? Sozial- und religionsgeschichtliche Überlegungen", in: Asgeirsson, J. M., de Troyer, K., Meyer, M. W. (Hg.), *From Quest to Q* (FS J. M. Robinson), Leuven, 2000,

pp.119–142.; Reiser, M., "Love of the Enemies in the Context of Antiquity", in: NTS 47, 2001, pp.411–427, 424.

118  Josephus, *The Wars of the Jews* 3,95.

119  Epiktet, Diss IV 1,79.

120  Plinius, Hist Nat XiX 170.

121  Kellermann, M., Art. "Sauerteig", in: NBL III, 2001, p.452.

122  Ebner, Martin, *Jesus von Nazaret: Was wir von ihm wissen können*, Stuttgart, 2016, p.140.

123  Hutter, M., Art. "Garten", in: NBL I, 1991, p.729.

124  Marshall, I. H., *The Gospel of Luke: A Commentary on the Greek Text*(NIGTC), Grand Rapids, 1992, p.561.

125  Scott, B. B., *Hear Then the Parable: A Commentary on the Parables of Jesus*, Minneapolis, 1989, pp.326, 384.

126  Lohfink, G., "Das Gleichnis vom Sämann (Mk 4,3–9)", in: BZ NF 30, 1986, pp.36–69, 52–57.

127  Klauck, Hans-Josef, *Allegorie und Allegorese in synoptischen Gleichnistexten*, NTA NF 13, Münster, 1986(2판), p.191.

128  Luz, Ulrich, *Das Evangelium nach Matthäus*: EKK I/3, Mt 18–25, Zürich/ Neukirchen-Vluyn, 2012, p.235.

129  Schröter, Jens, *Jesus von Nazaret: Jude aus Galiläa—Retter der Welt*, Leipzig, 2017(6판), p.215.

130  Sanders, Ed P., *Jesus and Judaism*, London/Philadelphia, 1991(3판), p.93.

131  Sobrino, Jon, *Jesucristo liberador. Lectura histórica-teológica de Jesús de Nazaret*, San Salvador, 1991(3판), pp.211–231.

132  Schröter, Jens, *Jesus von Nazaret: Jude aus Galiläa—Retter der Welt*, Leipzig, 2017(6판), p.226.

133  Welker, M., Wolter, M., "Die Unscheinbarkeit des Reiches Gottes", Marburger Jahrbuch Theologie XI: *Reich Gottes*, Härle, W., Preul, R. (Hg.), MThSt 53, Marburg, 1999, pp.103–116.

134  Becker, Jürgen, *Jesus von Nazaret*, Berlin/New York, 1996, pp.276–288.; Schröter, Jens, *Jesus von Nazaret: Jude aus Galiläa—Retter der Welt*, Leipzig, 2017(6판), pp.243–244.

135  Schröter, Jens, *Jesus von Nazaret: Jude aus Galiläa—Retter der Welt*, Leipzig, 2017(6판), p.251.

136  Huber, W., "Feindschaft und Feindesliebe. Notizen zum Problem des 'Feindes' in der Theologie", ZEE 26, 1982, pp.128–158, 139.

372

137 Schröter, Jens, *Jesus von Nazaret: Jude aus Galiläa—Retter der Welt*, Leipzig, 2017(6판), p.253.

138 Albani, Matthias, *Der eine Gott und die himmlischen Heerscharen: Zur Begründung des Monotheismus bei Deuterojesaja im Horizont der Astralisierung des Gottesverständnisses im Alten Orient*, ABG 1, Leipzig, 2000.

139 Schnelle, Udo, *Theologie des Neuen Testaments*, Göttingen, 2016(3판), p.73.

140 Merklein, Helmut, "Die Einzigkeit Gottes als die sachliche Grundlage der Botschaft Jesu", in: Ders., *Studien zu Jesus und Paulus* Ⅱ, WUNT 103, Tübingen, 1998, pp.154-173, 155.

141 Hofius, Otfried, "Jesu Zuspruch der Sündenvergebung", in: Ders., *Neutestamentliche Studien*, WUNT 132, Tübingen, 2000, pp.38-56.

142 Schnelle, Udo, *Theologie des Neuen Testaments*, Göttingen, 2016(3판), pp.70, 73, 107-109.

143 Wolter, Michael, *Jesus von Nazaret*, Göttingen, 2019, p.210.

144 Merklein, Helmut, "Die Einzigkeit Gottes als die sachliche Grundlage der Botschaft Jesu", in: Ders., *Studien zu Jesus und Paulus* Ⅱ, WUNT 103, Tübingen, 1998, pp.154-173, 155-160.

145 Dio Chrys, Or 12,74; 36,31.35.36.

146 Schelbert, G., "Abba, Vater!", FZPhTh 40, 1993, pp.259-281.; FZPhTh 41, 1994, pp.526-531.

147 Jeremias, Joachim, *Neutestamentliche Theologie* Ⅰ: *Die Verkündigung Jesu*, Gütersloh, 1994, p.73.

148 Schnelle, Udo, *Theologie des Neuen Testaments*, Göttingen, 2016(3판), p.74.

149 Grässer, E., "Jesus und das Heil Gottes", in: Ders., *Der Alte Bund im Neuen*, WUNT 35, Tübingen, 1985, pp.181-200, 194-198.

150 Becker, Jürgen, "Das Gottesbild Jesu und die älteste Auslegung von Ostern", in: Strecker, Georg (Hg.), *Jesus Christus in Historie und Theologie* (FS Konzelmann, H.), Tübingen, 1975, pp.105-126, 109.

151 Sänger, D., "Schriftauslegung im Horizont der Gottesherrschaft", in: Deuser, H., Schmalenberg, G. (Hg.), *Christlicher Glaube und religiöse Bildung* (FS Kriechbaum, F.), GSTR 11, Giessen, 1995, pp.75-109, 107.

152 Schürmann, Heinz, "Das 'eigentümlich Jesuanische' im Gebet Jesu. Jesu Beten als Schlüssel für das Verständnis seiner Verkündigung", in: Ders., *Jesus, Gestalt und Geheimnis*, Scholtissek, Klaus (Hg.), Paderborn, 1994, pp.45-63, 47.

153 Jeremias, Jörg, *Das Königtum Gottes in der Psalmen*, FRLANT 141, Göttingen, 1987.; Schreiber, Stefan, *Gesalbter und König*, BZNW 105, Berlin, 2000, pp.41-

142.; Hengel, M., Schwemer, A, M. (Hg.), *Königsherrschaft Gottes und himmlischer Kult: im Judentum, Urchristentum und in der helenistischen Welt*, WUNT 55, Tübingen, 1991.

154 Schwemer, A. M., "Gott als König und seine Königherrschaft in den Sabbatliedern aus Qumaran", in: Hengel, M., Schwemer, A, M. (Hg.), *Königsherrschaft Gottes und himmlischer Kult: im Judentum, Urchristentum und in der helenistischen Welt*, WUNT 55, Tübingen, 1991, pp.45-118.

155 Billerbeck, Paul., Strack, Hermann L. (Hg.), *Kommentar zum Neuen Testament aus Talmud und Midrasch*, Ⅳ/1, München, 1979, p.212.

156 Philonenko, M., *Das Vaterunser: Vom Gebet Jesu zum Gebet der Jünger*, UTB 2312, Tübingen, 2002, p.25.

157 Josephus, *Antiquities of the Jews* 17, 271-272.; Horsley, Richard A., Hanson, J. S., *Bandits, Prophets, and Messiahs: Popular Movements at the Time of Jesus*, Harrisburg, 1999.; Crossan, J. D., Reed, J. L, *Excavating Jesus. Beneath the Stones, Behind the Texts*, San Francisco, 2001, pp.170-221.; Riedo-Emmenegger, Chr., *Prophetisch-messinische Provokateure der Pax Romana: Jesus von Nazaret und andere Störenfride im Konflikt mit dem Römischen Reich*, NTOA 56, Fribourg/Göttingen, 2005, pp.245-275.

158 Theissen, Gerd, *Die Jesusbewegung: Sozialgeschichte einer Revolution der Werte*, Gütersloh, 2004, pp.131-241.; Horsley, Richard A., *Archaeology, History and Society in Galilee*, Harrisburg, 1996.

159 Josephus, *Vita*, 374-384.

160 Schnelle, Udo, *Theologie des Neuen Testaments*, Göttingen, 2016(3판), p.81.

161 Horsely, Richard A., *Jesus and Empire*, Minneapolis, 2002, p.98.

162 Horsely, Richard A., *Jesus and Empire*, Minneapolis, 2002, p.105.

163 Freyne, S., *Jesus, a Jewish Galilean: A New Reading of the Jesus Story*, London/ New York, 2004, pp.136-149.

164 Schnelle, Udo, *Theologie des Neuen Testaments*, Göttingen, 2016(3판), pp.81-82, 주90.

165 Riedo-Emmenegger, Chr., *Prophetisch-messinische Provokateure der Pax Romana: Jesus von Nazaret und andere Störenfride im Konflikt mit dem Römischen Reich*, NTOA 56, Fribourg/Göttingen, 2005, p.305.

166 Onuki, Takashi, *Jesus: Geschichte und Gegenwart*, BThSt 82, Neukirchen, 2006, p.44.

167 Camponovo, Odo, *Königtum, Königsherrschaft und Reich Gottes in den frühjüdischen Schriften*, Göttingen, 1984, p.444.

168  Schnelle, Udo, *Theologie des Neuen Testaments*, Göttingen, 2016(3판), p.82.

169  Merklein, Helmut, *Jesu Botschaft von der Gottesherrschaft*, Eine Skizze, SBS 111, Stuttgart, 1989(3판), pp.27-36.

170  Merklein, Helmut, *Die Gottesherrschaft als Handlungsprinzip. Untersuchung zur Ethik Jesu*, fzb 34, Würzburg, 1984(3판), p.85.

171  Becker, Jürgen, *Johannes der Täufer und Jesus von Nazareth*, BSt 63, Neukirchen, 1972, p.76.

172  Wolter, Michael, "Gerichtsvorstellungen Jesu", in: Schröter, Jens, Jacobi, Christine (Hg.), *Jesus Handbuch*, Tübingen, 2017, pp.388-394.

173  Schürmann, Heinz, *Das Lukasevangelium, 1. Teil. Kommentar zu Kap. 1,1-9,50*, HtKNT Bd. 3, Freiburg, 1970, p.418.; Bovon, François, *Das Evangelium nach Lukas*, EKK Ⅲ/2, Zürich/Neukirchen-Vluyn, 2008(3판), p.378, 주 50.

174  Luz, Ulrich, *Das Evangelium nach Matthäus*: EKK Ⅰ/3, Mt 18-25, Zürich/Neukirchen-Vluyn, 2012, p.176.

175  Luz, Ulrich, *Das Evangelium nach Matthäus*: EKK Ⅰ/1, Mt 1-7, Zürich/Neukirchen-Vluyn, 2002, pp.432-458.; Philonenko, M., *Das Vaterunser: Vom Gebet Jesu zum Gebet der Jünger*, UTB 2312, Tübingen, 2002, pp.51-68.

176  Philonenko, M., *Das Vaterunser: Vom Gebet Jesu zum Gebet der Jünger*, UTB 2312, Tübingen, 2002, p.25.

177  Luz, Ulrich, *Das Evangelium nach Matthäus*: EKK Ⅰ/1, Mt 1-7, Zürich/Neukirchen-Vluyn, 2002, p.447.

178  Merklein, Helmut, *Die Gottesherrschaft als Handlungsprinzip. Untersuchung zur Ethik Jesu*, fzb 34, Würzburg, 1984(3판), p.118.; Luz, Ulrich, *Das Evangelium nach Matthäus*: EKK Ⅰ/2, Mt 8-17, Zürich/Neukirchen-Vluyn, 2008, p.14.

179  Flusser, D., *Jesus*, NA, Hamburg, 1999, p.96.

180  Strecker, Georg, *Die Bergpredigt*, Göttingen, 1984, p.30.; Weder, H., *Die "Rede der Reden"*, Zürich, 1985, p.40.

181  Schnelle, Udo (Hg.), *Neuer Wettstein* 1/2, Berlin, 2013, pp.256-271.

182  Weder, H., *Gegenwart und Gottesherrschaft*, BThSt 20, Neukirchen, 1993, pp.34-41.

183  Weder, H., *Gegenwart und Gottesherrschaft*, BThSt 20, Neukirchen, 1993, p.39.

184  Schnelle, Udo, *Theologie des Neuen Testaments*, Göttingen, 2016(3판), p.87, 주 109.; Merklein, Helmut, *Jesu Botschaft von der Gottesherrschaft*, Eine Skizze, SBS 111, Stuttgart, 1989(3판), pp.56-58.

185  Trunk, D., "Jesus, der Exorzist", in: ThPQ 145, 1997, pp.3-13, 7.

186  Reiling, J., Art. "Unclean Spirits", in: DDD, 1999, p.882.

187  Görg, M., Art. "Dämonen", in: NBL Ⅰ, 1991, p.376.

188  Ditfruth, H. von, *Der Geist fiel nicht vom Himmel: Die Evolution unseres Bewusstseins*, München, 1984(6판), pp.167-169.

189  Heininger, B., "Zwischen Magie und Medizin: Der Heiler", in: Krankendienst 70, 1997, pp.145-153, 151.

190  Kollmann, Bernd, *Jesus und die Christen als Wundertäter: Studien zu Magie, Medizin und Schamanismus in Antike und Christentum*, FRLANT 170, Göttingen, 1996, p.116.

191  Crossan, J. D., *The Historical Jesus: The Life of a Mediterranean Peasant*, San Francisco, 1991, p.116.; Hollenbach, P. W., "Help for Interpreting Jesus' Exorcisms", in: SBL.SP 32, 1993, pp.119-128, 123.: Theissen, Gerd, "Gottes Herrschaft-Ende der Dämonenangst", in: Degenhardt, R. (Hg.), *Geheilt durch Vertrauen. Bibelarbeiten zu Markus 9,14-29*, KT 110, München, 1992, pp.62-79, 70.

192  Gnilka, Joachim, *Das Evangelium nach Markus*, EKK Ⅱ, Zürich/Neukirchen-Vluyn, 2015(1978), p.145.

193  Hermann, W., Art. "Baal Zebub", in: DDD, 1999, pp.154-156.

194  Feldtkeller, A., *Identitätssuche des syrischen Urchristentums. Mission, Inkultration und Pluralität im ältesten Heidenchristentum*, NTOA 25, Freiburg/Göttingen, 1993, p.105.

195  Ebner, Martin, *Jesus von Nazaret: Was wir von ihm wissen können*, Stuttgart, 2016, p.114, 주 34.

196  Josephus, *The Wars of the Jews* 2, 265, 305, 440, 504.

197  Meier, John P., *A Marginal Jew: Rethinking the Historical Jesus*, Vol. Ⅱ: *Mentor, Message, and Miracles*, New York u.a., 2007, p.419.; Söding, T., "Wenn ich mit dem Finger Gottes die Dämonen austribe···"(Lk 11,20). Die Exorzismen im Rahmen der basileia-Verkündigung Jesu, in: Lange, A. (Hg.), *Die Dämonen. Die Dämonologie der israelistisch-jüdischen und frühchristlichen Literatur im kontext ihrer Umwelt*, Tübingen, 2003, pp.519-549, 540.

198  Räisänen, H., "Exorcisms and the Kingdom. Is Q 11,20 a Saying of the Historical Jesus", in: Uro, R. (Hg.), *Symbols and Strata: Essays on the Sayings Gospel Q*, SESJ 65, Helsinki/Göttingen, 1996, pp.119-142.

199  Hengel, Martin, "Der Finger und die Herrschaft Gottes in Lk 11,20", in: Kieffer, R., Bergmann, J. (Hg.), *Die Hand Gottes*, WUNT 94, Tübingen, 1997, pp.87-106.

200  Ebner, Martin, *Jesus von Nazaret: Was wir von ihm wissen können*, Stuttgart,

2016, p.111.

201 Maier, Johann, *Die Qumran-Essener: Die Texte vom Toten Meer*, Band Ⅰ-Ⅲ, München/Basel, 1995/1996.

202 Kollmann, Bernd, *Jesus und die Christen als Wundertäter: Studien zu Magie, Medizin und Schamanismus in Antike und Christentum*, FRLANT 170, Göttingen, 1996.

203 Kollmann, Bernd, *Jesus und die Christen als Wundertäter: Studien zu Magie, Medizin und Schamanismus in Antike und Christentum*, FRLANT 170, Göttingen, 1996, pp.174-215.

204 Meier, John P., *A Marginal Jew: Rethinking the Historical Jesus*, Vol.Ⅱ: *Mentor, Message, and Miracles*, New York u.a., 2007, pp.646-677.; Dunn, James D. G., *Jesus Remembered: Christianity in the Making*, Vol.1, Grands Rapids, 2003, pp.673-677.

205 Crossan, J. D., *The Historical Jesus: The Life of a Mediterranean Peasant*, San Francisco, 1991, pp.402-468.; Witmer, Amanda, *Jesus, the Galilean Exorcist*, Library of New Testament Studies 459, London/New York, 2012, pp.61-96.

206 Kollmann, Bernd, "Exorzismen", in: Schröter, Jens, Jacobi, Christine (Hg.), *Jesus Handbuch*, Tübingen, 2017, pp.310-318, 317.

207 Crossan, J. D., *The Historical Jesus: The Life of a Mediterranean Peasant*, San Francisco, 1991, pp.402-468.

208 Schröter, Jens, *Jesus von Nazaret: Jude aus Galiläa—Retter der Welt*, Leipzig, 2017(6판), p.173.

209 Wolter, Michael, *Jesus von Nazaret*, Göttingen, 2019, p.129.

210 Wolter, Michael, *Jesus von Nazaret*, Göttingen, 2019, p.130.

211 Rahner, Karl, *Schriften zur Theologie* Ⅳ, Einsiedeln, 1964(4판), p.297.

212 Wolter, Michael, *Jesus von Nazaret*, Göttingen, 2019, p.130.

213 Wolter, Michael, *Jesus von Nazaret*, Göttingen, 2019, p.132.

214 Kollmann, Bernd, *Jesus und die Christen als Wundertäter: Studien zu Magie, Medizin und Schamanismus in Antike und Christentum*, FRLANT 170, Göttingen, 1996, pp.266-268; Kollmann, Bernd, *Neutestamentliche Wundergeschichten*, Stuttgart, 2011(3판), pp.93-94.; Wolter, Michael, *Das Lukasevangelium*, Tübingen, 2008, pp.274-277.

215 Tacitus, *Historien* 4, 81,1-3.

216 Wolter, Michael, *Theologie und Ethos im frühen Christentum*, WUNT 236, Tübingen, 2009, pp.95, 102, 104.

217 Bultmann, Rudolf, *Die Geschichte der synoptischen Tradition*, Göttingen, 1967(7

판), pp.230-233.; Schenke, Ludger, "Jesus als Wundertäter", in: Ders., *Jesus von Nazaret—Spuren und Konturen*, Stuttgart, 2004, pp.148-163.; Kollmann, Bernd, *Neutestamentliche Wundergeschichten*, Stuttgart, 2011(3판), pp.98-103.

218   Theissen, Gerd, *Urchristliche Wundergeschichten*, Gütersloh, 1974, pp.102-120.

219   Wolter, Michael, *Jesus von Nazaret*, Göttingen, 2019, p.136.

220   Brodie, T. L., "Towards Unravelling Luke's Use of the Old Testament: Luke 7.11-17 as an Imitatio of 1 Kings 17.17-24", NTS 32, 1986, pp.247-267.

221   Theobald, M., *Das Evangelium nach Johannes, Kapitel 1-12*, RNT, Regensburg, 2009, pp.714-718.; Wagner, J., *Auferstehung und Leben: Joh 11,1-12,19 als Spiegel johanneischer Redaktions- und Theologiegeschichte*, BU 19, Regensburg, 1988, pp.42-87.

222   Kremer, Jakob, *Lazarus. Die Geschichte einer Auferstehung*, Stuttgart, 1985, pp.105-108.; Theobald, M., *Das Evangelium nach Johannes, Kapitel 1-12*, RNT, Regensburg, 2009, p.719.

223   Theissen, Gerd, *Urchristliche Wundergeschichten*, Gütersloh, 1974, pp.111-114.

224   Schweizer, A., *Geschichte der Leben-Jesu-Forschung*, Tübingen, 1984(9판), pp.82, 92.

225   Hengel, M., "The Interpretation of the Wine Miracle at Cana: John 2:1-11", in: Lincoln, H., Wright, D., Nicholas T. (Hg.), *The Glory of Christ in the New testament: Studies in Christology in Memory of George Bradford Caird*, Oxford, 1987, pp.83-112.

226   Eisele, W., "Jesus und Dionysos. Göttliche Konkurrenz bei der Hochzeit zu Kana (Joh 2,1-11)", ZNW 100, 1999, pp.1-28.; Theobald, M., *Das Evangelium nach Johannes, Kapitel 1-12*, RNT, Regensburg, 2009, pp.203-208.

227   Kollmann, Bernd, "Totenerweckungen und Naturewunder", in: Schröter, Jens, Jacobi, Christine (Hg.), *Jesus Handbuch*, Tübingen, 2017, pp.318-327, 323.

228   Kollmann, Bernd, "Totenerweckungen und Naturewunder", in: Schröter, Jens, Jacobi, Christine (Hg.), *Jesus Handbuch*, Tübingen, 2017, pp.318-327, 323.

229   Yarbro Collins, A., "Rulers, Divine Men, and Walking on the Water (Mark: 6:45-52)", in: Bornkamm, Lukas u.a. (Hg.), *Religious Propaganda and Missionary Competition in the New Testament World* (FS Georgi, Dieter), NT.S 74, Leiden, 1994, pp.207-227, 211-225.

230   Kollmann, Bernd, "Totenerweckungen und Naturewunder", in: Schröter, Jens, Jacobi, Christine (Hg.), *Jesus Handbuch*, Tübingen, 2017, pp.318-327, 323.

231   Reiser, Marius, *Der unbequeme Jesus*, BThS 122, Neukirchen-Vluyn, 2011, pp.158-197.; Keener, Craig S., *Miracles. The Credibility of the new Testament*

*Accounts*, Vol. II, Grand Rapids, 2011, p.742.

232  Jülicher, Adolf, *Die Gleichnisreden Jesu*, Tübingen, 1910(2판), p.24.

233  Zimmermann, Ruben, "Gleichnisse und Parabeln", in: Schröter, Jens, Jacobi, Christine (Hg.), *Jesus Handbuch*, Tübingen, 2017, pp.378–387, 380.

234  Jeremias, Joachim, *Die Gleichnisse Jesu*, Göttingen, 1998(11판), p.18.

235  Crossan, J. D., "The parables of Jesus", Int. 56, 2002, pp.247–259, 248.

236  Funk, Robert W., "Jesus. The Silent Sage", in: Ders., *Funk on Parables: Collected Essays*, Santa Rosa, 2006, pp.165–169.

237  Meier, John P., *A Marginal Jew: Rethinking the Historical Jesus*, Vol.V: *Probing the Authenticity of the Parables*, New York/London, 2016.

238  Keith, Chris, Le Donne, Anthony (Hg.), *Jesus, Criteria, and the Demise of Authenticity*, London, 2012.

239  Hahn, Ferdinand, "Methodologische Überlegungen zur Rückfrage nach Jesus", in: Ders., *Studien zum Neuen Testament. Band I: Grundsatzfragen, Jesusforschung, Evangelien*, Frey, J., Schlegel, J. (Hg.), WUNT 191, Tübingen, 2006(1974), pp.185–251.

240  Thoma, Clemens, Lauer, Ernst, *Die Gleichnisse der Rabbinen, Erster Teil: Psiqta deRavKahana (PesK), Einleitung, Übersetzung, Parallelen, Kommentar, Texte*, JudChr 10, Bern, 1986, p.12.

241  Berger, Klaus, "Hellenistische Gattungen im Neuen Testament", ANRW II.25.2, 1984, pp.1031–1432, 1110–1124.; Dormeyer, Detlev, *Das Neue Testament im Rahmen der antiken Literaturgeschichte*, Darmstadt, 1993, pp.140–158.

242  Jülicher, Adolf, *Die Gleichnisreden Jesu*, Tübingen, 1910(2판), pp.165, 172.; Jeremias, Joachim, *Die Gleichnisse Jesu*, Göttingen, 1998(11판), p.8.

243  Dschulnigg, Peter, *Rabbinische Gleichnisse und das Neue Testament: Die Gleichnisse der PesK im Vergleich mit den Gleichnissen Jesu und dem Neuen Testament*, JudChr 12, Bern, 1988.; Stern, Frank, *A Rabbi Looks at Jesus' Parables*, Lanham, 2006.

244  Kollmann, Bernd, "Jesus als jüdische Gleichnisdichter", NTS 50, 2004, pp.457–475.

245  Schottroff, Luise, *Die Gleichnisse Jesu*, Gütersloh, 2005.

246  Crüsemann Marlene u. a. (Hg.), *Gott ist anders. Gleichnisse neu gelesen auf der Basis der Auslegung von Luise Schottroff*, Gütersloh, 2014.

247  Levine, Amy-Jill, *Short Stories by Jesus: The Enigmatic Parables of a Controversial Rabbi*, New York, 2014, pp.14, 278.

248  Levine, Amy-Jill, *Short Stories by Jesus: The Enigmatic Parables of a Controversial*

*Rabbi*, New York, 2014, pp.9-10.

249 Hengel, Martin, Schwemer, A, M., *Paulus zwischen Damaskus und Antiochien*, WUNT 108, Tübingen, 1998, p.398.; Dunn, James D. G., *Jesus Remembered: Christianity in the Making*, Vol.1, Grands Rapids, 2003, p.385.

250 Zimmermann, Ruben (Hg.), *Kompendium der Gleichnisse Jesu*, Gütersloh, 2015(2판), p.59.

251 Zimmermann, Ruben (Hg.), *Kompendium der Gleichnisse Jesu*, Gütersloh, 2015(2판), p.262.

252 Becker, Jürgen, *Jesus von Nazaret*, Berlin/New York, 1996, pp.176-180.

253 Jülicher, Adolf, *Die Gleichnisreden Jesu*, Tübingen, 1910(2판), pp.25-118.; Bultmann, Rudolf, *Exegetica. Aufsätze zur Erforschung des Neuen Testaments*, (Hg.), Dinkler, E., Tübingen, 1967, pp.445-469.; Zimmermann, Ruben, *Hermeneutik der Gleichnisse Jesu: Methodische Neuansätze zum Verstehen urchristlicher Parabeltexte*, WUNT 231, Tübingen, 2008, pp.383-419.

254 Wolter, Michael, *Jesus von Nazaret*, Göttingen, 2019, p.170.

255 Jeremias, Joachim, *Die Gleichnisse Jesu*, Göttingen, 1998(11판), pp.17-18.

256 Wolter, Michael, *Jesus von Nazaret*, Göttingen, 2019, p.172.

257 Wolter, Michael, *Jesus von Nazaret*, Göttingen, 2019, p.192.

258 Schnelle, Udo, *Einführung in die neutestamentliche Exegese*, Göttingen, 2014(8판), pp.117-123.

259 Erlemann, K., *Gleichnisauslegung*, Tübingen, 1999, pp.11-52.

260 Weder, H., *Die Gleichnisse Jesu als Metaphern*, FRLANT 120, Göttingen, 1990(4판), pp.108-111.

261 Luz, Ulrich, *Das Evangelium nach Matthäus*: EKK I/2, Mt 8-17, Zürich/Neukirchen-Vluyn, 2008, p.322.

262 Kähler, Chr., *Jesu Gleichnisse als Poesie und Theraphie*, WUNT 78, Tübingen, 1995, pp.85-88.

263 Kähler, Chr., *Jesu Gleichnisse als Poesie und Theraphie*, WUNT 78, Tübingen, 1995, p.92.

264 Linnemann, E., *Gleichnisse Jesu*, Göttingen, 1978(7판), p.108.; Weder, H., *Die Gleichnisse Jesu als Metaphern*, FRLANT 120, Göttingen, 1990(4판), p.140.

265 Merklein, Helmut, *Die Gottesherrschaft als Handlungsprinzip. Untersuchung zur Ethik Jesu*, fzb 34, Würzburg, 1984(3판), pp.199-201.

266 Pöhlmann, W., *Der Verlorene Sohn und das Haus*, WUNT 68, Tübingen, 1993.

267 Jeremias, Joachim, *Die Gleichnisse Jesu*, Göttingen, 1998(11판), p.135.; Linnemann, E., *Gleichnisse Jesu*, Göttingen, 1978(7판), p.72.

268 Bovon, François, *Das Evangelium nach Lukas*, EKK Ⅲ/3, Zürich/Neukirchen-Vluyn, 2001, p.21.

269 Schnelle, Udo, *Theologie des Neuen Testaments*, Göttingen, 2016(3판), p.94.; Schottroff, Luise, Stegemann, Wolfgang, *Jesus von Nazaret, Hoffnung der Armen*, Stuttgart, 1977, pp.29-53.; Sobrino, Jon, *Jesucristo liberador. Lectura histórica-teológica de Jesús de Nazaret*, San Salvador, 1991(3판), pp.32-35.

270 Mayer, G., *Die jüdische Frau in der hellenistisch-römischen Antike*, Stuttgart, 1987.

271 Heil, Chr., *Die Ablehnung der Speisegebote durch Paulus*, BBB 96, Weinheim, 1994, pp.23-123.

272 Kollmann, Bernd, *Ursprung und Gestalten der frühchristlichen Mahlfeier*, GTA 43, Göttingen, 1990, p.234.

273 Neusner, J., *Das pharisäische und talmudische Judentum*, TSAJ 4, Tübingen, 1984, p.51.

274 Luz, Ulrich, *Das Evangelium nach Matthäus*: EKK Ⅰ/3, Mt 18-25, Zürich/Neukirchen-Vluyn, 2012, pp.232-238.

275 Bartchy, S. C., "Der historische Jesus und die Umkehr der Ehre am Tisch", in: Stegemann, W., Malina, B. J., Theissen, G. (Hg.), *Jesus in neuen Kontexten*, Stuttgart, 2002, pp.224-229.

276 Müller, K., "Beobachtungen zum Verhältnis von Tora und Halacha in frühjüdischen Quellen", in: Broer, I. (Hg.), *Jesus und das jüdische Gesetz*, Stuttgart u.a., 1992, pp.105-133, 105, 117.; Müller, K., "Das Toraleben im jüdischen Verständnis", in: Kertelge, K. (Hg.), *Das Gesetz in Neuen Testament*, Freiburg u.a., 1986, pp.11-27, 16.

277 Josephus, *Antiquities of the Jews* 12, 276-277.

278 Josephus, *Antiquities of the Jews* 13, 297.

279 Müller, K., "Beobachtungen zum Verhältnis von Tora und Halacha in frühjüdischen Quellen", in: Broer, I. (Hg.), *Jesus und das jüdische Gesetz*, Stuttgart u.a., 1992, pp.105-133, 105-114.; Müller, K., "Das Toraleben im jüdischen Verständnis", in: Kertelge, K. (Hg.), *Das Gesetz in Neuen Testament*, Freiburg u.a., 1986, pp.11-27, 12-20.

280 Wolter, Michael, *Jesus von Nazaret*, Göttingen, 2019, p.209.

281 Becker, Jürgen, *Jesus von Nazaret*, Berlin/New York, 1996, p.386.

282 Wolter, Michael, *Jesus von Nazaret*, Göttingen, 2019, p.209.

283 Wolter, Michael, *Jesus von Nazaret*, Göttingen, 2019, p.212.

284 Josephus, *The Wars of the Jews* 2, 135.; Billerbeck, P., *Kommentar zum Neuen*

*Testament aus Talmud und Midrasch* Ⅰ, München, 1974(4판), pp.328-330.

285 von Rad, G., *Das fünfte Buch Mose*, ATD 8, Göttingen, 1964, p.42.

286 Gnilka, Joachim, *Jesus von Nazareth: Botschaft und Geschichte*, HThK. S. 3, Freiburg, 1990, p.221.

287 Wolter, Michael, *Jesus von Nazaret*, Göttingen, 2019, p.214.

288 Wolter, Michael, *Jesus von Nazaret*, Göttingen, 2019, pp.214-215.

289 Wolter, Michael, *Jesus von Nazaret*, Göttingen, 2019, p.215, 주 37.

290 Dietzfelbinger, Christian, "Vom Sinn der Sabbatheilungen Jesu", EvTh 38, 1978, pp.281-298, 297.

291 Müller, K., "Beobachtungen zum Verhältnis von Tora und Halacha in frühjüdischen Quellen", in: Broer, I. (Hg.), *Jesus und das jüdische Gesetz*, Stuttgart u.a., 1992, pp.105-133, 134.

292 Broer, I., "Jesus und die Tora", in: Broer, I. (Hg.), *Jesus und das jüdische Gesetz*, Stuttgart u.a., 1992, pp.216-254, 252.

293 Becker, Jürgen, *Jesus von Nazaret*, Berlin/New York, 1996, p.387.; Luz, Ulrich, "Gesetz Ⅲ. Das Neue Testament", in: Smend, R., Luz, U. (Hg.), *Gesetz*, Stuttgart u. a., 1981, pp.58-69, 149-156, 163.; Theissen, Gerd, Merz, Annette, *Der historische Jesus*, Göttingen, 2011(4판), pp.321-332.

294 Wolter, Michael, *Jesus von Nazaret*, Göttingen, 2019, p.217.

295 Wolter, Michael, *Theologie und Ethos im frühen Christentum*, WUNT 236, Tübingen, 2009, pp.339-356.

296 Schröter, Jens, *Jesus von Nazaret: Jude aus Galiläa—Retter der Welt*, Leipzig, 2017(6판), p.261.

297 Schröter, Jens, *Jesus von Nazaret: Jude aus Galiläa—Retter der Welt*, Leipzig, 2017(6판), p.262, 주 299.

298 Luz, Ulrich, *Das Evangelium nach Matthäus*: EKK Ⅰ/2, Mt 8-17, Zürich/Neukirchen-Vluyn, 2008, p.233.

299 Schröter, Jens, *Jesus von Nazaret: Jude aus Galiläa—Retter der Welt*, Leipzig, 2017(6판), p.266.

300 Sanders, Ed P., *Sohn Gottes: Eine historische Biographie Jesu*, Stuttgart, 1996, pp.303-347.

301 Schnelle, Udo, *Theologie des Neuen Testaments*, Göttingen, 2016(3판), p.122.

302 Käsemann, E., "Das Problem des historischen Jesus", in: Ders., *Exegetische Versuche und Besinnungen* Ⅰ, Göttingen, 1970(6판), pp.187-214, 206.

303 Bornkamm, Günter, *Jesus von Nazareth*, Stuttgart u.a., 1956(15판), p.71.

304 Sanders, Ed P., *Jesus and Judaism*, London/Philadelphia, 1991(3판), p.319.

305  Schweizer, A., *Geschichte der paulinischen Forschung von der Reformation bis auf die Gegenwart*, Tübingen, 1911, p.viii.

306  Crüsemann, F., *Die Tora: Theologie und Sozialgeschichte des alttestamentlichen Gesetzes*, Gütersloh, 1997(2판).; Dunn, James D. G., *Jesus Remembered: Christianity in the Making*, Vol.1, Grands Rapids, 2003, pp.255–311.

307  Lichtenberger, H., "Das Tora—Verständnis im Judentum zur Zeit des Paulus", in: Dunn, James D. G. (Hg.), *Paul and the Mosaic Law*, Tübingen, 1996, pp.7–23.

308  Stemberger, Günter, *Pharisäer, Sadduzäer, Essener: Fragen—Fakten—Hintergründe*, SBB 144, Stuttgart, 1991.; Meier, John P., *A Marginal Jew: Rethinking the Historical Jesus*, Vol.Ⅳ: *Law and Love*, New York u. a., 2009.; Baumbach, G., *Jesus von Nazareth im Lichte der jüdischen Gruppenbildung*, Berlin, 1971.

309  Josephus, *Antiquities of the Jews* 13, 297.; 4, 198.; Deines, R., Art. "Pharisäer", TBLNT Ⅱ, 2000, pp.1455–1568.

310  Josephus, *Antiquities of the Jews* 18, 3.

311  Hengel, Martin, *Die Zeloten*, AGSU 1, Leiden, 1976(2판), pp.154–234.

312  Stegemann, H., *Die Essener, Qumran, Johannes der Täufer und Jesus*, Freiburg, 1998(8판), p.279.

313  Weber, R., *Das Gesetz im hellenistischen Judentum*, ARGU 10, Frankfurt, 2000.

314  Weber, R., *Das "Gesetz" bei Philon von Alexandrien und Flavius Josephus*, ARGU 11, Frankfurt, 2001.

315  Hoffmann, H., *Das Gesetz in der frühjüdischen Apokalyptik*, SUNT 23, Göttingen, 1999.

316  Moxnes, H., "The Construction of Galilee as a Place for the Historical Jesus", BTB 31, 2001, pp.26–37, 64–77.; Fassbeck, G., u. a. (Hg.), *Leben am See Gennesaret*, Mainz, 2003.

317  Hoppe, R., "Galiläa—Geschichte, Kultur, Religion", in: Schenke, Ludger (Hg.), *Jesus von Nazaret—Spuren und Konturen*, Stuttgart, 2004, pp.42–58.

318  Meyers, Eric M., "Jesus und seine galiläische Lebenswelt", ZNT 1, 1998, pp.27–39.

319  Porter, St., "Jesus and the Use of Greek in Galilee", in: Chilton, B., Evand, C. A. (Hg.), *Studying the Historical Jesus*, NTTS 19, Leiden, 1994, pp.123–154.

320  Schnelle, Udo, *Theologie des Neuen Testaments*, Göttingen, 2016(3판), p.126.

321  Luz, Ulrich, *Das Evangelium nach Matthäus*: EKK Ⅰ/1, Mt 1-7, Zürich/Neukirchen-Vluyn, 2002, p.330.

322 Luz, Ulrich, *Das Evangelium nach Matthäus*: EKK I/1, Mt 1-7, Zürich/ Neukirchen-Vluyn, 2002, p.327.

323 Sänger, D., "Schriftauslegung im Horizont der Gottesherrschaft", in: Deuser, H., Schmalenberg, G. (Hg.), *Christlicher Glaube und religiöse Bildung* (FS Kriechbaum, F.), GSTR 11, Giessen, 1995, pp.75-109, 79-102.

324 Schnelle, Udo, *Theologie des Neuen Testaments*, Göttingen, 2016(3판), p.127.

325 Schnelle, Udo, *Theologie des Neuen Testaments*, Göttingen, 2016(3판), p.278, 주 251.

326 Kümmel, W. G., "Äussere und innere Reinheit des Menschen bei Jesus", in: Ders., *Heilsgeschen und Geschichte* 2, Grässer, E., Merk, O. (Hg.), Marburg, 1978, pp.117-129.; Taeger, J-W., "Der grundsätzliche oder ungrundsätzliche Unterschied", in: Broer, I. (Hg.), *Jesus und das jüdische Gesetz*, Stuttgart u.a., 1992, pp.13-35, 23-34.; Theissen, Gerd, "Das Reinheitslogion Mk 7,15 und die Trennung von Juden und Christen", in: Ders., *Jesus als historische Gestalt; Beiträge zur Jesusforschung*, FRLANT 202, Göttingen, 2003, pp.73-89.

327 Kümmel, W. G., "Äussere und innere Reinheit des Menschen bei Jesus", in: Ders., *Heilsgeschen und Geschichte* 2, Grässer, E., Merk, O. (Hg.), Marburg, 1978, pp.117-129, 122.

328 Neusner, J., "Die Pharisäischen rechtlichen Überlieferungen", in: Ders., *Das pharisäische und talmudische Judentum*, TSAJ 4, Tübingen, 1984, pp.43-51.

329 Schürer, E., *Geschichte des jüdischen Volkes im Zeitalter Jesu Christi*, Vol.2, Leipzig, 1907(4판), p.482.

330 Kuhn, H-W., "Jesus vor dem Hintergrund der Qumrangemeinde", in: Siegert, F. (Hg.), *Grenzgänge* (FS Aschoff, D.), Münster, 2002, pp.50-60.

331 Kuhn, H-W., "Jesus vor dem Hintergrund der Qumrangemeinde", in: Siegert, F. (Hg.), *Grenzgänge* (FS Aschoff, D.), Münster, 2002, p.53.

332 Hengel, Martin, "Jesus und die Tora", ThBeitr 9, 1978, pp.152-172, 164.

333 Luz, Ulrich, "Jesus und die Pharisäer", Jud 38, 1982, pp.229-246, 242.; Merklein, Helmut, *Jesu Botschaft von der Gottesherrschaft*, Eine Skizze, SBS 111, Stuttgart, 1989(3판), p.96.; Burchard, Chr., "Jesus von Nazareth", in: Becker, J. (Hg.), *Die Anfänge des Christentums*, Stuttgart, 1987, pp.12-58, 47.

334 Räisänen, H., "Jesus and the Food Laws", JNST 16, 1982, pp.79-100, 89.; Sanders, Ed P., *Jesus and Judaism*, London/Philadelphia, 1991(3판), p.266.

335 Doering, L., *Schabbat. Sabbathalacha und-praxis im antiken Judentum*, TSAJ 78, Tübingen, 1999, pp.409-432.; Gnilka, Joachim, *Das Evangelium nach Markus*, EKK I, Zürich/Neukirchen-Vluyn, 2015(1978), p.123.; Hübner, H.,

*Das Gesetz in der synoptischen Tradition*, Göttingen, 1986(2판), p.121.

336  Doering, L., *Schabbat. Sabbathalacha und-praxis im antiken Judentum*, TSAJ 78, Tübingen, 1999, p.423.; Gnilka, Joachim, *Das Evangelium nach Markus*, EKK Ⅰ, Zürich/Neukirchen-Vluyn, 2015(1978), p.126.; Hübner, H., *Das Gesetz in der synoptischen Tradition*, Göttingen, 1986(2판), p.129.

337  Meier, John P., *A Marginal Jew: Rethinking the Historical Jesus*, Vol.Ⅳ: *Law and Love*, New York u. a., 2009, p.296.

338  Neusner, J., "Die Pharisäischen rechtlichen Überlieferungen", in: Ders., *Das pharisäische und talmudische Judentum*, TSAJ 4, Tübingen, 1984, pp.43-51, 47.

339  Schnelle, Udo, *Theologie des Neuen Testaments*, Göttingen, 2016(3판), p.130.

340  Theissen, Gerd, Merz, Annette, *Der historische Jesus*, Göttingen, 2011(4판), pp.321-332.; Schnelle, Udo, *Theologie des Neuen Testaments*, Göttingen, 2016(3판), p.131.

341  Becker, Jürgen, *Jesus von Nazaret*, Berlin/New York, 1996, p.353.; Sänger, D., "Schriftauslegung im Horizont der Gottesherrschaft", in: Deuser, H., Schmalenberg, G. (Hg.), *Christlicher Glaube und religiöse Bildung* (FS Kriechbaum, F.), GSTR 11, Giessen, 1995, pp.75-109, 105.

342  Schnelle, Udo, *Theologie des Neuen Testaments*, Göttingen, 2016(3판), p.100.

343  Meeks, W. A., *The Origins of Christian Morality*, New haven/London, 1993, p.4.

344  Stegemann, W., "Kontingenz und Kontextualität der moralischen Aussagen Jesu", in: Stegemann, W., Malina, B. J., Theissen, G. (Hg.), *Jesus in neuen Kontexten*, Stuttgart, 2002, pp.167-184, 167.

345  Stegemann, H., "Der lehrende Jesus", NZSTh 24, 1982, pp.3-20, 12.

346  Luz, Ulrich, *Das Evangelium nach Matthäus*: EKK Ⅰ/1, Mt 1-7, Zürich/Neukirchen-Vluyn, 2002, pp.471-476.; Gnilka, Joachim, *Das Matthäusevangelium*, HThK Ⅰ/1, Freiburg, 1988(2판), p.252.

347  Ebner, Martin, *Jesus—ein Weisheitslehrer? Synoptische Weisheitslogien im Traditionsprozess*, HBS 15, Freiburg, 1998.; Zeller, D., "Jesu weisheitliche Ethik", in: Schenke, Ludger (Hg.), *Jesus von Nazaret—Spuren und Konturen*, Stuttgart, 2004, pp.193-215.

348  Bornkamm, Günter, "Das Doppelgebot der Liebe", in: Ders., *Geschichte und Glaube* Ⅰ, München, 1968, pp.37-45.; Ebersohn, M., *Das Nächstenliebegebot in der synoptischen Tradition*, MThSt 37, Marburg, 1993.

349  Theissen, Gerd, "Das Doppelte Liebesgebot der Liebe. Jüdische Ethik bei Jesus", in: Ders., *Jesus als historische Gestalt; Beiträge zur Jesusforschung*, FRLANT 202, Göttingen, 2003, pp.57-72.

350 Berger, K., *Die Gesetzesauslegung Jesu* I, WMANT 40, Neukirchen, 1972, pp.99-136.

351 Hengel, Martin, "Jesus und die Tora", ThBeitr 9, 1978, pp.152-172, 170.

352 Harnisch, W., *Die Gleichniserzählungen Jesu*, Göttingen, 1990(4판), pp.275-296.

353 Janowski, B., Art. "Gericht", RGG 3, Tübingen, 2005(4판), p.733.

354 Reiser, Marius, *Die Gerichtpredigt Jesu*, NTA 23, Münster, 1990, pp.9-152.

355 Wolter, M., "'Gericht' und 'Heil' bei Jesus von Nazareth und Johannes dem Täufer", in: Schröter, J., Brucker, R. (Hg.), *Der historische Jesus. Tendenzen und Perspecktiven der gegenwärtigen Forschung*, BNZW 114, Berlin/New York, 2002, p.386.

356 Reiser, Marius, *Die Gerichtpredigt Jesu*, NTA 23, Münster, 1990, pp.192-206.; Riniker, Chr., *Die Gerichtsverkündigung Jesu*, EHS 23, Band 653, Frankfurt, 1999, pp.287-300.

357 Riniker, Chr., *Die Gerichtsverkündigung Jesu*, EHS 23, Band 653, Frankfurt, 1999, pp.301-333.

358 Riniker, Chr., *Die Gerichtsverkündigung Jesu*, EHS 23, Band 653, Frankfurt, 1999, pp.361-391.

359 Ostmeyer, Karl-Heinrich, *Kommunikation mit Gott und Christus: Sprache und Theologie des Gebetes im Neuen Testament*, WUNT 197, Tübingen, 2006, p.217.

360 Ostmeyer, Karl-Heinrich, "Das Beten Jesu, Vaterunser", in: Schröter, Jens, Jacobi, Christine (Hg.), *Jesus Handbuch*, Tübingen, 2017, pp.395-402, 395.

361 Ostmeyer, Karl-Heinrich, "Das Beten Jesu, Vaterunser", in: Schröter, Jens, Jacobi, Christine (Hg.), *Jesus Handbuch*, Tübingen, 2017, pp.395-402, 397.

362 Ostmeyer, Karl-Heinrich, "Das Beten Jesu, Vaterunser", in: Schröter, Jens, Jacobi, Christine (Hg.), *Jesus Handbuch*, Tübingen, 2017, p.400.

363 Schwier, Helmut, Art. "Vaterunser", RGG VIII, 2005(4판), pp.893-896.

364 Ostmeyer, Karl-Heinrich, "Das Beten Jesu, Vaterunser", in: Schröter, Jens, Jacobi, Christine (Hg.), *Jesus Handbuch*, Tübingen, 2017, p.400.

365 Jeremias, Joachim, *Abba: Studien zur neutestamentlichen Theologie und Zeitgeschichte*, Göttingen, 1966, p.63.

366 Philonenko, Marc, *Das Vaterunser: Vom Gebet Jesu zum Gebet der Jünger*, UTB 2312, Tüningen, 2002, pp.84-86.; Schwier, Helmut, Art. "Vaterunser", RGG VIII, 2005(4판), p.894.

367 Hurtado, Larry, "The Place of Jesus in Earliest Christian Prayer and its Import for Early Christian Identity", in: Hvalvik Reidar, Sandnes, Karl Olav (Hg.),

*Early Christian Prayer and Identity Formation*, Tüningen, 2014, pp.35–56, 51–53.

368 Müller, Karlheinz, "Das Vaterunser als jüdisches Gebet", in: Gerhards, Albert, Doeker, Andrea, Ebenbauer, Peter (Hg.), *Identität durch Gebet: Zur gemeinschaftsbildenden Funktion institutionalisierten Betens im Judentum und Christentum*, Studien zu Judentum und Christentum, Paderborn, 2003, pp.159–204, 196.

369 Pesch, R., *Das Markusevangelium*, HThK Ⅱ/2, Freiburg, 1977, p.390.

370 Tönges, Elke, *"Unser Vater im Himmel"*. *Die Bezeichnung Gottes als Vater in der tannaitischen Literatur*, BWANT 147, Stuttgart, 2003, p.265.

371 Witherington, Ben Ⅲ, *The Gospel of Mark. A Socio-Rhetorical Commentary*, Grand Rapids, 2001, p.379.

372 Schröter, Jens, *Jesus von Nazaret: Jude aus Galiläa—Retter der Welt*, Leipzig, 2017(6판), p.275.

373 Schröter, Jens, *Jesus von Nazaret: Jude aus Galiläa—Retter der Welt*, Leipzig, 2017(6판), p.283.

374 Ignatius, *Eph* 20, 2.

375 Meier, John P., *A Marginal Jew: Rethinking the Historical Jesus*, Vol.Ⅰ: *The Roots of the Problem and the Person*, ABRL, New York u.a., 1991, pp.59–88.; Theissen, Gerd, Merz, Annette, *Der historische Jesus*, Göttingen, 2011(4판), pp.75–82.

376 Karrer, Martin, *Jesus Christus im Neuen Testament*, GNT 11, Göttingen, 1998, pp.132–158.

377 Holm-Nielsen, Sven, *Die Psalmen Salomos*, JSHRZ Ⅳ/2, Gütersloh, 1977.

378 Schröter, Jens, *Jesus von Nazaret: Jude aus Galiläa—Retter der Welt*, Leipzig, 2017(6판), p.290, 주 319.

379 Schröter, Jens, *Jesus von Nazaret: Jude aus Galiläa—Retter der Welt*, Leipzig, 2017(6판), p.291.

380 Sobrino, Jon, *Jesucristo liberador. Lectura histórica-teológica de Jesús de Nazaret*, San Salvador, 1991(3판), p.8.

## 3부 예수와 십자가

1 Gnilka, Joachim, "Wie urteilte Jesus über seinen Tod", in: Kertelge, K. (Hg.), *Der Tod Jesu. Deutungen im Neuen Testament*, QD 74, Freiburg, 1976, pp.13–50, 58.; Oberlinner, L., *Todeserwartung und Todesgewissheit Jesu: Zum Problem einer historischen Begründung*, SBS 10, Stuttgart, 1980, pp.165–167.

2 Stuhlmacher, P., *Biblische Theologie des Neuen Testaments, Band 1: Grundlegung von Jesus zu Paulus*, Göttingen, 1992, pp.127-128.; Theissen, Gerd, Merz, Annette, *Der historische Jesus*, Göttingen, 2011(4판), pp.429-430.

3 Pesch, R., *Das Markusevangelium*, HThK Ⅱ/1, Freiburg, 1977, pp.13-14.

4 Evans, C. A., "Did Jesus Predict His Death and Resurrection?" in: Porter, S. E. (Hg.), *Resurrection*, Sheffield, 1999, pp.82-97, 86-91.

5 Freyne, S., *Jesus, a Jewish Galilean: A New Reading of the Jesus Story*, London/New York, 2004, p.165.

6 Wright, N. T., *Jesus and the Victory of God*, Minneapolis, 1996, p.651.

7 Schnelle, Udo, *Theologie des Neuen Testaments*, Göttingen, 2016(3판), p.149, 주 323.

8 Wolter, Michael, *Jesus von Nazaret*, Göttingen, 2019, p.303, 주 49.

9 Wolter, Michael, *Jesus von Nazaret*, Göttingen, 2019, p.303.

10 Wolter, Michael, *Jesus von Nazaret*, Göttingen, 2019, p.302, 주 45.

11 Wolter, Michael, *Jesus von Nazaret*, Göttingen, 2019, p.300.

12 Wolter, Michael, *Jesus von Nazaret*, Göttingen, 2019, p.301.

13 Keith, Chris, *Jesus against the Scribal Elite*, Grand Rapids, 2014, p.7-9.

14 Schnelle, Udo, *Theologie des Neuen Testaments*, Göttingen, 2016(3판), p.145, 주 300.

15 Saldarini, A. J., *Pharisees, Scribes and Sadducees in Palestinian Society*, Grand Rapids, 2001(2판).; Horsley, Richard A., *Revolt of the Scribes*, Minneapolis, 2010.

16 Crossan, J. D., *Wer tötet Jesus? Die Ursprünge des christlichen Antisemitismus in den Evangelien*, München, 1999, pp.38-41, 269-270.

17 Josephus, *Antiquities of the Jews* 20, 200.

18 Josephus, *Antiquities of the Jews* 18, 63-64.

19 Reinbold, Wolfgang, *Der Prozess Jesu*, Göttingen, 2006, p.36.

20 Tacitus, *Annals* 15, p.44.

21 Goldschmidt, L. (Hg.), *Der babylonische Talmud*, 12 Bände, Berlin, 1929-1936, pp.8, 631-632.

22 Reinbold, Wolfgang, *Der Prozess Jesu*, Göttingen, 2006, p.23.

23 Conzelmann, H., Lindemann, A., *Arbeitsbuch zum neuen Testament*, Tübingen, 2004(14판).; Ebner, Martin, "Die Spruchquelle Q", in: Ders., Ebner, Martin, Schreiber, Stefan (Hg.), *Einleitung in das Neue Testament*, Stuttgart, 2008(2판), pp.86-112.; Schnelle, Udo, *Einleitung in das Neue Testament*, Stuttgart, 2011(7판), pp.210-242.

24   Ebner, Martin, "Die Spruchquelle Q", in: Ders., Ebner, Martin, Schreiber, Stefan (Hg.), *Einleitung in das Neue Testament*, Stuttgart, 2008(2판), pp.86-112, 86.

25   Ebner, Martin, "Die Spruchquelle Q", in: Ders., Ebner, Martin, Schreiber, Stefan (Hg.), *Einleitung in das Neue Testament*, Stuttgart, 2008(2판), pp.86-112, 103.; Dunn, James D. G., *Jesus Remembered: Christianity in the Making*, Vol.1, Grands Rapids, 2003, pp.159-160.

26   Hoffmann, P., Heil, Chr. (Hg.), *Die Spruchquelle Q: Studienausgabe. Griechisch und Deutsch*, Darmstadt/Leuven, 2002.

27   Reinbold, Wolfgang, *Der Prozess Jesu*, Göttingen, 2006, p.28.

28   Reinbold, Wolfgang, *Der Prozess Jesu*, Göttingen, 2006, p.47.

29   Bultmann, Rudolf, *Die Geschichte der synoptischen Tradition*, Göttingen, 1967(7판), p.297.

30   Bultmann, Rudolf, *Die Geschichte der synoptischen Tradition*, Göttingen, 1967(7판), pp.300-301.

31   Reinbold, Wolfgang, *Der Prozess Jesu*, Göttingen, 2006, p.49.

32   Reinbold, Wolfgang, *Der Prozess Jesu*, Göttingen, 2006, pp.53-70.

33   Becker, Jürgen, *Jesus von Nazaret*, Berlin/New York, 1996, p.345.

34   Dunn, James D. G., *Jesus Remembered: Christianity in the Making*, Vol.1, Grands Rapids, 2003, p.790.; Keck, L. E., *Who Is Jesus? History in the Perfect tense*, Columbia, 2000, pp.117-118.

35   Tan, K. H., *The Zion Traditions and the Aims of Jesus*, Cambridge, 1997, pp.11-21.

36   Bornkamm, Günter, *Jesus von Nazareth*, Stuttgart u.a., 1956(15판), p.155.

37   Merklein, Helmut, *Jesu Botschaft von der Gottesherrschaft*, Eine Skizze, SBS 111, Stuttgart, 1989(3판), pp.135-137, 140-142.

38   Wright, N. T., *Jesus and the Victory of God*, Minneapolis, 1996, pp.616-623.

39   Evans, C. A., *Jesus and His Contemporaries: Comparative Studies*, Leiden, 1995, p.454.; Wright, N. T., *Jesus and the Victory of God*, Minneapolis, 1996, pp.615, 631, 639.

40   Crossan, J. D., *The Historical Jesus: The Life of a Mediterranean Peasant*, San Francisco, 1991, pp.357-358.; Theissen, Gerd, Merz, Annette, *Der historische Jesus*, Göttingen, 2011(4판), pp.432-436.

41   Adna, J., *Jesu Stellung zum Tempel. Die Tempelaktion und das Tempelwort als Ausdruck seiner messianishen Sendung*, WUNT 2.119, Tübingen, 2000, p.429.; Chilton, B., *The Temple of Jesus: His sacrificial Program within a Cultural History of Sacrifice*, Pennsylvania, 1992, pp.150-154.

42  Becker, Jürgen, *Jesus von Nazaret*, Berlin/New York, 1996, p.334.

43  Dunn, James D. G., *Jesus Remembered: Christianity in the Making*, Vol.1, Grands Rapids, 2003, p.796.

44  Tiwald, Markus, "Einzug in Jerusalem, Tempelreinigung (Jesu Stellung zum Tempel)", in: Schröter, Jens, Jacobi, Christine (Hg.), *Jesus Handbuch*, Tübingen, 2017, pp.460–467, 461.

45  Tiwald, Markus, "Einzug in Jerusalem, Tempelreinigung (Jesu Stellung zum Tempel)", in: Schröter, Jens, Jacobi, Christine (Hg.), *Jesus Handbuch*, Tübingen, 2017, pp.460–467, 463.

46  Stegemann, Wolfgang, Stegemann, Ekkehard, *Urchristliche Sozialgeschichte: Die Anfänge im Judentum und die Christusgemeinden in der mediterranen Welt*, Stuttgart, 1997(2판), p.183.

47  Wolter, Michael, *Jesus von Nazaret*, Göttingen, 2019, p.273.

48  Bornkamm, Günter, *Jesus von Nazareth*, Stuttgart u.a., 1956(15판), p.142.; Grässer, E., *Die Naherwartung Jesu*, Stuttgart, 1973, p.95.

49  Schweizer, A., *Geschichte der Leben-Jesu-Forschung*, Tübingen, 1984(9판), p.444.; Luz, Ulrich, *Exegetische Aufsätze*, Tübingen, 2016, pp.140–148.

50  Wolter, Michael, *Jesus von Nazaret*, Göttingen, 2019, p.274.

51  Wolter, Michael, *Jesus von Nazaret*, Göttingen, 2019, p.276.

52  Theissen, Gerd, Merz, Annette, *Der historische Jesus*, Göttingen, 2011(4판), p.468.

53  Ebner, Martin, *Jesus von Nazaret: Was wir von ihm wissen können*, Stuttgart, 2016, p.155.

54  Gnilka, Joachim, *Das Evangelium nach Markus*, EKK Ⅱ, Zürich/Neukirchen-Vluyn, 2015(1978), p.114.

55  Ebner, Martin, *Jesus von Nazaret: Was wir von ihm wissen können*, Stuttgart, 2016, p.217, 주 48.

56  Duff, P. B., "The March of the Divine Warrior and the Advent of the Greco-Roman King. Mark's Account of Jesus' Entry into Jerusalem", in: JBL 111, 1992, pp.55–71, 58–64.

57  Maier, Johann, *Zwischen den Testamenten: Geschichte und Religion in der Zeit des Zweiten Tempels*, NEB.AT Ergänzungsband 3, Würzburg, 1990, pp.144-158.

58  Josephus, *The Wars of the Jews* 2, 297.; Kinman, B., "Jesus 'Triumphal Entry' in the light of Pilate's", in: NTS 40, 1994, pp.442–448, 445.

59  Josephus, *The Wars of the Jews* 2,433.; Horsley, Richard A., "Menahem in Jerusalem. A Brief Messianic Episode among the Sicarii– Not 'Zealot

Messianism'", in: NT 27, 1985, pp.334-348.

60  Josephus, *The Wars of the Jews* 5,575.

61  Ebner, Martin, *Jesus von Nazaret: Was wir von ihm wissen können*, Stuttgart, 2016, p.218, 주 54.

62  Theissen, Gerd, "Jesus und die symbolpolitischen Konflikte seiner Zeit. Sozialgeschichtliche Aspekte der Jesusforschung", in: EvTh 57, 1997, pp.378-400, 394.

63  Borg, M. J., *Jesus, Der neue Mensch*, Freiburg, 1993, p.194.

64  Tatum, W. B., "Jesus' So-called Triumphal Entry. On Making an Ass of the Romans", in: Forum 21, 1998, pp.129-143.

65  Ebner, Martin, *Jesus von Nazaret: Was wir von ihm wissen können*, Stuttgart, 2016, p.158.

66  Ebner, Martin, "Das Markusevangelium", in: Ebner, Martin, Schreiber, Stefan (Hg.), *Einleitung in das Neue Testament*, Stuttgart 2008(2판), pp.155-184, 154.

67  Wolter, Michael, *Jesus von Nazaret*, Göttingen, 2019, p.276.

68  Pesch, R., *Das Markusevangelium*, HThK Ⅱ/2, Freiburg, 1977, p.342.

69  Lohmeyer, Ernst, *Das Evangelium des Markus*, KEK 1.2, Göttingen, 1967(17판), p.287.

70  Fander, Monika, *Die Stellung der Frau im Markusevangelium: Unter besonderer Berücksichtigung kultur- und religionsgeschichtlicher Hintergründe*, MThA 8, Würzburg, 2002, pp.130-132.; Fander, Monika, "Frauen in der Nachfolge Jesu. Die Rolle der Frau im Markusevangelium", EvTh 52, 1992, pp.413-432, 426.

71  Dschulnigg, Peter, "Der Tod Jesu am Kreuz im Licht der Evangelien", in: Lange, G. (Hg.), *"Scadalum Crucis"*, Theologie im Kontakt 5, Bochum, 1997, pp.65-88, 73, 주 30.

72  Adna, J., *Jesu Stellung zum Tempel. Die Tempelaktion und das Tempelwort als Ausdruck seiner messianishen Sendung*, WUNT 2.119, Tübingen, 2000, pp.122-127.; Evans, C. A., "Opposition to the Temple: Jesus and the Dead Sea Scrolls", in: Charlesworth, James (Hg.), *Jesus and the Dead Sea Scrolls*, New York, 1992, pp.235-253, 236-241.; Paesler, Kurt, *Das Tempelwort Jesus: Die Tradition von Tempelzerstörung und Tempelerneuerung im Neuen Testament*, FRLANT 184, Göttingen, 1999, pp.40-89, 150-166.

73  Adna, J., *Jesu Stellung zum Tempel. Die Tempelaktion und das Tempelwort als Ausdruck seiner messianishen Sendung*, WUNT 2.119, Tübingen, 2000, p.105.

74  Josephus, *Antiquities of the Jews* 18, 19.; Philon, *prob.*, 75.

75  Theissen, Gerd, Merz, Annette, *Der historische Jesus*, Göttingen, 2011(4판),

p.381.; Ebner, Martin, *Jesus von Nazaret: Was wir von ihm wissen können*, Stuttgart, 2016, p.183.

76  Adna, J., *Jerusalemer Tempel und Tempelmarkt im 1. Jahrhunderts n. Chr.*, ADPV 25, Wiesbaden, 1999, p.3.

77  Wolter, Michael, *Jesus von Nazaret*, Göttingen, 2019, p.277, 주 10.

78  Wolter, Michael, *Jesus von Nazaret*, Göttingen, 2019, p.278, 주 11.

79  Wolter, Michael, *Jesus von Nazaret*, Göttingen, 2019, p.278.

80  Wolter, Michael, *Jesus von Nazaret*, Göttingen, 2019, p.278.

81  Betz, H. D., "Jesus and the Purity of the Temple (Mark 11:15-18): A Comparative Religion Approach", in: JBL 116, 1997, pp.455-472, 459.; Luz, U., "Warum zog Jesus nach Jerusalem?" in: Schröter, J., Brucker, R. (Hg.), *Der historische Jesus. Tendenzen und Perspektiven der gegenwärtigen Forschung*, BNZW 114, Berlin/New York, 2002, pp.409-427, 421.; Söding, T., "Die Tempelaktion Jesu. Redaktionskritik-Überlieferungsgeschichte-historische Rückfrage (Mk 11,15-19; Mt 21,12-17; Lk 19,45-48; Joh 2,13-22)", in: TThZ 101, 1992, pp.36-64, 59.

82  Sanders, Ed P., *Jesus and Judaism*, London/Philadelphia, 1991(3판), pp.10-12.; Sanders, Ed P., *Sohn Gottes: Eine historische Biographie Jesu*, Stuttgart, 1996, pp.372-382.

83  Becker, Jürgen, *Jesus von Nazaret*, Berlin/New York, 1996.; Ebner, Martin, *Jesus von Nazaret: Was wir von ihm wissen können*, Stuttgart, 2016, p.159.

84  Thyen, Hartwig, *Das Johannesevangelium* (Handbuch zum Neuen Testament 6), Tübingen, 2015(2판), p.714.

85  Hengel, M., *War Jesus Revolutionär?*, CwH 110, Stuttgart, 1970, p.15.; Pesch, R., *Das Markusevangelium*, HThK Ⅱ/1, Freiburg, 1977, p.200.; Sanders, Ed P., *Jesus and Judaism*, London/Philadelphia, 1991(3판), p.69.; Gnilka, Joachim, *Jesus von Nazareth: Botschaft und Geschichte*, HThK. S. 3, Freiburg, 1990, pp.276-280.

86  Schröter, Jens, *Jesus von Nazaret: Jude aus Galiläa—Retter der Welt*, Leipzig, 2017(6판), p.309.

87  Söding, T., "Die Tempelaktion Jesu. Redaktionskritik-Überlieferungsgeschichte-historische Rückfrage (Mk 11,15-19; Mt 21,12-17; Lk 19,45-48; Joh 2,13-22)", in: TThZ 101, 1992, pp.36-64, 61.

88  Merklein, Helmut, *Jesu Botschaft von der Gottesherrschaft*, Eine Skizze, SBS 111, Stuttgart, 1989(3판), pp.133-137.; Anda, J., *Jesu Stellung zum Tempel: Die Tempelaktion und das Tempelwort als Ausdruck seiner messianischen Sendung*, WUNT 2.119, Tübingen, 2000, pp.412-430.

89  Becker, Jürgen, *Jesus von Nazaret*, Berlin/New York, 1996, p.408.

90  Dunn, J. D. G., "Jesus and the Purity: An Ongoing Debate", in: NTS 48, 2002, pp.449-467, 466.

91  Becker, Jürgen, *Das Evangelium nach Johannes: Kapitel 11-21*, ÖTBK 4/2, Gütersloh, 1991(3판), p.410.

92  Murphy-O'Connor, J., "Jesus and the Money Changers (Mark 11:15-17; John 2:13-17)", in: RB 107, 2000, pp.42-55, 44.

93  Adna, J., *Jerusalemer Tempel und Tempelmarkt im 1. Jahrhunderts n. Chr.*, ADPV 25, Wiesbaden, 1999, pp.82, 130-135.

94  Adna, J., *Jerusalemer Tempel und Tempelmarkt im 1. Jahrhunderts n. Chr.*, ADPV 25, Wiesbaden, 1999, pp.123-126.

95  Sanders, Ed P., *Jesus and Judaism*, London/Philadelphia, 1991(3판), pp.61-76.; Söding, T., "Die Tempelaktion Jesu. Redaktionskritik-Überlieferungsgeschichte-historische Rückfrage (Mk 11,15-19; Mt 21,12-17; Lk 19,45-48; Joh 2,13-22)", in: TThZ 101, 1992, pp.36-64, 59.; Trautmann, M., *Zeichenhafte Handlungen Jesu. Ein Beitrag zur Frage nach dem geschichtlichen Jesus*, FzB 37, Würzburg, 1980, pp.122-127.

96  Haenchen, E., *Der Weg Jesu. Eine Erklärung des Markus-Evangeliums und der kanonischen Parallelen*, Berlin, 1968(2판), p.384.

97  Sanders, Ed P., *Jesus and Judaism*, London/Philadelphia, 1991(3판), pp.63-65.

98  Evans, C. A., "Jesus and the 'Cave of Robbers'. Towards a Jewish Context for the Temple Action", in: Ders., *Jesus and his Contemporaries. Comparative Studies*, AGJU 25, Leiden, 1995, pp.345-365, 362.; Evans, C. A., "Jesus' Action in the Temple. Cleansing or Portent of Destruction?", in: Chilton, B., Evans. C. A. (Hg.), *Jesus in Context. Temple, Purity, and Restoration*, AGJU 39, Leiden, 1997, pp.395-439, 432-434.; Casey, P. M., "Culture and Historicity: The Cleansing of the Temple", in: CBQ 59, 1997, pp.306-332.

99  Myers, C., *Binding the Strong Man: A Political Reading of Mark's Story of Jesus*, New York, 1988, pp.297-306.; Telford, W. R., *The Barren Temple and the Withered Tree: A Redaction-Critical Analysis of the Cursing of the Fig-tree pericope in Mark's Gospel and its Relation to the Cleansing of the Temple Tradition*, JSNT.S1, Sheffield, 1980.; Luz, Ulrich, *Das Evangelium nach Matthäus*: EKK I/3, Mt 18-25, Zürich/Neukirchen-Vluyn, 2012, pp.185-187.

100  Catchpole, D. R., "The 'Triumphal' Entry". in: Bammel, E., Moule, C. F. D. (Hg.), *Jesus and the Politics of His Day*, Cambridge, 1984, pp.319-334, 319-321.

101  Becker, Jürgen, *Das Evangelium nach Johannes: Kapitel 11-21*, ÖTBK 4/2,

Gütersloh, 1991(3판), p.145.

102  Duff, P. B., "The March of the Divine Warrior and the Advent of the Greco-Roman King. Mark's Account of Jesus' Entry into Jerusalem", in: JBL 111, 1992, pp.55-71, 58-64.

103  Schnelle, Udo, *Theologie des Neuen Testaments*, Göttingen, 2016(3판), p.145.

104  Paesler, Kurt, *Das Tempelwort Jesus: Die Tradition von Tempelzerstörung und Tempelerneuerung im Neuen Testament*, FRLANT 184, Göttingen, 1999, pp.233-249.; Adna, J., *Jesu Stellung zum Tempel. Die Tempelaktion und das Tempelwort als Ausdruck seiner messianishen Sendung*, WUNT 2.119, Tübingen, 2000, pp.300-333.; Reinbold, Wolfgang, *Der Prozess Jesu*, Göttingen, 2006, pp.130-137.

105  Söding, T., "Die Tempelaktion Jesu. Redaktionskritik-Überlieferungsgeschichte-historische Rückfrage (Mk 11,15-19; Mt 21,12-17; Lk 19,45-48; Joh 2,13-22)", in: TThZ 101, 1992, pp.36-64, 50.

106  Theissen, Gerd, Merz, Annette, *Der historische Jesus*, Göttingen, 2011(4판), p.381.

107  Haenchen, E., *Der Weg Jesu. Eine Erklärung des Markus-Evangeliums und der kanonischen Parallelen*, Berlin, 1968(2판), pp.382-384.; Seeley, D., "Jesus' Temple Act", in: CBQ 55, 1993, pp.263-283, 270.; Koch, Dietrich-Alex, *Geschichte des Urchristentum*, Göttingen, 2013, p.175.

108  Ebner, Martin, *Jesus von Nazaret: Was wir von ihm wissen können*, Stuttgart, 2016, p.183.; Theissen, Gerd, Merz, Annette, *Der historische Jesus*, Göttingen, 2011(4판), p.381.

109  Hengel, M., *War Jesus Revolutionär?*, CwH 110, Stuttgart, 1970, p.15.; Pesch, R., *Das Markusevangelium*, HThK Ⅱ/1, Freiburg, 1977, p.200.; Sanders, Ed P., *Jesus and Judaism*, London/Philadelphia, 1991(3판), p.69.; Gnilka, Joachim, *Jesus von Nazareth: Botschaft und Geschichte*, HThK. S. 3, Freiburg, 1990, pp.276-280.

110  Schwemer, A. M., "Gott als König und seine Königherrschaft in den sabattliedern aus Qumran", in: Hengel, M., Schwemer, A. M. (Hg.), *Königsherrschaft Gottes und himmlischer Kult: im Judentum, Urchristentum und in der helenistischen Welt*, WUNT 55, Tübingen, 1991, pp.45-118, 76, 81-84, 94-103.

111  Tiwald, Markus, "Einzug in Jerusalem, Tempelreinigung (Jesu Stellung zum Tempel)", in: Schröter, Jens, Jacobi, Christine (Hg.), *Jesus Handbuch*, Tübingen, 2017, pp.460-467, 466.

112  Josephus, *The Wars of the Jews* 2, 224.; Josephus, *Antiquities of the Jews* 20, 106.

113  Schnelle, Udo, *Theologie des Neuen Testaments*, Göttingen, 2016(3판), p.146.

114 Paesler, Kurt, *Das Tempelwort Jesus: Die Tradition von Tempelzerstörung und Tempelerneuerung im Neuen Testament*, FRLANT 184, Göttingen, 1999, pp.76-92.

115 Schnelle, Udo, *Theologie des Neuen Testaments*, Göttingen, 2016(3판), p.146, 주 303.

116 Paesler, Kurt, *Das Tempelwort Jesus: Die Tradition von Tempelzerstörung und Tempelerneuerung im Neuen Testament*, FRLANT 184, Göttingen, 1999, p.244.

117 Schnelle, Udo, *Theologie des Neuen Testaments*, Göttingen, 2016(3판), p.146.

118 Schröter, Jens, *Jesus von Nazaret: Jude aus Galiläa—Retter der Welt*, Leipzig, 2017(6판), p.312.

119 Schröter, Jens, *Jesus von Nazaret: Jude aus Galiläa—Retter der Welt*, Leipzig, 2017(6판), p.314.

120 Schröter, Jens, *Das Abendmahl. Frühchristliche Deutungen und Impulse für die Gegenwart*, SBS 210, Stuttgart, 2006.

121 Merklein, Helmut, "Erwägungen zur Überlieferungsgeschichte der neutestamentlichen Abendmahltraditionen", in: Merklein, Helmut, *Studien zu Jesus und Paulus*, WUNT 43, Tübingen, 1987, pp.157-180, 170-174.

122 Schnelle, Udo, *Theologie des Neuen Testaments*, Göttingen, 2016(3판), p.150.

123 Jeremias, Joachim, *Die Abendmahlsworte Jesu*, Göttingen, 1967(4판), pp.25-30.

124 Kollmann, Bernd, *Ursprung und Gestalten der frühchristlichen Mahlfeier*, GTA 43, Göttingen, 1990, pp.158-161.

125 Schnelle, Udo, *Theologie des Neuen Testaments*, Göttingen, 2016(3판), p.150.

126 Schürmann, Heinz, "Jesu Tod im Licht seines Basileia-Verständnis", in: Ders., *Gottes Reich, Jesu Geschick*, Freiburg, 1983, pp.185-245.

127 Roloff, J., "Anfänge der soteriologischen Deutung des Todes Jesu (Mk. X. 45 und Lk. XXII. 270", in: Ders., *Exegetische Verantwortung in der Kirche*, Göttingen, 1990, pp.117-143.

128 Jeremias, Joachim, *Die Abendmahlsworte Jesu*, Göttingen, 1967(4판), pp.132-195.; Merklein, Helmut, "Erwägungen zur Überlieferungsgeschichte der neutestamentlichen Abendmahltraditionen", in: Merklein, Helmut, *Studien zu Jesus und Paulus*, WUNT 43, Tübingen, 1987, pp.158-174.; Kollmann, Bernd, *Ursprung und Gestalten der frühchristlichen Mahlfeier*, GTA 43, Göttingen, 1990, pp.153-189.; Schröter, Jens, *Das Abendmahl. Frühchristliche Deutungen und Impulse für die Gegenwart*, SBS 210, Stuttgart, 2006, pp.25-134.

129 Maier, Johann, "Beobachtungen zum Konfliktpotential in neutestamentlichen Aussagen über den Tempel", in; Broer, I. (Hg.), *Jesus und das jüdische Gesetz*,

Stuttgart u.a., 1992, pp.173–213.

130 Sanders, Ed P., *Sohn Gottes: Eine historische Biographie Jesu*, Stuttgart, 1996, p.380.; Müller, K., "Möglichkeit und Vollzug jüdischer kapitalgerichtbarkeit im Prozess gegen Jesus", in; Kertelge, K. (Hg.), *Der Prozess gegen Jesus: Historische Rückfrage und theologische Deutung*, QD 112, Freiburg, 1988, pp.41–83, 82.

131 Sanders, Ed P., *Jesus and Judaism*, London/Philadelphia, 1991(3판), pp.61, 72–76.

132 Ritt, H., "Wer war schuld am Tod Jesu?", BZ 31, 1987, pp.165–175.

133 Wolter, Michael, *Jesus von Nazaret*, Göttingen, 2019, p.285.

134 Kuhn, H–W, Art. "Kreuz", TRE 19, 1990, pp.714–715.

135 Paulus, Ch. G., *Der Prozess Jesu—aus der römisch-rechtlicher Perspektive*, Berlin/Boston, 2016, p.27.

136 Suetonius, *Leben der Caesaren*; Caligula 32,2.; Domitian 10,1.

137 Schröter, Jens, Zangenberg, J. (Hg.), *Texte zur Umwelt des Neuen Testament*, Tübingen, 2013, p.469.

138 Wolter, Michael, *Jesus von Nazaret*, Göttingen, 2019, p.289.

139 Knothe, H–G., "Der Prozess Jesu rechthistorisch betrachtet", OIR 10, 2005, pp.67–101, 78.

140 Wolter, Michael, *Jesus von Nazaret*, Göttingen, 2019, p.290.

141 Seneca, *Controversiae* 10,2,6.

142 Paulus, Ch. G., *Der Prozess Jesu—aus der römisch-rechtlicher Perspektive*, Berlin/Boston, 2016, p.32.

143 Mommsen, Th., *Römisches Strafrecht*, Leipzig, 1899(1999), pp.346–351.

144 Pesch, R., *Das Markusevangelium*, HThK Ⅱ/1, Freiburg, 1977, pp.1–27.; Theissen, Gerd, *Lokalkolorit und Zeitgeschichte in den Evangelien. Ein Beitrag zur Geschichte der synoptischen Tradition*, NTOA 8, Göttingen, 1989, pp.177–211.

145 Brown, Raymond E., *The Death of the Messiah. From Gethsemane to the Grave, Volume 2: A Commentary on the Passion Narratives in the Four Gospels*, New Haven, 1994, pp.1492–1524.

146 Hengel, Martin, "War Jesus Revolutionär?" in: Ders., *Jesus und die Evangelien: Kleine Schriften* V, WUNT 211, Thornton, Claus-Jürgen (Hg.), Tübingen, 2007, pp.217–243.

147 Bermozo-Rubio, Fernando, "Jesus and the Anti-Roman Resistance, A Reassessment of the Arguments", JSHJ 12, 2014, pp.1–105.

148 Lietzmann, H., "Der Prozess Jesu", in: Ders., *Kleine Schriften* Ⅱ. *Studien zum*

*Neuen Testament*, Aland, K. (Hg.), TU 68, Berlin, 1958, pp.251-263.; Sanders, Ed P., *Jesus and Judaism*, London/Philadelphia, 1991(3판), pp.297-298.

149 Brown, Raymond E., *The Death of the Messiah. From Gethsemane to the Grave, Volume 2: A Commentary on the Passion Narratives in the Four Gospels*, New Haven, 1994, pp.315-322, 364.

150 Betz, Otto, "Probleme des Prozess Jesu", ANRW II. 25.1, 1998, pp.565-647.; Dunn, J. D. G., "'Are You Messiah?' Is the crux of Mark 14,61-62 resolvable?" in: Horrell, David G., Tuckett, Christopher M. (Hg.), *Christology, controversy & community: New Testament essays in honor of David R. Catchpole*, Nt.S 99, Leiden/Boston/Köln, 2000, pp.1-22.; Schwemer, Anna Maria, "Die Passion des Messias nach Markus und der Vorwurf des Antijudaismus", in: Hengel, Martin, Schwemer, Anna Maria (Hg.), *Der Messianische Anspruch Jesu und die Anfänge der Christologie*, WUNT 138, Tübingen, 2001, pp.133-163, 144-154.

151 Brown, Raymond E., *The Death of the Messiah. From Gethsemane to the Grave, Volume 2: A Commentary on the Passion Narratives in the Four Gospels*, New Haven, 1994, pp.534-535.; Evans, C. A., "In What Sense 'Blasphemy'? Jesus before Caiaphas in Mark 14:61-64", in: Ders., *Jesus and His Contemporaries: Comparative Studies*, Leiden, 1995, pp.407-434, 407.; Sanders, Ed P., *Jesus and Judaism*, London/Philadelphia, 1991(3판), pp.298.

152 Bock, Darrell L., *Blasphemy and exaltation in Judaism and the final examination of Jesus: A philological-historical study of the key Jewish themes impacting Mark 14:61-64*, WUNT II 106, Tübingen, 1998, p.231.; Evans, C. A., "In What Sense 'Blasphemy'? Jesus before Caiaphas in Mark 14:61-64", in: Ders., *Jesus and His Contemporaries: Comparative Studies*, Leiden, 1995, pp.407-434, 409-423.

153 Wolter, Michael, *Jesus von Nazaret*, Göttingen, 2019, p.293.

154 Wolter, Michael, *Jesus von Nazaret*, Göttingen, 2019, p.294.

155 Gnilka, Joachim, *Das Evangelium nach Markus*, EKK II, Zürich/Neukirchen-Vluyn, 2015(1978), pp.296-298.

156 Back, Sven-Olav, "Die Prozesse gegen Jesus", in: Schröter, Jens, Jacobi, Christine (Hg.), *Jesus Handbuch*, Tübingen, 2017, pp.473-481, 478-479.

157 Hartmann, Lars, *Markusevangeliet 8:27-16:20*, Stockholm, 2005, p.536.

158 Gnilka, Joachim, *Das Evangelium nach Markus*, EKK II, Zürich/Neukirchen-Vluyn, 2015(1978), p.300.

159 Gnilka, Joachim, *Das Evangelium nach Markus*, EKK II, Zürich/Neukirchen-

Vluyn, 2015(1978), p.297.

160 Brown, Raymond E., *The Death of the Messiah. From Gethsemane to the Grave, Volume 2: A Commentary on the Passion Narratives in the Four Gospels*, New Haven, 1994, pp.814-820.; Hengel, Martin, "Jesus der Messias Israels", in: Hengel, Martin, Schwemer, A. M., *Der Messianische Anspruch Jesu und die Anfänge der Christologie*, WUNT 138, Tübingen, 2001, pp.1-80, 55-56.

161 Müller, K., "Möglichkeit und Vollzug jüdischer kapitalgerichtbarkeit im Prozess gegen Jesus", in; Kertelge, K. (Hg.), *Der Prozess gegen Jesus: Historische Rückfrage und theologische Deutung*, QD 112, Freiburg, 1988, pp.44-58.; Egger, P., *"Crucifixus sub Pontio Pilato". Das "crimen" Jesu von Nazareth im Spannungsfeld römischer und jüdischer Verwaltungs- und Rechtsstrukturen*, NTA 32, Münster, 1997, pp.41-500.; Lang, M., *Johannes und die Synoptiker*, Göttingen, 1999, pp.129-134.

162 Schnelle, Udo, *Theologie des Neuen Testaments*, Göttingen, 2016(3판), p.148.

163 Hengel, Martin, "Mors turpissima crucis. Die Kreuzigung in der antiken Welt und die 'Torheit' des 'Wortes vom Kreuz'", in; Friedrich, J., Pöhlmann, W., Stuhlmacher, P. (Hg.), *Rechtfertigung* (FS Käsemann, E.), Tübingen, 1976, pp.125-184.; Kuhn, H-W., "Die Kreuzesstrafe während der frühen Kaiserzeit. Ihre Wirklichkeit und Wertung in der Umwelt des Urchristentums", in: Temporini, H., Haase, W. (Hg.), *Aufstieg und Niedergang der römischen Welt*, Band Ⅱ 25/1, Berlin, 1982, pp.648-793.

164 Tacitus, *Annals* XV 44,3.

165 Suetonius, Caligula 32,2; Domitian 10,1; Dio Cassius 54,3,7.

166 Ebner, Martin, *Jesus von Nazaret: Was wir von ihm wissen können*, Stuttgart, 2016, p.143.

167 Josephus, *Antiquities of the Jews* 17,285.

168 Schreiber, S., "Caesar oder Gott (Mk 12,17)? Zur Theoriebildung im Umgang mit politischen Texten des neuen Testaments", in: BZ NF 48, 2004, pp.65-85.

169 Feldmeier, R., "Jesus—ein Radikaler? Tempelreinigung, Zinsgroschenfrage und Liebesgebot", in: RKZ 138, 1997, pp.418-422.

170 Heininger, B., "Das Reich Gottes. Neues Testament", in: Vanoni. G., Heininger, B., *Das Reich Gottes. Perspektiven des Alten und Neuen Testaments*, NEB. Themen 4, Würzburg, 2002, pp.61-117, 79.

171 Heininger, B., "Das Reich Gottes. Neues Testament", in: Vanoni. G., Heininger, B., *Das Reich Gottes. Perspektiven des Alten und Neuen Testaments*, NEB. Themen 4, Würzburg, 2002, pp.61-117, 124.

172    Ebner, Martin, *Jesus von Nazaret: Was wir von ihm wissen können*, Stuttgart, 2016, p.144.

173    Annen, F., *Heil für die Heiden. Zur Bedeutung und Geschichte der Tradition vom besessen Gerasener (Mk 5,1–20 parr.)*, FTS 20, Frankfurt a. M. 1976, p.170.; Derrett, J. D. M., "Contributions to the Study of the Gerasene Demoniac", in: JSNT 3, 1979, pp.2–17.; Myers, C., *Binding the Strong Man: A Political Reading of Mark's Story of Jesus*, New York, 1988, p.191.

174    Dietzfelbinger, Christian, *Das Evangelium nach Johannes*, ZBK.NT 4/1–2, Bd. 2, Zürich, 2001, p.257.

175    Stegemann, Wolfgang, "Gab es eine jüdische Beteiligung an der Kreuzigung Jesu?", in: Kul 13, 1998, pp.3–24.; Lietzmann, H., "Der Prozess Jesu", in: Ders., *Kleine Schriften II. Studien zum Neuen Testament*, Aland, K. (Hg.), TU 68, Berlin, 1958, pp.251–263.

176    Ebner, Martin, *Jesus von Nazaret: Was wir von ihm wissen können*, Stuttgart, 2016, p.146.

177    Schäfer, P., *Geschichte der Juden in der Antike: Die Juden Palästinas von Alexander dem Grossen bis zur arabischen Eroberung*, Stuttgart/Neukirchen-Vluyn, 1983, p.162.; Theissen, Gerd, Merz, Annette, *Der historische Jesus*, Göttingen, 2011(4판), p.405.

178    Freyne, Sean, *Galilee, Jesus and the Gospels. Literary Approaches and Historical Investigations*, Philadelphia, 1988, p.115.

179    Becker, Jürgen, *Jesus von Nazaret*, Berlin/New York, 1996, p.407.; Schröter, Jens, *Jesus von Nazaret: Jude aus Galiläa—Retter der Welt*, Leipzig, 2017(6판), p.299.

180    Schröter, Jens, *Jesus von Nazaret: Jude aus Galiläa—Retter der Welt*, Leipzig, 2017(6판), p.303.

181    Bovon, François, *Das Evangelium nach Lukas*, EKK III/2, Zürich/Neukirchen-Vluyn, 2008(3판), p.462.

182    Theissen, Gerd, Merz, Annette, *Der historische Jesus*, Göttingen, 2011(4판), p.378.

183    Suetonius, Tiberius 58, 61.; Tacitus, *Annals* 2, 50; 3, 38.

184    Gnilka, Joachim, *Johannesevangelium. Die Neue Echter-Bibel*, Würzburg, 2009(9판), p.234.

185    Thyen, Hartwig, *Das Johannesevangelium* (Handbuch zum Neuen Testament 6), Tübingen, 2015(2판), p.717.

186    Schnelle, Udo, *Das Evangelium nach Johannes*, ThHK, Leipzig, 2016(5판), p.272.

187    Wengst, Klaus, *Das Johannesevangelium Kapitel 11–21*. Bd. 4/2. ThKNT, Stuttgart, 2007, p.231.

188   Holm-Nielsen, Sven, *Die Psalmen Salomos*, JSHRZ Ⅳ/2, Gütersloh, 1977.

189   Stegemann, H., *Die Essener, Qumran, Johannes der Täufer und Jesus*, Freiburg, 1998(8판).

190   Lohse, E. (Hg.), Die *Texte aus Qumran: Hebräisch und Deutsch*, Darmstadt, 1971(2판).

191   Josephus, *Antiquities of the Jews* 17, 272-276.

192   Josephus, *Antiquities of the Jews* 17, 278-282.

193   Josephus, *Antiquities of the Jews* 17, 285.

194   Schäfer, P., *Der Bar Kokhba-Aufstand*, Tübingen, 1981.

195   Reinbold, Wolfgang, *Der Prozess Jesu*, Göttingen, 2006, p.91.

196   Röwerkampf, G. (Hg.), *Egeria Itinerarium*, Freiburg, 1995, p.272.

197   Veh, O. (Hg.), Cassius Dio, *Römische Geschichte*, Band Ⅳ, Zürich/München, 1986, pp.3, 7, 54.

198   Suetonius, Caligula 32,2; Domitian 10,1.

199   Reinbold, Wolfgang, *Der Prozess Jesu*, Göttingen, 2006, p.93.

200   Reinbold, Wolfgang, *Der Prozess Jesu*, Göttingen, 2006, p.95.

201   Josephus, *Antiquities of the Jews* 20, 102.

202   Josephus, *Antiquities of the Jews* 20, 129.

203   Josephus, *The Wars of the Jews* 2, 253.

204   Josephus, *The Wars of the Jews* 2, 305-306.

205   Kuhn, H-W., "Die Kreuzesstrafe während der frühen Kaiserzeit. Ihre Wirklichkeit und Wertung in der Umwelt des Urchristentums", in: Temporini, H., Haase, W. (Hg.), *Aufstieg und Niedergang der römischen Welt*, Band Ⅱ 25/1, Berlin, 1982, pp.648-793, 724.

206   Kuhn, H-W., "Die Kreuzesstrafe während der frühen Kaiserzeit. Ihre Wirklichkeit und Wertung in der Umwelt des Urchristentums", in: Temporini, H., Haase, W. (Hg.), *Aufstieg und Niedergang der römischen Welt*, Band Ⅱ 25/1, Berlin, 1982, p.733.

207   Betz, Otto, "Probleme des Prozesses Jesu", ANRW Ⅱ. 25.1, 1998, p.572.; Jeremias, Joachim, *Die Abendmahlsworte Jesu*, Göttingen, 1967(4판), p.73.

208   Stegemann, E. W., "Wie im Angesicht des Judentums historisch vom Tod Jesu sprechen?", in: Häfner, G., Schmid, H. (Hg.), *Wie heute vom Tod Jesu sprechen?*, Freiburg, 2005(2판), pp.23-52, 35.

209   Blinzler, J., *Der Prozess Jesu*, Regensburg, 1969(4판), pp.447-448.

210   Reinbold, Wolfgang, *Der Prozess Jesu*, Göttingen, 2006, p.107.

211   Reinbold, W., "Das Matthäusevangelium, die Pharisäer und die Tora", BZ 50,

2006, pp.51-73.

212　Reinbold, Wolfgang, *Der Prozess Jesu*, Göttingen, 2006, p.108.

213　Josephus, *Antiquities of the Jews* 14, 63.

214　Goldschmidt, L. (Hg.), *Der babylonische Talmud*, 12 Bände, Berlin, 1929-1936, pp.3, 240.

215　Reinbold, Wolfgang, *Der Prozess Jesu*, Göttingen, 2006, p.110.

216　Philon, *De migratione Abrahami*, 91.; Heinemann, I. (Hg.), *Die Werke Philos von Alexandria*, Bd. 5, Breslau, 1929, p.176.

217　Josephus, *Antiquities of the Jews* 16, 163.

218　Reinbold, Wolfgang, *Der Prozess Jesu*, Göttingen, 2006, p.114.

219　Reinbold, Wolfgang, *Der Prozess Jesu*, Göttingen, 2006, p.116.

220　Mommsen, Th/ Krger, P. (Hg.), *Digesta Justiniani Augusti*, Band 2, Berlin, 1870, 48,19,31.

221　Reinbold, Wolfgang, *Der Prozess Jesu*, Göttingen, 2006, p.119.

222　Reinbold, Wolfgang, *Der Prozess Jesu*, Göttingen, 2006, p.124.

223　Reinbold, Wolfgang, *Der Prozess Jesu*, Göttingen, 2006, p.124.

224　Reinbold, Wolfgang, *Der Prozess Jesu*, Göttingen, 2006, p.129.

225　Josephus, *The Wars of the Jews* 2,224; 5,244.

226　Josephus, *Antiquities of the Jews* 20, 219.

227　Wengst, Klaus, *Das Johannesevangelium Kapitel 11-21*, Bd. 4/2. ThKNT, Stuttgart, 2007, p.257.

228　Wengst, Klaus, *Das Johannesevangelium Kapitel 11-21*, Bd. 4/2. ThKNT, Stuttgart, 2007, p.232.

229　Schnelle, Udo, *Das Evangelium nach Johannes*, ThHK, Leibzig, 2016(5판), p.358.

230　Pesch, R., *Das Markusevangelium*, HThK Ⅱ/2, Freiburg, 1977, p.465.; Dahm, Christof, *Israel im Markusevangelium*, EHS.T 420, Frankfurt, 1991, p.243.

231　"Nostra aetate", 4.; LThK, 2판, p.493.

232　〈그리스도교 성서에서 유다 백성과 그 성서〉, VApS 152, 24, 2001. 5, p.138.

233　Bultmann, Rudolf, *Das Evangelium des Johannes*, KEK, Göttingen, 1968(19판), p.515.

234　Wilckens, Ulrich, *Das Neue Testament Deutsch*, NTD 4, Göttingen, 1998, p.290.

235　Schnelle, Udo, *Das Evangelium nach Johannes*, ThHK, Leibzig, 2016(5판), p.281.

236　Schröter, Jens, *Jesus von Nazaret: Jude aus Galiläa—Retter der Welt*, Leipzig, 2017(6판), p.324.

237　Schröter, Jens, *Jesus von Nazaret: Jude aus Galiläa—Retter der Welt*, Leipzig, 2017(6판), p.326.

238 Reinbold, Wolfgang, *Der Prozess Jesu*, Göttingen, 2006, p.98.

239 Josephus, *The Wars of the Jews* 4,317.

240 Dunn, James D. G., *Jesus Remembered: Christianity in the Making*, Vol.1, Grands Rapids, 2003, pp.825-828.

241 Schürmann, Heinz, *Jesus: Gestalt und Geheimnis. Gesammelte Beiträge*, Scholitissek Klaus (Hg.), Paderborn, 1994, pp.85-104. 380-397.

242 Schröter, Jens, *Jesus von Nazaret: Jude aus Galiläa—Retter der Welt*, Leipzig, 2017(6판), p.331.

243 Schröter, Jens, *Jesus von Nazaret: Jude aus Galiläa—Retter der Welt*, Leipzig, 2017(6판), p.335.

244 Hurtado, Larry W., *Lord Jesus Christus: Devotion to Jesus in Earliest Christianity*, Grand Rapids/Cambridge, 2003, pp.108-118.

245 Vollenweider, Samuel, "Die metamorphose des Gottessohnes", in: Ders., *Horizonte neutestamentlicher Christologie: Studien zu Paulus und zur frühchristlichen Theologie*, WUNT 144, Tübingen, 2002, pp.285-306, 305.

246 Hengel, Martin, "Der Sohn Gottes", in: Ders., *Studien zur Christologie. Kleine Schriften* IV, WUNT 201, Thornton, Claus-Jürgen (Hg.), Tübingen, 2006, pp.74-145.

247 Luz, Ulrich, "Das 'Auseinandergehen der Wege', Über die Trennung des Christentums vom Judentum", in: Dietrich, W., George, M., Luz, U. (Hg.), *Antijudaismus—christliche Erblast*, Stuttgart, 1999, pp.56-73.

248 Bultmann, Rudolf, *Theologie des Neuen Testaments*, Merk, O. (Hg.), Tübingen, 1984(9판), p.48.

249 Hengel, Martin, "Das Begräbnis Jesu bei Paulus und die leibliche Auferstehung aus dem Grabe", in: Avemarie, F., Lichtenberger, H. (Hg.), *Auferstehung*, WUNT 135, Tübingen, 2001, pp.119-183, 139.

250 Althaus, P., *Die Wahrheit des christlichen Osterglaubens*, Gütersloh, 1940, p.25.; Schnelle, Udo, *Theologie des Neuen Testaments*, Göttingen, 2016(3판), p.157.

251 Lüdemann, G., *Die Auferstehung Jesu*, Göttingen, 1994, p.66.

252 Wilckens, Ulrich, *Auferstehung*, Güterslof, 1977(2판), pp.15-61.

253 Schnelle, Udo, *Theologie des Neuen Testaments*, Göttingen, 2016(3판), p.158.

254 Wilckens, Ulrich, "Der Ursprung der Überlieferung der Erscheinungen des Auferstandenen", in: Hoffmann, P. (Hg.), *Zur neutestamentlichen Überlieferung von der Auferstehung Jesu*, Darmstadt, 1988, pp.139-193.

255 Merklein, Helmut, *Der erste Brief an die Korinther*, ÖTK 7/3, Gütersloh, 2005, p.282.

256  Horn, F. W., *Das Angeld des Geistes*, FRLANT 154, Göttingen, 1992, p.61.

257  Würthwein, E., *Der Text des Alten Testaments*, Stuttgart, 1988(5판), pp.58-90.; Hengel, M., Schwemer, A, M. (Hg.), *Die Septuaginta zwischen Judentum und Christentum*, WUNT 72, Tübingen, 1994.; Tilly, M., *Einführung in die Septuaginta*, Darmstadt, 2005.

258  Moyise, St., *The Old Testament in the New*, New York, 2001.

259  Schnelle, Udo, *Theologie des Neuen Testaments*, Göttingen, 2016(3판), p.163.

260  Allison, D. C., *The Intertextual Jesus: Scripture in Q*, Harrisburg, 2000.

261  Moyise, St., *The Old Testament in the New*, New York, 2001, pp.21-33.; Marcus, J., *Way of the Lord*, London/Edinburgh, 2005.

262  Luz, Ulrich, *Das Evangelium nach Matthäus*: EKK Ⅰ/1, Mt 1-7, Zürich/ Neukirchen-Vluyn, 2002, pp.189-199.; Menken, M. J. J., *Matthew's Bible. The Old Testament Text of the Evangelist*, BEThL 173, Leuven, 2004.; Strecker, Georg, *Der Weg der Gerechtigkeit*, FRLANT 82, Göttingen, 1971(3판), pp.49-84.

263  Moyise, St., *The Old Testament in the New*, New York, 2001, pp.45-62.; Schnelle, Udo, *Theologie des Neuen Testaments*, Göttingen, 2016(3판), p.162.

264  Obermann, A., *Die christologische Erfüllung der Schrift im Johannesevangelium*, WUNT 2.83, Tübingen, 1996.; Kraus, W., "Johannes und das Alte Testament", ZNW 88, 1997, pp.1-23.; Labahn, M., "Jesus und die Autorität der Schrift", in: Labahn, M., Scholitissek, K., Strotmann, A. (Hg.), *Israel und seine Heilstraditionen im Johannesevangelium* (FS Beutler, J.), Paderborn, 2004, pp.185-206.

265  Koch, D. A., *Die Schrift als Zeuge des Evangeliums*, BHTh 69, Tübingen, 1986, pp.21-23.; Wilhelm, Dittmar, *Vetus Testamentum in Novo. Die Alttestamentlichen Parallelen Des Neuen Testaments Im Wortlaut Der Urtexte Und Der Septuaginta*, Düsseldorf, 2014.

266  Schnelle, Udo, *Theologie des Neuen Testaments*, Göttingen, 2016(3판), p.162.

267  Hengel, Martin, "Psalm 110 und die Erhöhung des Auferstandenen zur Rechten Gottes", Breytenbach, C., Paulsen, H. (Hg.), *Anfänge der Christologie* (FS Hahn, F.), Göttingen, 1991, pp.43-74.; Moyise, St., Menken, M. J. J. (Hg.), *The Psalms in the New Testament*, New York, 2004.

268  Schnelle, Udo, *Theologie des Neuen Testaments*, Göttingen, 2016(3판), p.163.

269  Hurtado, Larry W., *One God, One Lord*, Edinburgh, 1998(2판), pp.17-92.; Horbury, W., "Jewish Messianism and Early Christology", in: Longenecker, R. N. (Hg.), *Contours of Christology in the New Testament*, Grand Rapids, 2003, pp.3-

24.

270  von Lips, H., *Weisheitliche Tradition im Neuen Testament*, WMANT 64, Neukirchen, 1990, pp.267-280.

271  Vollenweider, Samuel, "Zwischen Monotheismus und Engelchristologie", in: Ders., *Horizonte neutestamentliche Christologie*, WUNT 144, Tübingen, 2002, pp.3-27.

272  Hurtado, Larry W., *One God, One Lord*, Edinburgh, 1998(2판), pp.93-124.

273  Schwankl, O., *Die Sadduzäerfrage (Mk 12,18-27 parr)*, BBB 66, Bonn, 1987, pp.173-274.

274  Burkert, W., Art. "Griechische Religion", TRE 14, Berlin, 1985, pp.235-252, 238.

275  Frey, J., "Joh 1,14, Die Fleischwerdung des Logos und die Einwohnung Gottes in Jesus Christus", in: Janowski, B., Popkes, E. E. (Hg.), *Das Geheimnis der Gegenwart Gottes: Zur Schechina-Vorstellung in Judentum und Christentum*, WUNT 318, Tübingen, 2014, pp.231-256.; Janowski, B., "Die Einwohnung Gottes in Israel", in: Janowski, B., Popkes, E. E. (Hg.), *Das Geheimnis der Gegenwart Gottes: Zur Schechina-Vorstellung in Judentum und Christentum*, WUNT 318, Tübingen, 2014, pp.3-40.; Schnelle, Udo, *Das Evangelium nach Johannes*, ThHK, Leipzig, 2016(5판), pp.65-71.

276  Zeller, D., "Die Menschwerdung des Sohnes Gottes im Neuen Testament und die antike Religionsgeschichte", in: Ders., *Menschwerdung Gottes—Vergöttlichung des Menschen*, NTOA 7, Fribourg/Göttingen, 1988, pp.141-176.; Zeller, D., "New Testament Christology in its Hellenistic Reception", NTS 46, 2001, pp.312-333.

277  Schnelle, Udo, *Die ersten 100 Jahre des Christentums*, Göttingen, 2016(2판), pp.432-436.

278  Schnelle, Udo, *Theologie des Neuen Testaments*, Göttingen, 2016(3판), pp.182-199.; Schnelle, Udo, *Die ersten 100 Jahre des Christentums*, Göttingen, 2016(2판), pp.154-235.

279  Schnelle, Udo, *Die ersten 100 Jahre des Christentums*, Göttingen, 2016(2판), pp.138-141.

280  Theissen, Gerd, "Hellenisten und Hebräer (Apg 6,1-6). Gab es eine Spaltung in der Urgemeinde?", in: Lichtenberger, H. (Hg.), *Geschichte—Tradition—Reflexion* (FS Hengel, M.), Bd. III, Tübingen, 1996, pp.323-343.; Zugmann, M., *"Hellenisten" in der Apostelgeschichte*, WUNT 2.264, Tübingen, 2009.

281  Josephus, *Antiquities of the Jews* 4, 214, 287.

282  Schnelle, Udo, *Theologie des Neuen Testaments*, Göttingen, 2016(3판), p.183.

283 Hengel, Martin, "Zwischen Jesus und Paulus. Die 'Hellenisten', die 'Sieben' und Stephanus", ZThK 72, 1975, pp.151-206, 161.

284 Theissen, Gerd, "Hellenisten und Hebräer (Apg 6,1-6). Gab es eine Spaltung in der Urgemeinde?", in: Lichtenberger, H. (Hg.), Geschichte—Tradition—Reflexion (FS Hengel, M.), Bd.Ⅲ, Tübingen, 1996, pp.332-336.

285 Schnelle, Udo, Theologie des Neuen Testaments, Göttingen, 2016(3판), p.184.

286 Hengel, Martin, Schwemer, A, M., Paulus zwischen Damaskus und Antiochien, WUNT 108, Tübingen, 1998, pp.274-299.

287 Bousset, W., Kyrios Christos. Geschichte des Christusglaubens von den Anfängen des Christentums bis Irenaeus, Göttingen, 1967(6판), p.90.

288 Schnelle, Udo, Theologie des Neuen Testaments, Göttingen, 2016(3판), p.186.

289 Wechsler, A., Geschichtsbild und Apostelstreit, BZNW 62, Berlin, 1991, p.266.

290 Schrage, W., Unterwegs zur Einheit und Einzigkeit für die Herausbildung der frühen Christologie, BThSt 48, Neukirchen, 2002, pp.158-167.

291 Hengel, Martin, "Abba, Maranatha, Hosanna und die Anfänge der Christologie", in: Dalferth, I. U., Fischer, J., Grosshans, H.-P. (Hg.), Denkwürdiges Geheimnis (FS Jüngel, E.), Tübingen, 2005, pp.144-183.

292 Riesner, R., Die Frühzeit des Apostels Paulus, WUNT 71, Tübingen, 1994, pp.105-110.; Hengel, Martin, Schwemer, A, M., Paulus zwischen Damaskus und Antiochien, WUNT 108, Tübingen, 1998, pp.267-275.

293 Hengel, Martin, Schwemer, A, M., Paulus zwischen Damaskus und Antiochien, WUNT 108, Tübingen, 1998, pp.324-334.; Kollmann, Bernd, Joseph Barnabas, SBS 175, Stuttgart, 1998.; Öhler, M., Barnabas, Leipzig, 2006.

294 Kraus, W., Zwischen Jerusalem und Antiochia, SBS 179, Stuttgart, 1999, pp.134-139.

295 Kraus, W., Das Volk Gottes, WUNT 85, Tübingen, 1996, pp.96-107.

296 Josephus, Antiquities of the Jews 20, 199-203.

297 Betz, O., Art. "Beschneidung Ⅱ", TRE 5, Berlin, 1980, pp.716-722.

298 Schnelle, Udo, Theologie des Neuen Testaments, Göttingen, 2016(3판), p.189.

299 Schnelle, Udo, Paulus: Leben und Denken, Berlin, 2014(2판), pp.114-131.; Schnelle, Udo, Die ersten 100 Jahre des Christentums, Göttingen, 2016(2판), pp.223-232.

300 Dunn, James D. G., The Theology of Paul the Apostle, Grand Rapids, 1998.; Sanders, Ed P., Paul and Palestinian Judaism, London/Philadelphia, 1977.; Sanders, Ed P., Paul: The Apostle's Life, Letters, and Thought, Minneapolis, 2015.; Schnelle, Udo, Paulus: Leben und Denken, Berlin, 2014(2판).; Wolter,

Michael, *Paulus: Ein Grundriss seiner Theologie*, Neukirchen, 2011.

301  Schnelle, Udo, *Theologie des Neuen Testaments*, Göttingen, 2016(3판), p.352.

302  Schnelle, Udo, *Die ersten 100 Jahre des Christentums*, Göttingen, 2016(2판), pp.304-319.; Schnelle, Udo, *Theologie des Neuen Testaments*, Göttingen, 2016(3판), pp.352-363.

303  Böttrich, Chr., *Petrus: Fischer, Fels und Funktionär*, BG 2, Leipzig, 2001.; Hengel, Martin, *Der unterschätzte Petrus*, Tübingen, 2006.

304  Karrer, Martin, "Petrus im paulinischen Gemeindekreis", ZNW 80, 1989, pp.210-231.

305  Dunn, James D. G., *Unity and Diversity in the New Testament: An Inquiry into the Character of Earliest Christianity*, London, 1977(3판), p.430.

306  Brown, R. E., Meier, J. P., *Antioch & Rome: New Testament Cradles of Catholic Christianity*, London, 1983, p.210.

307  Horn, F. W. (Hg.), *Das Ende des Paulus*, BNZW 106, Berlin, 2001.; Puig i Tarrech A., Barclay, J. M. G., Frey, J. (Hg.), *The Last years of Paul*, WUNT 352, Tübingen, 2015.; Schnelle, Udo, *Paulus: Leben und Denken*, Berlin, 2014(2판), pp.385-391, 411-416.

308  Omerzu, H., "Das Schweigen des Lukas", in: Horn, F. W. (Hg.), *Das Ende des Paulus*, BNZW 106, Berlin, 2001, pp.151-156.

309  Schnelle, Udo, *Theologie des Neuen Testaments*, Göttingen, 2016(3판), p.477.

310  Schnelle, Udo, *Theologie des Neuen Testaments*, Göttingen, 2016(3판), p.354.

311  Tacitus, *Annals* XV 44, 2-5.; Suetonius, Nero 16,2.

312  Hengel, Martin, "Jakobus der Herrenbruder – der erste 'Papst'?", in: Ders., *Jakobus der Herrenbruder, Kleine Schriften* Ⅲ, WUNT 141, Tübingen, 2002, pp.549-582.; Pratscher, W., *Der Herrenbruder Jakobus und die Jakobustradition*, FRLANT 139, Göttingen, 1987.

313  Josephus, *Antiquities of the Jews* 20, 197-203.

314  Schnelle, Udo, *Theologie des Neuen Testaments*, Göttingen, 2016(3판), p.355.

315  Kümmel, W. G., *Verheissung und Erfüllung*, AThNT 6, Zürich, 1956(3판).; Grässer, E., *Das Problem der Parusieverzögerung in den synoptischen Evangelien und in der Apostelgeschichte*, BZNW 22, Berlin, 1977(3판).; Erlemann, K., *Naherwartung und Parusieverzögerung im Neuen Testament*, TANZ 17, Tübingen, 1995.

316  Schwier, H., *Tempel und Tempelzerstörung*, NTOA 11, Fribourg/Göttingen, 1989, p.55.; Ego, B., Lange, A., Pilhofer, P. (Hg.), *Gemeinde ohne Tempel, Zur Substituierung und Transformation des Jerusalemer Tempels und seines Kults im*

*Alten Testament, antiken Judentum und frühen Christentum*, WUNT 118, Tübingen, 1999.

317 Eusebios, HE Ⅲ 5,3.

318 Wehnert, J., "Die Auswanderung der Jerusalemer Christen nach Pella— historische Fakten oder theologische Konstruktion?", ZKG 102, 1991, pp.231- 255.; Lüdemann, G., *Paulus, der Heidenapostel* Ⅱ, FRLANT 130, Göttingen, 1983, pp.269-274, 278-281.

319 Schnelle, Udo, *Theologie des Neuen Testaments*, Göttingen, 2016(3판), p.358.

320 Strecker, Georg, Art. "Judenchristentum", TRE 17, Berlin, 1988, pp.310-325.

321 Suetonius, *Vespasian*, 1.

322 Tacitus, *Histories* Ⅳ, 3.

323 Tacitus, *Histories* V, 1-2, 13.

324 Suetonius, *Vespasian*, 4-5.

325 Josephus, *The Wars of the Jews* 3,399-408; 4,622-629.

326 Josephus, *The Wars of the Jews* 4,618.656.

327 Mason, St., *Flavius Josephus und das Neue Testament*, Tübingen, 2000.

328 Panzram, S., "Der Jerusalemer Tempel und das Rom der Flavier", in: Hahn, J. (Hg.), *Zerstörungen des Jerusalemer Tempels*, WUNT 147, Tübingen, 2002, pp.166-182.

329 Josephus, *Antiquities of the Jews* 8, 46-48.

330 Clauss, M., *Kaiser und Gott: Herrscherkult im römischen Reich*, Stuttgart/ Leipzig, 1999, pp.346-352.

331 Clauss, M., *Kaiser und Gott: Herrscherkult im römischen Reich*, Stuttgart/ Leipzig, 1999, pp.113-117.

332 Theissen, Gerd, "Evangelienschreibung und Gemeindeleitung. Praktische Motive bei der Abfassung des Markusevangeliums", in: Kollmann, B. (Hg.), *Antikes Judentum und frühes Christentum* (FS Stegemann, H.), BZNW 97, Berlin, 1999, pp.389-414, 397.

333 Becker, E-M., "Der jüdisch-römische Krieg(66-70 n. Chr.) und das Markus- Evangelium", in: Dies (Hg.), *Die antike Historiographie und die Anfänge der christlichen geschichtsschreibung*, BZNW 129, Berlin, 2005, pp.213-236.

334 Neirynck, F., "The Symbol Q (Quelle)", in: Ders., *Evangelica* Ⅰ, BETL 60, Leuven, 1982, pp.683-689.; Neirynck, F., "Recent Developments in the Study of Q", in: Delobel, J. (Hg.), *Logia—The Sayings of Jesus*, BETL LIX, Leuven, 1982, pp.29-75.; Schnelle, Udo, *Einleitung in das Neue Testament*, Stuttgart, 2011(7판), pp.242-264.

335 Bultmann, Rudolf, *Die Geschichte der synoptischen Tradition*, Göttingen, 1967(7 판).

336 Theissen, Gerd, *Lokalkolorit und Zeitgeschichte in den Evangelien. Ein Beitrag zur Geschichte der synoptischen Tradition*, NTOA 8, Göttingen, 1989.

337 Schnelle, Udo, *Theologie des Neuen Testaments*, Göttingen, 2016(3판), p.362.

338 Schnelle, Udo, *Theologie des Neuen Testaments*, Göttingen, 2016(3판), pp.364-508, 640-756.; Ebner, Martin, Schreiber, Stefan (Hg.), *Einleitung in das Neue Testament*, Stuttgart, 2008(2판), pp.68-231.

339 Theissen, Gerd, Merz, Annette, *Der historische Jesus*, Göttingen, 2011(4판), pp.22-29.

340 Dunn, James D. G., *Jesus Remembered: Christianity in the Making*, Vol.1, Grands Rapids, 2003, pp.85-92.; Theissen, Gerd, Winter, D., *Die Kriterienfrage in der Jesusforschung: Vom Differenzkriterium zum Plausibilitätskriterium*, Freiburg, 1997, pp.145-171.

341 Dunn, James D. G., *Jesus Remembered: Christianity in the Making*, Vol.1, Grands Rapids, 2003, p.89.

342 Sanders, Ed P., *Jesus and Judaism*, London/Philadelphia, 1991(3판), pp.4.

343 Sanders, Ed P., *Jesus and Judaism*, London/Philadelphia, 1991(3판), pp.5.

344 Schnelle, Udo, *Die ersten 100 Jahre des Christentums*, Göttingen, 2016(2판), pp.219-222.

345 Köster, H., Robinson, J. M., *Entwicklungslinien durch die Welt des Frühen Christentums*, Tübingen, 1971.; Schröter, J., "Jesus im frühen Christentum. Zur neueren Diskussion über kanonisch und apokryph gewordene Jesusüberlieferungen", VuF 51, 2006, pp.25-41.

346 Crossan, J. D., Reed, J. L., *Excavating Jesus. Beneath the Stones, Behind the Texts*, San Francisco, 2001.; Stegemann, W., Malina, B. J., Theissen, G. (Hg.), *Jesus in neuen Kontexten*, Stuttgart, 2002.

347 Evans, C. A., "The New Quest for Jesus and the New Research on the Dead Sea Scrolls", in: Labahn, M., Schmidt, A. (Hg.), *Jesus, Mark and Q*, Sheffield, 2001, pp.163-183.; Du Toit, D. S., "Redefining Jesus: Current Trends in Jesus Research", in: Labahn, M., Schmidt, A. (Hg.), *Jesus, Mark and Q*, Sheffield, 2001, pp.82-124.

348 Nagel, Peter, "Das Evangelium des Judas", ZNW 98, 2007, pp.213-276.

349 Klauck, Hans-Josef, *Apokryphe Evangelien*, Stuttgart, 2002, pp.48-52.; Rau, E., *Das geheime Markusevangelium: Ein Schriftfund voller Rätsel*, Neukirchen, 2003.

350 Schnelle, Udo, *Einleitung in das Neue Testament*, Stuttgart, 2011(7판), pp.574-576.

351 Schnelle, Udo, *Antidoketische Christologie im Johannesevangelium*, FRLANT 144, Göttingen, 1987, pp.168-182.

352 Fortna, Robert T., *The Gospel of Signs*, MSSNTS 11, Cambridge, 1970.; Robinson, J. M., "LOGOI SOPHON - Zur Gattung der Spruchquelle Q", in: Köster, H., Robinson, J. M., *Entwicklungslinien durch die Welt des frühen Christentums*, Tübingen, 1971, pp.67-106.; Crossan, J. D., *The Historical Jesus: The Life of a Mediterranean Peasant*, San Francisco, 1991

353 Crossan, J. D., *The Birth of Christianity*, San Francisco, 1999, pp.120, 503.

354 Pagels, Elaine, *Das Geheimnis des fünften Evangeliums*, München, 2007(3판), p.40.

355 Köster, H., *Ancient Christian Gospels: Their History and Development*, London, 1990, pp.84-85.; Meier, John P., *A Marginal Jew: Rethinking the Historical Jesus*, Vol. I: *The Roots of the Problem and the Person*, ABRL, New York u.a., 1991, pp.128-130.

356 Köster, H., *Ancient Christian Gospels: Their History and Development*, London, 1990, pp.75-128.

357 Schröter, J., Bethge, H-G, "Das Evangelium nach Thomas", NHC II, 2, in: Schenke, H-M., Bethge, H-G., Kaiser, U. U. (Hg.), *Nag Hammadi Deutsch* I, GCS N.F. 8, Berlin, 2001, pp.153-157.

358 Fieger, Michael, *Das Thomasevangelium: Einleitung, Kommentar und Systematik*, NTA 22, Münster, 1991, p.7.; Popkes, E. E., "Die Umdeutung des Todes Jesu im koptischen Thomasevangelium", in: Frey, J., Schröter, J. (Hg.), *Deutungen des Todes Jesu im Neuen Testament*, WUNT 181, Tübingen, 2012, pp.513-543.; Goodcare, Mark, *Thomas and the Gospels*, Grand Rapids, 2012.

359 Tuckett, Christopher, "Thomas and the Synoptics", NT 30, 1988, pp.132-157.; Fieger, Michael, *Das Thomasevangelium: Einleitung, Kommentar und Systematik*, NTA 22, Münster, 1991, p.26.

360 Popkes, Enno Edzard, *Das Menschenbild des Thomasevangeliums*, WUNT 206, Tübingen, 2007, p.356.

361 Dunn, James D. G., *Neither Jew nor Greek: A Congested Identity (Christianity in the Making, Volume 3)*, Grands Rapids, 2015, pp.371-404, 402.

## 후기_ 예수 십자가와 한반도 십자가

1   Theissen, Gerd, *Soziologie der Jesusbewegung: Ein Beitrag zur Entstehungsgeschichte des Urchristentums*, München, 1977, p.1.

2   Conzelmann, Hans, *Geschichte des Urchristentums*, Göttingen, 1969, p.1.

# 참고 문헌

Adna, J., *Jerusalemer Tempel und Tempelmarkt im 1. Jahrhunderts n. Chr.*, ADPV 25, Wiesbaden, 1999.

Adna, J., *Jesu Stellung zum Tempel. Die Tempelaktion und das Tempelwort als Ausdruck seiner messianishen Sendung*, WUNT 2.119, Tübingen, 2000.

Albani, Matthias, *Der eine Gott und die himmlischen Heerscharen: Zur Begründung des Monotheismus bei Deuterojesaja im Horizont der Astralisierung des Gottesverständnisses im Alten Orient*, ABG 1, Leipzig, 2000.

Allison, D. C., *The Intertextual Jesus: Scripture in Q*, Harrisburg, 2000.

Althaus, P., *Die Wahrheit des christlichen Osterglaubens*, Gütersloh, 1940.

Annen, F., *Heil für die Heiden. Zur Bedeutung und Geschichte der Tradition vom besessen Gerasener (Mk 5,1-20 parr.)*, FTS 20, Frankfurt a. M. 1976.

Avemarie, F., Lichtenberger, H. (Hg.), *Auferstehung*, WUNT 135, Tübingen, 2001.

Back, Sven-Olav, "Die Prozesse gegen Jesus", in: Schröter, Jens, Jacobi, Christine (Hg.), *Jesus Handbuch*, Tübingen, 2017, pp.473-481.

Backhaus, K., *Die "Jüngerkreise" des Täufers Johannes*, PaThSt 19, Paderborn, 1991.

Backhaus, Knut, "Jesus und Johannes der Täufer", in: Schröter, Jens, Jacobi, Christine (Hg.), *Jesus Handbuch*, Tübingen, 2017, pp.245-252.

Bailey, K. E., *Through Peasant Eyes*, Grand Rapids, 1980.

Bammel, E., "πτωχος", TNDT 6, 1968, pp.888-889.

Batey, Richard A., "Jesus and the Theatre", NTS 30, 1984, pp.563-574.

Bartchy, S. C., "Der historische Jesus und die Umkehr der Ehre am Tisch", in: Stegemann, W., Malina, B. J., Theissen, G. (Hg.), *Jesus in neuen Kontexten*, Stuttgart, 2002, pp.224-229.

Bauckham, Richard J., *Gospel Women: Studies of the Named Women in the Gospels*, Grand Rapids, 2002.

Bauckham, Richard, De Luca, Stefano, "Magdala, As We Know It", EC 6, 2015, pp.91-118.

Bauer, Walter, "Jesus der Galiläer", in: Ders., *Aufsätze und kleine Schriften*, Strecker, Georg (Hg.), Tübingen, 1967(1927), pp.91-108.

Baumbach, G., *Jesus von Nazareth im Lichte der jüdischen Gruppenbildung*, Berlin, 1971.

Becker, E-M., "Kamelhaare… und wilder Honig", in: Gebauer, R., Meiser, M. (Hg.), *Die bleibende Gegenwart des Evangeliums*(FS Merk, O), MThSt 76, Marburg, 2003, pp.13-28.

Becker, E-M., "Der jüdisch-römische Krieg(66-70 n. Chr.) und das Markus-Evangelium", in: Dies (Hg.), *Die antike Historiographie und die Anfänge der christlichen geschichtsschreibung*, BZNW 129, Berlin, 2005, pp.213-236.

Becker, E-M., (Hg.), *Die antike Historiographie und die Anfänge der christlichen geschichtsschreibung*, BZNW 129, Berlin, 2005.

Becker, J. (Hg.), *Die Anfänge des Christentums*, Stuttgart, 1987.

Becker, Jürgen, *Das Evangelium nach Johannes: Kapitel 11-21*, ÖTBK 4/2, Gütersloh, 1991(3판).

Becker, Jürgen, *Johannes der Täufer und Jesus von Nazareth*, BSt 63, Neukirchen, 1972.

Becker, Jürgen, *Jesus von Nazaret*, Berlin/New York, 1996.

Becker, Jürgen, "Das Gottesbild Jesu und die älteste Auslegung von Ostern", in: Strecker, Georg (Hg.), *Jesus Christus in Historie und Theologie* (FS Konzelmann, H.), Tübingen, 1975, pp.105-126.

Ben-David, Arye, *Talmudische Ökonomie*, Hildesheim, 1974.

Berger, K., *Die Gesetzesauslegung Jesu* I, WMANT 40, Neukirchen, 1972.

Berger, Klaus, "Hellenistische Gattungen im Neuen Testament", ANRW II.25.2, 1984, pp.1031-1432.

Bermozo-Rubio, Fernando, "Jesus and the Anti-Roman Resistance, A Reassessment of the Arguments", JSHJ 12. 2014, pp.1-105.

Betz, H. D., "Jesus and the Purity of the Temple (Mark 11:15-18): A Comparative Religion Approach", in: JBL 116, 1997, pp.455-472.

Betz, H. D., *The Sermon on the Mount*, Minneapolis, 1995.

Betz, O., Art. "Beschneidung II", TRE 5, Berlin, 1980, pp.716-722.

Betz, Otto, "Probleme des Prozess Jesu", ANRW II. 25.1, 1998, pp.565-647.

Bieberstein, Sabine, *Verschwiegene Jüngerinnen, vergessene Zeuginnen: Gebrochene Konzepte im Lukasevangelium*, Freiburg(CH)/Göttingen, 1998.

Billerbeck, P., *Kommentar zum Neuen Testament aus Talmud und Midrasch* I, München, 1974(4판).

Billerbeck, Paul., Strack, Hermann L. (Hg.), *Kommentar zum Neuen Testament aus Talmud und Midrasch*, IV/1, München, 1979.

Blinzler, J., *Der Prozess Jesu*, Regensburg, 1969(4판).

Bock, Darrell L., *Blasphemy and exaltation in Judaism and the final examination of Jesus: A philological-historical study of the key Jewish themes impacting Mark 14:61-64*, WUNT II 106, Tübingen, 1998.

Borg, M. J., *Jesus, Der neue Mensch*, Freiburg, 1993.

Bornkamm, Günter, *Jesus von Nazareth*, Stuttgart u.a., 1956(15판).

Bornkamm, Günter, *Geschichte und Glaube* I, München, 1968.

Bornkamm, Günter, "Das Doppelgebot der Liebe", in: Ders., *Geschichte und Glaube* I, München, 1968, pp.37-45.

Bousset, W., *Kyrios Christos. Geschichte des Christusglaubens von den Anfängen des Christentums bis Irenaeus*, Göttingen, 1967(6판).

Bovon, François, *Das Evangelium nach Lukas*, EKK III/2, Zürich/Neukirchen-Vluyn, 2008(3판).

Bovon, François, *Das Evangelium nach Lukas*, EKK III/3, Zürich/Neukirchen-Vluyn, 2001.

Böttrich, Chr., *Petrus: Fischer, Fels und Funktionär*, BG 2, Leipzig, 2001.

Breytenbach, C., Paulsen, H. (Hg.), *Anfänge der Christologie* (FS Hahn, F.), Göttingen, 1991.

Brodie, T. L., "Towards Unravelling Luke's Use of the Old Testament: Luke 7.11-17 as an Imitatio of 1 Kings 17.17-24", NTS 32, 1986, pp.247-267.

Broer, I. (Hg.), *Jesus und das jüdische Gesetz*, Stuttgart u.a., 1992.

Broer, I., "Jesus und die Tora", in: Broer, I. (Hg.), *Jesus und das jüdische Gesetz*, Stuttgart u.a., 1992, pp.216-254.

Brown, Raymond E., *The Death of the Messiah. From Gethsemane to the Grave, Volume 2: A Commentary on the Passion Narratives in the Four Gospels*, New Haven, 1994.

Brown, R. E., Meier, J. P., *Antioch & Rome: New Testament Cradles of Catholic Christianity*, London, 1983.

Bultmann, Rudolf, *Exegetica. Aufsätze zur Erforschung des Neuen Testaments*, (Hg.), Dinkler, E, Tübingen, 1967.

Bultmann, Rudolf, *Die Geschichte der synoptischen Tradition*, Göttingen, 1967(7판).

Bultmann, Rudolf, *Das Evangelium des Johannes*, KEK, Göttingen, 1968(19판).

Bultmann, Rudolf, *Theologie des Neuen Testaments*, Merk, O. (Hg.), Tübingen, 1984(9

판).

Burchard, Chr., "Jesus von Nazareth", in: Becker, J. (Hg.), *Die Anfänge des Christentums*, Stuttgart, 1987, pp.12-58.

Burkert, W., Art. "Griechische Religion", TRE 14, Berlin, 1985, pp.235-252.

Casey, M., *Aramaic Sources of Mark's Gospel*, SNTSMS 102, Cambridge, 1998.

Casey, P. M., "Culture and Historicity: The Cleansing of the Temple", in: CBQ 59, 1997, pp.306-332.

Camponovo, Odo, *Königtum, Königsherrschaft und Reich Gottes in den frühjüdischen Schriften*, Göttingen, 1984.

Catchpole, D. R., "The 'Triumphal' Entry". in: Bammel, E., Moule, C. F. D. (Hg.), *Jesus and the Politics of His Day*, Cambridge, 1984, pp.319-334.

Chancey, Mark A., *The Myth of a Gentile Galilee*, SNTStMSB 118, Cambridge, 2002.

Chilton, B., *Rabbi Jesus: An Intimate Biography*, New York, 2000.

Chilton, B., *The Temple of Jesus: His sacrificial Program within a Cultural History of Sacrifice*, Pennsylvania, 1992.

Chilton, B., Evand, C. A. (Hg.), *Studying the Historical Jesus*, NTTS 19, Leiden, 1994.

Clauss, M., *Kaiser und Gott: Herrscherkult im römischen Reich*, Stuttgart/Leipzig, 1999.

Conzelmann, Hans, *Geschichte des Urchristentums*, Göttingen, 1969.

Conzelmann, H., Lindemann, A., *Arbeitsbuch zum neuen Testament*, Tübingen, 2004(14판).

Cousland, J. R. C., *The Crowds in the Gospel of Matthew*, NT.S 102, Leiden/Boston/Köln, 2002.

Crossan, J. D., *The Birth of Christianity*, San Francisco, 1999.

Crossan, J. D., *The Historical Jesus: The Life of a Mediterranean Peasant*, San Francisco, 1991.

Crossan, J. D., "The parables of Jesus", Int. 56, 2002, pp.247-259.

Crossan, J. D., *Wer tötet Jesus? Die Ursprünge des christlichen Antisemitismus in den Evangelien*, München, 1999.

Crossan, J. D., Reed, J. L., *Excavating Jesus. Beneath the Stones, Behind the Texts*, San Francisco, 2001.

Crüsemann, F., *Die Tora: Theologie und Sozialgeschichte des alttestamentlichen Gesetzes*, Gütersloh, 1997(2판).

Crüsemann Marlene u. a. (Hg.), *Gott ist anders. Gleichnisse neu gelesen auf der Basis der Auslegung von Luise Schottroff*, Gütersloh, 2014.

Cullmann, Oscar, *Die Christologie des Neuen Testaments*, Tübingen, 1963(3판).

Dahm, Christof, *Israel im Markusevangelium*, EHS.T 420, Frankfurt, 1991.

Dalferth, I. U., Fischer, J., Grosshans, H.-P. (Hg.), *Denkwürdiges Geheimnis* (FS Jüngel, E.), Tübingen, 2005.

Dautzenberg, G., "Elija im Markusevangelium", in: *The Four Gospels* (FS F. Neirynck), BEThL 100, Bd. 2, Leuven, 1992, pp.1077-1094.

Davies, W. D., Allison, D. C., *Matthew 1-7*, Vol.1, ICC, Edinburgh, 1988.

Deines, R., Art. "Pharisäer", TBLNT II, 2000, pp.1455-1568.

Delobel, J. (Hg.), *Logia—The Sayings of Jesus*, BETL LIX, Leuven, 1982.

De Luca, Stefano, Lena, A., "Magdala, Tarichea", in: Fiensy, David A., Strange, James R. (Hg.), *Galilee in the Late Second Temple and Mishnaic Periods*, Vol.2. *The Archaeological Record from Cities, Towns, and Villages*, Minneapolis, 2015, pp.280-342.

Derrett, J. D. M., "Contributions to the Study of the Gerasene Demoniac", in: JSNT 3, 1979, pp.2-17.

Deuser, H., Schmalenberg, G. (Hg.), *Christlicher Glaube und religiöse Bildung* (FS Kriechbaum, F.), GSTR 11, Giessen, 1995.

Dietrich, W., George, M., Luz, U. (Hg.), *Antijudaismus—christliche Erblast*, Stuttgart, 1999, pp.56-73.

Dietzfelbinger, Christian, *Das Evangelium nach Johannes*, ZBK.NT 4/1-2, Bd. 2, Zürich, 2001.

Dietzfelbinger, Christian, "Vom Sinn der Sabbatheilungen Jesu", EvTh 38, 1978, pp.281-298.

Ditfruth, H. von, *Der Geist fiel nicht vom Himmel: Die Evolution unseres Bewusstseins*, München, 1984(6판).

Doering, L., *Schabbat. Sabbathalacha und-praxis im antiken Judentum*, TSAJ 78, Tübingen, 1999.

Dormeyer, Detlev, *Das Neue Testament im Rahmen der antiken Literaturgeschichte*, Darmstadt, 1993.

Downing, F. G., *Christ and the Cynics*, Sheffield, 1988.

Dschulnigg, Peter, *Rabbinische Gleichnisse und das Neue Testament: Die Gleichnisse der PesK im Vergleich mit den Gleichnissen Jesu und dem Neuen Testament*, JudChr 12, Bern, 1988.

Dschulnigg, Peter, "Der Tod Jesu am Kreuz im Licht der Evangelien", in: Lange, G. (Hg.), *"Scadalum Crucis"*, Theologie im Kontakt 5, Bochum, 1997, pp.65-88.

Dschulnigg, Peter, *Das Markusevangelium*, ThKNT 2, Stuttgart, 2007.

Duff, P. B., "The March of the Divine Warrior and the Advent of the Greco-Roman

King. Mark's Account of Jesus' Entry into Jerusalem", in: JBL 111, 1992, pp.55-71.

Dunn, James D. G., *Jesus Remembered: Christianity in the Making*, Vol.1, Grands Rapids, 2003.

Dunn, James D. G., *Neither Jew nor Greek: A Congested Identity (Christianity in the Making, Volume 3)*, Grands Rapids, 2015.

Dunn, James D. G., "John the Baptist's Use of Scripture", in: Evans, C. A., Stegner, W. R., (Hg.), *The Gospels and the Scriptures of Israel* (JSNT.S 104), Sheffield, 1994, pp.42-54.

Dunn, James D. G., *Unity and Diversity in the New Testament: An Inquiry into the Character of Earliest Christianity*, London, 1977(3판).

Dunn, James D. G., *Jesus, Paul and the Law. Studies in Mark and Galatians*, London, 1990.

Dunn, James D. G., (Hg.), *Paul and the Mosaic Law*, Tübingen, 1996.

Dunn, James D. G., *The Theology of Paul the Apostle*, Grand Rapids, 1998.

Dunn, James D. G., "Pharisees, Sinners, and Jesus", in: Ders., *Jesus, Paul and the Law. Studies in Mark and Galatians*, London, 1990, pp.61-68.

Dunn, J. D. G., "Jesus and the Purity: An Ongoing Debate", in: NTS 48, 2002, pp.449-467.

Dunn, J. D. G., "'Are You Messiah?' Is the crux of Mark 14,61-62 resolvable?" in: Horrell, David G., Tuckett, Christopher M. (Hg.), *Christology, controversy&community: New Testament essays in honor of David R. Catchpole*, Nt.S 99, Leiden/Boston/Köln, 2000, pp.1-22.

Du Toit, D. S., "Redefining Jesus: Current Trends in Jesus Research", in: Labahn, M., Schmidt, A. (Hg.), *Jesus, Mark and Q*, Sheffield, 2001, pp.82-124.

Ebersohn, M., *Das Nächstenliebegebot in der synoptischen Tradition*, MThSt 37, Marburg, 1993.

Ebner, Martin, "Feindesliebe – ein Ratschlag zum Überleben? Sozial- und religionsgeschichtliche Überlegungen", in: Asgeirsson, J. M., de Troyer, K., Meyer, M. W., (Hg.), *From Quest to Q* (FS J. M. Robinson), Leuven, 2000, pp.119-142.

Ebner, Martin, *Jesus von Nazaret: Was wir von ihm wissen können*, Stuttgart, 2016.

Ebner, Martin, "Die Mähler Jesu im Kontext der Gleichnisse von Säen und Ernten, Brotbacken und Brotschenken, Einladen und Feiern", in: BiKi 57, 2002, pp.9-14.

Ebner, Martin, *Jesus—ein Weisheitslehrer? Synoptische Weisheitslogien im Traditionsprozess*, HBS 15, Freiburg, 1998.

Ebner, Martin, Schreiber, Stefan (Hg.), *Einleitung in das Neue Testament*, Stuttgart,

2008(2판).

Ebner, Martin, "Das Markusevangelium", in: Ebner, Martin, Schreiber, Stefan (Hg.), *Einleitung in das Neue Testament*, Stuttgart, 2008(2판), pp.155-184.

Ebner, Martin, "Die Spruchquelle Q", in: Ders., Ebner, Martin, Schreiber, Stefan (Hg.), *Einleitung in das Neue Testament*, Stuttgart, 2008(2판), pp.86-112.

Ebner, Martin, "Im Schatten der Grossen. Kleine Erzählfiguren im Markusevangelium", in: BZ NF 44, 2000, pp.56-76.

Edwards, D., "The Socio-Economic and Cultural Ethos of the Lower Galilee in the First Century: Impilcations for the Nascent Jesus Movement", in: Levine, Lee I, (Hg.), *The Galilee in Late Antiquity*, Cambridge, MA/London, 1992, pp.53-73.

Egger, P., *"Crucifixus sub Pontio Pilato". Das "crimen" Jesu von Nazareth im Spannungsfeld römischer und jüdischer Verwaltungs- und Rechtsstrukturen*, NTA 32, Münster, 1997.

Ego, B., Lange, A., Pilhofer, P. (Hg.), *Gemeinde ohne Tempel, Zur Substituierung und Transformation des Jerusalemer Tempels und seines Kults im Alten Testament, antiken Judentum und frühen Christentum*, WUNT 118, Tübingen, 1999.

Eisele, W., "Jesus und Dionysos. Göttliche Konkurrenz bei der Hochzeit zu Kana (Joh 2,1-11)", ZNW 100, 1999, pp.1-28.

Erlemann, K., *Gleichnisauslegung*, Tübingen, 1999.

Erlemann, K., *Naherwartung und Parusieverzögerung im Neuen Testament*, TANZ 17, Tübingen, 1995.

Ernst, J., *Johannes der Täufer*, BZNW 53, Berlin, 1989.

Evans, C. A., "Jesus and the 'Cave of Robbers'. Towards a Jewish Context for the Temple Action", in: Ders., *Jesus and his Contemporaries. Comparative Studies*, AGJU 25, Leiden, 1995, pp.345-365.

Evans, C. A., "Jesus' Action in the Temple. Cleansing or Portent of Destruction?", in: Chilton, B., Evans. C. A. (Hg.), *Jesus in Context. Temple, Purity, and Restoration*, AGJU 39, Leiden, 1997, pp.395-439.

Evans, C. A., "Did Jesus Predict His Death and Resurrection?" in: Porter, S. E. (Hg.), *Resurrection*, Sheffield, 1999, pp.82-97.

Evans, C. A., "The New Quest for Jesus and the New Research on the Dead Sea Scrolls", in: Labahn, M., Schmidt, A. (Hg.), *Jesus, Mark and Q*, Sheffield, 2001, pp.163-183.

Evans, C. A., "In What Sense 'Blasphemy'? Jesus before Caiaphas in Mark 14:61-64", in: Ders., *Jesus and His Contemporaries: Comparative Studies*, Leiden, 1995, pp.407-434.

Evans, C. A., "Opposition to the Temple: Jesus and the Dead Sea Scrolls", in: Charlesworth, James (Hg.), *Jesus and the Dead Sea Scrolls*, New York, 1992, pp.235–253.

Evans, C. A., *Jesus and His Contemporaries: Comparative Studies*, Leiden, 1995.

Fander, Monika, "Frauen in der Nachfolge Jesu. Die Rolle der Frau im Markusevangelium", EvTh 52, 1992, pp.413–432.

Fander, Monika, *Die Stellung der Frau im Markusevangelium: Unter besonderer Berücksichtigung kultur- und religionsgeschichtlicher Hintergründe*, MThA 8, Würzburg, 2002.

Fassbeck, G., u. a. (Hg.), *Leben am See Gennesaret*, Mainz, 2003.

Feldmeier, R., "Jesus–ein Radikaler? Tempelreinigung, Zinsgroschenfrage und Liebesgebot", in: RKZ 138, 1997, pp.418–422.

Feldtkeller, A., *Identitätssuche des syrischen Urchristentums. Mission, Inkultration und Pluralität im ältesten Heidenchristentum*, NTOA 25, Freiburg/Göttingen, 1993.

Fieger, Michael, *Das Thomasevangelium: Einleitung, Kommentar und Systematik*, NTA 22, Münster, 1991.

Fiensy, David A., Strange, James R. (Hg.), *Galilee in the Late Second Temple and Mishnaic Periods*, Vol.2, *The Archaeological Record from Cities, Towns, and Villages*, Minneapolis, 2015.

Fitzmyer, Joseph, A., *The Gospel According to Luke* I, AB 28A, New York. 1982.

Fleddermann, H. T., *Mark and Q.: A Study of the Overlap Texts*, BEThL 122, Leuven, 1995.

Flusser, D., *Jesus*, NA, Hamburg, 1999.

Fortna, Robert T., *The Gospel of Signs*, MSSNTS 11, Cambridge, 1970.

Frey, J., "Joh 1,14, Die Fleischwerdung des Logos und die Einwohnung Gottes in Jesus Christus", in: Janowski, B., Popkes, E. E. (Hg.), *Das Geheimnis der Gegenwart Gottes: Zur Schechina-Vorstellung in Judentum und Christentum*, WUNT 318, Tübingen, 2014, pp.231–256.

Frey, J., Schröter, J. (Hg.), *Deutungen des Todes Jesu im Neuen Testament*, WUNT 181, Tübingen 2012

Freyne, Sean, *Galilee, Jesus and the Gospels. Literary Approaches and Historical Investigations*, Philadelphia, 1988.

Freyne, S., *Jesus, a Jewish Galilean: A New Reading of the Jesus Story*, London/New York, 2004.

Friedrich, J., Pöhlmann, W., Stuhlmacher, P. (Hg.), *Rechtfertigung* (FS Käsemann, E.), Tübingen, 1976.

Funk, Robert W., "Jesus. The Silent Sage", in: Ders., *Funk on Parables: Collected Essays*, Santa Rosa, 2006, pp.165-169.

Funk, Robert W., *The Five Gospels: What Did Jesus Really Say? The Search for the Authentic Words of Jesus*, San Francisco, 1996.

Gnilka, Joachim, "Wie urteilte Jesus über seinen Tod", in: Kertelge, K. (Hg.), *Der Tod Jesu. Deutungen im Neuen Testament,* QD 74, Freiburg, 1976, pp.13-50.

Gnilka, Joachim, *Johannesevangelium. Die Neue Echter-Bibel*, Würzburg, 2009(9판).

Gnilka, Joachim, *Jesus von Nazareth: Botschaft und Geschichte*, HThK. S. 3, Freiburg, 1990.

Gnilka, Joachim, *Das Evangelium nach Markus*, EKK I, Zürich/Neukirchen-Vluyn, 2015(1978).

Gnilka, Joachim, *Das Evangelium nach Markus*, EKK II, Zürich/Neukirchen-Vluyn, 2015(1978).

Gnilka, Joachim, *Das Matthäusevangelium*, HThK I/1, Freiburg, 1988(2판).

Goldschmidt, L. (Hg.), *Der babylonische Talmud*, 12 Bände, Berlin, 1929-1936.

Görg, M., Art. "Dämonen", in: NBL I, 1991, p.376.

Goodcare, Mark, *Thomas and the Gospels*, Grand Rapids, 2012.

Grässer, E., *Der Alte Bund im Neuen*, WUNT 35, Tübingen, 1985.

Grässer, E., *Die Naherwartung Jesu*, Stuttgart, 1973.

Grässer, E., *Das Problem der Parusieverzögerung in den synoptischen Evangelien und in der Apostelgeschichte*, BZNW 22, Berlin, 1977(3판).

Grässer, E., "Jesus und das Heil Gottes", in: Ders., *Der Alte Bund im Neuen*, WUNT 35, Tübingen, 1985, pp.181-200.

Haenchen, E., *Der Weg Jesu. Eine Erklärung des Markus-Evangeliums und der kanonischen Parallelen*, Berlin, 1968(2판).

Hahn, Ferdinand, "Methodologische Überlegungen zur Rückfrage nach Jesus", in: Ders., *Studien zum Neuen Testament. Band I: Grundsatzfragen, Jesusforschung, Evangelien*, Frey, J., Schlegel, J. (Hg.), WUNT 191, Tübingen, 2006(1974), pp.185-251.

Hahn, J. (Hg.), *Zerstörungen des Jerusalemer Tempels*, WUNT 147, Tübingen, 2002.

Harnisch, W., *Die Gleichniserzählungen Jesu*, Göttingen, 1990(4판).

Hartenstein, Judith, "Männliche und weibliche Erzählfiguren im Johannesevangelium", in: Navarro Puerto, Mercedes, Fischer, Irmtraud (Hg.), *Die Bibel und die Frauen. Eine exegetisch-kulturgeschichtliche Enzyklopädie. Bd. 2.1: Neues Testament: Evangelien, Erzählungen und Geschichte*, Stuttgart, 2012, pp.421-433.

Hartmann, Lars, *Markusevangeliet 8:27-16:20*, Stockholm, 2005.

Heil, Chr., *Die Ablehnung der Speisegebote durch Paulus*, BBB 96, Weinheim, 1994.

Heinemann, I. (Hg.), *Die Werke Philos von Alexandria*, Bd. 5, Breslau, 1929.

Heininger, B., "Zwischen Magie und Medizin: Der Heiler", in: Krankendienst 70, 1997, pp.145-153.

Heininger, B., *Metaphorik, Erzählstruktur und szenisch-dramatische Gestaltung in den Sondergutgleichnissen bei Lukas*, NTA NF 24, Münster, 1991.

Heininger, B., "Das Reich Gottes. Neues Testament", in: Vanoni. G., Heininger, B., *Das Reich Gottes. Perspektiven des Alten und Neuen Testaments*, NEB. Themen 4, Würzburg, 2002, pp.61-117.

Hengel, Martin, "Das Begräbnis Jesu bei Paulus und die leibliche Auferstehung aus dem Grabe", in: Avemarie, F., Lichtenberger, H. (Hg.), *Auferstehung*, WUNT 135, Tübingen, 2001, pp.119-183.

Hengel, Martin, "Zwischen Jesus und Paulus. Die 'Hellenisten', die 'Sieben' und Stephanus", ZThK 72, 1975, pp.151-206.

Hengel, Martin, "Der Finger und die Herrschaft Gottes in Lk 11,20", in: Kieffer, R., Bergmann, J. (Hg.), *Die Hand Gottes*, WUNT 94, Tübingen, 1997, pp.87-106.

Hengel, Martin, *Der unterschätzte Petrus*, Tübingen, 2006.

Hengel, Martin, "Jakobus der Herrenbruder – der erste 'Papst'?", in: Ders., *Jakobus der Herrenbruder, Kleine Schriften* III, WUNT 141, Tübingen, 2002, pp.549-582.

Hengel, Martin, "Mors turpissima crucis. Die Kreuzigung in der antiken Welt und die 'Torheit' des 'Wortes vom Kreuz'", in: Friedrich, J., Pöhlmann, W., Stuhlmacher, P. (Hg.), *Rechtfertigung* (FS Käsemann, E.), Tübingen, 1976, pp.125-184.

Hengel, Martin, "Psalm 110 und die Erhöhung des Auferstandenen zur Rechten Gottes", Breytenbach, C., Paulsen, H. (Hg.), *Anfänge der Christologie* (FS Hahn, F.), Göttingen, 1991, pp.43-74.

Hengel, Martin, *Property and Riches in the Early Church*, London, 1974.

Hengel, Martin, "Jesus und die Tora", ThBeitr 9, 1978, pp.152-172.

Hengel, M., *War Jesus Revolutionär?*, CwH 110, Stuttgart, 1970.

Hengel, Martin, "Der Sohn Gottes", in: Ders., *Studien zur Christologie. Kleine Schriften* IV, WUNT 201, Thornton, Claus-Jürgen (Hg.), Tübingen, 2006, pp.74-145.

Hengel, Martin, "War Jesus Revolutionär?" in: Ders., *Jesus und die Evangelien: Kleine Schriften* V, WUNT 211, Thornton, Claus-Jürgen (Hg.), Tübingen, 2007, pp.217-243.

Hengel, Martin, "Abba, Maranatha, Hosanna und die Anfänge der Christologie", in: Dalferth, I. U., Fischer, J., Grosshans, H.-P. (Hg.), *Denkwürdiges Geheimnis* (FS

Jüngel, E.), Tübingen, 2005, pp.144-183.

Hengel, M., "The Interpretation of the Wine Miracle at Cana: John 2:1-11", in: Lincoln, H., Wright, D., Nicholas T. (Hg.), *The Glory of Christ in the New testament: Studies in Christology in Memory of George Bradford Caird*, Oxford, 1987, pp.83-112.

Hengel, M., Schwemer, A, M. (Hg.), *Königsherrschaft Gottes und himmlischer Kult: im Judentum, Urchristentum und in der helenistischen Welt*, WUNT 55, Tübingen, 1991.

Hengel, M., Schwemer, A, M. (Hg.), *Die Septuaginta zwischen Judentum und Christentum*, WUNT 72, Tübingen, 1994.

Hengel, Martin, Schwemer, A, M., *Paulus zwischen Damaskus und Antiochien*, WUNT 108, Tübingen, 1998.

Hengel, Martin, "Jesus der Messias Israels", in: Hengel, Martin, Schwemer, A. M., *Der Messianische Anspruch Jesu und die Anfänge der Christologie*, WUNT 138, Tübingen, 2001, pp.1-80.

Hengel, Martin, *Die Zeloten*, AGSU 1, Leiden, 1976(2판).

Hermann, W., Art. "Baal Zebub", in: DDD, 1999, pp.154-156.

Herrenbrück, F., *Jesus und die Zöllner. Historische und neutestamentlich-exegetische Untersuchtungen*, Tübingen 1990.

Hoffmann, H., *Das Gesetz in der frühjüdischen Apokalyptik*, SUNT 23, Göttingen, 1999.

Hoffmann, P., *Studien zur Theologie der Logienquelle*, NTA NF 8, Münster, 1982(3판).

Hoffmann, P., Heil, Chr. (Hg.), *Die Spruchquelle Q: Studienausgabe. Griechisch und Deutsch*, Darmstadt/Leuven, 2002.

Hofius, Otfried, "Jesu Zuspruch der Sündenvergebung", in: Ders., *Neutestamentliche Studien*, WUNT 132, Tübingen, 2000, pp.38-56.

Hollenbach, P. W., "Help for Interpreting Jesus' Exorcisms", in: SBL.SP 32, 1993, pp.119-128.

Hollenbach, P. W., "The Conversion of Jesus: From Jesus the Baptizer to Jesus the Healer", ANRW II.25.1, 1982, pp.197-219.

Holm-Nielsen, Sven, *Die Psalmen Salomos*, JSHRZ IV/2, Gütersloh, 1977.

Hoppe, R., "Galiläa—Geschichte, Kultur, Religion", in: Schenke, Ludger, (Hg.), *Jesus von Nazaret—Spuren und Konturen*, Stuttgart, 2004, pp.42-58.

Horbury, W., "Jewish Messianism and Early Christology", in: Longenecker, R. N. (Hg.), *Contours of Christology in the New Testament*, Grand Rapids, 2003, pp.3-24.

Horn, F. W., *Das Angeld des Geistes*, FRLANT 154, Göttingen, 1992.

Horn, F. W. (Hg.), *Das Ende des Paulus*, BNZW 106, Berlin, 2001.

Horsley, Richard A., *Archaeology, History and Society in Galilee*, Harrisburg, 1996.

Horsley Richard A., *Galilee: History, Politics, People*, Valley Forge, 1995.

Horsely, Richard A., *Jesus and Empire, Minneapolis*, 2002.

Horsley, Richard A., "Menahem in Jerusalem. A Brief Messianic Episode among the Sicarii- Not 'Zealot Messianism'", in: NT 27, 1985, pp.334-348.

Horsley, Richard A., *Revolt of the Scribes*, Minneapolis, 2010.

Horsley, Richard A., *Jesus and the Spiral of Violence: Popular Jewish Resistance in Roman Palestine*, San Francisco, 1987.

Horsley, Richard A., Hanson, J. S., *Bandits, Prophets, and Messiahs: Popular Movements at the Time of Jesus*, Harrisburg, 1999.

Huber, W., "Feindschaft und Feindesliebe. Notizen zum Problem des 'Feindes' in der Theologie", ZEE 26, 1982, pp.128-158.

Hübner, H., *Das Gesetz in der synoptischen Tradition*, Göttingen, 1986(2판).

Hurschmann, R., Art. "Calceus", in: DNP 2, 1997.

Hurtado, Larry W., *One God, One Lord*, Edinburgh, 1998(2판).

Hurtado, Larry W., *Lord Jesus Christus: Devotion to Jesus in Earliest Christianity*, Grand Rapids/Cambridge, 2003.

Hurtado, Larry, "The Place of Jesus in Earliest Christian Prayer and its Import for Early Christian Identity", in: Hvalvik Reidar, Sandnes, Karl Olav (Hg.), *Early Christian Prayer and Identity Formation*, Tüningen, 2014, pp.35-56.

Hutter, M., Art. "Garten", in: NBL I, 1991, p.729.

Ilan, Tan, "In the Footsteps of Jesus", in: Kitzberger, Ingrid Rosa (Hg.), *Transformative Encounters. Jesus and Women Re-viewed*, Bibl.-Interpret. S. 43, Leiden, 2000, pp.115-136.

Janowski, B., Art. "Gericht", RGG 3, Tübingen, 2005(4판), p.733.

Janowski, B., "Die Einwohnung Gottes in Israel", in: Janowski, B., Popkes, E. E. (Hg.), *Das Geheimnis der Gegenwart Gottes: Zur Schechina-Vorstellung in Judentum und Christentum*, WUNT 318, Tübingen, 2014, pp.3-40.

Jensen, Morten H., *Herod Antipas in Galilee: The Literary and Archaeological Sources on the Reign of Herod Antipas and its Socio-Economic Impact on Galilee*, WUNT 2,215, Tübingen, 2006.

Jeremias, Joachim, *Abba: Studien zur neutestamentlichen Theologie und Zeitgeschichte*, Göttingen, 1966.

Jeremias, Joachim, *Die Abendmahlsworte Jesu*, Göttingen, 1967(4판).

Jeremias, Joachim, *Die Gleichnisse Jesu*, Göttingen, 1998(11판).

Jeremias, Jörg, *Das Königtum Gottes in der Psalmen*, FRLANT 141, Göttingen, 1987.

Jeremias, Joachim, *The Prayers of Jesus*, London, 1967.

Jeremias, Joachim, *Neutestamentliche Theologie* I: *Die Verkündigung Jesu*, Gütersloh, 1994.

Jülicher, Adolf, *Die Gleichnisreden Jesu*, Tübingen, 1910(2판).

Jungbauer, H., *"Ehre Vater und Mutter": Der Weg des Elterngebots in der biblischen Tradition*, WUNT II/146, Tübingen, 2002.

Kähler, Chr., *Jesu Gleichnisse als Poesie und Theraphie*, WUNT 78, Tübingen, 1995.

Karrer, Martin, *Jesus Christus im Neuen Testament*, GNT 11, Göttingen, 1998.

Karrer, Martin, "Petrus im paulinischen Gemeindekreis", ZNW 80, 1989, pp.210-231.

Käsemann, E., "Das Problem des historischen Jesus", in: Ders., *Exegetische Versuche und Besinnungen* I, Göttingen, 1970(6판), pp.187-214.

Käsemann, E., *Exegetische Versuche und Besinnungen* I, Göttingen, 1970(6판).

Keck, L. E., "'The Poor among the Saints' in Jewish Christianity and Qumran", ZNW 57, 1966, pp.54-78.

Keck, L. E., *Who Is Jesus? History in the Perfect tense*, Columbia, 2000.

Kee, Howard C., "Transformation of the Synagogue after 70 CE", NTS 36, 1990, pp.1-24.

Keener, Craig S., *Miracles. The Credibility of the new Testament Accounts.* Vol. I-II, Grand Rapids, 2011.

Keith, Chris, Le Donne, Anthony (Hg.), *Jesus, Criteria, and the Demise of Authenticity*, London, 2012.

Keith, Chris, *Jesus against the Scribal Elite*, Grand Rapids, 2014.

Kellermann, M., Art. "Sauerteig", in: NBL III, 2001, p.452.

Kertelge, K. (Hg.), *Das Gesetz in Neuen Testament*, Freiburg u.a., 1986.

Kertelge, K. (Hg.), *Der Prozess gegen Jesus: Historische Rückfrage und theologische Deutung*, QD 112, Freiburg, 1988.

Kierspel, Lars, *The Jews and the World in the Fourth Gospel: Parallelism, Function, and Context*, WUNT II 220, Tübingen, 2006.

Kinman, B., "Jesus 'Triumphal Entry' in the light of Pilate's", in: NTS 40, 1994, pp.442-448.

Kitzberger, Ingrid Rosa (Hg.), *Transformative Encounters. Jesus and Women Reviewed*, Bibl.-Interpr.S 43, Leiden, 2000.

Klauck, Hans-Josef, *Allegorie und Allegorese in synoptischen Gleichnistexten*, NTA NF 13, Münster, 1986(2판).

Klauck, Hans-Josef, *Apokryphe Evangelien*, Stuttgart, 2002.

Klauck, Hans-Josef, "Das göttliche Kind. Variationen eines Themas", in: Ders., *Religion und Gesellschaft im frühen Christentum:* Neutestamentliche Studien, WUNT 152, Tübingen, 2003, pp.290-313.

Kloppenborg, Verbin, J. S., *Excavating Q: The History and Setting of the Sayings Gospel*, Edinburgh, 2000.

Knothe, H-G., "Der Prozess Jesu rechthistorisch betrachtet", OIR 10, 2005, pp.67-101.

Koch, Dietrich-Alex, *Geschichte des Urchristentum*, Göttingen, 2013.

Koch, D. A., *Die Schrift als Zeuge des Evangeliums*, BHTh 69, Tübingen, 1986.

Köster, H., *Ancient Christian Gospels: Their History and Development*, London, 1990.

Köster, H., Robinson, J. M., *Entwicklungslinien durch die Welt des Frühen Christentums*, Tübingen, 1971.

Kollmann, Bernd, "Exorzismen", in: Schröter, Jens, Jacobi, Christine (Hg.), *Jesus Handbuch*, Tübingen, 2017, pp.310-318.

Kollmann, Bernd, *Joseph Barnabas*, SBS 175, Stuttgart, 1998.

Kollmann, Bernd, *Jesus und die Christen als Wundertäter: Studien zu Magie, Medizin und Schamanismus in Antike und Christentum*, FRLANT 170, Göttingen, 1996.

Kollmann, Bernd, *Neutestamentliche Wundergeschichten*, Stuttgart, 2011(3판).

Kollmann, Bernd, *Ursprung und Gestalten der frühchristlichen Mahlfeier*, GTA 43, Göttingen, 1990.

Kollmann, B. (Hg.), *Antikes Judentum und frühes Christentum* (FS Stegemann, H.), BZNW 97, Berlin, 1999.

Kollmann, Bernd, "Jesus als jüdische Gleichnisdichter", NTS 50, 2004, pp.457-475.

Kollmann, Bernd, "Totenerweckungen und Naturewunder", in: Schröter, Jens, Jacobi, Christine (Hg.), *Jesus Handbuch*, Tübingen, 2017, pp.318-327.

Konradt, Matthias, *Das Evangelium nach Matthäus*, Göttingen, 2015.

Konradt, Matthias, *Israel, Kirche und die Völker im Matthäusevangelium*, WUNT 215, Tübingen, 2007.

Kraus, W., "Johannes und das Alte Testament", ZNW 88, 1997, pp.1-23.

Kraus, W., *Zwischen Jerusalem und Antiochia*, SBS 179, Stuttgart, 1999.

Kraus, W., *Das Volk Gottes*, WUNT 85, Tübingen, 1996.

Kremer, Jakob, *Lazarus. Die Geschichte einer Auferstehung*, Stuttgart, 1985.

Küchler, Max, "'Wir haben seinen Stern gesehen···' (Mt 2,2)", BiKi 44, 1989, pp.179-186.

Kügler, Joachim, "Das Johannesevangelium", in: Ebner, Martin, Schreiber, Stefan (Hg.), *Einleitung in das Neue Testament*, Stuttgart, 2008(2판), pp.210-231.

Kümmel, W. G., *Verheissung und Erfüllung*, AThNT 6, Zürich, 1956(3판).

Kümmel, W. G., "Äussere und innere Reinheit des Menschen bei Jesus", in: Ders., *Heilsgeschen und Geschichte* 2, Grässer, E., Merk, O. (Hg.), Marburg, 1978, pp.117-129.

Kümmel, W. G., *Heilsgeschen und Geschichte* 2, Grässer, E., Merk, O. (Hg.), Marburg, 1978.

Kuhn, H-W, Art. "Kreuz", TRE 19, 1990, pp.714-715.

Kuhn, H-W., "Jesus vor dem Hintergrund der Qumrangemeinde", in: Siegert, F. (Hg.), *Grenzgänge* (FS Aschoff, D.), Münster, 2002, pp.50-60.

Kuhn, H-W., "Die Kreuzesstrafe während der frühen Kaiserzeit. Ihre Wirklichkeit und Wertung in der Umwelt des Urchristentums", in: Temporini, H., Haase, W. (Hg.), *Aufstieg und Niedergang der römischen Welt*, Band II 25/1, Berlin, 1982, pp.648-793.

Labahn, M., "Jesus und die Autorität der Schrift", in: Labahn, M., Scholitissek, K., Strotmann, A. (Hg.), *Israel und seine Heilstraditionen im Johannesevangelium* (FS Beutler, J.), Paderborn, 2004, pp.185-206.

Lang, F., "Erwägungen zur eschatologischen Verkündigung Johanndes der Täufers", in: Strecker, G. (Hg.), *Jesus Christus in Historie und Theologie* (FS Conzellmann, H.), Tübingen, 1975, pp.459-473.

Lang, M., *Johannes und die Synoptiker*, Göttingen, 1999.

Levine, Amy-Jill, "Second-Temple Judaism, Jesus and Women: Yeast of Eden", Bibl.-Interpr.2, 1994, pp.8-33.

Levine, Amy-Jill, *Short Stories by Jesus: The Enigmatic Parables of a Controversial Rabbi*, New York, 2014.

Lichtenberger, H., "Das Tora—Verständnis im Judentum zur Zeit des Paulus", in: Dunn, James D. G. (Hg.), *Paul and the Mosaic Law*, Tübingen, 1996, pp.7-23.

Lichtenberger, H. (Hg.), *Geschichte—Tradition—Reflexion* (FS Hengel, M.), Bd.III, Tübingen, 1996.

Lietzmann, H., "Der Prozess Jesu", in: Ders., *Kleine Schriften* II. *Studien zum Neuen Testament*, Aland, K., (Hg.), TU 68, Berlin, 1958, pp.251-263.

Linnemann, E., *Gleichnisse Jesu*, Göttingen, 1978(7판).

Löning, K., *Das Geschichtswerk des Lukas, Bd.1. Israels Hoffnung und Gottes Geheimnisse*, UB 455, Stuttgart, 1997.

Loffreda, Stanislao, "Capernaum", OEANE 1, 1997, pp.416-419.

Lohfink, G., "Das Gleichnis vom Sämann (Mk 4,3-9)", in: BZ NF 30, 1986, pp.36-69.

Lohmeyer, Ernst, *Das Evangelium des Markus*, KEK 1.2, Göttingen, 1967(17판).

Lohse, E. (Hg.), *Die Texte aus Qumran: Hebräisch und Deutsch*, Darmstadt, 1971(2판).

Longenecker, R. N. (Hg.), *Contours of Christology in the New Testament*, Grand Rapids, 2003.

Lüdemann, G., *Die Auferstehung Jesu*, Göttingen, 1994.

Lüdemann, G., *Jesus after two Thousand Years: What He Really Said and did*, London, 2001.

Lüdemann, G., *Paulus, der Heidenapostel* II, FRLANT 130, Göttingen, 1983.

Luz, Ulrich, *Das Evangelium nach Matthäus*: EKK I /1, Mt 1-7, Zürich /Neukirchen-Vluyn, 2002.

Luz, Ulrich, *Das Evangelium nach Matthäus*: EKK I /2, Mt 8-17, Zürich / Neukirchen-Vluyn, 2008.

Luz, Ulrich, *Das Evangelium nach Matthäus*: EKK I /3, Mt 18-25, Zürich / Neukirchen-Vluyn, 2012.

Luz, Ulrich, "Gesetz. III. Das Neue Testament", in: Smend, R., Luz, U. (Hg.), *Gesetz*, Stuttgart u. a., 1981, pp.58-79, 149-156.

Luz, Ulrich, *Exegetische Aufsätze*, Tübingen, 2016.

Luz, U., "Warum zog Jesus nach Jerusalem?", in: Schröter, J., Brucker, R. (Hg.), *Der historische Jesus. Tendenzen und Perspektiven der gegenwärtigen Forschung*, BNZW 114, Berlin /New York, 2002, pp.409-427.

Luz, Ulrich, "Das 'Auseinandergehen der Wege', Über die Trennung des Christentums vom Judentum", in: Dietrich, W., George, M., Luz, U. (Hg.), *Antijudaismus— christliche Erblast*, Stuttgart, 1999, pp.56-73.

Luz, Ulrich, "Jesus und die Pharisäer", Jud 38, 1982, pp.229-246.

Maier, Johann, "Beobachtungen zum Konfliktpotential in neutestamentlichen Aussagen über den Tempel", in; Broer, I. (Hg.), *Jesus und das jüdische Gesetz*, Stuttgart u.a., 1992, pp.173-213.

Maier, Johann, *Die Qumran-Essener: Die Texte vom Toten Meer*, Band I-III, München /Basel, 1995/1996.

Maier, Johann, *Zwischen den Testamenten: Geschichte und Religion in der Zeit des Zweiten Tempels*, NEB.AT Ergänzungsband 3, Würzburg, 1990.

Marcus, J., *Way of the Lord*, London /Edinburgh, 2005.

Marshall, I. H., *The Gospel of Luke: A Commentary on the Greek Text* (NIGTC), Grand Rapids, 1992.

Mason, St., *Flavius Josephus und das Neue Testament*, Tübingen, 2000.

Mayer, G., *Die jüdische Frau in der hellenistisch-römischen Antike*, Stuttgart, 1987.

Meeks, W. A., *The Origins of Christian Morality*, New Haven/London, 1993.

Meier, John P., *A Marginal Jew: Rethinking the Historical Jesus*, Vol. I: *The Roots of the Problem and the Person*, ABRL, New York u.a., 1991.

Meier, John P., *A Marginal Jew: Rethinking the Historical Jesus*, Vol. II: *Mentor, Message, and Miracles*, New York u.a., 2007.

Meier, John P., *A Marginal Jew: Rethinking the Historical Jesus*, Vol. III: *Companions and Competitors*, New York u.a., 2007.

Meier, John P., *A Marginal Jew: Rethinking the Historical Jesus*, Vol. IV: *Law and Love*, New York u.a. 2009.

Meier, John P., *A Marginal Jew: Rethinking the Historical Jesus*, Vol.V: *Probing the Authenticity of the Parables*, New York/London, 2016.

Meiser, Martin, *Die Reaktion des Volkes auf Jesus: Eine redaktionskritische Untersuchung zu den synoptischen Evangelien*, BNZW 96, Berlin/New York, 1998.

Mell, U., "Jesu Taufe durch Johannes (Markus 1,9-15)—zur narrativen Christologie vom neuen Adam", in: BZ NF 40, 1996, pp.161-178.

Melzer-Keller, H., *Jesus und die Frauen. Eine Verhältnisbestimmung nach den synoptischen Evangelien*, HBS 14, Freiburg i. Br., 1997.

Menken, M. J. J., *Matthew's Bible. The Old Testament Text of the Evangelist*, BEThL 173, Leuven, 2004.

Merklein, Helmut, *Der erste Brief an die Korinther*, ÖTK 7/3, Gütersloh, 2005.

Merklein, Helmut, "Erwägungen zur Überlieferungsgeschichte der neutestamentlichen Abendmahltraditionen", in: Merklein, Helmut, *Studien zu Jesus und Paulus*, WUNT 43, Tübingen, 1987, pp.157-180.

Merklein, Helmut, *Jesu Botschaft von der Gottesherrschaft*, Eine Skizze, SBS 111, Stuttgart, 1989(3판).

Merklein, Helmut, "Die Einzigkeit Gottes als die sachliche Grundlage der Botschaft Jesu", in: Ders., *Studien zu Jesus und Paulus* II, WUNT 103, Tübingen, 1998, pp.154-173.

Merklein, Helmut, *Die Gottesherrschaft als Handlungsprinzip. Untersuchung zur Ethik Jesu*, fzb 34, Würzburg, 1984(3판).

Merklein, Helmut, *Studien zu Jesus und Paulus*, WUNT 43, Tübingen, 1987.

Merklein, Helmut, *Studien zu Jesus und Paulus* II, WUNT 103, Tübingen, 1998.

Merklein, Helmut, "Die Umkehrpredigt bei Johannes dem Täufer und Jesus von Nazareth", in: Ders., *Studien zu Jesus und Paulus*, WUNT 43, Tübingen, 1987, pp.109-126.

Meyers, Eric M., "Jesus und seine galiläische Lebenswelt", ZNT 1, 1998, pp.27-39.

Meyers, Eric M., "Sepphoris at the Eve of the great Revolt (67–68 C. E.): Archaeology and Josephus", in: Ders., *Galilee through the Centuries: Confluence of Cultures*, Winona Lake, 1999, pp.109–122.

Mommsen, Th., *Römisches Strafrecht*, Leipzig, 1899(1999).

Mommsen, Th / Krger, P. (Hg.), *Digesta Justiniani Augusti*, Band 2, Berlin, 1870.

Moxnes, H., "The Construction of Galilee as a Place for the Historical Jesus", BTB 31, 2001, pp.26–37, 64–77.

Moyise, St., *The Old Testament in the New*, New York, 2001.

Moyise, St., Menken, M. J. J. (Hg.), *The Psalms in the New Testament*, New York, 2004.

Müller, K., "Beobachtungen zum Verhältnis von Tora und Halacha in frühjüdischen Quellen", in: Broer, I. (Hg.), *Jesus und das jüdische Gesetz*, Stuttgart u.a., 1992, pp.105–133.

Müller, K., "Möglichkeit und Vollzug jüdischer kapitalgerichtbarkeit im Prozess gegen Jesus", in; Kertelge, K. (Hg.), *Der Prozess gegen Jesus: Historische Rückfrage und theologische Deutung*, QD 112, Freiburg, 1988, pp.41–83.

Müller, K., "Das Toraleben im jüdischen Verständnis", in: Kertelge, K. (Hg.), *Das Gesetz in Neuen Testament*, Freiburg u.a., 1986, pp.11–27.

Müller, Karlheinz, "Das Vaterunser als jüdisches Gebet", in: Gerhards, Albert, Doeker, Andrea, Ebenbauer, Peter (Hg.), *Identität durch Gebet: Zur gemeinschaftsbildenden Funktion institutionalisierten Betens im Judentum und Christentum*, Studien zu Judentum und Christentum, Paderborn, 2003, pp.159–204.

Müller, U. B., "Vision und Botschaft. Erwägungen zur prophetischen Struktur der Verkündigung Jesu", in: ZThK 74, 1977, pp.416–448.

Müller, U. B., *Johannes der Täufer*, Leipzig, 2002.

Murphy-O'Connor, J., "Jesus and the Money Changers (Mark 11:15–17; John 2:13–17)", in: RB 107, 2000, pp.42–55.

Murphy-O'Connor, J., "John the Baptist and Jesus: History and Hypotheses", in: NTS 36, 1990, pp.359–374.

Myers, C., *Binding the Strong Man: A Political Reading of Mark's Story of Jesus*, New York, 1988.

Nagel, Peter, "Das Evangelium des Judas", ZNW 98, 2007, pp.213–276.

Navarro Puerto, Mercedes, Fischer, Irmtraud (Hg.), *Die Bibel und die Frauen. Eine exegetisch-kulturgeschichtliche Enzyklopädie*. Bd. 2.1: *Neues Testament: Evangelien, Erzählungen und Geschichte*, Stuttgart, 2012.

Neirynck, F., "The Symbol Q (Quelle)", in: Ders., *Evangelica* I, BETL 60, Leuven,

1982, pp.683-689.

Neirynck, F., "Recent Developments in the Study of Q", in: Delobel, J. (Hg.), *Logia—The sayings of Jesus*, BETL LIX, Leuven, 1982, pp.29-75.

Neirynck, F., *Evangelica* Ⅰ, BETL 60, Leuven, 1982.

Neusner, J., *Das pharisäische und talmudische Judentum*, TSAJ 4, Tübingen, 1984.

Neusner, J., "Die Pharisäischen rechtlichen Überlieferungen", in: Ders., *Das pharisäische und talmudische Judentum*, TSAJ 4, Tübingen, 1984, pp.43-51.

Oakman, D. E., "The Lord's Prayer in Social Perspective", in: Chilton, B., Evans, C. A., (Hg.), *Authenticating the Words of Jesus*, Leiden, 1998, pp.137-186.

Oberlinner, L., *Todeserwartung und Todesgewissheit Jesu: Zum Problem einer historischen Begründung*, SBS 10, Stuttgart, 1980.

Obermann, A., *Die christologische Erfüllung der Schrift im Johannesevangelium*, WUNT 2.83, Tübingen, 1996.

Öhler, M., *Barnabas*, Leipzig, 2006.

Omerzu, H., "Das Schweigen des Lukas", in: Horn, F. W. (Hg.), *Das Ende des Paulus*, BNZW 106, Berlin, 2001. pp.151-156.

Onuki, Takashi, *Jesus: Geschichte und Gegenwart*, BThSt 82, Neukirchen, 2006.

Ostmeyer, Karl-Heinrich, "Das Beten Jesu, Vaterunser", in: Schröter, Jens, Jacobi, Christine (Hg.), *Jesus Handbuch*, Tübingen, 2017, pp.395-402.

Ostmeyer, Karl-Heinrich, *Kommunikation mit Gott und Christus: Sprache und Theologie des Gebetes im Neuen Testament*, WUNT 197, Tübingen, 2006.

Paesler, Kurt, *Das Tempelwort Jesus: Die Tradition von Tempelzerstörung und Tempelerneuerung im Neuen Testament*, FRLANT 184, Göttingen, 1999.

Pagels, Elaine, *Das Geheimnis des fünften Evangeliums*, München, 2007(3판).

Panzram, S., "Der Jerusalemer Tempel und das Rom der Flavier", in: Hahn, J. (Hg.), *Zerstörungen des Jerusalemer Tempels*, WUNT 147, Tübingen, 2002, pp.166-182.

Paulus, Ch. G., *Der Prozess Jesu—aus der römisch-rechtlicher Perspektive*, Berlin / Boston, 2016.

Pellegrini, Silvia, "Frauen ohne Namen in den kanonischen Evangelien", in: Navarro Puerto, Mercedes, Fischer, Irmtraud (Hg.), *Die Bibel und die Frauen. Eine exegetisch-kulturgeschichtliche Enzyklopädie*. Bd. 2.1: *Neues Testament: Evangelien, Erzählungen und Geschichte*, Stuttgart, 2012, pp.383-421.

Pesch, R., *Das Markusevangelium*, HThK Ⅱ/1, Freiburg, 1977.

Pesch, R., *Das Markusevangelium*, HThK Ⅱ/2, Freiburg, 1977.

Petersen, Silke, *"Zerstört die Werke der Weiblichkeit!" Maria Magdalena, Salome und andere Jüngerinnen Jesu in christlich-gnostischen Schriften*, NHMS 48, Leiden u.a.,

1999.

Philipps, Victoria, "Full Disclosure: Towards a Complete Characterization of the Women who followed Jesus in the Gospel according to Mark", in: Kitzberger, Ingrid Rosa (Hg.), *Transformative Encounters. Jesus and Women Re-viewed*, Bibl.-Interpr.S 43, Leiden, 2000, pp.13-32.

Philonenko, Marc, *Das Vaterunser: Vom Gebet Jesu zum Gebet der Jünger*, UTB 2312, Tüningen, 2002.

Pöhlmann, W., *Der Verlorene Sohn und das Haus*, WUNT 68, Tübingen, 1993.

Popkes, Enno Edzard, *Das Menschenbild des Thomasevangeliums*, WUNT 206, Tübingen, 2007.

Popkes, E. E., "Die Umdeutung des Todes Jesu im koptischen Thomasevangelium", in: Frey, J., Schröter, J. (Hg.), *Deutungen des Todes Jesu im Neuen Testament*, WUNT 181, Tübingen, 2012, pp.513-543.

Poplutz, Uta, *Erzählte Welt: Narratologische Studien zum Matthäusevangelium*, BThS 100, Neukirchen-Vluyn, 2008.

Porter, St., "Jesus and the Use of Greek in Galilee", in: Chilton, B., Evand, C. A. (Hg.), *Studying the Historical Jesus*, NTTS 19, Leiden, 1994, pp.123-154.

Pratscher, W., *Der Herrenbruder Jakobus und die Jakobustradition*, FRLANT 139, Göttingen, 1987.

Puig i Tarrech A., Barclay, J. M. G., Frey, J. (Hg.), *The Last years of Paul*, WUNT 352, Tübingen, 2015.

Räisänen, H., "Jesus and the Food Laws", JNST 16, 1982, pp.79-100.

Räisänen, H., "Exorcisms and the Kingdom. Is Q 11,20 a Saying of the Historical Jesus", in: Uro, R. (Hg.), *Symbols and Strata: Essays on the Sayings Gospel Q*, SESJ 65, Helsinki/Göttingen, 1996, pp.119-142.

Rahner, Karl, *Schriften zur Theologie* IV, Einsiedeln, 1964(4판).

Rau, E., *Das geheime Markusevangelium: Ein Schriftfund voller Rätsel*, Neukirchen, 2003.

Reed, Jonathan L., *Archaeology and the Galilean Jesus. A Re-examination of the Evidence*, Harrisburg, 2000.

Reiling, J., Art. "Unclean Spirits", in: DDD, 1999, p.882.

Reinbold, W., "Das Matthäusevangelium, die Pharisäer und die Tora", BZ 50, 2006, pp.51-73.

Reinbold, Wolfgang, *Der Prozess Jesu*, Göttingen, 2006.

Reiprich, Torsten, *Das Mariageheimnis. Maria von Nazareth und die Bedeutung familiärer Beziehungen im Markusevangelium*, FRLANT 223, Göttingen, 2008.

Reiser, M., "Love of the Enemies in the Context of Antiquity", in: NTS 47, 2001, pp.411-427.

Reiser, Marius, *Der unbequeme Jesus*, BThS 122, Neukirchen-Vluyn, 2011.

Reiser, Marius, *Die Gerichtpredigt Jesu*, NTA 23, Münster, 1990.

Riedo-Emmenegger, Chr, *Prophetisch-messinische Provokateure der Pax Romana: Jesus von Nazaret und andere Störenfride im Konflikt mit dem Römischen Reich*, NTOA 56, Fribourg/Göttingen, 2005.

Riesner, R., *Die Frühzeit des Apostels Paulus*, WUNT 71, Tübingen, 1994.

Riniker, Chr., *Die Gerichtsverkündigung Jesu*, EHS 23, Band 653, Frankfurt, 1999.

Ritt, H., "Wer war schuld am Tod Jesu?", BZ 31, 1987, pp.165-175.

Robinson, J. M., Heil, C., "The Lilies of the Field. Saying 36 of the Gospel of Thomas and Secondary Accretions in Q 12,12b-31", in: NTS 47, 2000, pp.1-25.

Robinson, J. M., Heil, C., "Noch einmal: Der Schreibfehler in Q 12,27", in: ZNW 92, 2001, pp.113-122.

Robinson, J. M., "LOGOI SOPHON - Zur Gattung der Spruchquelle Q", in: Köster, H., Robinson, J. M., *Entwicklungslinien durch die Welt des frühen Christentums*, Tübingen, 1971, pp.67-106.

Roloff, J., "Anfänge der soteriologischen Deutung des Todes Jesu (Mk. X. 45 und Lk. XXII. 270", in: Ders., *Exegetische Verantwortung in der Kirche*, Göttingen, 1990, pp.117-143.

Roloff, J., *Exegetische Verantwortung in der Kirche*, Göttingen, 1990.

Röwerkampf, G. (Hg.), *Egeria Itinerarium*, Freiburg, 1995.

Rusam, Dietrich, "Sah Jesus wirklich den Satan vom Himmel fallen (Lk 10,18)? Auf der Suche nach einem neuen Differenzkriterium", NTS 50, 2004, pp.87-105.

Sänger, D., "Schriftauslegung im Horizont der Gottesherrschaft", in: Deuser, H., Schmalenberg, G. (Hg.), *Christlicher Glaube und religiöse Bildung* (FS Kriechbaum, F.), GSTR 11, Giessen, 1995, pp.75-109.

Saldarini, A. J., *Pharisees, Scribes and Sadducees in Palestinian Society*, Grand Rapids, 2001(2판).

Sanders, Ed P., *Jesus and Judaism*, London/Philadelphia, 1991(3판).

Sanders, Ed P., *Paul and Palestinian Judaism*, London/Philadelphia, 1977.

Sanders, Ed P., *Paul: The Apostle's Life, Letters, and Thought*, Minneapolis, 2015.

Sanders, Ed P., *Sohn Gottes: Eine historische Biographie Jesu*, Stuttgart, 1996.

Schäfer, P., *Der Bar Kokhba-Aufstand*, Tübingen, 1981.

Schäfer, P., *Geschichte der Juden in der Antike: Die Juden Palästinas von Alexander dem Grossen bis zur arabischen Eroberung*, Stuttgart/Neukirchen-Vluyn, 1983.

Schelbert, G., "Abba, Vater!", FZPhTh 40, 1993, pp.259-281.

Schelbert, G., "Abba, Vater!", FZPhTh 41, 1994, pp.526-531.

Schenke, Ludger, (Hg.), *Jesus von Nazaret—Spuren und Konturen*, Stuttgart, 2004.

Schenke, Ludger, "Jesus und Johannes der Täufer", in: Ders., u.a., *Jesus von Nazaret—Spuren und Konturen*, Stuttgart, 2004, pp.84-105.

Schenke, Ludger, "Jesus als Wundertäter", in: Ders., *Jesus von Nazaret—Spuren und Konturen*, Stuttgart, 2004, pp.148-163.

Schmeller, T., *Brechungen: Urchristliche Wandercharismatiker im Prisma soziologisch orientierter Exegese*, SBS 136, Stuttgart, 1989.

Schmeller, T., "Die Radikalität der Logienquelle. Raben, Lilien und die Freiheit vom Sorgen (Q 12,22-32)", in: BiKi 54, 1999, pp.85-88.

Schnackenburg, Rudolf, *Das Johannesevangelium* I, HTh IV/I, Freiburg, 1965.

Schnelle, Udo, *Antidoketische Christologie im Johannesevangelium*, FRLANT 144, Göttingen, 1987.

Schnelle, Udo, *Einführung in die neutestamentliche Exegese*, Göttingen, 2014(8판).

Schnelle, Udo, *Einleitung in das Neue Testament*, Stuttgart, 2011(7판).

Schnelle, Udo, *Das Evangelium nach Johannes*, ThHK, Leipzig, 2016(5판).

Schnelle, Udo, *Die ersten 100 Jahre des Christentums*, Göttingen, 2016(2판).

Schnelle, Udo, *Theologie des Neuen Testaments*, Göttingen, 2016(3판).

Schnelle, Udo, *Paulus: Leben und Denken*, Berlin, 2014(2판).

Schnelle, Udo (Hg.), *Neuer Wettstein* 1/2, Berlin, 2013.

Schottroff, Luise, *Die Gleichnisse Jesu*, Gütersloh, 2005.

Schottroff, Luise, Stegemann, Wolfgang, *Jesus von Nazaret, Hoffnung der Armen*, Stuttgart, 1977.

Schrage, W., *Unterwegs zur Einheit und Einzigkeit für die Herausbildung der frühen Christologie*, BThSt 48, Neukirchen, 2002.

Schreiber, S., "Caesar oder Gott (Mk 12,17)? Zur Theoriebildung im Umgang mit politischen Texten des neuen Testaments", in: BZ NF 48, 2004, pp.65-85.

Schreiber, Stefan, *"Gesalbter und König"*, BZNW 105, Berlin, 2000.

Schröter, Jens, *Das Abendmahl. Frühchristliche Deutungen und Impulse für die Gegenwart*, SBS 210, Stuttgart, 2006.

Schröter, Jens, *Jesus von Nazaret: Jude aus Galiläa—Retter der Welt*, Leipzig, 2017(6판).

Schröter, Jens, "Heil für die Heiden und Israel. Zum Zusammenhang von Christologie und Volk Gottes bei Lukas", in: Ders., *Von Jesus zum Neuen Testament. Studien zur urchristlichen Theologiegeschichte und zur Entstehung des neutestamentlichen Kanons*, WUNT 204, Tübingen, 2007, pp.247-267.

Schröter, Jens, *Von Jesus zum Neuen Testament. Studien zur urchristlichen Theologiegeschichte und zur Entstehung des neutestamentlichen Kanons*, WUNT 204, Tübingen, 2008.

Schröter, Jens, "Rezeptionsprozesse in der Jesusüberlieferung: Überlegungen zum historischen Charakter der neutestamentlichen Wissenschaft am Beispiel der Sorgensprüche", in: NTS 47, 2001, pp.442-468.

Schröter, J., Brucker, R.(Hg.), *Der historische Jesus. Tendenzen und Perspecktiven der gegenwärtigen Forschung*, BNZW 114, Berlin/New York, 2002.

Schröter, Jens, Jacobi, Christine (Hg.), *Jesus Handbuch*, Tübingen, 2017.

Schröter, Jens, Zangenberg, J. (Hg.), *Texte zur Umwelt des Neuen Testament*, Tübingen, 2013.

Schröter, J., "Jesus im frühen Christentum. Zur neueren Diskussion über kanonisch und apokryph gewordene Jesusüberlieferungen", VuF 51, 2006, pp.25-41.

Schröter, J., Bethge, H-G, "Das Evangelium nach Thomas", NHC Ⅱ, 2, in: Schenke, H-M., Bethge, H-G., Kaiser, U. U. (Hg.), *Nag Hammadi Deutsch* Ⅰ, GCS N.F. 8, Berlin, 2001, pp.153-157.

Schüling, J., *Studien zum Verhätnis von Logienquelle und Markusevangelium*, fzb 65, Würzburg, 1991.

Schürer, E., *Geschichte des jüdischen Volkes im Zeitalter Jesu Christi*, Vol.2, Leipzig, 1907(4판).

Schürmann, Heinz, *Jesus: Gestalt und Geheimnis. Gesammelte Beiträge*, Scholitissek Klaus (Hg.), Paderborn, 1994.

Schürmann, Heinz, Das "eigentümlich Jesuanische" im Gebet Jesu. Jesu Beten als Schlüssel für das Verständnis seiner Verkündigung, in: Ders., *Jesus, Gestalt und Geheimnis*, Scholtissek, Klaus (Hg.), Paderborn, 1994, pp.45-63.

Schürmann, Heinz, *Gottes Reich, Jesu Geschick*, Freiburg, 1983.

Schürmann, Heinz, *Das Lukasevangelium, 1. Teil. Kommentar zu Kap. 1,1-9,50*, HtKNT Bd. 3, Freiburg, 1970.

Schürmann, Heinz, "Jesu Tod im Licht seines Basileia-Verständnis", in: Ders., *Gottes Reich, Jesu Geschick*, Freiburg, 1983, pp.185-245.

Schüssler Fiorenza, Elisabeth, *Zu ihrem Gedächtnis... : Eine theologische Rekonstruktion der christlichen Ursprünge*, München, 1988.

Schwankl, O., *Die Sadduzäerfrage (Mk 12,18-27 parr)*, BBB 66, Bonn, 1987.

Schweizer, A., *Geschichte der Leben-Jesu-Forschung*, Tübingen, 1984(9판).

Schweizer, A., *Geschichte der paulinischen Forschung von der Reformation bis auf die Gegenwart*, Tübingen, 1911.

Schwemer, A. M., "Gott als König und seine Königherrschaft in den Sabbatliedern aus Qumaran", in: Hengel, M., Schwemer, A. M. (Hg.), *Königsherrschaft Gottes und himmlischer Kult: im Judentum, Urchristentum und in der helenistischen Welt*, WUNT 55, Tübingen, 1991, pp.45-118.

Schwemer, Anna Maria, "Die Passion des Messias nach Markus und der Vorwurf des Antijudaismus", in: Hengel, Martin, Schwemer, Anna Maria (Hg.), *Der Messianische Anspruch Jesu und die Anfänge der Christologie*, WUNT 138, Tübingen, 2001, pp.133-163.

Schwier, Helmut, Art. "Vaterunser", RGG Ⅷ, 2005(4판), pp.893-896.

Schwier, H., *Tempel und Tempelzerstörung*, NTOA 11, Fribourg/Göttingen, 1989.

Scott, B. B., *Hear Then the Parable: A Commentary on the Parables of Jesus*, Minneapolis, 1989.

Seeley, D., "Jesus' Temple Act", in: CBQ 55, 1993, pp.263-283.

Siegert, F. (Hg.), *Grenzgänge* (FS Aschoff, D.), Münster, 2002.

Smend, R., Luz, U. (Hg.), *Gesetz*, Stuttgart u. a., 1981.

Sobrino, Jon, *Jesucristo liberador. Lectura histórica-teológica de Jesús de Nazaret*, San Salvador, 1991(3판).

Söding, T., "Die Tempelaktion Jesu. Redaktionskritik-Überlieferungsgeschichte-historische Rückfrage (Mk 11,15-19; Mt 21,12-17; Lk 19,45-48; Joh 2,13-22)", in: TThZ 101, 1992, pp.36-64.

Söding, T., "Wenn ich mit dem Finger Gottes die Dämonen austribe…"(Lk 11,20). Die Exorzismen im Rahmen der basileia-Verkündigung Jesu, in: Lange, A. (Hg.), *Die Dämonen. Die Dämonologie der israelistisch-jüdischen und frühchristlichen Literatur im kontext ihrer Umwelt*, Tübingen, 2003, pp.519-549.

Stegemann, H., *Die Essener, Qumran, Johannes der Täufer und Jesus*, Freiburg, 1998(8판).

Stegemann, H., "Der lehrende Jesus", NZSTh 24, 1982, pp.3-20.

Stegemann, E. W., "Wie im Angesicht des Judentums historisch vom Tod Jesu sprechen?", in: Häfner, G., Schmid, H. (Hg.), *Wie heute vom Tod Jesu sprechen?*, Freiburg, 2005(2판), pp.23-52.

Stegemann, Wolfgang, "Gab es eine jüdische Beteiligung an der Kreuzigung Jesu?", in: Kul 13, 1998, pp.3-24.

Stegemann, W., "Kontingenz und Kontextualität der moralischen Aussagen Jesu", in: Stegemann, W., Malina, B. J., Theissen, G. (Hg.), *Jesus in neuen Kontexten*, Stuttgart, 2002, pp.167-184.

Stegemann, W., Malina, B. J., Theissen, G. (Hg.), *Jesus in neuen Kontexten*, Stuttgart,

2002.

Stegemann, Wolfgang, Stegemann, Ekkehard, *Urchristliche Sozialgeschichte: Die Anfänge im Judentum und die Christusgemeinden in der mediterranen Welt*, Stuttgart, 1997(2판).

Stemberger, Günter, *Pharisäer, Sadduzäer, Essener: Fragen—Fakten—Hintergründe*, SBB 144, Stuttgart, 1991.

Stern, Frank, *A Rabbi Looks at Jesus' Parables*, Lanham, 2006.

Strange, J. F., "Nazareth", in: Fiensy, David A., Strange, James R. (Hg.), *Galilee in the Late Second Temple and Mishnaic Periods*, Vol.2, *The Archaeological Record from Cities, Towns, and Villages*, Minneapolis, 2015, pp.167-181.

Strecker, Georg, *Die Bergpredigt*, Göttingen, 1984.

Strecker, Georg, *Der Weg der Gerechtigkeit*, FRLANT 82, Göttingen, 1971(3판).

Strecker, Georg, Art. "Judenchristentum", TRE 17, Berlin, 1988, pp.310-325.

Strecker, Georg (Hg.), *Jesus Christus in Historie und Theologie* (FS Konzelmann, H), Tübingen, 1975.

Strotmann, Angelika, *Der historische Jesus*, Paderborn, 2012(3판).

Stuhlmacher, P., *Biblische Theologie des Neuen Testaments, Band 1: Grundlegung von Jesus zu Paulus*, Göttingen, 1992.

Taeger, J-W., "Der grundsätzliche oder ungrundsätzliche Unterschied", in: Broer, I. (Hg.), *Jesus und das jüdische Gesetz*, Stuttgart u.a., 1992, pp.13-35.

Tan, K. H., *The Zion Traditions and the Aims of Jesus*, Cambridge, 1997.

Taschl-Erber, Andrea, *Maria von Magdala—Erste Apostolin? Joh 20,1-18; Tradition und Relecture*, Freiburg, 2007.

Tatum, W. B., "Jesus' So-called Triumphal Entry. On Making an Ass of the Romans", in: Forum 21, 1998, pp.129-143.

Telford, W. R., *The Barren Temple and the Withered Tree: A Redaction-Critical Analysis of the Cursing of the Fig-tree pericope in Mark's Gospel and its Relation to the Cleansing of the Temple Tradition*, JSNT.S1, Sheffield, 1980.

Temporini, H., Haase, W. (Hg.), *Aufstieg und Niedergang der römischen Welt*, Band II 25/1, Berlin, 1982.

Theissen, Gerd, *Soziologie der Jesusbewegung: Ein Beitrag zur Entstehungsgeschichte des Urchristentums*, München, 1977.

Theissen, Gerd, "Das Doppelte Liebesgebot der Liebe. Jüdische Ethik bei Jesus", in: Ders., *Jesus als historische Gestalt; Beiträge zur Jesusforschung*, FRLANT 202, Göttingen, 2003, pp.57-72.

Theissen, Gerd, "Evangelienschreibung und Gemeindeleitung. Praktische Motive bei der Abfassung des Markusevangeliums", in: Kollmann, B. (Hg.), *Antikes Judentum und frühes Christentum* (FS Stegemann, H.), BZNW 97, Berlin, 1999, pp.389-414.

Theissen, Gerd, "Gottes Herrschaft-Ende der Dämonenangst", in: Degenhardt, R. (Hg.), *Geheilt durch Vertrauen. Bibelarbeiten zu Markus 9,14-29*, KT 110, München, 1992, pp.62-79.

Theissen, Gerd, *Lokalkolorit und Zeitgeschichte in den Evangelien. Ein Beitrag zur Geschichte der synoptischen Tradition*, NTOA 8, Göttingen, 1989.

Theissen, Gerd, *Studien zur Soziologie des Urchristentums*, WUNT 19, Tübingen, 1989(3판).

Theissen, Gerd, "Gewaltverzicht und Feindesliebe (Mt 5,38-48/ Lk 6,27-38) und deren sozialgeschichtlicher Hintergrund", in: Ders., *Studien zur Soziologie des Urchristentums*, WUNT 19, Tübingen, 1989(3판), pp.160-197.

Theissen, Gerd, *Jesus als historische Gestalt; Beiträge zur Jesusforschung*, FRLANT 202, Göttingen, 2003.

Theissen, Gerd, "Jesus und die symbolpolitischen Konflikte seiner Zeit. Sozialgeschichtliche Aspekte der Jesusforschung", in: EvTh 57, 1997, pp.378-400.

Theissen, Gerd, *Die Jesusbewegung: Sozialgeschichte einer Revolution der Werte*, Gütersloh, 2004.

Theissen, Gerd, "'Wir haben alles verlassen' (Mk 10,28). Nachfolge und sozilae Entwurzelung in der jüdisch-palästinischen Gesellschaft des 1. Jahunderts n. Chr", in: Ders., *Studien zur Soziologie des Urchristentums*, WUNT 19, Tübingen, 1989(3판), pp.106-141.

Theissen, Gerd, "Hellenisten und Hebräer (Apg 6,1-6). Gab es eine Spaltung in der Urgemeinde?", in: Lichtenberger, H. (Hg.), *Geschichte—Tradition—Reflexion* (FS Hengel, M.), Bd.Ⅲ, Tübingen, 1996, pp.323-343.

Theissen, Gerd, "Wanderradikalismus. Literatursoziologische Aspekte der Überlieferung von Worten Jesu im Urchristentum", in: Ders., *Studien zur Soziologie des Urchristentums*, WUNT 19, Tübingen, 1989(3판), pp.79-105.

Theissen, Gerd, "Das Reinheitslogion Mk 7,15 und die Trennung von Juden und Christen", in: Ders., *Jesus als historische Gestalt; Beiträge zur Jesusforschung*, FRLANT 202, Göttingen, 2003, pp.73-89.

Theissen, Gerd, *Urchristliche Wundergeschichten*, Gütersloh, 1974.

Theissen, Gerd, Winter, D., *Die Kriterienfrage in der Jesusforschung: Vom Differenzkriterium zum Plausibilitätskriterium*, Freiburg, 1997.

Theissen, Gerd, Merz, Annette, *Der historische Jesus*, Göttingen, 2011(4판).

Theobald, M., "'Ich sah den Satan aus dem Himmel stürzen…' Überlieferungskritische Beobachtungen zu Lk 10,18-20", BZ NF 49, 2005, pp.174-190.

Theobald, M., *Das Evangelium nach Johannes, Kapitel 1-12*, RNT, Regensburg, 2009.

Thoma, Clemens, Lauer, Ernst, *Die Gleichnisse der Rabbinen, Erster Teil: Psiqta deRavKahana (PesK), Einleitung, Übersetzung, Parallelen, Kommentar, Texte*, JudChr 10, Bern, 1986.

Thomason, Dana A., "John the Baptist", ABD 3, 1992, pp.887-899.

Thyen, Hartwig, *Das Johannesevangelium* (Handbuch zum Neuen Testament 6) Tübingen, 2015(2판).

Tilly, M., *Einführung in die Septuaginta*, Darmstadt, 2005.

Tilly, M., *Johanndes der Täufer und die Biographie der Propheten*, BWANT 17, Stuttgart, 1994.

Tiwald, Markus, "Einzug in Jerusalem, Tempelreinigung (Jesu Stellung zum Tempel)", in: Schröter, Jens, Jacobi, Christine (Hg.), *Jesus Handbuch*, Tübingen, 2017, pp.460-467.

Tiwald, M., *Wanderradikalimus. Jesu erster Junger—ein Anfang und was davon bleibt*, ÖBS 20, Frankfurt, 2002.

Tönges, Elke, *"Unser Vater im Himmel". Die Bezeichnung Gottes als Vater in der tannaitischen Literatur*, BWANT 147, Stuttgart, 2003.

Trautmann, M., *Zeichenhafte Handlungen Jesu. Ein Beitrag zur Frage nach dem geschichtlichen Jesus*, FzB 37, Würzburg, 1980.

Trunk, D., "Jesus, der Exorzist", in: ThPQ 145, 1997, pp.3-13.

Tuckett, Christopher, "Thomas and the Synoptics", NT 30, 1988, pp.132-157.

VanderKam, James, Flint, Peter, *The Meaning of the Dead Sea Scrolls*, San Francisco, 2002.

Veh, O. (Hg.), Cassius Dio, *Römische Geschichte*, Band IV, Zürich/München, 1986.

Venetz, H. J., *"Er lehrt wie einer, der Vollmacht hat" (Mk 1,22). Anstössiges aus Galiläa*, Stuttgart, 1997.

Vogel, Manuel, *Herodes: König der Juden, Freund der Römer*, BG 5, Leipzig, 2002.

Vollenweider, Samuel, "Die metamorphose des Gottessohnes", in: Ders., *Horizonte neutestamentlicher Christologie: Studien zu Paulus und zur frühchristlichen Theologie*, WUNT 144, Tübingen, 2002, pp.285-306.

Vollenweider, Samuel, "Zwischen Monotheismus und Engelchristologie", in: Ders., *Horizonte neutestamentliche Christologie*, WUNT 144, Tübingen, 2002, pp.3-27.

Vollenweider, Samuel, "'Ich sah den Satan wie eine Blitz vom Himmel fallen' (Lk 10,18)", in: ZNW 79, 1988, pp.187-203.

Vollenweider, Samuel, *Horizonte neutestamentliche Christologie*, WUNT 144, Tübingen, 2002.

von Lips, H., *Weisheitliche Tradition im Neuen Testament*, WMANT 64, Neukirchen, 1990.

von Rad, G., *Das fünfte Buch Mose*, ATD 8, Göttingen, 1964.

Wagner, J., *Auferstehung und Leben: Joh 11,1-12,19 als Spiegel johanneischer Redaktions- und Theologiegeschichte*, BU 19, Regensburg, 1988.

Weber, R., *Das Gesetz im hellenistischen Judentum*, ARGU 10, Frankfurt, 2000.

Weber, R., *Das "Gesetz" bei Philon von Alexandrien und Flavius Josephus*, ARGU 11, Frankfurt, 2001.

Wechsler, A., *Geschichtsbild und Apostelstreit*, BZNW 62, Berlin, 1991.

Weder, H., *Gegenwart und Gottesherrschaft*, BThSt 20, Neukirchen, 1993.

Weder, H., *Die Gleichnisse Jesu als Metaphern*, FRLANT 120, Göttingen, 1990(4판).

Weder, H., *Die "Rede der Reden"*, Zürich, 1985.

Wehnert, J., "Die Auswanderung der Jerusalemer Christen nach Pella—historische Fakten oder theologische Konstruktion?", ZKG 102, 1991, pp.231-255.

Welker, M., Wolter, M., "Die Unscheinbarkeit des Reiches Gottes", Marburger Jahrbuch Theologie XI: *Reich Gottes*, Härle, W., Preul, R (Hg.)., MThSt 53, Marburg, 1999, pp.103-116.

Wengst, Klaus, *Das Johannesevangelium Kapitel 11-21*, Bd. 4/2. ThKNT, Stuttgart, 2007.

Wilckens, Ulrich, *Auferstehung*, Güterslof, 1977(2판).

Wilckens, Ulrich, *Das Neue Testament Deutsch*, NTD 4, Göttingen, 1998.

Wilckens, Ulrich, "Der Ursprung der Überlieferung der Erscheinungen des Auferstandenen", in: Hoffmann, P. (Hg.), *Zur neutestamentlichen Überlieferung von der Auferstehung Jesu*, Darmstadt, 1988, pp.139-193.

Wilhelm, Dittmar, *Vetus Testamentum in Novo. Die Alttestamentlichen Parallelen Des Neuen Testaments Im Wortlaut Der Urtexte Und Der Septuaginta*, Düsseldorf, 2014.

Witherington, Ben III, *The Gospel of Mark. A Socio-Rhetorical Commentary*, Grand Rapids, 2001.

Witmer, Amanda, *Jesus, the Galilean Exorcist*, Library of New Testament Studies 459, London/New York, 2012, pp.61-96.

Wolter, M., "'Gericht' und 'Heil' bei Jesus von Nazareth und Johannes dem Täufer", in: Schröter, J., Brucker, R.(Hg.), *Der historische Jesus. Tendenzen und Perspecktiven der gegenwärtigen Forschung*, BNZW 114, Berlin/New York, 2002, pp.355-392.

Wolter, Michael, "Gerichtsvorstellungen Jesu", in: Schröter, Jens, Jacobi, Christine (Hg.), *Jesus Handbuch*, Tübingen, 2017, pp.388-394.

Wolter, Michael, *Jesus von Nazaret*, Göttingen, 2019.

Wolter, Michael, *Das Lukasevangelium*, Tübingen, 2008.

Wolter, Michael, *Paulus: Ein Grundriss seiner Theologie*, Neukirchen, 2011.

Wolter, Michael, *Der Brief an die Römer*, EKK NF VI/1, Neukirchen-Vluyn, 2014.

Wolter, Michael, "Die Hirten in der Weihnachtsgeschichte", in: Ders., *Theologie und Ethos im frühen Christentum*, WUNT 236, Tübingen, 2009, pp.355-372.

Wolter, Michael, *Theologie und Ethos im frühen Christentum*, WUNT 236, Tübingen, 2009.

Wright, N. T., *Jesus and the Victory of God*, Minneapolis, 1996.

Würthwein, E., *Der Text des Alten Testaments*, Stuttgart, 1988(5판).

Yarbro Collins, A., "Rulers, Divine Men, and Walking on the Water (Mark: 6:45-52)", in: Bornkamm, Lukas u.a. (Hg.), *Religious Propaganda and Missionary Competition in the New Testament World*, (FS Georgi, Dieter), NT.S 74, Leiden, 1994, pp.207-227.

Yarbrough, O. L., "Parents and Children in the Jewish Family of Antiquity", in: Cohen, S. J. D., (Hg.), *The Jewish Family in Antiquity*, BJSt 289, Atlanta, 1993, pp.39-59.

Zeller, D., "Die Menschwerdung des Sohnes Gottes im Neuen Testament und die antike Religionsgeschichte", in: Ders., *Menschwerdung Gottes—Vergöttlichung des Menschen*, NTOA 7, Fribourg/Göttingen, 1988, pp.141-176.

Zeller, D., "New Testament Christology in its Hellenistic Reception", NTS 46, 2001, pp.312-333.

Zeller, D., *Menschwerdung Gottes—Vergöttlichung des Menschen*, NTOA 7, Fribourg/Göttingen, 1988.

Zeller, D, "Jesu weisheitliche Ethik", in: Schenke, Ludger, (Hg.), *Jesus von Nazaret-Spuren und Konturen*, Stuttgart, 2004, pp.193-215.

Zimmermann, Christiane, "Frauen im Umfeld Jesu", in: Schröter, Jens, Jacobi, Christine (Hg.), *Jesus Handbuch*, Tübingen, 2017, pp.327-333.

Zimmermann, Christiane, "Jesus und das Volk," in: Schröter, Jens, Jacobi, Christine (Hg.), *Jesus Handbuch*, Tübingen, 2017, pp.333-338.

Zimmermann, Ruben, "Gleichnisse und Parabeln", in: Schröter, Jens, Jacobi, Christine (Hg.), *Jesus Handbuch*, Tübingen, 2017, pp.378-387.

Zimmermann, Ruben (Hg.), *Kompendium der Gleichnisse Jesu*, Gütersloh, 2015(2판).

Zimmermann, Ruben, *Hermeneutik der Gleichnisse Jesu: Methodische Neuansätze zum Verstehen urchristlicher Parabeltexte*, WUNT 231, Tübingen, 2008.

Zugmann, M., *"Hellenisten" in der Apostelgeschichte*, WUNT 2.264, Tübingen, 2009.

〈그리스도교 성서에서 유다 백성과 그 성서〉, VApS 152, 24, 2001. 5, p.138.